Herbert Hirschler

Himmel, Herrgott, Meer, Musik

Der andere Jakobsweg über die Ruta del Norte

Leykam

Impressum

Fotonachweis:
Pfarrer Franz Brei (S. 108): Foto Schmickl, (c) Sony Music Entertainment GmbH, aus dem aktuellen Album von Pfarrer Franz Brei „Glaube, Hoffnung und Liebe"
Fritz Willingshofer (S. 267): Karl Schrotter
Marianne und Michael (S. 23), Joakin Stuffer (S. 77), Melanie Oesch (S. 169), Markus Wolfahrt (S. 245): Mit freundlicher Genehmigung der Künstler
Autorenfoto (Klappe): Franz Mucker
Alle anderen Fotos: Herbert Hirschler

2. Auflage 2012

Covergestaltung: Wolfgang Hartl, Atelier Am Stein, Kirchberg am Wechsel/Austria
Layout und Satz: Christian Konrad
Lektorat: Rosemarie Konrad
Druck: Druckerei Theiss GmbH, St. Stefan im Lavanttal/Austria
Gesamtherstellung: Leykam Buchverlag
ISBN: 978-3-7011-7758-5

INHALTSVERZEICHNIS

Bevor's losgeht 8

1 Raus aus dem Hamsterrad

Dann geh ich halt den Jakobsweg ... 11
Mein Ziel ist: weg! 16
Das kommt mir spanisch vor ... 19

2 Hendaye – Bilbao: Gekommen, um zu gehen

Marianne und Michael: Sind wir nicht alle Pilger? 23
¿Muchos problemas? 25
Haie, Tapas, Internet 32
Lauschangriff 40
Abzug ist die beste Variante 46
Ich bin nicht wir 51
Wir sind nicht ich 56
Ein Königreich für eine Badewanne 65
Regen? Ohne mich! 69

3 Bilbao – Gijón: Geht nicht, gibt's nicht

Joakin Stuffer, Ladiner: Pilgern – warum? 77
Wer pilgern will, muss fühlen! 79
Musketiere sehen anders aus 85
Wir sind Zwiebel 91
I'm hinking in the rain 97
Rosamunde Pilcher und die Maoris 102
Pfarrer Franz Brei: Kann denn Pilgern Sünde sein? 108
Spanischkurs für Taxilenker 109
Vom Mittelalter zum Pilgersnob 115
Es ist ein Ross entsprungen 124
Glocken, Merkel, Gänsemarsch 130
Pilgert man hier auch nach Mekka? 137
Und das Kreuz bleibt doch! 142
Platz ist in der kleinsten Wanne 154
Kommarechnen statt Komatrinken 160

4 Gijón – Santiago: Was geht ab?

Melanie Oesch, Oesch's die Dritten: Da spielt die Musik! 169
Real Madrid gegen FC Sevilla – 3:2 171
Ich will endlich Bohnensuppe 176
Auch Helden können weinen 181
Die Arche Noah startet ohne uns 191
Schnarchen kann Ihre Gesundheit gefährden 195
Der Duft der Pilger 201
John Wayne reitet wieder 208
Muttertag 219
Same procedure as every year – AC/DC 220
Sierra Madre im Pilgerhaus 233
130/3 = Auweh 239

5 Santiago: Blutgruppe A – Jesusfaktor positiv

Markus Wolfahrt, Klostertaler: Angekommen 245
Halleluja, ich bin ein Prinz 247
Der Parador – man gönnt sich ja sonst nichts 261

6 Santiago – Muxía: Und es geht weiter …

Fritz Willingshofer, Stoakogler: Pilgermen san very good 267
Stoani, Stiere, Taschentuch 269
Learning by doing 274
Wenn bei Capri die rote Sonne … 280
La Ola – und Happy Birthday 291
Muxía: Einmal geht's noch 297

7 Das war's – aber noch nicht ganz

Schuld war nur der Eyjafjallajökull 305
Dünn bist du geworden 309
Immer nie am Ende … 312
Kommt da noch was? 314

Mögen sich die Wege vor deinen Füßen ebnen,
mögest du den Wind im Rücken haben,
möge die Sonne warm dein Gesicht bescheinen,
möge Gott seine schützende Hand über dir halten.

Altirische Segenswünsche

Bevor's losgeht

Wenn auch Sie in ihrem Leben mal völlig neue Pfade beschreiten wollen, dann ist der Jakobsweg ein mehr als geeignetes Mittel dazu. Vielleicht waren Sie auch selbst schon unterwegs auf einem der *Caminos* nach Santiago und haben bereits die Erfahrung gemacht, wie gut es sich anfühlt, wenn man beim Pilgern die Hektik des Alltags vergisst und Körper und Seele neu durchstarten.

Vielleicht kann mein Buch Sie darin bestärken, diesen Weg selbst irgendwann mal zu versuchen, vielleicht aber wollen Sie einfach nur erfahren, welche außergewöhnlichen Ereignisse auf diesem *Camino de Santiago* passieren können – ich darf Ihnen vorweg verraten: Es waren jede Menge. Vielleicht interessieren Sie auch die „musikalischen" Beiträge und Einblicke in die Welt der Schlager- und Volksmusik, oder Sie wollen erfahren, wie man in sechs Wochen 15 Kilo Körpergewicht und 1000 Tonnen Alltagsmüll loswerden kann, oder, oder, oder ...

Egal, aus welchem Grund Sie dieses Buch lesen, bitte beachten Sie, dass es sich um keinen Reiseführer handelt, sondern vielmehr um ein Reiselesebuch, das einfach Lust auf mehr (und Meer) machen möchte. Die Kilometerangaben am Beginn jeder Etappe beziehen sich auf meine gewanderten Distanzen – und die können aufgrund immer wieder mal vorkommender Nichtaufmerksamkeit den gelben Pfeilen gegenüber von den offiziellen Angaben durchaus abweichen. Die Ortstafeln sind vor allem im Baskenland und in Galicien sehr oft zweisprachig ausgeführt, ich habe versucht, hier stets den spanischen Namen zu verwenden – der sich eventuell in seiner Schreibweise von den Angaben in einschlägigen Reiseführern unterscheiden kann. Und da jeder Pilger den *Camino* auf seine Art erlebt, sind auch die Wegbeschreibungen, Herbergsbewertungen und sonstigen Eindrücke vielleicht nicht immer ganz objektiv, jedoch spiegeln sie meine ganz persönliche Wahrnehmung wider.

Jeder Meter meines Wegs war ein Erlebnis, genau wie auch die unzähligen interessanten Begegnungen mit hilfsbereiten Einheimischen und fast ausnahmslos angenehmen Pilgerkollegen aus vielen Ländern dieser Welt. Ein großes Dankeschön an meine neuen *Peregrino*-Freunde, allen voran Kathi, Tony und Karol.

Vielen Dank auch an den Verlag Leykam in Graz, vor allem an den Verlagsleiter, Wolfgang Hölzl, und meine Lektorin, Rosemarie Konrad, die bedingungslos an dieses Projekt glauben und es mir ermöglicht haben, dieses Buch in einem renommierten österreichischen Verlag zu veröffentlichen.

Dass sich einige meiner „musikalischen“ Freunde, allesamt viel beschäftigte Superstars der Schlager- und Volksmusik, dazu bereit erklärt haben, mich mit Beiträgen über das Pilgern und Ankommen zu unterstützen, freut mich ganz besonders. Sie wurden von mir teilweise schon während meines Wegs nach Santiago mit Reiseberichten versorgt und haben mir auch den Floh ins Ohr gesetzt, das Abenteuer „Buch“ zu wagen. Tausend Dank an Pfarrer Franz Brei, Marianne und Michael, Melanie Oesch, Joakin Stuffer, Fritz Willingshofer und Markus Wolfahrt – ohne euch gäbe es „Himmel, Herrgott, Meer, Musik“ vielleicht gar nicht.

Bedanken möchte ich mich aber natürlich bei jenen, die mir diese Auszeit ermöglicht haben – bei meinen Arbeitskollegen und Freunden, vor allem aber bei meiner Familie. Nur durch ihre großartige Unterstützung war es mir möglich, sechs Wochen lang diesen Traum zu leben – meinen Jakobsweg auf der *Ruta del Norte*.

1 RAUS AUS DEM HAMSTERRAD

Dann geh ich halt den Jakobsweg „Das schaffst du nie!“ „Hey, danke für dein Vertrauen!“ „Nicht dass ich es dir nicht wünsche, aber schau dich doch an!“

Und das soll ein Freund sein? Ich hätt’ ihm doch nicht sagen sollen, dass ich vorhabe, am Jakobsweg nach Santiago zu pilgern!

Okay – wie ein Hochleistungssportler sehe ich nicht gerade aus. Obwohl ich das Joggen nie ganz aufgegeben habe, ist es in den letzten Jahren eher zu einem Kriechen geworden. Und selbst dazu bin ich nur ganz selten gekommen – meist bin ich in der Firma oder in meinem Büro zu Hause gesessen und hab’ mir das Licht des PC-Monitors ins Gesicht scheinen lassen. Hätte man da eine Bräunungslampe eingebaut, könnte ich als Double von Roberto Blanco durchgehen – so aber ist meine Hautfarbe aufgrund erhöhten Mangels an Sonnenlicht eher einer noblen Büroblässe zuzuordnen gewesen: „Ein bisschen Weiß muss sein!“

Ich bin zwar mit einer gehörigen Portion Lebensfreude auf die Welt gekommen, aber auch scheinbar mit einem „Stressesser-Gen“. So habe ich mir in den letzten Jahren knapp 130 Kilo raufgefuttert. Selbst mit meinen 1,95 Metern bin ich da noch erheblich „untergroß“ – um das Idealgewicht zu haben, müsste ich an die 2,40 Meter sein. Die Höhe werde ich wohl nicht mehr schaffen. Und ehrlich gesagt, ich sah auch keine Möglichkeit, das Gewicht zu reduzieren – denn dazu hatte ich einfach keine Zeit.

Ich war ziemlich erfolgreich mit meinen Liedtexten, konnte zweimal die österreichische Vorentscheidung zum Grand Prix der Volksmusik gewinnen und war auch sehr zufrieden, dass mittlerweile viele Superstars der Musikbranche mindestens einen „Hirschi“-Titel in ihrem Repertoire haben. Aber ich hatte auch permanent das Gefühl, als ob mir die Zeit davonrinnen würde.

Denn obwohl ich mir einigermaßen sicher bin, an das Texten von neuen Liedern mit einer gewissen Professionalität heranzugehen, ist diese kreative Seite meines Lebens bisher doch nur ein Hobby geblieben. Hauptberuflich war ich als IT-Manager bei einem großen deutschen Anlagenbauer für sämtliche EDV-Angelegenheiten an zwei Standorten zuständig. Und wer diese Branche kennt, weiß, dass hier ein Arbeitstag niemals acht Stunden hat. Als ich dann auch noch in meiner „Zusatzfunktion“ als europäischer Koordinator für die technische Einführung eines neuen, länderübergreifenden EDV-Systems verantwortlich wurde, verbrachte ich die meiste Zeit im Büro oder auf Dienstreisen. Ich liebe meine Arbeit zwar, aber damals hatte ich das Gefühl, als ob die Welt über mir zusammenstürzen würde. Ich hatte keinen Bezug mehr zur Realität, Arbeit rund um die Uhr wurde zur Gewohnheit. Ich war in einem Hamsterrad gefangen – das, zugegebenermaßen, sehr groß und stabil sein musste, für einen Schwergewichtshamster wie mich.

Wenn ich spät abends müde nach Hause kam, ging's dort nahtlos weiter. Manchmal war ich selbst überrascht, dass trotzdem noch die eine oder andere brauchbare Songidee den Zugang zu meiner Großhirnrinde gefunden hat. Während meine Familie selig schlummerte, feilte ich in nächtlichen Stunden an meinen Texten. Oder arbeitete auch Unerledigtes aus der Firma ab. Oder auch beides zugleich. Schlaf war auf jeden Fall Mangelware! Und Schokolade ein legitimes Aufbaumittel!

Gott sei Dank war meine Familie sehr „gnädig". Obwohl meine Kinder diesen dreitagebärtigen Mann vor der Tür oft nur sehr schwer als ihren Vater identifizieren konnten, weil sie ihn schon längere Zeit nicht gesehen hatten, standen sie und vor allem meine Frau Moni trotzdem immer hinter mir. Und selbst der Hund knurrte nur ganz selten, wenn ich wieder mal nach Mitternacht von der Arbeit nach Hause kam.

2009 war ein tolles Jahr – musikalisch! Es hatte damit begonnen, dass die österreichische Jury des Grand Prix der Volksmusik aus knapp 500 Einsendungen das von mir geschriebene Lied *Das Leben* für die nationale TV-Vorentscheidung nominiert hatte. Als Interpret konnte der katholische Pfarrer Franz Brei gewonnen werden. Eben dieser Priester gewann diese Vorentscheidung mit dem höchsten je in Österreich erreichten Vorsprung und landete im internationalen Finale in München als bester heimischer Interpret am Stockerl. Er wurde als Dritter über Nacht im gesamten deutschsprachigen Raum bekannt. Seine Produktionen erreichten Gold und Platin. Pfarrer Franz Brei war neben Lady Gaga und Robbie Williams 15 Wochen in den Top Ten der Verkaufscharts. Und auch ich als Urheber durfte mir zwei weitere Gold- und Platin-Awards in meinem Stiegenhaus an die Wand nageln.

Weiter ging es in meinem „musikalischen" Leben 2009 damit, dass im Sommer plötzlich ein Lied der *Klostertaler* in Deutschland einfach so „passierte". Ursprünglich gar nicht als Single gedacht, war der von mir getextete Titel *Wenn der Sommer dann da ist* zwölf Wochen unter den Top Drei der deutschen Airplay-Charts, sechs Wochen davon als absolute Nummer eins. Eigentlich gab vor mittlerweile fast 15 Jahren ein Gespräch mit Markus Wolfahrt, dem charismatischen Sänger der *Klostertaler*, die Initialzündung zu meiner „Karriere“ als Musiktexter. Es mussten zwar mehr als zehn Jahre in die Lande ziehen, bis sie dann wirklich Songs mit meinen Texten produzierten, aber gut Ding braucht eben Weile.

Im August nahm auch Francine Jordi erstmals einen Song auf, der aus meiner Feder stammte. Bisher wurden knapp 600 meiner Titel quer durch den Gemüsegarten der Schlager- und Volksmusik veröffentlicht, aber dass der weibliche Superstar aus der Schweiz einen Hirschler-Titel singt – das war schon ein absolutes Highlight in meiner musikalischen Karriere.

Ich hatte das Glück, relativ schnell mit meinen Texten Fuß fassen zu können. Ob das *Nockalm Quintett*, die *Stoakogler*, Jazz Gitti, Marc Pircher, Antonia oder auch Marianne und Michael – sie und jede Menge andere mehr oder weniger bekannte Interpreten haben Titel „Made by Hirschi“ im Programm. Aber was in diesem Jahr bei mir musikalisch abging, war doch auch für mich sehr überraschend. Für die *Klostertaler* schrieb ich für den oben angesprochenen Sommerhit einen neuen Text – *Wenn der Winter dann da ist*. Beim Starnacht-Winter-Open-Air wurde dieser Titel dann gemeinsam mit *Oesch's die Dritten* einem Millionenpublikum in Deutschland, der Schweiz und Österreich präsentiert. Und als dann im Dezember auch noch Andy Borg meine deutsche Übersetzung des Weihnachtsklassikers *Let it snow* im Musikantenstadl sang, war mein „musikalisches Glück“ in diesem Jahr mehr als perfekt.

In meiner Firma wurden 2009 viele Karten neu gemischt. Aufgrund großer Umstrukturierungsmaßnahmen herrschte allgemeine Verunsicherung in unserem Betrieb. Da einige meiner Freunde es sowieso nie verstehen konnten, wie man den „knochentrockenen“ IT-Job mit der kreativen Tätigkeit eines Musiktexters vereinen kann, dachten viele, dass jetzt meine Zeit zu einer „beruflichen Neuorientierung“ gekommen wäre.

Ich selbst sah das jedoch nie so, dazu liebe ich meinen Beruf doch zu sehr, der eigentlich alles andere als unkreativ ist. Wie oft musste ich schon zu sehr unkonventionellen Methoden greifen, um User und PC, sprich Mensch und Maschine, so weit zu bringen, dass sie sich gegenseitig das Leben nicht unnötig vermiesen.

Außerdem – als Vollzeittexter *müsste* ich kreativ sein – heute *darf* ich! Das ist ein großer Unterschied! Wer weiß, was passieren würde, wenn ich nur von meinen phantasievollen Gedanken leben müsste? Hätte ich dann genauso diese oft auch sehr absurden Ideen, die sich nach und nach zu Wörtern und Sätzen formen und irgendwann am Ende einen fertigen Songtext ergeben? Oder würde ich, wie in einigen Kreativitätsseminaren angeboten, irgendwann im Wald am Kopf stehend die Käfer beobachten? Nur um so von der „normalen" Welt abgelenkt zu werden und darauf zu hoffen, meine vielleicht verlorene Kreativität wieder zurückgewinnen zu können? Ich kenne einige Kollegen, die an akuten Schreibblockaden leiden. Und dafür gibt es in unseren Apotheken kein Rezept – zumindest kein legales.

Irgendwie fühlte ich mich ausgebrannt. Aber wer gesteht so etwas schon ein? Und schon gar nicht sich selbst! Ich habe immer alles geschafft, da würde auch das kein Problem sein! Aber dann kam mein Chef mit der Bitte, oder vielmehr mit der Aufforderung zu mir, dass ich meinen Urlaubsstand von mehr als 80 Tagen abbauen müsse. Und in Hundertstelsekundenschnelle schoss es aus mir heraus: „Dann geh' ich den Jakobsweg!" Ohne mit meiner Familie darüber gesprochen zu haben. Ohne mir nähere Gedanken gemacht zu haben, ob das mit meiner körperlichen Verfassung überhaupt zu schaffen wäre. Ohne mir über die Konsequenzen bewusst zu sein, was das wohl für mich in der Firma bedeuten könnte. Denn zwei Monate lang war noch keiner weg – außer am Ende dann für immer. Einfach so – aus dem Bauch heraus entschied ich: „Dann geh' ich halt den Jakobsweg."

Schon seit vielen Jahren habe ich diesen Gedanken in mir getragen. Ich hatte unzählige Bücher darüber gelesen – darunter natürlich auch Hape Kerkelings *Ich bin dann mal weg*, aber auch Paulo Coelho, Shirley MacLaine und andere Reiseberichte und Bildbände. Ich verschlang alles, was mit dem Jakobsweg zu tun hatte. Doch eigentlich hatte ich bis zu diesem Zeitpunkt immer gedacht, dass ich im normalen Arbeitsprozess nie die Gelegenheit haben würde, mir eine derart lange Auszeit zu gönnen. Und jetzt das ...

„Langsam, ganz langsam“ – so lautet der Beginn meines Liedes für Pfarrer Franz Brei. Und genauso habe ich meiner Frau die ganze Sache erklärt. Moni wusste natürlich schon lange von meinem Traum. Und sie sah auch ein, dass jetzt die Zeit dafür gekommen war: „Wenn du das unbedingt machen möchtest, dann tu es!“ Ich wusste, sie ist eine starke Frau, und um unser Zuhause brauche ich mir bei ihr keine großen Sorgen machen. Sie hat die Familie im Griff, und da wird auch nichts schief laufen, wenn ich mal eine Zeit lang weg bin.

Das schaffst du nie? Bla, bla – dem werd' ich's aber zeigen ...

Mein Ziel ist: weg! Immer wenn der Festtag des hl. Jakobus, der 25. Juli, auf einen Sonntag fällt, gilt dieses Jahr als „Heiliges Jahr". Und genau das war 2010 der Fall. In einem solchen Jahr muss vor allem am Hauptweg nach Santiago, dem *Camino Francés*, mit erhöhtem Verkehrsaufkommen gerechnet werden. Statt ca. 150.000 Pilgern wie in einem normalen Jahr werden dann mindestens doppelt so viele erwartet. Das war ein Grund, dass ich nach einer weniger „überlaufenen" Alternative suchte. Und so fand ich „meinen" Weg – die *Ruta del Norte*.

Dieser erste aller Jakobswege führt vom französischen Hendaye über den *Camino de la Costa* mehr als 750 Kilometer entlang der spanischen Atlantikküste bis nach Ribadeo. Danach geht es 150 Kilometer am *Camino del Norte* quer durch Galicien bis Santiago de Compostela. Und wer dann immer noch nicht genug hat, kann 100 Kilometer bis nach Finisterre, dem sogenannten „Ende der Welt", marschieren. Oder auch noch nach Muxía, einem weiteren Pilgerort am Atlantik, der nochmals 35 Kilometer von Finisterre entfernt liegt.

Es ist jetzt ein Jahr her, seit ich den Entschluss gefasst habe, genau auf diesem Weg zu pilgern. Heute ist es so weit – wie schnell doch die Zeit vergeht! Bald steige ich in den Flieger und auf geht's.

Gestern überraschten mich meine Arbeitskollegen mit einem geschnitzten Riesenschuh aus Salzburger Lärche – geschätzte Schuhgröße 450 und knapp 40 Kilo schwer. Trotzdem habe ich mich entschieden, mit meinen 39 Kilo leichteren Trekkingschuhen auf Wanderschaft zu gehen. Aber die ebenfalls erhaltenen „kleinen Dinge des Pilgerlebens" wie Wundpflaster, Fußcremes und auch den Rosenkranz werde ich natürlich mitnehmen auf meine Reise ans Ende der Welt. Mein Freund aus ersten Kindertagen brachte mir einen Muschelanhänger aus Silber vorbei. Der kommt natürlich ebenfalls mit auf meine Pilgerfahrt – als Glücksbringer und Andenken an die Heimat. Viele Bekannte, auch einige, von denen ich seit Jahren nichts mehr gehört hatte, haben sich telefonisch bei mir gemeldet und mir ihre besten Wünsche und auch jede Menge guter Ratschläge mit auf den Weg gegeben. Unglaublich, dass die alle daran gedacht haben ...

Vor ein paar Tagen haben gute Freunde für mich eine Party gegeben und mir als Höhepunkt ein sehr zu Herzen gehendes Abschiedslied dargebracht. Ich habe heute noch Tränen in den Augen, wenn ich daran denke, wie inbrünstig sie für mich gesungen haben. Irgendwann werde ich bei Andy Borg mal ein gutes Wort für diesen Chor einlegen. Nicht nur wegen der außergewöhnlichen Qualität der Darbietung, sondern vor allem des Comedy-Faktors wegen. Da können Waltraud & Mariechen vom Musikantenstadl einpacken ...

All das und auch die unzähligen Mails und persönlichen Wünsche kommen mir jetzt in den Sinn. Der Beginn der Pilgerschaft lag sehr lange in sehr weiter Ferne, aber jetzt ist der Tag da. Viel schneller als erwartet! Meine Gefühle sind eine Mischung aus Wehmut und Abenteuerlust, aus Dankbarkeit, Demut und „Auf geht's!“ – eigentlich unbeschreiblich.

So, jetzt noch der Abschied von meinen Eltern, die mir weinend alles Gute wünschen. Meine Mutter zeichnet mir noch mit ihren in Weihwasser getauchten Händen ein Kreuzzeichen auf die Stirn, so wie sie das schon seit über 40 Jahren bei uns Kindern macht, wenn wir mal für länger als ein paar Tage verreisen. Irgendwie ist es schon ein berührendes Gefühl, als ich Mama und Papa beim Wegfahren nochmals traurig im Rückspiegel meines Autos winken sehe – da werden jetzt auch meine Augen etwas feucht. Ich hoffe, dass es ihnen die nächsten Wochen (und natürlich noch viel länger) gut gehen wird, und fahre mit meiner Moni zum Flughafen.

Zuvor habe ich mich noch von meinen beiden Kindern, Sandra und Christoph, verabschiedet. Noch nie in meinem Leben haben wir uns so lange im Arm gehalten, und noch nie in meinem Leben habe ich sie schon eine halbe Stunde später so vermisst wie jetzt. Und obwohl sie mit ihren 18 und 20 Jahren schon junge Erwachsene sind, habe ich versucht, ihnen noch einige „Weisheiten“ für die Zeit ohne Vater mitzugeben. Und erstaunlicherweise haben sie mir auch zugehört ...

Zu guter Letzt war da noch meine Golden Retriever-Lady Sandy, die sich erfreut dreimal um die eigene Achse drehte, als sie sah, dass ich mir wieder die Wandersachen anziehe. Jetzt geht's raus, dachte sie. Sandy war in den letzten Wochen meine absolut verlässliche Trainingspartnerin gewesen, immer waren wir gemeinsam unterwegs. Heute kann sie die Welt nicht verstehen, als ich plötzlich ohne sie losstarte.

Am Kalender steht der 10. April 2010. Wir haben vereinbart, dass Moni am 27. Mai nach Santiago nachkommen wird und wir dann noch ein paar Tage bis 1. Juni gemeinsam in La Coruña verbringen werden. Ich werde also sechseinhalb Wochen auf dem *Camino* unterwegs sein, bis ich dann endlich meine Frau in Spanien wieder in die Arme schließen kann. Und im eigenen Bett schlafen – das wird erst nach mehr als sieben Wochen wieder möglich sein. Jetzt wird mir erst so richtig bewusst, worauf ich mich da eingelassen habe.

Eigentlich wollte ich ja rein gar nichts planen – aber vor einer Woche habe ich mir dann doch meine Tagesetappen so ungefähr zurechtgelegt. Demnach hätte ich bis zu Monis Ankunft fünf Reservetage. Man weiß ja nie – es könnte ja durchaus möglich sein, dass ich mir aufgrund kleinerer oder auch größerer Schmerzen etwas Auszeit nehmen muss. Und dazu wären diese Tage vorgesehen.

Leider habe ich es nicht geschafft, mein geplantes Abmarschgewicht von 115 Kilo zu erreichen. Mit meinen jetzigen knapp 128 Kilo Lebendgewicht habe ich das Ziel nicht ganz unwesentlich überschritten. Auch das Training war eigentlich nicht so wirklich intensiv. Ich bin zwar einige Etappen zwischen 30 und 40 Kilometer marschiert, aber niemals an zwei Tagen hintereinander und auch niemals mit dem vollen Marschgepäck von ca. 14 Kilo. Meinen Rucksack habe ich erst gestern bekommen, hoffentlich habe ich alles drinnen, und wer weiß, was ich sonst noch so vergessen habe? Irgendwie ist es schon ein Abenteuer! Was wird da auf mich zukommen, wie wird das Wetter, wo werde ich schlafen? Hatte ich doch einen Traum zu viel?

Aus! Was soll das? Bekomme ich gerade Angst vor der eigenen Courage? Nein – schnell versuche ich, diese Gedanken zu verdrängen. Ich habe genug trainiert, und auch das Gewicht passt schon so, wie es ist! Schließlich brauche ich ja genügend Substanz, um davon auf den mehr als 1000 Kilometern zehren zu können. Aber irgendwie … ?

Flughafen Wien-Schwechat, Abflughalle! Während der Fahrt hierher haben Moni und ich noch alles Mögliche besprochen, aber nun ist es endgültig so weit. Es heißt Abschied nehmen …

Das kommt mir spanisch vor … Moni überreicht mir am Flughafen eine sehr persönliche Karte. Beim Lesen schießen mir schon die ersten Tränen in die Augen. Wir müssen den Abschied sehr schnell über die Bühne bringen, sonst würden wir einfach drauflosheulen. Aber auch kein Wunder – noch nie waren wir so lange getrennt. Wenn alles gut geht, werde ich mir jetzt für sechseinhalb Wochen meinen großen Traum erfüllen. Der Jakobsweg wartet auf mich, das spüre ich ganz deutlich.

Aber es ist ein weiter Weg, den ich vor mir habe. Ich fliege über Mallorca nach Bilbao und werde dort mal übernachten. Morgen fahre ich dann mit dem Bus nach Hendaye – und ab diesem Ort, gerade noch in Frankreich gelegen, geht es mehr als 1000 Kilometer zu Fuß zuerst bis nach Santiago de Compostela und dann weiter nach Finisterre und Muxía. Es handelt sich dabei um die sogenannte *Ruta del Norte*, den Küstenweg – eigentlich den ersten europäischen Jakobsweg überhaupt. Denn als sich im 9. Jahrhundert herumsprach, dass im Westen der Iberischen Halbinsel das angebliche Grab des Apostels Jakobus (auf Spanisch *Santiago*) entdeckt worden war, war der Großteil Spaniens von den Mauren, den Arabern, besetzt. Daher waren die Christen gezwungen, den anstrengenden Weg an der Küste entlang zu nehmen, um zum heiligen Grab zu kommen. Erst später, nach der Vertreibung der Mauren, der *Reconquista*, wurden die anderen Jakobswege erschlossen.

Da sitze ich nun in einem Airbus 320, der mich mit sehr gemischten Gefühlen nach *España* bringt – in unmittelbarer Nähe zu einer Gruppe österreichischer Fußballfans, die sich in Madrid den *Classico* Real Madrid gegen FC Barcelona ansehen wollen. Es weht schon nach einer guten Flugstunde ein leichter Bierduft zu mir herüber – die Fans sind also bereits sehr gut vorbereitet. Auch die Unterhaltungen werden von Minute zu Minute leidenschaftlicher und lauter. Es kommt mir fast schon vor, als wäre ich an einem Sonntag beim Frühschoppen. Nur dass die Kellnerinnen, pardon, die Stewardessen, keine Dirndln tragen und es Bier nur in Dosen statt in Krügerln oder Maß gibt.

Ich habe übrigens etwas mehr bezahlt, nur um einen XL-Sitz in der Notausgangsreihe zu ergattern – und: Ich sitze in dieser Reihe ganz allein. Anscheinend war den anderen übergroßen oder -breiten Mitreisenden dieser Aufpreis doch zu viel. Oder sie wussten mehr als ich –

denn nach dem Start habe ich jetzt plötzlich Gesellschaft in Reihe 13. So kann man auch ohne Aufzahlung einen „gscheiten“ Sitzplatz bekommen. Aber mir ist es egal – ich bin auf dem Weg ...

Der Flug über Mallorca nach Bilbao war trotz des Biervernichtungstrupps in meiner Nachbarschaft in Ordnung. Jetzt stehe ich im Infobüro am Flughafen Bilbao und eine nette *Señora* hat mir am Stadtplan den Weg zu einigen Telefonshops eingezeichnet. Ich möchte mir eine spanische Handywertkarte mit zusätzlichem Internetguthaben besorgen, um auch meine Mails hin und wieder abrufen zu können. Vor dem Flughafengebäude wartet schon der Bus, der mich ins Zentrum von Bilbao bringen wird. Der etwas sehr dickliche Fahrer erklärt mir, dass ich an der zweiten Haltestelle aussteigen muss. Ich bin mir sicher, dass ich mindestens bis drei zählen kann – daher bleibe ich nach dem ersten Halt einfach sitzen. Der Chauffeur rührt kein „Oahrwaschl“ (wie man in diesem Fall bei uns daheim sagen würde) – und das kommt mir spanisch vor! Bis eine etwas ältere *Señora* mir in eben dieser Sprache verständlich macht, dass hier bereits das Zentrum ist. Seit einem Aufenthalt auf den Kanaren kann ich *„Muchas gracias"* perfekt aussprechen. Aber viel mehr schon nicht! Trotzdem habe ich die *Señora* irgendwie verstanden. Na gut – dann steig' ich halt aus und werfe dem Fahrer einen verächtlich-fragenden Blick zu. Der ist aber über jede Gefühlsregung erhaben und fährt einfach weiter – als ob nichts gewesen wäre.

Die Dame am Flughafen-Infoschalter hat mir geraten, heute noch den Bus nach *Irún* zu reservieren, der morgen früh abfährt. Und sie hat mir gleich den Busbahnhof *Termibus* am Stadtplan markiert. Dieser Weg wurde mir von einem in ungefähr doppelt so schwer wie ich gehaltenen Jungspanier auf der Straße nochmals genauer erklärt, nicht ohne mir mehrere Male, anscheinend meine Pilgertätigkeit anerkennend, auf die Schulter zu hämmern. Super – jetzt tut mir nicht nur das Knie weh (hab ich das schon erwähnt?), sondern auch die Schulterblätter.

Aber die Strecke hat er mir ganz ordentlich beschrieben. So bin ich ohne große Umwege zum *Termibus* gekommen und habe dort um 8,23 Euro einen Platz im Bus morgen früh um 8:40 Uhr reserviert. Ich hoffe, ich verwechsle nicht Geld mit Uhrzeit. Und weil es mittlerweile schon Abend wird, suche ich mir eine Unterkunft. Ich habe zwar, mit meinem Sprachführer bewaffnet, einige Leute nach einer günstigen Pension in der Nähe gefragt – aber wahrscheinlich hatten sie Angst um ihr Leben, bei meinen Spanischkenntnissen.

Da mir also niemand bei der Suche nach einer billigen Bleibe helfen konnte, steige ich halt im 2-Sterne-Hotel *Estadio* ab, das sich unmittelbar neben der Busstation befindet. Meine Frage nach einem Pilgerrabatt bleibt bei der sich schon sehr jenseits des Mittelalters befindlichen Rezeptionistin nicht ohne Wirkung – sie bricht in lautes Lachen aus und nimmt mir, ohne mit der Wimper zu zucken, den Normalpreis von 49,75 Euro ab. Ich bin in Geberlaune und lasse 50 Euro über die Theke wandern, um sie mit einer gönnerhaften Geste etwas zu beschämen.

Das Zimmer ist in Ordnung – sollte es auch sein, bei dem Preis! Nachdem ich mir also das erste Quartier auf meinem Jakobsweg organisiert habe, marschiere ich in die Altstadt von Bilbao und bestelle mir in einer kleinen Bar mein erstes spanisches Bier, das hier *Cerveza* heißt. Dazu genehmige ich mir zwei *Tapas* – kleine Brote, mit allerlei Leckereien wie Schinken, Fisch, Melonen usw. belegt. Davon könnte ich mich schon einige Zeit ernähren. Wahrscheinlich werde ich das auch müssen, denn alle anderen Speisen auf der Karte kann ich nicht mal unfallfrei lesen, geschweige denn weiß ich, worum es sich dabei handeln könnte. Aber das kann ja noch werden ...

Zwei Stunden vor Mitternacht liege ich schon im Bett – so früh gehe ich zu Hause nie schlafen. Leider schmerzen mir beide Knie höllisch. Aber warum? Ich habe gerade mal geschätzte fünf Kilometer durch Bilbao hinter mir – das kann ja heiter werden. Das kommt bestimmt vom langen Sitzen im Flugzeug – da hat sich der XL-Sitz ja richtig bezahlt gemacht! Hoffentlich wissen meine Knie ab morgen, dass ich sie die nächsten Wochen schmerzfrei benötige. Mein Weg fängt ja erst an ...

2 HENDAYE – BILBAO: GEKOMMEN, UM ZU GEHEN

Marianne und Michael

Sind wir nicht alle Pilger?

Michael: *Auch ich habe eine lange „Pilgerschaft" hinter mir. Von der Steiermark über Vorarlberg nach Stuttgart und von dort nach Bayern sind es doch einige hundert Kilometer. Die bin ich zwar nicht zu Fuß marschiert, doch auch der Weg dorthin hat mein Leben verändert. Oder vielmehr das Ziel – anderes Land, andere Menschen, andere Sprache (zumindest anderer Dialekt). Aber ich muss zugeben, dass ich überall phantastisch aufgenommen wurde – vor allem in München. Vor nun mittlerweile unglaublichen mehr als 40 Jahren! 1973 lernte ich dann Marianne kennen, sieben Jahre später gab's die Hochzeit.*

Marianne: *Ich kann mich noch sehr gut erinnern, als ich diesen steirischen Sänger und Jodler zum ersten Mal im Münchner* Platzl *sah – wie ein „gstandenes" Mannsbild sah er ja nicht gerade aus. Er war so dünn, dass ich zweimal hinschauen musste, um ihn einmal richtig wahrzunehmen. Heute kann er sich sehen lassen – da sieht man, was die Liebe und die Kochkünste einer Frau alles zuwege bringen. Er hat sich sehr schnell eingewöhnt bei uns, irgendwie war er im Herzen immer schon ein „steirisch-österreichischer Bayer".*

Michael: *Ja, die fremden Sitten und Gebräuche fern der Heimat musste ich halt lernen, aber eigentlich hab' ich mich von Anfang an sehr wohlgefühlt in München. Die Sprache ist ja nicht wirklich anders, etwas viel „singa" oder „dringa" und „minga" hört man zwar, aber sonst reden s' in Bayern ja fast wie in der Steiermark. Und auch der Menschenschlag dürfte ähnlich sein – fleißige Leute, Handschlagqualität, Herzlichkeit – und sehr musikalisch.*

Marianne: *Und wenn's ums Feiern geht, dann sind die meisten ja sowieso nicht mehr zu bremsen – die Steirer wie die Bayern. Die Biergläser sind zwar bei uns da im Süden Deutschlands zweimal so groß wie im Steirischen, aber angeblich leert man dort die Gläser doppelt so schnell, so kommt man auf die gleiche Menge ...*

Michael: *Für mich war diese „Pilgerschaft" von Köflach nach München die Wende in meinem Leben. Denn dort traf ich Marianne – und nichts war wie zuvor. Vorbei* *war's mit der Ruhe ;-) Aber es war gut so, wie's gekommen ist, was hätte sie auch gemacht, ohne mich? Die Frauen sind ja so hilflos, ohne einen echten Mann an ihrer Seite. Autsch! Ähm – auch heute muss ich immer wieder mal zu Marianne pilgern, wenn ich mal etwas später nach Hause komme – aber das ist eine andere Geschichte.*

Marianne: *Gemeinsam sind wir mittlerweile mehrmals um den Erdball „gepilgert" – statt mit einem Rucksack voll Wandersachen mit einem Herzen voll Musik. Auf unserem Weg ging es über „Berge" und auch durch „Täler". Es gab Etappen voll Sonnenschein, aber hin und wieder auch graue Tage, an denen wir jedoch trotzdem so gut wie möglich versuchten, diese für unser Publikum musikalisch in allen möglichen Farben leuchten zu lassen.*

Michael: *So ähnlich stelle ich mir auch den langen Marsch nach Santiago vor. Nicht jeder Pilgertag wird ein „Freudentag" sein. Das Wetter, die Blasen an den Füßen, herumstreunende Mitpilger und unfreundliche Hunde – ah, umgekehrt natürlich – können einem bestimmt auch auf diesem Weg so manche Etappe „versauen". Aber ich bin mir trotzdem ziemlich sicher, dass doch die schönen Momente überwiegen. Die Freiheit, tun und lassen zu können, was man möchte. Nichts planen zu müssen, einfach dahinzumarschieren und das Leben zu genießen. Also Marianne, wenn du mal dorthin willst – ich halt dich nicht auf! Aber nur mit mir!*

Marianne: *Ich würde dich sowieso nicht zu Hause lassen – wer würde meinen Rucksack tragen? Aber wir beide haben auch so schon einen sehr langen gemeinsamen Weg hinter uns – und können dafür dem Herrgott nur tausendmal Danke sagen. Wie es der Zufall will, hat gerade Herbert für uns das Lied* Dankeschön *getextet, lange bevor er sich auf den Weg gemacht hat. Und heute passt dieser Titel wahrscheinlich für ihn genauso gut wie für uns – danke für jeden Tag, der uns geschenkt wird!*

¿Muchos problemas?

Tag 1 – 11.4.2010: *Hendaye – Pasaia, 27 km*

Wetter: *Von himmelblau bis dunkelgrau.*

Strecke: *Hondarribia sehenswert! Aufstieg Jaizkibel (527 m) sehr anstrengend für einen Pilgerneuling, hier gäb' es sicher eine tolle Aussicht, wenn das Wetter gepasst hätte! Pasaia liegt idyllisch in einer Bucht!*

Sonstiges: *Aufbruchsstimmung, Respekt!*

Quartier: *Herberge Pasaia – 10 Euro, inkl. „Wäschetrockner", ganz neu (10 Tage alt), Hospitalero Miguel sehr nett!*

Heute geht es um 8:40 Uhr los – mit dem Bus nach Hendaye. Mit mir unterwegs ist Paolo aus Venedig. Er hat fast sein gesamtes Berufsleben im Ausland verbracht – *„All over the world"*, wie er mir erklärt. Die letzten Jahre war er für eine italienische Großbank in Moskau tätig, für die er ein neues Filialnetz aufgebaut hatte. Irgendwie hat er es geschafft, mit 57 Jahren in Pension gehen zu können – und das noch dazu gesund und putzmunter. Er spricht neben einigen anderen Sprachen auch perfekt englisch und schildert mir, dass er 2005 bereits für zwei Wochen am *Camino Francés* von Burgos nach Santiago unterwegs war. Diesmal möchte er den gesamten Weg von St. Jean Pied de Port bis Santiago schaffen. Wir verabschieden uns in Hendaye, denn hier beginnt mein Fußmarsch. Paolo fährt mit dem Zug noch weiter, aber wir vereinbaren, am Weg über SMS in Verbindung zu bleiben.

Meine erste Etappe startet also jetzt, in Hendaye, in Frankreich. Da stehe ich nun, völlig allein im strahlenden Sonnenschein an der Bushaltestelle, und weiß nicht, ob ich lachen oder weinen soll. Natürlich überwiegt die Freude, aber etwas Bauchkribbeln ist schon dabei. Kein Pilger zu sehen – bin ich überhaupt am richtigen Platz? Im richtigen Land? Am richtigen Weg? Natürlich!!! Ich bin gekommen, um zu gehen! Also, auf geht's! Meine Füße beginnen zu wandern, während mein Kopf noch hier bleiben möchte, um die Stimmung der ersten Minuten eines großen Abenteuers aufzusaugen. Gut – wenn meine südliche Körperhälfte schon mal am Weg ist, dann marschiert auch der Rest mit! Es geht über die spanische Grenze nach Irún. Hier möchte ich unbedingt den ersten Stempel für meinen Pilgerausweis – als Beweis für meinen Start. Viele gute und nicht so gute Freunde denken ja, dass ich, als untrainierter Kugelblitz, diesen Weg sowieso nicht schaffe und mir wahrscheinlich irgendwo am Strand sechs Wochen lang die Sonne auf den Bauch scheinen lassen werde. Und da gäbe es genug Angriffsfläche.

Ich quäle mich die drei Kilometer zu der in meinem Reiseführer beschriebenen Herberge. Mann, tun mir die Knie weh! Das war eigentlich nicht so vorgesehen! Aber ich werde alles tun dafür, dass ich hier in Spanien nicht in einer Strandbar im Bier- und *Sangría*-Nebel versumpfen muss. Hey – da ist ja schon die *Albergue*! Zum ersten Mal sehe ich live die gelbe Pilgermuschel auf blauem Hintergrund über der Herbergstür. Ein gutes Gefühl, ich habe also die erste Etappe geschafft! Nein, das kann's natürlich noch nicht sein, es waren gerade erst ein paar Kilometer. Aber einen Stempel hole ich mir! Um am Ende der Reise in Santiago eine Urkunde zu erhalten und damit in den erlauchten Kreis der Jakobswegpilger aufzusteigen, muss man mit diesen Stempeleinträgen im Pilgerausweis die marschierte oder mit dem Rad zurückgelegte Strecke nachweisen. Der Ausweis heißt *Credencial del Peregrino* und wurde mir von der österreichischen Sankt Jakobs Bruderschaft in Sulz im Wienerwald gegen eine kleine Spende zugesandt.

Leider hängt an der Herbergstür nur ein Zettel, dass man den Stempel um diese Zeit in einer nahe liegenden Kirche bekommen kann. Wo ist die? Ich frage mich mit Händen, Füßen und „Spenglisch" (also *un poco* Spanisch und etwas mehr Englisch) bis zu einer sehr netten Dame durch, die mich persönlich zur Kirche bringt. Während des Wegs ergibt sich eine tolle Kommunikation. Ich verstehe nur, dass sie von mir wissen möchte, ob ich denn überhaupt kein Spanisch könne und das erste Mal hier wäre. Als ich beides mit einem perfekten „*Sí*" beantworte, höre ich von ihr nur: „*Muchos problemas* ..." Na, das fängt ja gut an! Sie will mir sagen, dass mich, ohne Kenntnisse der Sprache, des Landes und der Einwohner, hier bald riesengroße Probleme erwarten werden. Da werde ich ihr aber das Gegenteil beweisen müssen! Gemeinsam läuten wir den Priester raus – der mir endlich den ersten Stempel in meinen Pilgerausweis drückt. So, den hätte ich!

Jetzt geht es auf Wanderschaft. Erst mal den in meinem Führer empfohlenen Umweg in eine der schönsten mittelalterlichen Städte Spaniens,

Hondarribia, auf Spanisch Fuenterrabía. Leider nehme ich gleich mal die falsche Abzweigung und erwische so die viel befahrene Landstraße, die am Flughafen vorbeiführt. Aber auch auf diesem etwas unüblichen Pilgerweg komme ich in die wunderschöne alte Stadt, die mich mit ihrem ganz besonderen Flair sofort gefangen nimmt. Es ist jetzt schon knapp nach zwölf Uhr mittags, und mein erster Weg führt mich in die Kirche, um mir für meine Pilgerreise den Beistand von oben zu erbitten. Noch bin ich fast allein hier, doch plötzlich kommen nach und nach immer mehr Menschen – etwa alle wegen mir? Nein – da erscheint auch noch ein Pfarrer und plötzlich bin ich mitten in der hl. Messe. Na, wenn ich schon mal da bin, dann bleib ich halt! Der Priester ist ein verkappter Plácido Domingo. Er hat eine wunderbare Tenorstimme, und die Messe wird zu einem Erlebnis – in vielerlei Hinsicht. Die Zwiegesänge des Geistlichen mit einem nicht minder begabten Messdiener bleiben mir sicher lange in Erinnerung. Meine innere Gefühlslage ist zwischen „Halleluja!" und „Wohin soll ich mich wenden?" angesiedelt – ich bete für meinen Weg, und irgendwie spüre ich, dass alles gut gehen wird!

Gestärkt in geistiger Hinsicht merke ich, dass mein körperlicher Zustand nach der Messe damit nicht ganz mithalten kann. Daher gehe ich zu einer nahen Bar – bei uns würde man Kirchenwirt dazu sagen. Davor stehen einige Tische in der heißen Sonne, gleich neben dem Palast Kaiser Karls V., der jetzt ein *Parador* ist, also ein staatliches 5-Sterne-Hotel. Hier esse ich eine Kleinigkeit, und der Wind der Freiheit weht mir um die Ohren. Zumindest deute ich das Lüfterl vom Meer herauf in dieser Situation genau so.

Jetzt muss ich aber doch noch etwas pilgern – und so mache ich mich auf den Weg nach Guadalupe. Ich versäume natürlich eine Abzweigung – wie so oft auch zu Hause während meines Trainingslagers. Dadurch muss ich einen Umweg einschlagen, der mich fast wieder nach Irún zurückführt. Wieder muss ich mich durchfragen. Zwei *Señoras* und ihr Begleiter erklären mir in wortreichem Baskisch – irgendetwas? Ich bin ja jetzt im Baskenland, der schon ewig nach Freiheit strebenden Region im Norden Spaniens. Jeder Mann, der etwas auf sich hält, trägt hier die so typische Baskenmütze – so auch der Bodyguard der beiden Damen. Ich kann jedoch lange nicht verifizieren, wo mein Weg weitergehen soll, denn jede der drei Personen deutet in eine andere Richtung. Bis irgendwann der gut behütete *Señor* ein Machtwort spricht und entschieden in eine Richtung zeigt. Die beiden älteren Mädls geben sich geschlagen und plötzlich zeigen mir sechs Hände den Weg. Danke!

Auf geht's – rauf geht's! In knapp einer Stunde habe ich die schöne, jedoch sehr anstrengende Strecke über diverse, kaum befahrene Straßen und einsame Waldwege geschafft. Jetzt bin ich vor der Kirche in Guadalupe – und daneben befindet sich zufällig eine große Bar. Also – kurz etwas trinken, und weiter geht's im Programm. Allerdings übersehe ich, dass es bereits 14:30 Uhr ist. Aber ich bin derart in Euphorie, dass mir das völlig egal ist.

Mein Reiseführer empfiehlt den Weg über den Berg – der angeblich nicht sehr viel anstrengender ist als der normale, im Tal entlangführende *Camino*. Ich als „Kind der Berge" nehme natürlich den gerade von mir neu getauften *Camino Alpinistico* – und bereue es relativ schnell. Es geht senkrecht bergauf, zumindest kommt es mir so vor. Zusätzlich zieht der Himmel zu, und es scheint, als ob jeden Moment die Schleusen geöffnet werden. Die Bucht von Irún liegt noch im hellsten Sonnenschein. Vor mir aber türmen sich dunkelgraue Regenwolken auf.

Ich trotze dem potenziellen Wetter und marschiere einfach weiter. Vorbei an einigen Wachtürmen, die vor langer Zeit die Grenze zu Frankreich schützen sollten, bis zum Gipfel des Jaizkibel auf 527 Metern. Wahnsinn, das Pilgern ist ganz schön anstrengend. Ich trinke meine letzten Wasservorräte aus und bin noch immer durstig. Kein anderer Mensch ist so blöd wie ich und wandert um diese Zeit, ohne Wasser und bei diesen Wetteraussichten, hier oben rum. Es wäre sicher eine wunderschöne Etappe, wenn da nicht die dicken Nebelschwaden wären, die ganz eng an beiden Seiten des Grats hängen. Sie versperren mir die Aussicht auf das Meer – und das ist gemein! Jetzt bin ich also hier oben, ohne Plan und ohne Wasser! Ich hoffe, ich überlebe die erste Etappe. Denn mindestens zwei Tage wäre ich schon gerne unterwegs, bevor ich mich in meine Strandbar zurückziehen muss. Meine Rückversicherung hier ist die Landstraße, die 100 Meter unter mir den Berg raufführt. Im Notfall geh ich einfach Autostoppen. Müsste ja keiner wissen, dass ich gleich am ersten Tag die „Patschen gestreckt" habe …

Es wäre sehr freundlich, wenn es endlich mal wieder abwärts gehen würde – aber dem ist nicht so. Es geht weitere sechs Kilometer am Grat entlang. Manchmal auch sehr nahe am Abgrund, oft bleiben nur 50 Zentimeter Auftrittsflächen – und links davon geht es Hunderte Meter bergab. Aber mir macht das nichts! Rede ich mir zumindest ein. Irgendwie schaffe ich die Strecke doch und komme ausgepowert, aber heil nach Pasaia. Ich habe auf meinem Handy die Strecke GPS-mäßig aufgezeichnet, durch meine Umwege bin ich heute an die 27 Kilometer gewandert und habe dabei knapp 700 Höhenmeter bewältigt – für den ersten Tag nicht schlecht. Das meinen auch meine Knie – und dementsprechend „locker“ ist mein Gang, als ich mich die vielen Stufen nach Pasaia hinunterquäle.

Der Ortsteil hier heißt auf Baskisch Pasaia Donibane, auf Spanisch Pasajes de San Juan – und auf Deutsch Sankt Johann. Genauso wie das Dorf, in dem ich seit mehr als 15 Jahren wohne. Wenn das kein Zufall ist!? Gestern bin von zu Hause aus in dieses Abenteuer gestartet – und heute bin ich wieder in einem Sankt Johann. Ein Zeichen? Ich bin sicher, ein gutes!

Am Platz beim kleinen Hafen wird der Unabhängigkeitstag gefeiert. Nicht, dass es den Basken bereits gelungen wäre, sich von Spanien loszusagen. Aber mit friedlichen Veranstaltungen wie dieser wollen sie ihre Freiheit dokumentieren, und sie hoffen, dass ihr Traum irgendwann doch noch in Erfüllung gehen wird. Leider Gottes gibt es auch heute noch gewaltsame Versuche, das Baskenland von Spanien zu „befreien“. Aber in letzter Zeit hat sich die ETA, die baskische Befreiungsorganisation, doch einigermaßen ruhig verhalten.

Ein Einheimischer erklärt mir, dass es hier kein einziges Fremdenbett gibt. Na gut – probier’ ich mein Glück halt in der laut Führer nicht vorhandenen Herberge. Ich frage mich einfach durch – und siehe da, seit zehn Tagen gibt es hier doch eine Pilgerunterkunft. Neben einem Engländer, Tony, bin ich heute der einzige Gast hier.

Der *Hospitalero* heißt Miguel – aber wir können Mike, Michel, Michl oder wie auch immer zu ihm sagen, meint er und lacht bis über beide Ohren. Derzeit freut er sich noch über jeden Pilger, der den Weg zu seiner Unterkunft findet.

Tony und ich sind die einzigen Nicht-Spanier in der kleinen Kneipe am Hafen. Irgendwie hat man das Gefühl, als ob hier noch niemals ein Fremder den Fuß auf diesen Boden gesetzt hätte. Wir werden wie Außerirdische begutachtet. Aber irgendwann werden sie ja doch zutraulich, und ein Pärchen setzt sich zu uns, um uns auf Spanisch – oder besser gesagt auf Baskisch – seine gesamte Lebensgeschichte zu offenbaren. Tony und ich verstehen kein Wort, aber man kommt auch mit einem zustimmenden Nicken und einem freundlichen Lächeln weiter. Nach einigen *Cervezas* (ich muss dazusagen, dass die Bierchen in Spanien mit ihren 0,2 Litern wirklich sehr winzig ausfallen) verabschiedet sich das Paar sehr herzlich von uns, wahrscheinlich gehören wir ab jetzt zur Familie. Was haben die uns eigentlich erzählt?

Knapp nach 22 Uhr steigen wir wieder die unzähligen Stufen hinauf zur oberhalb des Hafens gelegenen Herberge. Es wird meine erste Nacht in einem Etablissement dieser Art – und auch Tony hat bisher noch keine derartigen Erfahrungen.

So schaut also eine Herberge aus …

Aber Miguel macht uns mit dem Notwendigsten vertraut – Duschen, WC, Wäschetrockner. Den habe ich probiert – aber danach sind meine zuerst mit meinem Reisewaschmittel behandelten Sachen nässer als je zuvor.

¿Muchos problemas?

Durch das Fenster leuchten ein paar Sterne, und vom Hafen rauf höre ich das Meer rauschen. Ich bin wirklich hier! Am Weg! Mein Traum fängt an zu leben! *¡Buenas noches!*

Haie, Tapas, Internet

Tag 2 – 12.4.2010: *Pasaia – San Sebastián, 17 km (gesamt 44)*
Wetter: *Heiter (nicht nur das Wetter).*
Strecke: *Mit der Fähre von Pasaia-Donibane nach Pasaia-San Pedro und an der Küste entlang nach San Sebastián. Genau von diesem Weg hab ich geträumt! San Sebastián (180.000 Ew.) gilt als eine der schönsten Städte Europas, 3 km breite Concha-Bucht, „Tapas-Hochburg“, Aquarium …*
Sonstiges: *Ich bin am Weg! Meine Knie auch …*
Quartier: *Herberge La Sirena in San Sebastián – 17 Euro, inkl. Frühstück, der gute Gesamteindruck wird durch „verbesserungswürdige“ Duschen getrübt!*

Diese Nacht war nicht mein Freund – schlafen konnte ich lange Zeit überhaupt nicht, weil mein rechter Fuß höllisch schmerzte. Bis vier Uhr früh hörte ich jede Stunde die Glocken der nahe liegenden Kirche, und als mich mein Handywecker um 6:30 Uhr aus dem Bett schüttelte, hätte ich ihn am liebsten im Meer versenkt. Aber Miguel bleibt unbarmherzig – hier regiert er. Und wenn King Michl meint, dass man als Pilger um sieben Uhr aus dem Haus gehen muss, dann gibt es keine Widerrede. Hey – ich mache das freiwillig …

Das Einpacken, Auspacken und Umpacken des Rucksacks dauert bei mir etwas länger – irgendwie hätte ich da doch einen Lehrgang auf der Volkshochschule absolvieren sollen, zum Beispiel „Richtig Packen für Voll-Dummies“. Ob es etwas in diese Richtung gibt? Nach meinem Weg müsste ich in dieser Disziplin ja unschlagbar sein – glaube ich zumindest!

Auf geht’s mit Tony. Vorher herzen wir noch Miguel und spenden ihm je zehn Euro. Die *Albergue* war ja wirklich vom Feinsten – bis auf den Trockner. Auf der Fassade ist übrigens die Entfernung bis Santiago eingezeichnet – ich habe nur mehr läppische 825 Kilometer vor mir. Miguel erzählt mir allerdings, dass es sich bei dieser Messung um die Strecke auf dem *Camino Primitivo* handelt, mein Weg über den *Camino del Norte* ist noch um 50 Kilometer länger. Okay – das werd’ ich auch noch schaffen … Tony und ich stolpern die mindestens 200 Stufen runter zum Hauptplatz. Wir beide gehen in etwa so wie Arnold Schwarzenegger nach 100 Wiederholungen von je 200 Kniebeugen mit ca. 300 Kilo Gewicht am Rücken. Ich bin mit meinen Schmerzen im Knie nicht allein – aber das ist kein Trost. Es heißt zwar, geteiltes Leid sei halbes Leid, doch mir kommt es jetzt vor, als ob es eher doppeltes Leid wäre, denn diese Schmerzen werden von Stufe zu Stufe ärger. Aber was soll's – ich bin auf dem Weg, und da lasse ich mich doch von so etwas nicht einschüchtern. Wenn es nur nicht so wehtun würde …

Die Bar von gestern hat natürlich geschlossen – der ganze Ort wirkt wie ausgestorben. Nur zwei Katzen streiten sich am Wasser um die letzten Reste eines Fisches, den sie irgendwo gestibitzt haben. Aber – es gibt menschliches Leben in Pasaia. Zwei Damen gehen an den beiden fauchenden Katzen vorbei – direkt auf uns zu. So, die fragen wir jetzt, wo es denn um diese Zeit etwas zu essen geben könnte. An unserem perfekten Nicht-Spanisch erkennen sie sofort, dass wir höchstwahrscheinlich keine Basken sind, und antworten uns in vollendetem Englisch. Es stellt sich heraus, dass sich beide vor einigen Jahren ihre Träume erfüllt haben und aus Großbritannien bzw. Kanada hierher ausgewandert sind. Sehr schön für sie – und auch für uns!

Denn jetzt wissen wir, dass es auf der anderen Seite der Bucht einige Bars gibt, in denen man sehr gut frühstücken kann. Dazu muss man sich mit einem kleinen Fährboot rüberbringen lassen, sonst gäbe es nur einen sehr langen Umweg um die gesamte Bucht herum. Da unser Weg sowieso drüben weitergeht, zahlen wir die 60 Cent und fahren mit dem Schiff ganze zwei Minuten von Pasaia-Donibane nach Pasaia-San Pedro. Und wirklich, hier finden wir Nahrung. In einer Bar trinken wir unseren ersten *Café con leche* (Milchkaffee) und essen Eierspeis – oder so etwas Ähnliches. Meine erste *Tortilla*!

Die Einheimischen schauen sehr unausgeschlafen aus, sind aber auch am frühen Morgen außerordentlich nett. Wir verstehen zwar wieder fast kein Wort, aber irgendwie spürt man, dass man als Pilger privilegiert ist. Viele klopfen uns auf die Schulter oder zwinkern uns zumindest anerkennend zu. Da kann ja dann nichts mehr schiefgehen, auf unserem Weg.

So, wir müssen los! Rauf mit dem 14 Kilo schweren Rucksack und raus aus der Bar. Zuerst geht es wieder geschätzte 2000 oder noch mehr Stiegen hinauf am Friedhof vorbei, und dann stoßen wir auf den gut markierten Küstenwanderweg. Der ist einfach unglaublich! Genau davon habe ich in den letzten zehn Jahren so oft geträumt. Mit dem blauen Meer zu meiner Rechten geht es, im heißen Sonnenschein Spaniens, durch eine tolle Landschaft bis nach San Sebastián. Es ist heute eine kürzere Strecke, nach 17 Kilometern haben wir das Ziel erreicht. Ich spüre jeden einzelnen Meter in den Knochen – und vor allem in den Knien. Ich hoffe, dass ich heute besser schlafen kann. Und morgen könnten die Schmerzen dann überhaupt aufhören – bitte!

San Sebastián zählt laut unzähligen Reiseberichten zu den schönsten Städten Europas – ich kann das nur uneingeschränkt bestätigen. Aber auch die *Tapas* in der wunderschönen Altstadt mit ihren verwinkelten, engen Gassen haben es uns angetan. Danach wandern wir den langen Sandstrand entlang zur Jugendherberge. Ich bin mir sicher, dass sich hier in einigen Wochen die Touristen gegenseitig auf die Flossen steigen werden. Aber jetzt ist der Strand fast menschenleer – großartig!

Die Übernachtung in der Jugendherberge kostet 17 Euro – mit Frühstück. Wir geben unsere Sachen ab, beziehen ein Zimmer mit vier Stockbetten in der ersten Etage und richten uns häuslich ein. Dann starten wir mit dem Bus wieder ins Zentrum. Laut meinem Reiseführer sollte man hier unbedingt das Aquarium besuchen. Und wirklich, da wurde nicht zu viel versprochen. Es gibt hier Fische in einer Farbenvielfalt, die ich so noch nie gesehen habe. Und in einem Unterwassergang kann man durch das riesengroße Aquarium marschieren, während oben, unten und neben uns Haie, Rochen und sonstige Großraumfische vorbeiziehen. Tony ist ganz aus dem Häuschen und bedankt sich tausendmal bei mir, dass ich ihn da mitgeschleppt habe. Ich freue mich aber auch, ihn dabei zu haben. Er entpuppt sich als Kenner der Unterwasserwelt, und so erfahre ich sehr viele „Hintergrundinformationen“ über die meisten der Meeresbewohner hier. Viele sind mir völlig unbekannt, manche kenne ich nur aus *Nemo* …

Am Abend sind wir natürlich wieder in der Altstadt, wo die nächsten *Tapas* auf uns warten. Tony erzählt mir „seine“ Geschichte des *Caminos*. Er stammt ursprünglich aus Kenia, wo er lange Zeit für einen großen Zementerzeuger als Agronom tätig war. Immer wieder wurden von seiner Firma neue Schotterabbaugebiete erschlossen, die dann am Ende wieder der Natur zugeführt werden mussten. Und dafür war Tony zuständig. Er hat alle notwendigen Maßnahmen gesetzt, sodass der Schaden für die Umwelt nach der Ausbeutung durch den Menschen so gering wie möglich gehalten werden konnte. Es wurden Teiche angelegt, neue Pflanzen gesetzt, die Tierwelt wieder reaktiviert usw. Er erzählt es mit einer derartigen Leidenschaft, dass seine Augen im Dunkel der Bar zu leuchten beginnen. Und mittlerweile meine auch – und das liegt nicht an den *Cervezas*.

Umso mehr kann ich auch seine Enttäuschung nachempfinden, als er mir vom tristen Londoner Alltag erzählt, in dem er jetzt lebt. Er hat zwar die Frau seines Lebens gefunden, eine Engländerin, die er in Kenia kennengelernt hat. Aus Liebe zu ihr hat er vor einigen Jahren sein Heimatland verlassen und lebt jetzt in Großbritannien. Aber glücklich kann er dort nicht werden. Den Großteil seiner mittlerweile 57 Jahre hat er in und mit der Natur verbracht. Und jetzt muss er sich mit Gelegenheitsjobs als Gärtner und Taxifahrer durchschlagen. Er hasst es, abends in die Wohnung zurückzukehren, weil er sich dort eingeengt und unfrei fühlt. *„Like a prison“*, wie er sagt. Er hofft, auf diesem Weg eine Entscheidung für seine Zukunft zu finden, um aus diesem Gefängnis ausbrechen zu können.

Seine Frau hat es bisher immer abgelehnt, mit ihm zurück nach Kenia zu gehen. Soll er den Menschen, den er am meisten liebt, für seine Heimat aufgeben? Oder gibt es doch eine Möglichkeit, auch in London glücklich zu werden? Die allerschönste Variante wäre natürlich, wenn er gemeinsam mit seiner Frau wieder in sein Land zurückkehren könnte.

Tony erzählt mir von seiner Kindheit und Jugendzeit, in der er einige Zeit in Schottland verbracht hatte. Seine Eltern gehörten zur weißen Oberschicht Kenias und konnten es sich leisten, ihren Kindern im Land der ehemaligen Kolonialherren eine besondere Ausbildung zukommen zu lassen. Die bestand neben geistigen und kulturellen Schwerpunkten auch aus besonders „gemütlichen“ Ritualen, um die jungen Männer an die Härten des Lebens zu gewöhnen und sie zu Disziplin und Ordnung zu erziehen. Tony erzählt, dass jeden Tag um 5.30 Uhr Tagwache war. Danach ging es sofort in den Waschraum, wo man sich in Badewannen, gefüllt mit eiskaltem Wasser, in Sekundenschnelle vom Schläfer in einen frischen Eisbären verwandeln musste. Ich könnte Tony ewig zuhören – er ist ein begnadeter Erzähler, und ich merke, dass ich immer schneller seinen englischen Worten folgen kann. Die Sprache ist kein Hindernis – wir quatschen einige Stunden, und mittlerweile denke ich schon auf Englisch. Wie schnell das doch gehen kann! Ich bin zwar sicher, dass meine Grammatikkenntnisse nicht sehr weit über denen eines zweijährigen englischen Kleinkindes liegen, aber ich rede einfach drauflos – ohne Skrupel und ohne Hemmungen. Und das Beste dabei: Tony versteht mich!

Irgendwann möchte Tony aber auch wissen, was ich denn so treibe. Ich erzähle ihm von meiner Familie und meinem EDV-Job. Aber so richtig interessant wird es für ihn, als er von meinem kreativen Zweitberuf als Liedtexter erfährt. Ich muss ihm alles erzählen, bis ins kleinste Detail. Und so schildere ich ihm, wie vor mehr als 13 Jahren mein musikalischer *Camino* begonnen hat:

Schon seit vielen Jahren habe ich für sämtliche Hochzeiten in unserem Ort die sogenannten „Maschkererbriefe" verfasst. Es ist im südlichen Niederösterreich so üblich, dass zur späteren Stunde die Freunde des Brautpaars bei der Hochzeitstafel im Gasthaus erscheinen und dort in allen möglichen Verkleidungen über das Leben der Frischvermählten Auskunft geben. Da werden natürlich viele alte Geschichten des in diesem Moment vielleicht gar nicht mehr so glücklichen Brautpaars ausgegraben, kleine Eigenheiten einer großen Verwandtenschar offenbart und auch sonst allerlei Begebenheiten erzählt, für die es eigentlich besser gewesen wäre, wenn sie nie das Licht der Öffentlichkeit erblickt hätten. Aber so ist es der Brauch – und damit muss ein junges Brautpaar halt leben. Dass diese „Maschkererbriefe" allerdings dafür verantwortlich wären, dass es immer weniger Trauungen gibt, ist zwar leicht möglich, aber nicht erwiesen. All diese meist wahren, aber manchmal natürlich leicht übertriebenen Ereignisse sind in Reimform auf einem oft mehr als zwei Meter langen Pergamentbogen niedergeschrieben und werden von einem als Clown kostümierten „Moderator" vorgelesen. Und da ich eben diese „Maschkererbriefe" verfasst hatte, durfte ich auch gleich immer den Kasperl spielen. Irgendwann war mir diese „nervenaufreibende" Tätigkeit dann doch zu wenig und ich träumte davon, mein anscheinend vorhandenes Talent zum Reimen in anderer Form zu nutzen.

Und dann traf ich zufällig Markus Wolfahrt von den Klostertalern. *Die Gruppe hatte damals gerade den Grand Prix der Volksmusik mit dem Titel* An a Wunder hab i glaubt *gewonnen und sie waren die absoluten Stargäste bei unserem Siedinger Volksfest, das zu dieser Zeit eine der größten Veranstaltung dieser Art in Niederösterreich war. Als Verwalter der veranstaltenden Feuerwehr war ich natürlich im Organisationsteam des Festes, und so kamen Markus und ich nach dem gelungenen Auftritt ins Gespräch. Ich erzählte von meinen „Maschkererbriefen", und er meinte, dass sie gerade an einer neuen Produktion arbeiten würden. „Wennscht was Gscheites hascht, dann schick mas", sagte er in seinem unnachahmlichen Vorarlberger Dialekt. Er setzte mir damals also den Floh ins Ohr, es mal mit Liedtexten zu versuchen.*

Allerdings sollte es noch fast zehn Jahre dauern, bis die Klostertaler *wirklich den ersten „Hirschi"-Titel aufnahmen. Ich hatte damals keine Ahnung vom Musikgeschäft, aber mein Ziel war klar: Ich werde Liedtexter. Es war ein Traum, der in mir brannte. Eigentlich genauso wie jener, der mich jetzt auf diesen Weg geführt hat. Und schon damals dachte ich mir – ich schaffe das!*

Also sang ich meine selbst verfassten Texte zu einer ebenfalls selbst komponierten Melodie auf eine damals noch gebräuchliche Musikkassette – und begleitete mich dabei auch selbst auf der Gitarre. Und dann verschickte ich dieses hohe Werk der Musik per Post auch wirklich an die Klostertaler. *Wahnsinn – dieses Gejaule zu einer verstimmten und etwas sehr unorthodox gespielten Gitarre mit alten Nylonsaiten hätte heute vielleicht Kultcharakter auf YouTube, verursachte damals aber bei den Hörern dieser erlesenen Kassette höchstwahrscheinlich eine Massenpanik. Freundlicherweise bekam ich auch keine Rückmeldung, was mich damals ziemlich ärgerte. Heute weiß ich natürlich, dass mir nichts Besseres passieren konnte. Denn wenn dieses Schreiben ehrlich ausgefallen wäre, dann hätte ich meinen Traum von der Musikbranche genau in diesem Augenblick für beendet erklärt.*

So aber war ich weiterhin hoch motiviert. Und dann lernte ich durch Zufall einen der arriviertesten Oberkrainer-*Komponisten Österreichs kennen, Hans Klauser vom* Heimatlandecho. *Sein PC machte Macken, und ich half dabei, ihm diese wieder auszutreiben. Und dabei erzählte ich Hans von meinen Texterambitionen. Er war gerade dabei, Titel für verschiedene neue Produktionen zu komponieren, und gab mir die Chance, hier meine kreative Ader beweisen zu können. In nächtelangen Sitzungen entstanden neben einem funktionierenden PC-System auch viele gemeinsame Lieder, die dann auch wirklich aufgenommen wurden. Plötzlich hatten viele* Oberkrainer-*Gruppen Klauser/Hirschler-Titel im Programm. Erst jetzt war mir bewusst, wie sich ein professionell gemachtes Demo anhören muss, um bei einer Titelauswahl überhaupt eine Chance zu bekommen, länger als zehn Sekunden angespielt zu werden. Das Arrangement muss schon den Charakter des Liedes widerspiegeln, die einzelnen Instrumente müssen entweder original oder mit Keyboards eingespielt werden, und die Sounds sollten perfekt klingen. Wenn dann auch noch der Gesang passt und eventuell auch schon die Chorpassagen richtig eingesungen wurden, kann man das Demo als Titelvorschlag den Interpreten oder Plattenfirmen zu-*

senden, die dann eine Auswahl für die nächste anstehende Produktion treffen. Aber erst dann, wenn das Demo perfekt klingt! Wenn ich da an meine Kassette denke …

Nach und nach ergaben sich auch Kontakte mit anderen Komponisten. Ich hatte das Glück, nach den oben erwähnten „Anfangsschwierigkeiten" doch relativ schnell in dieser Branche Fuß fassen zu können. Auch die Interpreten wurden immer prominenter, mittlerweile nahmen schon Volksmusikgrößen wie die Stoakogler, *die* Zillertaler *und die* Edlseer *Titel „Made by Hirschi" auf. Und mit dem Lied* Nur der Wind singt leis' sein Lied *von Margret Almer war ich auch schon Nummer eins in einigen österreichischen Schlagerhitparaden. Es geht ja doch – wenn man nur fest daran glaubt …*

Die Zeit vergeht im Flug. Ein Blick auf die Uhr sagt, dass wir uns seit vier Stunden gegenseitig die Birne vollquatschen. Ein tolles Gefühl – zwei Fremde, die sich gestern das erste Mal in ihrem Leben getroffen haben, werden innerhalb kürzester Zeit zu einer eingeschworenen Gemeinschaft, zu Freunden! So etwas passiert am *Camino* – und ich bin sicher, das ist erst der Anfang …

Irgendwann marschieren wir wieder zurück in die Herberge. Moni und ich werden heute das erste Mal versuchen, über das kostenlose WLAN in der Herberge eine Internet-Videokonferenz aufzubauen – Skype macht's möglich! Jedes Gepäcksstück habe ich vor meiner Reise abgewogen und überlegt, ob ich es wirklich benötigen werde. Nur mein 600 Gramm schweres Netbook war ein Fixstarter unter all den Sachen. Es ist mit Kamera und Mikrofon ausgestattet, und man kann damit ausgezeichnet skypen – wie sich jetzt herausstellt. Wir sind zwar Tausende Kilometer voneinander entfernt, aber wir hören und sehen uns einwandfrei. Na gut – so toll ist die Sicht auch wieder nicht. Auf dem kleinen Bildschirm schaut meine Moni aus, als ob sie zu Schlumpfinchen mutiert wäre. Nur die Hautfarbe unterscheidet sie doch noch etwas.

Ich erzähle ihr von meinen ersten Tagen. Auch von meinen Schmerzen in den Knien, von Tony und von dem Wäschetrockner gestern Abend, der eigentlich ein Wäschenässer war. Alles ganz genau, bis ins kleinste Detail – ich bin derzeit ganz allein im Zimmer, da ist das kein Problem. Auch sie versorgt mich mit den neuesten Informationen aus der Heimat. Dann schaut mal meine Tochter Sandra kurz in die Kamera und erzählt mir von ihrem Wochenende und wie sehr sie sich nicht freut, wieder in die Schule gehen zu müssen. Christoph ist irgendwo bei Freunden, das ist auch nichts Neues. Mein Gott – mir geht meine Familie schon jetzt nach gerade mal drei Tagen ab. Aber ich habe ja nur mehr an die sechs Wochen, die schaff' ich auch noch.

Um mich auf andere Gedanken zu bringen, schneidet Sandra alle möglichen Grimassen in die Kamera. Eine ist ihr besonders gelungen, denke ich. Aber das war nicht sie, denn plötzlich habe ich mein Golden Retriever-Mädl Sandy in Großaufnahme am Bildschirm. Sie schleckt kurz über den Monitor, läuft davon und kommt gleich darauf zurück – mit einem Wollknäuel und ihrem Quasterl im Maul, die sie beide vor dem PC meiner Frau fallen lässt. Sie bringt mir also auch über die große Entfernung hinweg ihre Spielsachen – so wie sie es immer macht, wenn ich heimkomme. Diesmal schau ich zwar bestimmt etwas sehr verändert aus, am kleinen Netbook-Schirm. Aber das macht für sie anscheinend keinen großen Unterschied. Nach einer halben Stunde beenden wir mit einigen virtuellen Bussi-Bussis die Skype-Session. Ich bin sehr froh, dass ich mich letztendlich doch entschieden habe, den kleinen Computer mit auf die Reise zu nehmen. Ich bin zwar jetzt mit dem Netbook und meinem GPS-Handy so etwas wie ein Hightech-Pilger – aber damit kann ich leben.

Wir sind vier *Peregrinos*, so nennt man uns Pilger auf Spanisch, die sich das Zimmer mit vier Stockbetten teilen. Ich habe zum Glück eine Liege in der unteren Etage zugeteilt bekommen. Wahrscheinlich wollten die Herbergsbetreiber bei meinem Gewicht nicht allzu viel riskieren.

Vor dem Schlafen geht es noch ab in die Dusche. Und hier wird der ansonsten sehr schöne Gesamteindruck der Jugendherberge etwas getrübt. Die Kabinen wurden anscheinend schon seit Jahrtausenden nicht mehr renoviert. Und als ich einen kleinen Stromschlag beim Betätigen des Intervallschalters für das Licht erhalte, verlasse ich die Nasszelle fluchtartig. SOS – ich hoffe, dass mich keine Kleinstlebewesen verfolgen!

Lauschangriff

Tag 3 – 13.4.2010: *San Sebastián – Zarauz, 21 km (gesamt 65)*
Wetter: *Keine Wolke in Sicht.*
Strecke: *Anfangs steil bergauf, von 0 auf 300 m, dann durch Wälder und Weingärten nach Orio und weiter nach Zarauz. Immer am Meer entlang! Wunderschöner Strand in Zarauz.*
Sonstiges: *Alles läuft nach Plan! Bis auf die Schmerzen …*
Quartier: *Jugendherberge Zarauz – 14,50 Euro, inkl. Frühstück, großes 4-Bett-Zimmer mit Riesendusche. Toll!*

Ich hatte zwar gestern Abend noch Schmerzen in den Beinen, habe dann aber doch die Nacht durchgeschlafen wie ein Baby. Kurz nur hörte ich jemanden sägen, aber vielleicht war ich das selbst? Wer weiß? Knapp nach acht Uhr gehen Tony und ich frühstücken – es gibt Weißbrot mit Butter, Marmelade und Kaffee. Danach marschieren wir los – und es geht gleich richtig bergauf. Ich bin morgens nicht zu bremsen, vor allem diese Steigungen habe ich zu Hause ausgiebig trainiert. Tony ist eher das flache Buschland Kenias gewöhnt, daher beschließen wir, uns zu trennen. Jeder geht seine eigenen Wege, in seinem eigenen Tempo – spätestens in Zarauz wollen wir uns wieder treffen.

Der *Camino* führt durch Pinienwälder und Weingärten, immer wieder marschiere ich an Labestationen vorbei, die pilgerfreundliche Basken für durstige *Peregrinos* errichtet haben. Ich fühle mich außerordentlich wohl hier, die Menschen grüßen freundlich, und wenn ich mal eine Abzweigung verfehle, ist immer jemand zur Stelle, der mir hilft. Jetzt geht es hinunter nach Orio, aber ganz schön steil. Ich habe Angst um meine Knie – doch es geht schon irgendwie. Hey, das reimt sich – langsam formen sich in meinem Kopf Ideen für neue Lieder, die ich sofort in den Sprachrekorder meines Handys singe. Ich hoffe, ich werde nicht verhaftet – ein Irrer, der lachend und in sein Telefon lallend durch die Gegend zieht. Aber ich fühle mich wohl dabei! Ich denke auch nach über eine englische Übersetzung meines Grand Prix-Titels *Das Leben* – eventuell kann mir Tony ja dabei helfen. Und wenn es ein Welthit wird, dann beteilige ich ihn an den Millionen …

In einer Bar am Hauptplatz von Orio mache ich kurz Rast und deute auf ein gut aussehendes „Etwas“, das am Tresen angeboten wird. Die ebenfalls nicht übel aussehende *Señorita* hinter der Schank erklärt mir, dass es sich um *Pan de Pita* handelt – im Toaster angeröstetes Brot mit *Jamón*, also Schinken. Schmeckt sehr gut, ist aber sehr wenig! Dazu ein Cola und eine Aufladung für meine Wasserflasche – und dann geht es weiter Richtung Zarauz. Es ist eine Wahnsinnstour – körperlich und landschaftlich. Durch Wälder und Wiesen – wie daheim. Nur habe ich hier immer das Meer in Sichtweite.

Nach einer sehr schweißtreibenden Steigung biege ich in den in meinem Reiseführer empfohlenen Pfad Richtung Steilküste ein, wo es einen tollen Weg über saftige Wiesen nach Zarauz geben soll. Etwa 30 Meter von mir entfernt sitzt eine Rucksackträgerin im grünen Gras und lässt sich die Sonne auf den Bauch scheinen. Das ist sicher eine spanische *Señora*, also grüße ich ganz freundlich: *„¡Hola!“* Und wirklich, es kommt ein *„Buenos días“* zurück. Also doch – die ist von hier! *„¡Adiós!“* – und weiter geht’s in Richtung Felsen.

Doch plötzlich ist da eine Markierung, die ich *Peregrino*-Lehrling anscheinend falsch deute. Es geht runter zum kilometerlangen Strand nach Zarauz, aber leider mitten rein in einen abgesperrten Campingplatz mit einem zwei Meter hohen Zaun rundherum. Der einzige Weg da raus wäre wieder zurück, den Berg rauf. Das will ich mir ersparen – und so mache ich von meinen Ausbrecherqualitäten Gebrauch. Zuerst hänge ich den Rucksack und die Bauchtasche über die Zaunlatten, danach schmeiße ich die Trekkingstöcke rüber und – jetzt fehle nur mehr ich. Aber 127 Kilo Lebendgewicht über einen meterhohen Zaun zu wuchten, ist gar nicht so einfach. Doch ich bin fitter als ich gedacht habe und komme ohne Schrammen und ohne zerrissenes Hemd über das Hindernis. „Mei bin i guat!“

Nach einem längeren Umweg erreiche ich jetzt doch noch den Strand. So – nichts wie raus aus den Schuhen und Socken, ich genieße es, barfuß den kühlen Sand unter meinen Füßen zu spüren. Eigentlich müsste das zu einer mittleren Umweltkatastrophe führen. Doch unglaublicherweise fällt keine einzige der vielen Möwen benommen vom Himmel. Ihre Schreie hören sich zwar etwas verzweifelt an, wahrscheinlich rufen sie nach Hilfe, aber im Großen und Ganzen dürfte es halb so schlimm sein.

Plötzlich kommt auch die zuvor oben am Berg von mir auf Spanisch gegrüßte Rucksackträgerin auf mich zu und sagt in breitestem niederösterreichischen Dialekt: „Griaß di“ – was so viel wie *Hola* auf Spanisch bedeutet. Ich kann mich in Hundertstelsekundenschnelle auf andere Sprachen umstellen und sage: „Servas.“ Und so kommen wir ins Gespräch – sie heißt Kathi und arbeitet als Krankenschwester in Wien. Nebenbei möchte sie irgendwann mal studieren. Ihr „hohes“ Alter von knapp 40 sieht man ihr aber nicht an, sie könnte glatt als „normale“ Studentin durchgehen. Einen Monat lang hat sie Zeit, um einen Teil des *Caminos* zu gehen. Auf meine Frage, warum sie nicht bis Santiago marschieren möchte, meint sie, dass sie keine herkömmliche Pilgerin sei, sondern einfach gerne fernwandere. So wie sie es schon in Neuseeland, Indonesien und anderen Ländern dieser Erde praktiziert habe. Ihre Auszeit sei relativ überraschend gekommen, daher sei dieser *Camino* mit seinen gekennzeichneten Wegen und dem gut ausgebauten Herbergsnetz optimal, um ohne große Vorbereitung einfach loszumarschieren.

Am Strand von Zarauz …

Kathi war gestern ebenfalls in der Jugendherberge in San Sebastián – allein in einem Zimmer, das an meine Kemenate angegrenzt hat. Und – jetzt kommt's: Sie hat einen Lauschangriff gestartet und das gesamte Skype-Gespräch zwischen meiner Moni und mir mitgehört. Die Wände scheinen dort aus Papier zu sein. Alles hat sie mitbekommen, und jetzt erzählt sie mir Details aus dem Gespräch, an die ich mich selbst nicht mehr erinnern kann. Von meinen schmerzenden Füßen, dem nicht funktionierenden Wäschetrockner, meinem Hund. Sie weiß, dass meine Frau Moni heißt und meine Tochter Sandra – und das alles und noch mehr blubbert nur so aus ihr raus. Die redet aber schon viel … Gemeinsam gehen wir über den zwei Kilometer langen Sandstrand, Kathi quasselt noch immer. Irgendwann sind wir da – die Jugendherberge ähnelt einem modernen Hotelkomplex. Außen wie innen macht sie einen sehr gepflegten Eindruck, und für 14,50 Euro gibt es ein sehr schönes Vierbettzimmer mit riesengroßem Waschraum. Und das Allerbeste ist: Ich bin allein in diesem Zimmer! Auch hier werden Buben und Mädls getrennt untergebracht.

Kathi meint, wir könnten unsere Wäsche doch gemeinsam in der angeblich hier irgendwo vorhandenen Waschmaschine reinigen. Mir soll's recht sein! Ich packe meine verschwitzten Sachen zusammen, und nach längerer Suche finden wir das Gerät, es steht einsam und verlassen im fünften Stock. Aber um die Maschine in Gang setzen zu können, benötigt man einen eigenen Chip, den man nur an der Rezeption im Erdgeschoß erhält. Okay – als Gentleman quäle ich mich natürlich die Stiegen runter und setze all meinen Charme ein, um diese, normalerweise drei Euro teure Wertmünze gratis zu bekommen. Was mir auch gelingt – da bin ich schon etwas stolz auf mich! Und wieder rauf – diesmal über den von mir plötzlich neu entdeckten Lift. Na super, wo war der vorhin, als ich mein Zimmer im vierten Stock bezogen habe?

Nachdem wir unsere schmutzigen Sachen in die Trommel geworfen haben, darf die Maschine allein weiterarbeiten – sie ist alt genug! Ich habe Kathi angeboten, dass sie in der Zwischenzeit auf meinem Netbook ihre Mails abrufen kann. Auch hier gibt es kostenlosen WLAN-Internet-Zugriff. Spanien scheint diesbezüglich erheblich besser ausgestattet zu sein als Österreich oder Deutschland. Meine Krankenschwester braucht nicht sehr lange, und während ich danach noch schnell meine Nachrichten checke, schaut sie kurz nach der Wäsche. Zehn Minuten später steht sie wieder vor mir, sie hat alle Sachen aus der Waschmaschine genommen und in einem eigens dafür vorbereiteten Raum zum Trocknen aufgehängt. Vielen Dank! Das ist ja wie zu Hause! Die Frage, ob sie die Wäsche auch bügeln könnte, verkneife ich mir.

Kathi meint, dass sie nach ihrer gestrigen Lauschaktion eigentlich eine ganz andere Vorstellung von mir gehabt hat – so als junger Biker, der zwar einige Fußprobleme hat, aber ansonsten durchtrainiert ist bis zum Scheitel. Sorry, damit kann ich nicht dienen – aber vielleicht nach dem *Camino*?

Meine neue Pilgerbekanntschaft möchte die Stadt erkunden, ich aber erforsche lieber meine Matratze. Daher tauschen wir noch kurz unsere Telefonnummern aus, und jeder macht das, wozu er gerade Lust hat.

Wenn ich meinen Schönheitsschlaf beendet habe und dann vielleicht zum jungen Biker mutiert bin, werde ich Kathi anrufen, um mit ihr in der Stadt ein mehr als verdientes Bierchen zu tanken.

Anscheinend habe ich diesen Schönheitsschlaf aber nicht nötig, denn mehr als etwas Dösen ist nicht drin. Oder es ist eh schon egal? Also marschiere ich nach einer halben Stunde ebenfalls in die Stadt. Doch aufgrund meines überaus heftig ausgeprägten Nichtorientierungssinns finde ich das Meer nicht. Nach langem Herumirren frage ich eine *Señora*, wo denn *la Playa* sei. Sie lächelt mich an wie einen harmlosen Verrückten und zeigt mir den Weg. In nicht ganz zwei Minuten bin ich dann dort, wo ich eigentlich vor einer halben Stunde schon sein wollte.

Ich wuchte mich in einen Sessel vor einer Bar am Strand – um einfach in die Wellen zu starren. Das tut so gut! Ein Kellner spricht mich an. Ich verstehe ihn zwar nicht, bestelle aber zur Sicherheit ein Sandwich, das sich als gewöhnlicher Toast herausstellt. In Gedanken tauche ich jetzt ganz tief in die blauen Wellen ein, genieße die Ruhe und denke an die letzten Tage zurück. Bis auf die Schmerzen in den Beinen ist alles noch schöner und eindrucksvoller, als ich es mir in meinen kühnsten Überlegungen vorgestellt habe. Das ist ein Leben ...

Ich habe völlig vergessen, dass ich mich eigentlich bei Kathi melden wollte. Langsam verschwindet die Sonne im Meer, und innerhalb von Minuten wechselt das Klima von Sommer auf Spätherbst. Daher marschiere ich in meinem kurzärmligen T-Shirt wieder zurück in die Jugendherberge, die ich unerwarteterweise sofort finde. Dort ist inzwischen auch Tony angekommen. Kathi hat meinen keniatischen Engländer am Strand sofort als Pilger identifiziert und in die Herberge mitgeschleppt. Jetzt sind wir komplett! Am Weg vom Strand zur Herberge haben die beiden ein Lokal entdeckt – und jetzt denken sie nur ans Essen! Okay – ich verschweige, dass ich bereits einen Toast verschlungen habe, und tue einfach so, als ob ich noch mächtig Hunger hätte. Was mir nicht schwerfällt ...

Das Restaurant schaut sehr gemütlich aus, da könnte es heute durchaus etwas länger dauern. Fünf *Tapas* stehen zur Auswahl – die kosten wir alle durch. Aber Kathi will mehr, sie hat den ganzen Tag von einer heißen Suppe geträumt, jetzt hat sie endlich die Möglichkeit dazu. Da ich ganz heimlich bei der Servier-*Señora* zwei zusätzliche Löffel geordert habe, kommen auch Tony und ich in den Genuss der *Sopa*. Danach wird geplappert, was das Zeug hält. Nach einigen Diskussionen über unsere Schmerzen stellt uns ein dunkelhäutiger Kellner aus purem Mitleid eine Schale mit klein gehacktem Zwiebel, Paprika und Oliven vor die Nase, zusätzlich gießt er noch etwas Martini und andere Aufputschmittel drüber. Der weiß, was wehleidigen Pilgern guttut! Es schmeckt hervorragend!

Der Abend endet sehr lustig – vor allem weil wir versuchen, mit den Kellnern und schlussendlich mit allen Barbesuchern auf Spanisch zu diskutieren. Keiner versteht auch nur irgendetwas, aber jeder lacht – ausnahmslos. Wenn alle Menschen so wären, würde es keine Kriege geben auf dieser Welt …

Abzug ist die beste Variante

Tag 4 – 14.4.2010: *Zarauz – Deba, 22 km (gesamt 87)*
Wetter: *Heiß, leicht bewölkt!*
Strecke: *Auf Sandpisten und teilweise auf verkehrsarmen Landstraßen geht es bergauf und bergab durch saftigstes Grün – meist das Meer in Sichtweite! Knapp 600 Hm!*
Sonstiges: *Wahnsinn! Wenn nur die Schmerzen im Knie nicht wären. Und in der Hüfte …*
Quartier: *Herberge Deba – 5 Euro. Alte Schule, Stahlrohrstockbetten, „kalt". Tolle Aussicht auf die Stadt und das Meer aus Zimmer und Dusche!*

Acht Uhr morgens – Frühstück in der „Kinderherberge" Zarauz. Es sind einige Schulklassen hier, die einen Mordslärm machen. Rund um uns werden Gläser umgeschüttet, Brote auf den Boden geworfen und Mädchen an den Haaren gezogen – aber Tony und ich versuchen, Ruhe zu bewahren. Kathi, die Streberin, ist schon unterwegs, und ich vermute, der gestern spät abends noch angekommene spanische *Peregrino* Ramón ebenfalls. Es gibt verpackte Muffins, Kaffee und Brot mit Butter und Marmelade.

Wir überstehen das Frühstück einigermaßen unbeschadet und machen uns gemeinsam auf den Weg, der sich wieder mal von seiner steilsten Seite zeigt. Tony keucht schon nach kurzer Zeit wie ein Hochalpinist, der gerade den Mont Blanc bestiegen hat. Hechelnd schlägt er mir vor, dass ich wieder mein eigenes Tempo weitermarschieren solle. Er möchte es ruhiger angehen – was ich natürlich verstehe. Nur habe ich bei der Verabschiedung ein ungutes Gefühl – werden wir uns wiedersehen? Er ist mir in den paar Tagen schon ein guter Freund geworden, irgendwie steigen sentimentale Gefühle auf in mir. Aber wer weiß – vielleicht mache ich mir da zu viele Gedanken? Vor dem Lebewohl übersetzen wir noch gemeinsam die erste Zeile meines Liedes *Das Leben – „Slowly, very slowly – life is waking up again"*. Und wir vereinbaren, dass wir in den nächsten Tagen auch den Rest in die englische Sprache bringen werden.

Es geht über Stock und Stein zuerst mal nach Zumaya. Eine wunderschöne Strecke, an Weinbergen vorbei, immer das Meer in Sichtweite. Und Sonne, Sonne, Sonne. Ich fühle mich wie eine Ölsardine, als ich mir bereits das dritte Mal die Sonnencreme ins Gesicht und auf die Hände kleistere. Aber einen Sonnenbrand kann ich nicht so wirklich brauchen. Trotzdem bin ich mir ziemlich sicher, dass ich am Abend wieder wie Winnetous Blutsbruder ausschauen werde.

Zumaya ist nicht wirklich so beeindruckend, dass ich hier länger bleiben muss. Daher geht's nach einem gespritzten Cola gleich wieder weiter. Die haben hier so kleine Limonadeflaschen, dass man ohne Aufspritzen gar nicht merkt, dass man etwas getrunken hat. Es geht bergauf, als ich Kathi vor mir schnaufen höre. Nach einer kurzen Plauderei vereinbaren wir, dass wir uns in Deba um 17 Uhr bei der Touristeninfo treffen werden. Dort sollten wir laut unserem Reiseführer den Schlüssel für die Herberge bekommen.

17 Uhr war eine sehr optimistische Annahme – keiner von uns hat es geschafft. Ich komme eine halbe Stunde später an – völlig ausgelaugt, keuchend, schwitzend und mit einer Gesichtsfarbe, die mehr an Sitting Bull als an „Walking Herbie" erinnert. Der Weg ging immer Richtung Sonne, rechts das Wasser und links Kühe, Schafe – und in der Hitze schlafende Hunde, die ich lieber nicht wecken wollte. Und der letzte Kilometer führte sehr steil bergab, was meine Knie veranlasste, permanent um Hilfe zu knirschen.

Deba scheint eine sehr moderne Stadt zu sein. Als turboschnelle Verbindung zwischen den höher gelegenen Randgebieten und dem Zentrum leistet man sich hier einen Aufzug. Oder eigentlich einen Abzug, denn er bringt mich ja jetzt hinab in die Stadt. Und dann marschiere, besser gesagt humple ich zur Touristeninfo. Mittlerweile schmerzen nicht nur meine Knie, sondern in der rechten Hüfte brennt bei jedem Schritt ein mittleres Fegefeuer. Habe ich wirklich so viele Sünden, dass ich mit diesen Schmerzen pilgern muss?

Das *Oficina de Información Turística* ist geschlossen, doch an der Tür hängt ein Zettel, dass der Schlüssel zur Herberge in der Polizeistation auf mich wartet. Also, nichts wie hin! Ein Beamter sitzt betont „überlässig" in ziviler Kleidung hinter einem alten Schreibtisch und drückt mir gelangweilt den Stempel in meinen Pilgerpass. Dann gibt er mir mit derselben Begeisterung den Herbergsschlüssel und versucht, mir auf Baskisch den Weg zu erklären. Da er damit keinen Erfolg hat, bekomme ich einen Stadtplan, in dem die Schlaftablette mit laaaangsaaameeeen Bewegungen den Weg zur Herberge einzeichnet.

Ich muss wieder raus aus dem Zentrum, zurück in den oberen Teil der Stadt. Jetzt ist der Lift wirklich ein Aufzug, und schwuppdiwupp bin ich dort. Fast – denn nun heißt es, noch die letzten Stufen zur Herberge zu bewältigen. Meine Knie sind aber knapp vor einem Generalstreik und verlangen selbst für diese paar Meter einen Aufzug. Gibt es aber nicht – da müssen sie durch. Und ich auch ...

Irgendwie schaffe ich es doch in die Herberge, die in einer ehemaligen Schule untergebracht ist. Genauso schaut es auch drinnen noch aus. An den Wänden hängen Zeichnungen, die durchaus auch von Picasso hätten sein können, aber mit 99,9-prozentiger Sicherheit von den ehemaligen Schülern gemalt wurden. Ich bin anscheinend nicht ganz allein, denn in diesem riesengroßen, kalten Bau brennen die Neonleuchten. Und ich nehme nicht an, dass der letzte Schüler damals vor vielen Jahren vergessen hat, das Licht auszumachen.

Eine Treppe führt hinab in das Untergeschoß, dort wurden in einem ehemaligen Klassenzimmer acht Stockbetten aufgestellt. Eine der Liegen an der Fensterfront scheint schon belegt zu sein – ich tippe auf Ramón. Das zweite Bett beim Fenster gehört mir! Ich kann von der Matratze aus das Meer sehen! Das entschädigt für die spartanische Unterbringung.

Ausblick aus der Herrendusche in Deba ...

Wie aus dem Nichts steht plötzlich eine freundliche ältere Frau vor mir und erklärt mir die Hausregeln – natürlich auf Spanisch. Aber mit Händen und Füßen können wir uns doch verständigen. Sie zeigt mir die Toiletten und die Duschräume – fein säuberlich nach Mädls und Burschen getrennt. Ich entscheide mich für die Männerdusche und genieße es, den Schweiß und den Staub der heutigen Etappe in den Ausguss zu spülen. Irgendwie komme ich mir leicht beobachtet vor, denn man steht hier fast im Freien. Es gibt keinen Duschvorhang, und gleich gegenüber der Brausetasse sind riesengroße Fenster, die beinahe bis zum Boden reichen. Aber man hat während des Duschens einen tollen Ausblick über die Stadt – und wahrscheinlich haben manche Bewohner der umliegenden Häuser einen nicht ganz so tollen Ausblick auf mich.

Frisch gewaschen und rausgeputzt wie ein Firmling bin ich jetzt bereit für die Stadt. Auf Tony werde ich noch einige Zeit warten müssen, aber Kathi sollte eigentlich schon bald eintreffen. Kaum habe ich diesen Gedanken fertig gedacht, steht sie auch schon vor mir – und erzählt in ihrer unnachahmlichen Art mit ausschweifenden Worten, dass sie bereits in der Touristeninfo und danach auch beim hyperaktiven Polizisten gewesen sei. Der habe ihr von einem *Austriaco* in der Herberge erzählt, und da habe sie sofort an mich gedacht. Auch sie hatte Knieprobleme und war heilfroh, dass sie mit dem Stadtlift die letzten Höhenmeter zurücklegen konnte. Jetzt hat sie es geschafft und nimmt das Bett diagonal mir gegenüber in Beschlag. Drei der vier Eckstockbetten sind also belegt, das vierte ist für Tony reserviert. Hoffentlich kommt er auch!?

Nachdem sich auch Kathi kultiviert hat, fahren wir mit dem Abzug in die Stadt. Es gibt hier eine wunderschöne Fußgängerzone und enge, verwinkelte Gassen, in denen Kinder mit einem Fußball spielen. Als der Ball zu mir rollt, schieße ich übermütig drauflos. Es wird zwar kein Tor, aber dafür schmerzt meine rechte Hüfte jetzt noch mehr. Gut gemacht, *Goleador*!

Nach dieser sportlichen Höchstleistung habe ich mir ein Elektrolytgetränk verdient. Und auch Kathi, deren Krankenschwesterdienste ich wahrscheinlich sehr bald brauchen werde, wenn ich so weitermache. „*¡Dos cervezas!*“ Die wichtigsten Worte kann ich schon perfekt!

RRRIIIIIING – Tony hat es leider nicht geschafft! Jetzt sitzt er in einem Hotel in Zumaya und hat neben körperlichen auch technische Probleme

– er schafft es nicht, mit seinem iPod ins Internet zu kommen. Ob ich ihm da helfen könne – genauso wie vor zwei Tagen in San Sebastián? Das ist ja wie zu Hause, auch da bin ich der erste Ansprechpartner meiner Freunde, wenn sie Technikprobleme haben. Aber ich versuche es natürlich gern, leider bringt jedoch auch meine Telefonseelsorge das Ding nicht zum Laufen. Der iPod kann sich einfach nicht in das WiFi-Netz des Hotels einwählen – wahrscheinlich ist das WLAN-Kabel defekt ;-). Tony bedankt sich trotzdem recht herzlich bei mir und verspricht, mich mit einigen *Cervezas* zu belohnen. Werden wir uns überhaupt wiedersehen?

Bald darauf geht's mit dem Aufzug wieder zurück in unser Quartier – wo, wie vermutet, Ramón schon auf uns wartet. Das Pilgern unter Spaniens heißer Sonne macht müde, daher dauert es nicht lange, bis das Licht ausgemacht wird. Von meinem Bett aus habe ich einen spektakulären Blick über die beleuchtete Stadt. Das Stahlrohrgestell knarrt bei jeder Bewegung, doch wenn ich aus dem Fenster schaue, kann ich über dem Meer die Sterne funkeln sehen. Es sind dieselben Sterne, die auch zu Hause sichtbar sind. Ob dort gerade jemand an mich denkt? Ich spüre so etwas wie Melancholie, die mich mehr und mehr einhüllt – zusätzlich zu meinem Schlafsack. Es ist eine heitere Traurigkeit – wenn es so etwas überhaupt gibt. Das Gefühl, trotz der Sehnsucht nach meinen Lieben genau hier und jetzt am richtigen Platz zu sein! Irgendwann schlafe ich ein und träume davon, im eigenen Bett zu schlummern ...

Ich bin nicht wir

Tag 5 – 15.4.2010: Deba – Cenarruza, 31 km (gesamt 118)
Wetter: Grau in grau, teilweise Nieseln, Sonne.
Strecke: Durch Nadel- und Eukalyptuswälder rauf ins Hochgebirge auf über 500 m, die Landschaft erinnert mich an zu Hause, kein Meer in Sicht. 1000 Hm!
Sonstiges: Heute bin ich völlig ausgepumpt, jeder Schritt tut weh!
Quartier: Herberge im Zisterzienserkloster Cenarruza – Spende 5 Euro. Kleines, sauberes Zimmer im neuen Anbau des beeindruckenden Klosters. Ein Muss!

Knapp nach sieben Uhr fängt ein Geraschel an im Klassenzimmer, das an das Jausenbrotauspacken in der Schulzeit erinnert. Schlafen durfte man aber damals bestimmt nicht in diesem Raum, der jetzt mit Betten vollgestellt ist. Gut, das darf ich jetzt auch nicht mehr, denn Ramón und Kathi packen ihre Sachen zusammen – und machen einen Lärm, bei dem an Schlaf nicht mehr zu denken ist. Frechheit! So werde ich niemals zum Model, wenn mir ein ausgiebiger Schönheitsschlaf einfach nicht gegönnt wird. Ich hätte bis zehn Uhr weitergepennt – aber bitte!

Die beiden machen sich auf den Weg, ich aber fühle mich einfach noch nicht bereit dazu, jetzt schon loszumarschieren. Ich weiß nicht, ob das irgendwann mal anders wird, aber derzeit habe ich in der Früh eine totale Ladehemmung. Erst nach mehr als einer Stunde bin ich so weit – da steht Kathi vor mir. Verzweifelt sucht sie ihren hier vergessen geglaubten Führer. Wir finden ihn aber beide nicht, und so läuft sie umso verzweifelter wieder aus der Herberge, um mit dem Abzug runter in das Kaffeehaus zu fahren, wo in der Zwischenzeit Ramón auf ihren Rucksack aufgepasst hat. Ich mache es mir nochmals kurz gemütlich, lasse das spartanische Klassenzimmer ungebremst auf mich wirken – und marschiere dann halt los. Aber nicht sehr weit – in einer Bar hole ich mir ein Schinkensemmerl und einen *Café con leche* – und kann nicht glauben, dass ich heute mehr als zehn Meter pilgern werde. Jeder Schritt schmerzt – in beiden Knien. Ich brauche mindestens einen Rollstuhl, wenn nicht zwei. Doch ich probier' es dann halt doch und wackle aus der Stadt. Und siehe da, es wird immer besser. Gott sei Dank geht es bergauf – genau meine Strecke! Mit den Trekkingstöcken hab ich quasi einen Viergangantrieb, ich bin fast nicht zu halten. Blöd ist nur, dass ich irgendwann einmal wieder bergab marschieren muss …

Der Weg führt weg vom Meer – immer weiter bergauf in Richtung grau bedeckten Himmel. Die Strecke erinnert mich an meine Trainingsmärsche auf den Schneeberg und den Gahns, die mich und meine gebirgsgängige Hundelady Sandy bis auf 2000 Meter Seehöhe geführt haben. Hier auf dem *Camino* kommt man nur auf 530, aber von Meereshöhe weg ist auch das ganz schön viel – und sehr anstrengend! Außerdem scheint es, als ob es jeden Moment zu regnen beginnen würde. Tut es aber nicht! Noch nicht!

Obwohl ich sehr schnell unterwegs bin, holt der Hunger mich ein. Doch da ist nur eine geschlossene Bar am Wegrand. Na, schau'n wir mal hinten rum, ob es nicht doch Leben gibt, an diesem einsamen Ort. Und wirklich, durch eine offene Tür sehe ich ein junges Pärchen, das gemeinsam die Küche reinigt. Als der *Señor* mich sieht, hört er sofort mit dem Putzen auf, und irgendwie habe ich den Eindruck, als ob ihm das gar nicht mal so unrecht wäre. Ich frage zuerst nur nach Wasser, aber dann erinnere ich mich, dass *comer* essen bedeuten könnte. Daher sage ich dieses Wort einfach so aus einem Bauchgefühl heraus. Jetzt lässt auch die junge Frau den Besen fallen und brät mir eine Megaportion Schinken mit drei Spiegeleiern und in Fett schwimmenden Pommes frites raus. Obendrauf gibt sie noch eine Wurst, mit der ich allein schon fast genug hätte. Die sind aber pilgerfreundlich! Da ich der Ansicht bin, dass ich das Essen aus reiner Nächstenliebe erhalten habe, überlege ich mir, wie viel ich dafür spenden soll. Bis dann die offizielle Rechnung kommt – 12,50 Euro sind eigentlich doch nicht so pilgerfreundlich, auch wenn da noch ein Cola und ein Mineralwasser dabei waren. Aber gut geschmeckt hat es auf alle Fälle!

Jetzt könnte ich Bäume ausreißen, so stark fühle ich mich. Der Weg führt weiterhin bergauf, langsam beginnt es zu regnen. Aber im Wald bin ich großteils geschützt, und mit meiner zierlichen Figur tänzle ich förmlich durch die Tropfen. Bis ich mir dann doch die wasserdichte Jacke überziehe und meinen Rucksack in den Regenschutz hülle. Da hört es abrupt wieder auf – wahrscheinlich war das nur ein Test, um zu sehen, ob ich auch für den eventuell noch kommenden Monsunregen gerüstet bin.

Plötzlich sehe ich vor mir ein Erdmännchen im nassen Gras sitzen. Ich phantasiere! So ein Weg verlangt einem schon allerhand ab. Doch der normalerweise ja nur im Norden Europas vorkommende Troll entpuppt sich als Kathi, die, in ihren grünbraunen Poncho gewickelt, eine Pause einlegt. Und schon plappert sie los – Alarm! Mir ist jetzt aber gar nicht nach Reden, oder besser gesagt nach Hochleistungs-Zuhören, ich muss weg! Uwe, ein für seine nicht immer ganz passenden Sprüche berüchtigter ehemaliger Arbeitskollege, hätte ihr jetzt bestimmt erklärt, sie solle das Geschwafel in einen Kübel reden und diesen dann in die Herberge mitnehmen. Dort hätte bestimmt jemand Zeit, sich das Ganze anzuhören. Aber ich bin halt ein freundlicher Zeitgenosse – und marschiere einfach mit einem breiten Grinsen und einem höflichen „Wir treffen uns dann in der Herberge“ an ihr vorbei.

Irgendwie möchte ich mich von Kathi doch etwas „lösen“. Sie ist zwar nett und hilfsbereit, aber manches Mal ist das doch etwas anstrengend. Ich bin nicht der Typ, der ständig umsorgt werden möchte. Obwohl es natürlich schon angenehm ist, abends jemanden zum Essen, Trinken und Plaudern zu haben. Aber ich fühle mich doch etwas eingeengt, wenn immer wieder jemand vor mir herumtänzelt und meint: „Wir müssen noch Proviant für morgen einkaufen, es wird sehr heiß!“ Oder: „Du musst dir unbedingt diesen schönen Marktplatz anschauen, ich war vorhin schon dort.“ Oder auch: „Soll ich deine Wäsche gleich mit in die Maschine schmeißen?“ Na gut – das lasse ich gelten! Aber im Ernst, ich möchte ihr das klarmachen, ohne sie zu beleidigen. Ich mag sie! Sie ist ein sehr sozialer Typ. Aber wahrscheinlich sieht sie in mir einen potenziellen Patienten.

An meinen Knieschmerzen merke ich, dass der Weg mittlerweile leicht bergab führt. Heute werde ich einfach mal in einer Pension übernachten, entscheide ich kurzfristig. Von Kathi weiß ich, dass sie vorhat, nur in Herbergen zu schlafen. Also hätte ich schon mal einen Abend für mich. Beschwingt ziehe ich weiter, mittlerweile geht es mächtig runter, und ich überlege mir, ob es nicht besser wäre, im Rückwärtsschritt oder sogar in Michael Jacksons Moonwalk den Berg hinabzustiefeln, um meine Knie zu schonen.

Plötzlich ist Kathi wieder da. Fliegt die, mit ihren kurzen Beinen? Konsequent wie ich bin, erzähle ich ihr natürlich nichts von meinen

„Meuterei"-Gedanken, und da es bald wieder bergauf geht, ziehe ich wieder vorne weg. Irgendwann erreiche ich das Ziel, Markina-Xemein, und suche dort ein Hotel. Es gibt keines – der letzte Tourist war hier anscheinend vor 500 Jahren. Na gut, dann schleppe ich mich halt doch noch weiter in das knapp zehn Kilometer entfernte Kloster Cenarruza. In einem Supermarkt bessere ich noch meinen Trinkvorrat auf, und raus geht's aus der Stadt.

Plötzlich höre ich vom anderen Straßenrand ein „*Hola*" – Kathi! Sie kann sich kaum mehr auf den Beinen halten und versucht, den Weg irgendwie zu schaffen. Im Kloster möchte sie nicht unbedingt übernachten, aber kurz davor gäbe es eine andere Herberge ... Ich aber habe mich längst schon für das karge Mönchsleben bei den Zisterziensern entschieden, heute haben wir also getrennte Herbergen. „*¡Hasta luego, Kathi!*" Dann ziehe ich wieder auf und davon.

Die letzten Meter zum Kloster Cenarruza ...

Nach einigen Kilometern beginnt der steile Aufstieg nach Cenarruza. Waagrecht schießen mir die Schweißtropfen aus den Poren, jeder Schritt tut weh. Mit dem Kloster in Sichtweite setze ich mich auf einen Stein und hechle wie sonst nur Sandy nach unseren Trainingsläufen. Plötzlich ein altbekanntes „*Hola*" – Kathi hat mich wieder eingeholt. Wie macht die das? Irgendwie hat sie ihre letzten Kräfte mobilisiert und möchte jetzt plötzlich auch in einem Kloster übernachten. Meine letzte Hoffnung, dass dort vielleicht nur Männer zugelassen wären, schwindet, als der Vorsteher uns erzählt, dass gestern eine Italienerin allein hier gewesen sei. Na gut – wieder zusammen!

Um 19:30 Uhr wird in der Klosterkirche die Abendvesper gehalten. Selten zuvor habe ich in einem Gotteshaus eine derartige Stimmung erlebt. Die Gesänge der sechs Zisterziensermönche in diesem alten Gemäuer sind so beeindruckend, dass ich mich in den Film *Der Name der Rose* versetzt fühle. Mir ist völlig entgangen, dass in der Zwischenzeit auch Kathi die Kirche durch das massive Eichentor betreten hat und sich zu mir in die Bank setzt. Wie ein altes Ehepaar sitzen wir da.

Mittlerweile hat auch Ramón den Weg geschafft, völlig ausgepowert liegt er auf der Matratze, als wir nach der hl. Messe in unseren Schlafraum kommen. Kurz darauf bringt unser Herbergsmönch eine lecker schmeckende Klostersuppe sowie eine Fischeierspeise, die selbst unser spanischer *Peregrino* stehen lässt. Aber gut gemeint war es! Wir quatschen noch einige Zeit – Ramón kann kein Englisch und schon gar kein Deutsch, Kathi und ich sind dagegen perfekt in Nicht-Spanisch. Es entwickelt sich also ein sehr ausführliches und informatives Gespräch.

Nach einem Telefonat mit der Heimat schreibe ich mein Tagebuch bis spät in die Nacht hinein – es ist also ein Nächtebuch (nicht schon wieder, das hatten wir ja schon beim Auf- und Abzug). Dabei merke ich erst an der Geräuschentwicklung, dass meine beiden Weggefährten schon lange eingeschlafen sind. Nur wegen meinem Geschreibsel brennt noch das Licht. Na gut, dann hör' ich halt auf – morgen ist auch noch ein Tag!

Mitten in der Nacht muss ich mal für kleine Pilgerjungen. Also raus aus dem warmen Schlafsack, rein in die Trekkingsandalen, raus aus dem kalten Herbergsraum in die noch kältere Nacht, runter die Stiegen – und da passiert es: Im Halbtaumel übersehe ich die letzten beiden Stufen und – prack, mache ich Bekanntschaft mit dem staubigen Asphaltboden. Aber bis auf ein paar kleine Kratzer ist nichts passiert – Gott sei Dank! Den Rest meines Austrittes überstehe ich dann unfallfrei. Müde, aber erleichtert, krieche ich wieder zurück in den Schlafsack.

Tag 6 – 16.4.2010: *Cenarruza – Guernica, 18 km (gesamt 136)*
Wetter: *Wolkenlos!*
Strecke: *Sehr schön, quer durch die „Botanik“, anstrengend, große Höhenunterschiede in beide Richtungen (insgesamt 300 Hm rauf, 600 Hm bergab), letztes Stück auf der Landstraße, Guernica (16.500 Ew.) sehenswert.*
Sonstiges: *Knie macht Macken, Heimweh, sonst alles okay!*
Quartier: *Jugendherberge Guernica – 19,70 Euro, inkl. Frühstück, sehr rein, empfehlenswert!*

Pünktlich um sieben Uhr kramen Ramón und etwas später auch Kathi in ihren Sachen. Wie gerne würde ich noch weiterschlafen, aber das ist unmöglich, bei der Dezibelstärke eines mittleren Jumbo-Jets. Die beiden Ehrgeizler sind hoch motiviert – und ich muss darunter leiden ...

Unser Lieblingsmönch bringt Kaffee, Milch, Wasser und Brot. Ich habe einen Mordshunger, die gestern nicht gegessene Eierspeis fehlt meinem Körper. Kathi packt mehr als ein halbes Kilo Brot in ihren Rucksack – für schlimmere Zeiten. Dann zieht das spanisch-österreichische Duo davon – die beiden lassen mich einfach zurück! Hey, bin ich glücklich! Ich genieße die Ruhe und freue mich, dass ich jetzt diesen stimmungsvollen Ort ganz für mich allein habe. Langsam und sorgfältig wird alles eingepackt, umgepackt, wieder ausgepackt und zum Schluss doch alles irgendwie in meinem Rucksack verstaut. Nach einer Spende in die dafür vorgesehene Box möchte ich diese tolle Herberge nicht ohne ein herzliches *Muchas gracias* verlassen. Daher marschiere ich zum Gotteshaus und merke dabei, dass dieses Aufstehen knapp nach Mitternacht doch auch seine positiven Seiten hat. Ein wunderschöner Sonnenaufgang lässt mich einfach nur dankbar sein, für jeden Meter auf diesem Weg ...

In der Kirche wird soeben die Morgenmesse unter Ausschluss der Öffentlichkeit beendet. Kein einziger Gläubiger sitzt in den Bänken, trotzdem wird das „gesamte Programm“ durchgezogen. Ich höre nur noch den Schlussgesang und marschiere danach mit vollem Gepäck hinter den Altarraum, um mich zu bedanken. Leider ist der Ordensbruder nicht dabei, der uns so nett aufgenommen und versorgt hat. Schade, dabei wollte ich mich gerade von ihm persönlich verabschieden – aber ich muss weiter! Nach 50 Metern werfe ich noch einen letzten Blick zurück aufs Kloster, das im Morgennebel noch beeindruckender und mystischer auf mich wirkt. Und da steht er – *mein* Mönch winkt und ruft mir nach einem „*Adiós*" noch etwas Spanisches zu, von dem ich annehme, dass es so etwas wie „Gott sei mit dir" heißen könnte. „*¡Muchas gracias!*"

Dann ziehe ich los, ein wolkenloser Himmel kündigt einen heißen Tag an. Das Kloster Cenarruza liegt auf 380 Metern, unten im Tal sieht man die letzten Nebelfelder, die wie Daunenfedern zwischen Wiesen und Wäldern liegen und von der Sonne bestrahlt werden. Alles passt irgendwie. Nur meine Knieschmerzen trüben diese Idylle. An den Fersen haben sich leichte Druckstellen angekündigt, doch die habe ich sofort präventiv mit einem Tape abgeklebt. Aber beim Knie ist das schwer möglich. Ich könnte eine Bandage drübergeben, leider habe ich jedoch nur eine mit – mir tun aber beide Knie weh! Da ich keines bevorzugen möchte, lasse ich es überhaupt bleiben. Der Weg führt weiter bergauf. Mit den beiden Stöcken in der Hand fühle ich mich wie Christoph Sumann, der österreichische Biathlet, der bei den vergangenen Olympischen Winterspielen als Schlussläufer mit „außerirdischem" Kampfgeist noch die Silbermedaille für die österreichische Staffel erringen konnte. Es schien, als würden seine Langlaufstöcke unter dem Druck seiner kraftvollen Stöße jeden Moment zerbrechen, seinen schmerzverzerrten Gesichtsausdruck beim Zieleinlauf sehe ich heute noch vor mir – und genauso marschiere ich die Berge hier hinauf. Okay, fast ...

Die letzten Nebelfelder ...

Während ich so vor mich hintrabe, denke ich wieder über Kathi nach. Eigentlich sollte ich ihr schon längst gesagt haben, dass ich öfter mal einfach meine Ruhe haben möchte. Hab's aber immer noch nicht getan!

Warum eigentlich nicht? Sie redet mir viel zu viel und versucht, alles und für alle zu planen – und ich gehöre anscheinend mittlerweile zur Familie. Mit großer Selbstverständlichkeit spricht sie meist von „Wir". Wir müssen einkaufen! Wie weit gehen wir morgen? Holen wir uns ein Bier? Wir, wir, wir ... Dabei wollte ich diesen Weg doch allein gehen – da gibt es kein „Wir"!

Oder doch? Irgendwie spüre ich, dass hier trotzdem alles seinen Sinn hat. Vielleicht sind auch meine Probleme mit Kathi nur ein Anstoß, meine eigenen Verhaltensweisen zu überdenken? Sie meint es gut – ohne irgendwelche Absichten. Eventuell sollte ich es einfach akzeptieren. Einfach jemanden „an mich ranlassen". Natürlich nicht körperlich, das hat Kathi genauso wenig vor wie ich. Aber ich blocke innerlich schon ab, wenn sie auch nur den Mund aufmacht. Und das passiert überdurchschnittlich oft. Aber eigentlich ist diese Zeit hier in Spanien viel zu kostbar, um sich das Leben selbst schwer zu machen. Daher werde ich jetzt mal versuchen, den inneren Stacheldraht abzumontieren und mein Herz zu öffnen. Klingt zwar etwas „schlagermäßig", aber ich bin sicher, dass ich so mit Kathis Art besser umgehen kann. Und wenn das nicht klappt, kann ich immer noch die Notbremse ziehen.

Hey – da ist sie ja! In der Ortschaft Munitibar irrt sie hilflos herum – auf der Suche nach Zigaretten, oder wie sie sagt: „Tschik". Sie sind ihr gestern am Abend schon ausgegangen, im Kloster waren keine aufzutreiben. Ist ja auch nicht gesund! In dem ganzen Ort gibt es um diese frühe Uhrzeit nur eine einzige offene Bar – aber auch die ist völlig zigarettenlos. Doch ein noch sehr verschlafen wirkender Gast hat ihr angeboten, sich mit seinem Tabak selbst einen dieser Sargnägel zu „wuzzeln". Er wollte wahrscheinlich sehen, ob österreichische Frauen handwerklich begabt sind. Kathi hat die Aufgabe mit links gelöst und ist so zu ihrer Morgenzigarette gekommen. Das alles und noch mehr hat sie mir ohne Luftschnappen erzählt. Nachdem sie mir auch noch den Weg zur Bar beschrieben hat, trottet der Gelegenheits-Troll auf und davon. Ich aber leiste mir ein tolles Frühstück, bestehend aus einem Schinkenbrot und einem Cola. Doch als ich diesen Pilgerschmaus in der immer heißer werdenden Sonne vor dem Gasthaus genüsslich in mich hineinstopfe, steht plötzlich Kathi wieder vor mir. Sie hat den falschen Weg genommen. Als Belohnung dafür bestellt sie sich gleich mal einen Kaffee und setzt sich neben mir auf einen wackeligen Stuhl. Ich versuche, das Gute an dieser Situation zu sehen, und weiß nun, in welche Richtung ich dann später nicht gehen darf. Kathi verhält sich auffallend ruhig, irgendwie mache ich mir Sorgen um sie. Nachdem wir uns gemeinsam gestärkt haben, ziehen wir beide los. Jeder in eine andere Richtung! Ich auf dem Weg nach Guernica, Kathi nochmals in das Dorf hinein, auf der Suche nach Zigaretten.

Meine Stöcke glühen fast auf diesem sehr steilen Aufstieg. Wenn es so heiß ist, werde ich zum Hardcore-Trinker. Schon nach ein paar Kilometern sind meine Wasservorräte aufgebraucht, daher läute ich eine *Señora* aus ihrem Haus und bitte sie, mir meine beiden Plastikflaschen aufzufüllen. Das spanische Wasser veredle ich mit Magnesiumtabletten, weil das gegen Muskelkrämpfe schützen soll. Ich trage heute nur ein kurzärmliges T-Shirt und meine ebenfalls auf kurz umfunktionierte Wanderhose. Mit eingepackter Fleeceweste, Regenjacke und drei Litern Trinkwasser in den Schlaufen hat mein Rucksack heute bestimmt 17 Kilo. Aber eigentlich spüre ich dieses Gewicht fast überhaupt nicht, mein teurer Ranzen mit seinem speziellen Tragesystem macht sich mehr als bezahlt.

Plötzlich ist auch Kathi wieder da und erzählt mir, dass sie enorme Probleme mit ihrer Achillessehne hat. Dafür ist sie aber ganz schön schnell unterwegs! Jetzt möchte sie sich aber mal ausruhen, ich könne ruhig weitergehen. Okay – schweren Herzens mache ich das dann auch und marschiere erst auf einem sehr schmalen, rutschigen Pfad einen Bach entlang, um dann in eine Forststraße einzubiegen. Die Sonne findet fast keine Möglichkeit, sich ihren Weg durch die mächtigen Baumkronen zu bahnen. Doch dort, wo sich einige Sonnenstrahlen auf den Boden verirren, wird der Wald in ein warmes, weiches Licht getaucht – toll! „Durchforsten" dürfte hier ein Fremdwort sein – ich bin mitten im Urwald. Überall hängen Lianen von den Bäumen, und es fehlt nur mehr Tarzan, der seiner Jane auf einer Liane schwingend das Mittagessen bringt. Aber den sehe ich nicht, sondern die riesengroße Wurzel eines Baums, den anscheinend der Wind zu Fall gebracht hat. Vier Waldarbeiter sind dabei, ihn zu bearbeiten. Eigentlich ist der Weg aus Sicherheitsgründen gesperrt, aber ich kann den spanischen Holzfällertrupp davon überzeugen, mich doch noch vorbeizulassen.

Irgendwann sehe ich wieder das Meer durch die Bäume hindurchschimmern. Ich bin also doch noch am Küstenweg. Es geht weiter himmelwärts – auf einem Forstweg, der außer steil nur noch steil ist. Leider haben die gelben Pfeile hier Seltenheitswert. Meine Wasservorräte sind fast aufgebracht, und ich befinde mich auf einem Stichweg, der abrupt zu Ende ist. Also ganz sicher falsch – zurück die 500 Meter auf den richtigen Pfad! Völlig erschöpft komme ich dann oben bei einigen Häusern an. Bin aber immer noch nicht am Ziel, nach einem kaum nennenswerten Abstieg geht es wieder rauf. Und plötzlich finde ich mich am Schneeberg wieder. So ähnlich schaut es auch bei uns zu Hause aus. Ein Kahlschlag am Gipfel mit Blick in die Bergwelt Niederösterreichs – die mal kurz eben nach Spanien verlegt wurde. Ein Heimatgefühl überkommt mich, und vor meinem geistigen Auge sehe ich meine Familie, die mehrere tausend Kilometer von mir entfernt vielleicht gerade in diesem Augenblick an mich denkt. Ist das jetzt der viel zitierte Blues, der laut einigen Büchern meist nach einer Woche jeden Pilger überkommt? Irgendwie wäre es schön, jetzt daheim zu sein. Wie es wohl meiner Moni und den Kindern gehen mag?

Das Glück hat vier Pfoten!

Und während es endlich bergab nach Guernica geht, denke ich ziemlich intensiv auch an meine Trainingspartnerin, das Golden Retriever-Mädl Sandy. Wie oft sind wir in ähnlicher Landschaft stundenlang durch den Wald gelaufen – wo ist sie heute? Und plötzlich steht sie vor mir! Natürlich nicht Sandy, aber ein Goldie, der ihr ziemlich ähnlich schaut. Mit einem Ball in der Schnauze wirft er sich vor mir auf den Boden und will geknuddelt werden. Genauso wie es Sandy immer macht. Ich streichle den Hund natürlich fast bis zu Besinnungslosigkeit – und er lässt es sich gefallen. Inzwischen ist auch sein Frauchen dazugekommen und macht ein Erinnerungsfoto – glücklicher Pilger mit glücklichem Hund! Jetzt hat mir dieser Golden Retriever doch tatsächlich das Heimweh vertrieben

– so schnell geht das am *Camino*. Die letzten zwei Kilometer nach Guernica führen bergab am Seitenstreifen einer Landstraße – was nicht ganz ungefährlich ist. Denn der Seitenstreifen besteht manchmal nur aus einem Strich – also gehe ich auf einem Seitenstrich (okay, ich weiß – Auf- und Abzug). Aber die Autofahrer scheinen an Pilger gewöhnt zu sein – sie weichen meist großräumig aus, wenn sie mich sehen, und so komme ich heil in die Stadt.

Ramón winkt mir aus einem Fenster der Jugendherberge freundlich zu. Er hat es also auch geschafft. Nachdem ich im Voraus bezahlt habe, erklärt mir die fesche *Señorita* am Empfang, dass derzeit täglich zwischen fünf und zwölf Pilger hier schlafen. Heute werden es, Kathi eingerechnet, offensichtlich nur drei sein. Es scheint keinen wirklich erkennbaren Rhythmus zu geben, auf diesem Weg.

Die Herberge ist schön, die Duschen und WC-Anlagen sind neu restauriert, alles ist sehr sauber. Nur die Zimmer sind für meinen Geschmack für acht Stockbetten etwas zu klein. Aber rein sind sie, und frische Bettlaken bekommen wir auch noch. Also – nichts wie raus aus den verstunkenen Wandersachen und ab in die Brause. Das Duschen gehört überhaupt zu den schönsten Dingen am *Camino*.

Als ich fertig bin, kommt auch Kathi in die Herberge – total abgekämpft. Sie lässt ihre Sachen fallen und möchte erst mal nicht angesprochen werden. Später macht auch sie ihre Reinigungsprozedur, und wir schmeißen unsere Wäsche gemeinsam in die Maschine. Nach Einwurf von drei Euro beginnt sich das Ding zu schütteln, dass einem angst und bange wird. Ich nehme trotzdem mal an, dass das ein gutes Zeichen ist.

Jetzt bekomme ich erstmals auch mit, dass Kathi jeden Tag frische Socken anzieht, sie hat drei Paar, die sie immer wieder wäscht. Das kann nicht gut gehen, gerade beim Wandern sind eingelaufene und damit auch immer von einem leichten Aroma umgebene Socken ein wichtiger Erfolgsfaktor. Als ich ihr das sage, ist sie – sprichwörtlich – ganz von den Socken. Aber sie wird es probieren. Obwohl sie nicht sicher ist, ob sich die Stinker länger als einen Tag an ihren Füßen halten werden.

Die Wäsche ist schnell gewaschen. Der Trockner kostet noch einen weiteren Euro, aber nach 20 Minuten sind die Sachen fast wieder zu verwenden. Die Restnässe werden wir ihnen schon auf der Sonnenterrasse der Herberge austreiben.

Danach geht's ab in die Stadt zum Touristenbüro – nur dort bekommt man den Stempel für den Pilgerpass. Ein gemeinsames Magenknurren will uns mitteilen, dass wir den ganzen Tag fast nichts gegessen haben. Also wird schnell ein Restaurant gesucht – vorzugsweise ein italienisches. Aber denkste, es ist 18 Uhr. Die Spanier verspüren frühestens ab 20:30 Uhr ein Hungergefühl – ich normalerweise den ganzen Tag. Alle Restaurants sind geschlossen, und so holen wir uns in einer Bar zwei *Tapas*. Das muss genügen für heute ...

Wir geben aber doch nicht so leicht auf und beschließen, uns anstatt Pasta in einer Pizzeria Schokokuchen in einem *Supermercado* zu besorgen. Irgendwie muss man doch zu seinen Kalorien kommen! Um unser Gewissen zu beruhigen, kaufen wir auch noch Erdbeeren – das dürfte als gesunder Ausgleich zum Süßen mehr als genügen.

Dann schleppen sich zwei fußmarode Ösi-Pilger mit letzter Kraft zurück in die Herberge und setzen sich neben die nur mehr leicht befeuchtete Wäsche auf die Sonnenterrasse. Es wird ein gemütlicher Kaffeeplausch. Und das meine ich wirklich so! Es entwickelt sich ein langes Gespräch, und der Schokokuchen mit dem Herbergskaffee und den frischen Erdbeeren schmeckt ganz wunderbar. Krankenschwester zu sein ist keine einfache Aufgabe. Das wusste ich zwar schon vorher, aber Kathi hat mir doch noch zusätzlich die Augen etwas geöffnet, für diesen verantwortungsvollen und kräfteraubenden Beruf. Im Gegenzug mache ich sie zur Volksmusikexpertin. Weisheiten, die wir ohne diesen *Camino* nie erfahren hätten. Es geht also doch ...

Kathi dachte, dass sich die Volksmusikstars all ihre Lieder selbst schreiben. Nie wäre sie auf die Idee gekommen, daran zu zweifeln. Gott sei Dank ist dem nicht so, sonst hätten wir Autoren und Komponisten keine Arbeit. Es gibt zwar einige Ausnahmen, Fred Jaklitsch von den Seern *schreibt zum Beispiel alle Songs der Gruppe selbst. Oder Kristina Bach, die neben ihren eigenen Hits auch für Superstars wie Michelle getextet hat. Aber die meisten der bekannten Schlager- und Volksmusikgrößen lassen auch schreiben – zumindest teilweise. Natürlich komponieren und texten Andy Borg, Friedl Würcher vom* Nockalm Quintett *oder auch Marc Pircher so wie viele andere der berühmten und weniger berühmten Stars immer wieder mal Lieder für ihre Produktionen. Aber ihr dicht* gedrängter Terminkalender lässt es einfach nicht zu, sämtliche Songs in Eigenregie zu erstellen. Und außerdem ist eine abwechslungsreiche Produktion oft erst dann gewährleistet, wenn verschiedene Urheber daran beteiligt sind. Das muss natürlich nicht sein, aber viele Köche verderben in diesem Fall nicht immer den Brei, sondern sind ein Garant für eine bunte musikalische Mischung, die von den Musikkonsumenten aller Altersklassen und Gesellschaftsschichten auch entsprechend angenommen werden soll.

Es gibt aber trotzdem viele Gruppen, die begnadete Komponisten in ihren Reihen haben. Da darf ich dann oft die Texte beisteuern, wie zum Beispiel für die Oberkrainer-Virtuosen vom Heimatlandecho oder für die Lechner Buam. Das Schöne an meinem Hobby ist die Vielfalt. Mal schreibe ich Schlagertitel für Antonia oder Marianne Cathomen, mal etwas Deftigeres für richtige Bergrocker wie die Alpenrebellen oder die Jungen Zillertaler und dann wieder ruhige Balladen und heimatbezogene Walzer für die Alpenoberkrainer oder die Sulmtaler.

Um zu neuen Titeln zu kommen, werden die Urheber von den Musikverlagen oft per Ausschreibung informiert, dass „frisches" Material benötigt wird. Kennt man erst mal einige Interpreten, wird man von diesen auch persönlich gebeten, etwas für sie zu komponieren oder zu texten. Was aber nicht heißt, dass dieser Vorschlag dann auch genommen wird. In mehreren Titelsitzungen werden aus unzähligen eingesandten Musikstücken die 12 bis 14 Lieder ausgewählt, die dann auf CD veröffentlicht werden. Selbst bei weniger prominenten Interpreten kann es da schon vorkommen, dass an die 500 Titel zur Verfügung stehen. Sehr oft fallen dabei natürlich, aus welchen Gründen auch immer, Lieder durch den Rost, die es sich eigentlich mehr als verdient hätten, aufgenommen und veröffentlicht zu werden. „Aber ein gutes Lied kann man nicht verhindern!" Diese Weisheit hat mir schon am Beginn meiner „Karriere" als Musiktexter einer der erfolgreichsten Komponisten und Produzenten, Harry Winter, mit auf den Weg mitgegeben. Harry, der ursprünglich aus Kärnten stammt, lebt jetzt in der Nähe von München – und er hat mit dieser Aussage absolut recht. Gerade mit ihm, der viele Lieder für die Schürzenjäger, die Klostertaler, Hansi Hinterseer, die Kastelruther Spatzen, Gabi Albrecht, Claudia Jung, DJ Ötzi usw. geschrieben hat, habe ich einige Songs gemacht, die oft erst nach zehn Jahren von absoluten Top-Stars erfolgreich veröffentlicht wurden. So auch die beiden Klostertaler-Titel Schön, so schön und Wenn der Sommer dann da ist.

Ich habe Gott sei Dank das Glück, mit Top-Leuten der Branche zusammenarbeiten zu dürfen. Christian Zierhofer ist einer davon. Er lebt nicht weit entfernt von mir in Wiener Neustadt, bei ihm gibt sich die Crème de la Crème der Branche die Klinke in die Hand. Von Francine Jordi über die Kastelruther Spatzen bis zu G. G. Anderson und sogar Karel Gott – sie alle und noch viele mehr legen ihre Produktionen in seine bewährten, *höchst musikalischen Hände. Christian hat eine tolle Stimme und ein absolutes Gehör, und deshalb klingen seine Demos meist schon so perfekt, dass sie durch das Endprodukt fast nicht mehr zu toppen sind. Zu seinen Kompositionen habe ich unter anderem die Texte zu den Titeln* Mehr als Gefühl *von Francine Jordi oder auch* Dankeschön *von Marianne und Michael beigesteuert.*

Doch der Komponist, mit dem ich seit Jahren am engsten zusammenarbeite, ist ohne Zweifel Walter Wessely. Der Steirer ist ein „alter Hase" in diesem Geschäft und hat schon für Allzeit-Stars wie Rex Gildo, Tina Rainford, Lys Assia, Andrea Jürgens und Angelika Milster komponiert und produziert. Aber auch bei Andy Borg, Semino Rossi, Hansi Hinterseer – nur um einige zu nennen – steht der Name Walter Wessely ganz hoch im Kurs. Wir waren gemeinsam viermal beim Grand Prix der Volksmusik und konnten dabei zweimal die österreichische Vorentscheidung gewinnen – 2005 mit dem Titel A starke Frau *von den* Krieglachern *und 2009 mit* Das Leben *von Pfarrer Franz Brei. Für die* Stoakogler *schrieben wir das Titellied der vorletzten CD,* Die Musi ist für alle da, *für Jazz Gitti den Song* Für's erste Mal net schlecht, *auch die Grand-Prix-Gewinner* Zillertaler Haderlumpen *haben einige Wessely/Hirschler-Titel im Programm, genauso wie die* Jungen Zillertaler, *die* Zellberg Buam, *die* Edlseer *oder Marlena Martinelli und Antonia. Mehr als 100 gemeinsame Lieder haben uns beide „zusammengeschweißt", in musikalischer Hinsicht wissen wir ganz genau, wie der andere tickt und welche Vorstellung er von einem perfekten Song hat.*

Vergessen darf ich natürlich auch nicht meinen Mentor der ersten Stunde, Hans Klauser, der mich mit seinem Heimatlandecho *zur* Oberkrainer-*Musik brachte. Oder Jože Burnik von den* Alpenoberkrainern, *der den volkstümlichen Evergreen* Guten Morgen *komponiert hat. Auch Andreas Hinker von den* Lausern, *Uwe Altenried (ehemaliges* Klostertaler-*Gründungsmitglied), Walter Oberbrandacher, von dem der Megahit* Hey Nachbarin *stammt, und viele andere mehr – sie alle sind Komponisten, mit denen ich sehr gut und auch sehr gern zusammenarbeite.*

Irgendwann wird es kalt auf der Sonnenterrasse, Kathi und ich haben uns völlig verplaudert. Außerdem gibt es keinen Schokokuchen mehr! Daher räumen wir das Feld und gehen in die Herberge, wo wir mit Ramón noch etwas Spanisch üben. Oder Portugiesisch. Oder auch Serbokroatisch. Denn Ramóns Kauderwelsch ist sehr schwer zu identifizieren, das ist wahrscheinlich genauso weit weg vom Standard-Spanisch wie mein „Siedingerisch" vom Hochdeutschen. Egal – *buenas noches* heißt gute Nacht – und das verstehe ich. Also: „*¡Buenas noches!*"

Ein Königreich für eine Badewanne

Tag 7 – 17.4.2010: *Guernica – Lezama, 24 km (gesamt 160)*
Wetter: *Heiß, nur ein paar kleine Wolken.*
Strecke: *Wie durch die Berge des Alpenvorlands, alles ist grün, ich fühle mich wie daheim. Knapp 500 Hm! Die letzten 2 km auf der Landstraße runter nach Lezama.*
Sonstiges: *Knie ok, doch Hüfte „spinnt". Ich brauche eine Badewanne!*
Quartier: *Hotel Matsa – 49 Euro, inkl. Frühstück. Nicht billig, aber eine Badewanne und sehr schönes Zimmer!*

Kathi und Ramón haben ihre gestrige Drohung wahr gemacht und sind wirklich bereits knapp nach Mitternacht, also ca. um 8:30 Uhr, losmarschiert. Hey, ich bin im Urlaub! Aber zumindest habe ich jetzt diese Riesenherberge für mich ganz allein. Irgendeine gute Seele hat frisches Brot an die Eingangstür gehängt, und es gibt Butter, Marmelade und eine Espressomaschine. Außerdem habe ich auch noch ein gestern gekauftes Paprikawürstel, das hervorragend zum Marmeladebrot passt. Bin ich schwanger? Nach dem üppigen Mahl trödle ich wieder mal herum. Plötzlich steht eine Reinigungsdame vor mir und macht mit ihrem Staubsauger einen Heidenlärm. Auch nicht schön – daher mache auch ich mich bald vom Acker.

Es geht zwei Kilometer durch die bereits gestern erkundete Stadt Guernica. Ich spüre fast keine Schmerzen mehr in den Knien, aber die rechte Hüfte fängt jetzt wieder an, sich bemerkbar zu machen. Mein Gang ist alles andere als elastisch. Hoffentlich geht es bald bergauf! Und siehe da, die Straße wird steiler, und bald führen mich die gelben Pfeile auf einen noch steileren Waldweg. Das sind meine Strecken – ich verfalle wieder in den Sumann-Schritt, unterstützt von meinen Titanstecken.

Doch irgendwie bin ich heute nicht so wirklich gut drauf. Immer wieder denke ich an daheim, an meine Moni und die Kinder. Vor einer Woche sind wir um diese Zeit noch alle gemeinsam beim Frühstück gesessen, bevor Moni mich zum Flughafen gebracht hat. Bisher habe ich auf meinem Weg noch nicht allzu viel Zeit für Gedanken dieser Art gehabt – alles neu, alles aufregend, alles anstrengend. Und wenn doch, dann wurden sie mir auf wundersame Weise vertrieben. Wie gestern, als plötzlich die spanische Sandy vor mir stand. Aber heute begleitet mich permanent eine Prise Heimweh auf meinem Weg, der im heißen Sonnenschein auf die 250 Meter hoch gelegene Anhöhe von Morga führt. Ich sehe meine Eltern vor mir, wie sie mir traurig nachgewunken haben. Vieles geht mir durch den Kopf – vor allem auch dass ich jetzt erst eine von sechs Wochen hinter mir habe. Hey – ich mache das doch freiwillig, was soll das? Das Leben ist schön! Ich bin sicher, dass das nur eine vorübergehende Motivationsschwäche ist, und versuche, sie mit flottem Schritt zu vertreiben.

Nach sieben Kilometern geht es leider wieder bergab – und das in der glühenden Sonne auf heißem Asphalt. Vielleicht sollte ich morgens trotzdem etwas eher losstarten, denke ich mir. Da zieht sich der Himmel zu, und innerhalb von wenigen Minuten schaut es plötzlich nach Regen aus. Das wollte ich nun aber auch wieder nicht. Wie schnell das hier doch geht! Das Bergabgehen macht mir sehr zu schaffen, jetzt ist zwar die Hüfte mal relativ schmerzfrei, aber zur Abwechslung spüre ich wieder bei jedem Schritt meine Knie. Ich glaube, ich brauche bald eine Krankenschwester.

Apropos – wo wohl Kathi ist? Nicht, dass sie mir wirklich fehlt, aber ich mache mir Gedanken, ob wir uns heute noch treffen. Oder ist jetzt der Tag „unserer Trennung" gekommen? Ich müsste ja nur mal eine Station weiter marschieren, schon wäre ich sie los. Obwohl, so schlimm ist es ja gar nicht mit ihr. Wenn ich da an unser gestriges Kaffeetratscherl auf der Terrasse denke ... Und außerdem, so wie es ausschaut, ist es umgekehrt. Sie hat nämlich heute früh erwähnt, dass sie vielleicht die mehr als 30 Kilometer bis Bilbao durchgehen möchte. Das hab ich unter keinen Umständen vor – ich brauche heute unbedingt ein eigenes Zimmer und werde daher versuchen, in Lezama ein Hotel oder eine Pension zu finden. Das wären dann an die 23 Kilometer – und das genügt. Auch meine Knie wird das sicherlich freuen.

Ich trinke wie eine Kuh. Links und rechts habe ich je eine 1,5-Liter-Flasche am Rucksack befestigt, die ich bei jeder sich bietenden Gelegenheit mit frischem Wasser auffülle. Wie gut doch einfaches Brunnenwasser schmecken kann. Es werden an die fünf bis sieben Liter sein, die ich jeden Tag in mich hineinschütte – und die fast im selben Moment in Form von Schweiß wieder rauskommen.

Es geht weiter, bergauf und bergab. Irgendwann sehe ich plötzlich keine gelben Pfeile mehr, sondern nur noch rot. Anscheinend hab ich den falschen Weg erwischt. Also einen knappen Kilometer zurück – und da ist auch die Markierung wieder. So wird die heutige Etappe doch länger als geplant. Die letzten zwei Kilometer vor Lezama führen auf einer asphaltierten Landstraße steil bergab. Mit meinem etwas eigenwilligen Pilgerkapperl am Kopf, das als Schweißtuch, Sonnen- und Regenschutz gleichermaßen eingesetzt werden kann, humple ich mit „lockerem" Gang am Seitenstreifen, und manche Autofahrer müssen aufpassen, dass sie vor lauter Lachen nicht in den Gegenverkehr knallen.

Aber ich schaffe es – jetzt muss ich nur noch ein Quartier suchen. In einem eigenen, sauberen Zimmer zu schlafen, und das schon am Nachmittag – der Gedanke allein zaubert mir ein permanentes Grinsen ins Gesicht. Eventuell vorher noch duschen, noch schöner wäre eine heiße Badewanne – aber man kann ja nicht alles haben.

In der ersten Bar kehre ich ein und frage den Jungen hinter dem Tresen, ob es hier irgendwo ein *bueno* Quartier gebe. Da mischt sich einer der beiden Gäste ein und erklärt mir, dass die *Albergue* erst im Mai öffnet. Na geh – so ein Pech aber. Jetzt muss ich kein schlechtes Gewissen haben, wenn ich mir doch etwas anderes nehme. Der Mann ruft für mich freundlicherweise auch gleich im Hotel an. Leider voll – mein Tagtraum löst sich gerade vor mir in Luft auf. Doch dann meint José – mittlerweile haben wir uns fast verbrüdert –, dass es da noch ein anderes Hotel geben müsste. Nach langem Suchen im Telefonverzeichnis findet er die Nummer und reserviert dort für einen armen *Peregrino* mit schmerzenden Füßen ein Zimmer. Ich lade meinen Retter auf einen nicht wirklich guten Rotwein ein, und wenn ich nicht so müde gewesen wäre, dann hätte dieser Nachmittag ohne Weiteres in einen sehr langen, gemütlichen Abend übergehen können. So aber bringt mich José mit seinem verrosteten Seat in das *Matsa*.

Das sehr gepflegt wirkende Hotel ist anscheinend ein Familienbetrieb. Zumindest hat mir mein Chauffeur José das so erklärt. Wenn ich ihn richtig verstanden habe – er könnte mir allerdings auch ganz was anderes erzählt haben. Mir kommt hier oft einiges sehr spanisch vor.

Eine freundliche junge Mutter mit einem im Hintergrund spielenden Pärchen im Kindergartenalter nimmt meine Daten auf und erklärt, dass sie für mich telefonisch bei einer nahe liegenden Pizzeria ein Abendessen bestellen könnte. Na klar doch – bitte für 20 Uhr. Denn zuvor muss ich meinem Körper eine dringend notwendige Auszeit in Form von Schlaf, Schlaf und nochmals Schlaf gönnen. Die Kosten für das Zimmer belaufen sich auf für mich mittlerweile nicht mehr ganz gewohnte 49 Euro. Nicht gerade billig – vielleicht bin ich deswegen der einzige Gast hier? Aber was soll's, man leistet sich ja sonst nichts. Wenn jetzt das Zimmer auch noch eine Badewanne hätte, dann wär' es das mehr als wert. Und wirklich – da ist es, das Ding, das ich zu Hause völlig ignorieren würde, weil ich normalerweise eigentlich nur die Dusche benutze. Aber hier fühle ich mich wie ein König – mit einer zwar kleinen, aber sehr feinen Badewanne. JUCHUUUH! Ich werfe alle Kleider von mir und lasse die Wanne ein. Und dann – welch Genuss – steige ich in das heiße Wasser und lasse es auf mich wirken. Zwar nur partiell, denn wenn die Beine drinnen sind, hat der restliche Körper keinen Platz – und umgekehrt. Aber es tut unheimlich gut. Immer wieder gieße ich heißes Wasser nach und genieße einfach die Zeit – Herrgott, danke!

Irgendwann muss ich aber doch raus aus der Wanne, jetzt ist Fußpflege angesagt. Ich schmiere zentimeterdick Hirschtalg auf meine Sohlen und Fersen und hoffe, dass meine Füße mich auch morgen wieder blasenfrei die knapp 20 Kilometer bis zur Jugendherberge in Bilbao tragen werden. Unterwegs möchte ich mir zumindest das Guggenheim-Museum ansehen. Dann lege ich mich in das kuschelige Bett und schlafe fast augenblicklich ein. Dass vor dem Fenster ein paar Kinder ihren Ball an meine Wand knallen, höre ich fast nicht mehr – ich will nur schlafen.

Das Telefon reißt mich aus meinen Träumen – die bestellte Pizza ist da! Ich gehe runter in den Speisesaal und bezahle für eine gigantische Pizza noch gigantischere 15 Euro. Jetzt erst bemerke ich, wie wenig ich die letzten Tage eigentlich gegessen habe. Normalerweise müsste ich ja schon völlig fettfrei sein, doch ein Blick in den Badezimmerspiegel sagt mir, dass da noch mehr als genug Potenzial vorhanden ist. Zwei Drittel des Pizza-Wagenrads verschnabuliere ich – dann muss ich aufgeben.

Anders als zu Hause habe ich hier überhaupt kein schlechtes Gewissen, wenn ich mich gleich nach einer Völlerei wieder in mein Bett lege. Vielleicht schaue ich mir im Zimmer-TV noch *Spiderman 3* auf Spanisch an? Aber dann gibt's nur noch eines – schlafen!

Regen? Ohne mich!

Tag 8 – 18.4.2010: *Lezama – Bilbao, 19 km (gesamt 179)*
Wetter: *Anfangs heiter, am Ende Regen in Sicht.*
Strecke: *Über einen 350 m hohen „Berg" durch Wald und Wiesen – bis ich Bilbao (380.000 Ew.) in einem Talkessel vor mir sehe. Bilbao muss man gesehen haben! Am Nervión befinden sich das Guggenheim-Museum und andere hypermoderne Bauwerke.*
Sonstiges: *Die Hüfte rebelliert, aber noch bin ich stärker. Ich habe den Regen im Griff …*
Quartier: *Jugendherberge Bilbao – 14,40 Euro, inkl. Frühstück. Tolle Aussicht!*

Der Spiderman musste gestern Abend ohne mich auf Verbrecherjagd gehen. Nach dem Schreiben meines Tagebuchs fiel ich in ein tiefes Koma – und bin erst heute um acht Uhr daraus erwacht. Mensch, das tut gut! Heute trödle ich nicht so lange, trotzdem komme ich erst eine Stunde später aus meinem Zimmer. Unten sitzen die beiden Kinder im Pyjama vor dem Fernseher und schmieren sich ihr Nutellabrot ins Gesicht. Irgendwie passt essen und schauen nicht zusammen. Weil im Wetterbericht von Gewittern die Rede war, frage ich die Chefin des Hauses, ob es heute wohl regnen würde. Okay, ich deute meine Frage mehr – aber sie versteht mich und meint in holprigem Englisch: „*When you will be in the next albergue, then it rains.*" Und dabei lacht sie mich geheimnisvoll an. Mir soll es recht sein – dann würde ich trocken bleiben. Maria, so heißt die Gelegenheitswahrsagerin, erklärt mir dann auch noch, wie ich über eine neue Straße wieder auf den Weg nach Bilbao komme. „*¡Gracias, Señora!*"

Die besprochene Straße ist nicht sehr schwer zu übersehen – Sandhügel und Gräben deuten darauf hin, dass sie sich mitten im Bau befindet. Es ist wie ein Großer-Männer-Spielplatz – ein Bagger neben dem anderen. Leider darf ich nicht damit spielen! Am Ende der Baustelle muss ich eine eineinhalb Meter hohe Leitplanke überklettern, und plötzlich ist da ein gelber Pfeil, ich bin also wieder auf dem *Camino*. Und der führt bald zu einem Steilstück, leider schmerzt heute die Hüfte auch bergauf gewaltig. Ich hoffe, dass es nicht ärger wird – sonst …, aber daran will ich gar nicht denken. Mein Sumann-Schritt wird zu einem Sumanndl-Kriechen. Ich denke kurz an Kathi und bin sicher, dass wir uns auch heute nicht sehen werden. Weil sie gestern bestimmt bis Bilbao durchmarschiert ist und dadurch eine Tagesetappe Vorsprung hat.

Jetzt stehe ich voll im Wald, es geht nicht mehr vor und nicht mehr zurück. Ich bin inmitten irgendwelcher Pflanzen, die alle Dornen tragen. Mit meiner kurzen Wanderhose bin ich „optimal" ausgerüstet für dieses Gelände – gut gemacht, Herbert! Irgendwie kämpfe ich mich durch – und schaue bald aus, als ob ich in einen Stacheldraht gesprungen wäre. Aber ein Indianer kennt keinen Schmerz. Dann komme ich ja doch noch raus aus dem Wald – auf eine Wiese, voll mit bunten Bienenkörben. Jetzt fehlt nur noch, dass sich eine Königin zu mir verirrt und der gesamte Schwarm meine Nähe sucht. Doch ich erreiche stichfrei eine Straße, sehe aber keine Pfeile. Da lehnt nur ein Bauer seit Minuten auf seiner Sense. Erst denke ich, da hat jemand eine Skulptur in die Landschaft gestellt. Aber es lebt – der Bauer bewegt sich. Und – er kann reden, aber wie! In schnellstem Stakkato erklärt er mir, in welche Richtung ich gehen muss, um auf den *Camino* zu gelangen. Dann lehnt er sich wieder auf seine Sense und spielt Statue. Ich lasse ihn bei seiner Arbeit allein und gehe in die angedeutete Richtung. Und wirklich, da sind gelbe Pfeile.

Wieder mal denke ich an Monis Karte, die sie mir beim Abschied vor einer Woche mitgegeben hat. Schon allein der Gedanke daran lässt meine Tränen fließen. Mensch, ich bin aber sehr nahe am Wasser gebaut auf diesem Weg! Macht nichts! Ihre persönlichen Worte und dazu die bereits vorgedruckten Wünsche mit dem Endsatz „Gottes Hand schütze dich" – ich hätte nie gedacht, dass so ein Stück Papier solche Kraft und Hoffnung ausdrücken kann. Und immer mehr spüre ich, wie sehr ich auf diesem Weg geleitet werde. Gottes Hand schützt mich wirklich – ein starkes Gefühl!

Bilbao – die Stadt liegt vor mir in einem Talkessel, umgeben von bis zu 1000 Meter hohen Bergen. Ein etwas älterer *Señor* spricht mich an. Er ist vor vielen Jahren selbst am *Camino de Santiago* gepilgert und trägt seit dieser Zeit immer einen Plan mit den einzelnen Stationen und persönlichen Notizen bei sich. Anscheinend schaue ich sehr mitgenommen aus, denn er wünscht mir viel Kraft und schenkt mir seine Aufzeichnungen, die er bisher wie einen Schatz gehütet hat. Ich fühle mich sehr geehrt und bedanke mich mit einem perfekten „*Muchas gracias*". Dann biegt er ab – mein Weg aber führt mich geradeaus weiter in die Stadt.

Bilbao riecht – und gar nicht schlecht! Ich habe immer einen Hauch von frischem Waschmittel in der Nase. Als ob die ganze Stadt nur für mich eingeseift worden wäre. Irgendwann komme ich bei einer Kirche an. Heute ist Sonntag. Grund genug, mal in das Gotteshaus reinzuschauen, in dem gerade eine Taufe im Gang ist. Was heißt eine? Drei *Hijos* werden gleichzeitig getauft. Und ein Baby schaut bezaubernder aus als das andere. Ich denke an meine Kinder, die jetzt schon 18 und 20 Jahre alt sind. Sie waren mindestens ebenso herzige Babys wie die da vorne. Mann, wie die Zeit vergeht! Am Ende der Taufe mache ich mich bereit, die Kirche zu verlassen. Aber da immer mehr Menschen durch die Tore reinströmen, erspare ich mir den Gegenverkehr und bleibe einfach sitzen. Die große Kirche füllt sich bis auf den letzten Platz, viele Gläubige müssen sogar stehen. Wann hab ich das zuletzt bei uns gesehen? Und noch dazu um zwölf Uhr mittags. Na gut – die Spanier stehen wahrscheinlich am Sonntag erst knapp vor Mittag auf, gehen dann in die Kirche und essen am frühen Nachmittag ihre *Paella*. Alles leicht verschoben – aber so viele Menschen in einem Gottesdienst? Und das ist keine Ausnahme – schon bei meiner ersten Messe vor einer Woche in Hondarribia war es ebenso.

Der Gottesdienst ist wieder ein Erlebnis – ich verstehe zwar noch immer kein Wort, trotzdem genieße ich diese Stunde. Ich habe Zeit, in mich zu gehen und dem Herrgott für alles zu danken. Für meine Familie, meine Freunde, meine Fähigkeiten und Schwächen (die so oft auch Stärken sind) und für mein gesamtes Leben. Und für diesen Weg, den er mich einschlagen ließ. Ich bitte ihn, mir auch in Zukunft zur Seite zu stehen, meine Schmerzen hier nicht schlimmer werden zu lassen, für gutes Wetter und auch darum, dass die Hunde doch bitte alle angekettet sein sollten. Ich kann ihm alles sagen – und das mache ich auch! Und natürlich bete ich in erster Linie für meine Familie! Wenn man den Priester nicht versteht, kann man seinen Gedanken freien Lauf lassen.

Die Messen werden in Spanien übrigens etwas anders gefeiert als bei uns – nicht die Liturgie, die bleibt gleich. Aber hier hat der Pfarrer neben den Ministranten auch immer zwei Erwachsene an seiner Seite, die anscheinend ausgebildete Sänger sind. Anders kann ich mir ihre tollen Stimmen nicht erklären, mit denen sie die Gebete und Lieder vortragen, auf die das Kirchenvolk dann antwortet. Auch die Priester dürften ein Doppelstudium absolviert haben – „musikalische Theologie“. Denn da ist schon wieder ein verkappter Carreras ganz vorne und singt das *Alleluja* (die Spanier sprechen ja kein „H“ aus) so gewaltig, dass die alten Kirchenfenster beben.

Nach der hl. Messe gehe ich weiter Richtung Altstadt. Jetzt riecht die gesamte Stadt nach frischem Brot und Gebäck – die *Panaderías* verströmen einen Duft, der mir das Wasser im Mund zusammenlaufen lässt. Über eine Treppe gelange ich auf einen wunderschönen Platz, auf dem ein Harmonikaspieler gerade *Marina* zum Besten gibt – tolle Atmosphäre. Die alten Weisen des Straßenmusikanten stehen in einem bezaubernden Widerspruch zu dem geschäftigen Treiben der Menschen auf den Gassen und in den Bars. Ich ergattere einen Tisch in einem Straßencafé und bestelle wieder mal ein Cola und ein Soda zum Spritzen – langsam werde ich zum Cola-Junkie. Aber ich habe gelesen, dass man bei lange anhaltenden Dauerleistungen unter anderem auch zuckerhaltige Limonaden zu sich nehmen soll. Ich weiß jetzt nicht genau, ob das wirklich der Weisheit letzter Schluss ist – aber ich bilde mir zumindest ein, dass mich der Koffeinschub immer wieder aufbaut.

Es ist jetzt 13 Uhr und ich habe noch nichts im Magen. Daher bestelle ich beim Kellner dasselbe, das auch mein Nachbar auf seinem Tisch stehen hat. Denn das schaut gut aus und daher will ich das auch! Es ist ein *Pintxo de Tortilla* – ein Blätterteigsandwich mit Schinken, Salat und einem Ei. Aber sehr, sehr klein – daher nehme ich zur Sicherheit gleich zwei. Aber selbst mehrere dieser winzigen Dinger sind nicht gemacht für große Herberts wie mich. Was soll’s, fürs Erste muss das reichen.

Bilbao war bis in die 1970er-Jahre ein Zentrum der Stahlindustrie. Mitverantwortlich für den industriellen Aufschwung war neben den vielen nahe liegenden Erzabbaugebieten die Tatsache, dass der Fluss Nervión, der mitten durch die Stadt führt, bis zu 20 Kilometer landeinwärts schiffbar ist und so das wertvolle Rohmaterial auch relativ einfach in die ganze Welt versandt werden konnte. Mittlerweile ist Bilbao aber alles andere als eine triste Industriestadt, sondern als weltoffene, moderne Stadt ein Anziehungspunkt für Millionen von Touristen.

Am Nervión liegen fast alle wichtigen Sehenswürdigkeiten Bilbaos. Sehr eindrucksvoll ist natürlich das Guggenheim-Museum, das als modernstes Gebäude der Welt gilt. Aber auch rund um dieses Meisterwerk der Architektur gibt es Außergewöhnliches zu sehen – wie zum Beispiel die Spinnenskulptur „Mutter“ und den Blumenhund „Puppy“. Über einen „Wassergarten“ marschiere ich weiter an der Uferpromenade entlang, vorbei an vielen Museen und atemberaubenden Brücken, von denen die meisten so aussehen, als ob sie für einen Science-Fiction-Film konstruiert worden wären.

Leider muss ich jetzt den Weg am Nervión entlang verlassen, denn die Herberge liegt knapp zwei Kilometer davon entfernt auf einer kleinen Anhöhe. Das Blau des Himmels hat sich während der letzten halben Stunde in ein Dunkelgrau verwandelt. Erst jetzt denke ich wieder an die Worte der Hotelchefin, die mir ja vorausgesagt hat, dass es erst regnen wird, wenn ich in der Herberge bin. Das probier’ ich aus! Ich gehe bewusst langsamer und versuche, das Wetter „herauszufordern“. Man wird schon etwas wunderlich auf diesem Weg. Aber man hat ja auch jede Menge Zeit dafür.

In der Ferne zucken erste Blitze aus dem mächtigen Wolkengebilde, mir kann aber nichts passieren, denke ich. Hey, da ist doch das Hotel *Estadio*, in dem ich vor einer Woche meine erste Nacht in Spanien verbracht habe. Der Name des Hotels kommt übrigens daher, weil das Stadion des Fußballklubs Athletic Bilbao in unmittelbarer Nähe liegt. 500 Meter vor mir kann ich den blauen Schriftzug der Herberge erkennen. Ob sich das noch ausgeht vor dem Regen? Ich will es wissen und schlendere vergnügt durch die Straßen Bilbaos. Die Menschen um mich werden immer hektischer und versuchen, vor dem Unwetter zu flüchten. Nur ein anscheinend etwas sonderbarer *Peregrino* marschiert pfeifend auf den Straßen. Ich bin fast am Ziel – doch leider auf der falschen Straßenseite und mitten in einer Baustelle. Das hatten wir heute doch schon! Aber diesmal steht wirklich ein unüberwindbarer Zaun zwischen mir und dem richtigen Weg. Unüberwindbar – für mich? Das gibt es nicht! Ich hänge einfach ein paar Zaunfelder aus, schwindle mich durch und bringe alles wieder in Ordnung. Kein Mensch wird je merken, dass da jemand durchmarschiert ist. Mittlerweile wird der zeitliche Abstand zwischen Blitz und Donner immer geringer, aber ich bleibe auch auf den letzten Metern bis zur Jugendherberge trocken. Obwohl ich extra so getrödelt habe …

Die *Señorita* am Empfang nimmt meine Daten auf und weist mir ein Zimmer zu. Ja, von gestern auf heute hat eine gewisse Kathi hier übernachtet. Also lebt sie noch – ich muss mir keine Sorgen um sie machen.

Schon beim Betreten meines Vierbettzimmers fühle ich mich in das Landesjugendheim versetzt, in dem mein Vater einmal gearbeitet hat. Da ist anscheinend ein Betreuer mit zwei seiner körperlich beeinträchtigten Schützlinge auf dem Weg nach Santiago. Das sind meine ersten Gedanken. Ein Junge im Alter von ungefähr 20 Jahren liegt in einer besorgniserregenden Haltung auf seinem Bett und keucht mit lauten Atemzügen vor sich hin. Mit dem zweiten beginne ich ein Gespräch. Er erzählt mir in einwandfreiem Englisch, dass er Franzose sei, aber lieber englisch spreche, weil er diese Sprache viel cooler finde. Er war auch schon mal in Österreich und – mitten im Satz starrt er mich plötzlich mit weit aufgerissenen Augen lange an und bringt kein Wort mehr raus. Dann dreht er ganz, ganz langsam seinen Kopf von der einen, mir zugewandten Seite auf die andere – und wieder zurück. Ich schätze, diese ganze Bewegung hat ungefähr eine Minute lang gedauert. Jetzt steht er in Zeitlupe auf – noch immer mit erweiterten Augen – und kippt fast auf mich. Dahinter steht sein Betreuer, der mir zuflüstert, dass das ganz normal sei – das wird schon wieder. Und wirklich, nach zwei Minuten ist der Spuk vorbei und alles ist wie vorher.

Der Junge erzählt weiter, dass er seit 40 Tagen von der Normandie aus unterwegs sei. Sein Betreuer ist gar nicht sein Betreuer, sondern die beiden haben sich irgendwann mal in Frankreich getroffen und sind seither gemeinsam unterwegs. Und der Dritte im Bunde, ebenfalls ein Franzose, hat überhaupt nichts mit dem Duo zu tun. Er ist ein Radfahrer, der täglich an die 100 Kilometer runterspult und in Rekordzeit in Santiago sein möchte. Heute hat er sich etwas übernommen, aber langsam wird sein Hecheln leiser und regelmäßiger – bis er einfach aufsteht und uns erzählt, dass er sich jetzt etwas zum Essen holen wird. So kann man sich täuschen!

Das Zimmer ist sehr sauber, genau wie die Duschen. Beim Blick aus dem Badezimmerfenster sehe ich, dass draußen der Himmel sämtliche Schleusen geöffnet hat. Blitz, Donner, Wolkenbruch – meine „Seherin“ aus dem Hotel heute Morgen hat also recht gehabt …

Ab 20 Uhr gibt es Abendessen. Die knapp zehn Euro investiere ich gerne, und so bekomme ich heiße Suppe, Würstchen mit Pommes, die wieder mal in viel zu viel Fett ertränkt wurden, und einen Vanillepudding. Dazu eine Orangenlimo und alkoholfreies Bier. Da in der Herberge Alkoholverbot herrscht, kann ich mir so wenigstens einen Kinder-Radler zusammenmixen. Alles in allem ein wunderbares Abendessen, doch das Schönste dabei ist der tolle Ausblick auf Bilbao. Durch riesengroße Fensterscheiben kann man das gesamte Tal überblicken. Langsam wird es dunkel, wodurch die Stadt mit ihren vielen Lichtern noch zusätzlich an Glanz gewinnt. Immer noch regnet es, aber nicht mehr so stark wie zuvor. Ich esse alles auf, eigentlich müsste daher morgen wieder optimales Wanderwetter herrschen. Denn da will ich knapp 30 Kilometer nach Pobeña marschieren – meine letzte Station im Baskenland. Dann fängt Kantabrien an, die zweite Provinz, die ich pilgernd durchqueren werde. Ich bin jetzt weit mehr als 150 Kilometer in einer Woche marschiert, bis auf die Knie- und Hüftschmerzen bin ich recht zufrieden. Hoffentlich geht es weiter so! Ohne gröbere Schwierigkeiten! Auf meinem Weg nach Santiago!

3 BILBAO – GIJÓN: GEHT NICHT, GIBT'S NICHT

Joakin Stuffer, Ladiner

Pilgern – warum?

Ich habe mir lange überlegt, woran es liegen kann, dass sich jemand für sechs Wochen ganz allein auf den Jakobsweg macht. Warum er für diese Zeit alles hinter sich lässt, seine Familie, seine Freunde, seinen Beruf – einfach alles, was sein „normales" Leben ausmacht. Und ich glaube, dass da wahrscheinlich eine tiefe Sehnsucht dahintersteckt, die in unserer schnellen und lauten Zeit immer stärker brennt in den Herzen der Menschen – die Sehnsucht nach Stille und nach dem „Zur-Ruhe-Kommen". Ich merke es ja selbst oft, wie sehr ich mich nach langen Tourneen durch halb Europa danach sehne, endlich wieder nach Hause in unser wunderschönes Grödnertal zu kommen. Denn nur dort kann ich abschalten vom Stress des Alltags, nur daheim spüre ich das Gefühl der inneren Ruhe. Schon wenn ich von der Ferne zum ersten Mal die schneeweißen Gipfel der Dolomiten sehe, weiß ich, dass ich am richtigen Weg bin – heim nach Ladinien. Und wenn mir dann zu Hause meine beiden Söhne lachend entgegenlaufen und ich meine Frau in den Arm nehmen kann – dann bin ich angekommen, denn hier gehöre ich hin.

Ich liebe meine Familie, meine Heimat – und die Musik. Doch niemals hätte ich gedacht, dass ich mein Hobby zum Beruf machen könnte. 2002 waren wir Ladiner *erstmals beim Grand Prix der Volksmusik dabei – und erreichten im internationalen Finale den unglaublichen zweiten Platz. Herbert Hirschler hat für unsere erste Produktion* Allein in Einsamkeit *damals den Titel* Lass ein Wunder gescheh'n *geschrieben, wir trafen uns ein Jahr später in St. Ulrich zur Gold- und Platinverleihung für diese CD. In dem Text hat er die berührende Geschichte seiner Schwester beschrieben, der allein nur ihr Glaube an Gott geholfen hat, dass sie ihr drittes Kind gesund zur Welt bringen durfte – obwohl ihr die Ärzte davon abgeraten hatten. Ich habe davon erst später erfahren, aber seit ich diese wahre Geschichte hinter seinem Text kenne, ist mir dieser Titel besonders ans Herz gewachsen.*

Es war aber auch ein Wunder, was danach alles geschah. 2004 konnten wir den Grand Prix gewinnen, und 2009 wurden wir sogar für mehr als eine Million verkaufter Tonträger ausgezeichnet. Es ist mir völlig bewusst, dass so ein Erfolg nicht selbstverständlich ist. Es ist ein großes Privileg, die Menschen mit unserer Musik glücklich machen zu dürfen. Es stecken aber auch viel Arbeit und manchmal große Entbehrun-

gen dahinter. Wenn man aber dann von der Bühne in die strahlenden Augen des Publikums schauen darf, dann ist jede Anstrengung vergessen.

Und trotzdem braucht man in seinem Leben immer wieder Zeit für sich allein, Zeit um „runterzukommen". Ich finde dieses Gefühl, wie oben beschrieben, in meiner Familie – oder in den Bergen der Sellagruppe, nur einen „Steinwurf" von meinem Heimathaus entfernt. Wenn ich ganz allein hoch droben dahinmarschiere, dann fühle ich mich „dem Himmel nahe". Und wenn ich dann einen Gipfel erreicht habe, setze ich mich einfach hin, schaue ins Tal hinunter und nehme mir viel Zeit, dem Herrgott Danke zu sagen! Das ist bestimmt auch eine Form des Pilgerns!

Vielleicht ist das auch der Hauptgrund, warum man eine Pilgerfahrt startet – ein Dankeschön für alles, was man im Leben erreicht hat. Oder auch um zu bitten, dass man in schwierigen Situationen nicht alleingelassen wird. Vielleicht aber sehen manche Pilger den Weg auch nur als sportliche Herausforderung?

Es kann also viele Gründe geben, warum jemand am Camino *unterwegs ist. Entscheiden muss es jeder für sich selbst. Vielleicht zieht es auch mich irgendwann mal auf einen der vielen Jakobswege, denn mittlerweile kann ich gut verstehen, was einen Menschen dazu bewegt, für sechs Wochen alles hinter sich zu lassen …*

Wer pilgern will, muss fühlen!

Tag 9 – 19.4.2010: Bilbao – Castro Urdiales, 27 km (gesamt 206)
Wetter: Aufgelockert bis brennheiß.
Strecke: Entlang des Nervión durch teilweise verfallenes Industriegebiet bis zur Mündung nach Getxo, mit beeindruckender Schwebefähre nach Portugalete und im heißen Sonnenschein nach Pobeña. Fast alles auf Asphalt. Hospitalero „stiehlt" mir 13 km! Castro Urdiales mit schöner Promenade und beeindruckender Basilika.
Sonstiges: Ich bin wieder am Meer! Alles schmerzt – ich hoffe, ich halte durch!
Quartier: Herberge Castro Urdiales – 4 Euro. Schlafsaal mit Stockbetten – geht so!

Die Franzosen sind wieder viel zu früh aufgebrochen, zumindest für mich! Ich lasse mir das Frühstück schmecken und ziehe erst Stunden später los. Meine Hüfte macht mich nervös, irgendetwas stimmt da nicht. Ich hoffe, dass sich das bald wieder geben wird, denn der derzeitige Zustand ist Folgender: Bei Bergaufstrecken muss ich den Schritt mit dem linken Fuß beginnen, weil ich da unter Belastung nur leichte Schmerzen spüre. Dann ziehe ich den rechten Fuß irgendwie nach und hoffe, ihn gerade auf den Boden aufzusetzen. Jede andere Bewegung tut dermaßen weh, dass ich schreien könnte. Bergab zeigen mir dann meine Knie, dass auch sie mir diese Quälerei nicht so ganz verzeihen können. Aber sonst ist alles in Ordnung …

Ich muss wieder runter in die Stadt und marschiere über eine Brücke auf die andere Seite des Nervión. Dort geht es dann zehn Kilometer raus aus der Stadt – vorbei an tristen Lagerhallen und alten Fabriksgebäuden mit eingeschlagenen Fenstern. Plötzlich riecht Bilbao nicht mehr, es stinkt vielmehr nach Vorstadtmief, wie es Udo Jürgens in seinen Songs manchmal so treffend besingt. Links von mir sind während meines gesamten Marsches durch die trostlose, alte Industriezone von Bilbao immer irgendwelche verrosteten Schiffe und ebensolche Hafenanlagen zu sehen. Irgendwann werden die Gebäude wieder etwas schöner – anscheinend habe ich bald die Mündung des Flusses erreicht. Und dort sollte wieder das charmante Spanien durchschlagen.

In Getxo erreiche ich die 63 Meter hohe Hängebrücke, eigentlich eine Schwebefähre. Auf einer Plattform mit Platz für bis zu sechs Autos und an die 50 Menschen wechsle ich auf dem Weltkulturerbe die Seiten – rüber nach Portugalete.

Ich muss nicht schwimmen, es gibt eine Schwebefähre!

Diese Stadt weiß, was schmerzenden Pilgerfüßen guttut: Auf mehreren Rolltreppen gelangt man in Etappen vom Hafen hinauf in die höher gelegenen Stadtteile. Danke! Und hier beginnen wieder die mittelalterlichen Häuser. Alles ist so, wie vor meinem Ausflug in die moderne Großstadt bzw. in das längst schon veraltete Industriegebiet.

Mein Weg führt mich links der Autobahn in Richtung La Arena. Doch plötzlich teilt er sich völlig unmotiviert. So – was jetzt? Immer diese Entscheidungen! Gehe ich gerade weiter, oder soll ich doch lieber den Durchgang unter dem Highway nehmen? Kein Eintrag im Reiseführer, kein gelber Pfeil, nix! Nur drei Hunde, davon zwei unangekettet, wollen mir den Weg durch den kleinen Tunnel versperren, aber ein echter *Peregrino* kennt keine Angst! Ich denke an meine aktive Zeit als Spurensucher in unserem Garten zurück – auch wenn ich damals nicht älter als drei war. Aber so etwas verlernt man nicht, daher bin ich sicher, dass es sich bei den Vertiefungen am Wegrand um Abdrücke von Wanderschuhen handelt. Todesmutig schleiche ich an den Hunden vorbei, die mich knurrend anstarren. Am liebsten würden die mich mit Haut und Haar verputzen. Aber als Dackel haben sie da die schlechteren Karten! Und das wissen sie auch, also lassen sie mich ziehen.

Nach einer knappen Viertelstunde verfolgt mich ein weißer Lieferwagen und zwei dunkle Gestalten springen heraus. Werde ich jetzt verhaftet, weil ich einem der drei Bonsai-Hunde böse Worte zugerufen habe? Noch ärger – einer der beiden Spanier packt einfach meinen Rucksack in den Wagen und deutet mir, ich solle ebenfalls einsteigen. Ich hoffe, dass es sich nicht um Organhändler handelt, aber so sehen sie eigentlich nicht aus, mit ihren gelben Warnwesten. Und dann fahren sie los mit mir, genau in die Richtung, aus der ich gekommen bin. Vorbei an dem Hundespielplatz und durch die kleine Unterführung unter der Autobahn. Irgendwie kommt mir das alles bekannt vor. Jetzt biegen sie rechts ab, und somit weiß ich, dass ich zuvor die falsche Entscheidung getroffen habe. Ich hätte doch geradeaus gehen sollen – die beiden vermeintlichen Straßenräuber sind einfach nette Bauarbeiter, die von ihrem Arbeitsplatz aus wieder mal einen ahnungslosen *Peregrino* entdeckt haben, der auf einem Pfad unterwegs war, auf dem es nach 100 Metern nicht mehr weitergeht. Daher sind sie mir nachgefahren und haben mich jetzt auf den richtigen Weg gebracht.

Beim Aussteigen grüßt mich ein zufällig dort vorbeispazierender Mittvierziger etwas zynisch mit: *„¡Buen Camino!"* Und zu meinen beiden Spediteuren zischelt er etwas auf Spanisch, das wahrscheinlich so viel heißt wie: „Na, war er am Ende mit seinem Pilgerlatein, der Loser?" Alle lachen – ich natürlich auch –, und die beiden hilfreichen Geister fahren wieder zurück zu ihrer Arbeitsstelle. Dem etwas vorlauten, aber trotzdem sehr sympathisch wirkenden *Señor* erzähle ich mit Händen und Füßen von meinem Irrweg. Er meint aber plötzlich in perfektem Englisch, dass ich da nicht der Erste gewesen sei, und begleitet mich sicherheitshalber bis zu der Stelle, wo ich den richtigen Weg jetzt wirklich nicht mehr verfehlen kann.

Es hat 23 Grad im Schatten. Jedoch gibt es hier nichts, das einen werfen könnte – daher gefühlte 33 Grad. Eine ehemalige Straße, die schon lange durch die in unmittelbarer Nähe verlaufende, viel breitere ersetzt wurde, hat man für Radfahrer und Fußgänger adaptiert. Die Biker haben einen roten Belag mit Mittelstreifen, für die Wanderer bleibt ein noch ausreichend breites Stück grauer Belag über. Die Strecke hat es in sich, weil die Sonne kein Erbarmen kennt und der Asphalt unter meinen Füßen zu kochen beginnt. Ich wundere mich, wie fit hier die

Radfahrer sind. Sie rasen auch bei den ärgsten Steigungen an mir vorbei, als hätten sie einen Motor eingebaut. Wahrscheinlich haben sie diesen eh – die Spanier sind halt etwas cleverer als wir.

Völlig erschöpft erreiche ich La Arena. Vor mir geht die etwas ältere französische Pilgerin, die ich heute früh schon beim Frühstück in Bilbao gesehen habe. Neben ihr ein spanischer Bartträger, der wild auf sie einredet. Was will der Kerl von ihr? Mein Beschützerinstinkt lässt mich schnell aufschließen, doch irgendwie gibt mir Mademoiselle in einer Mischung aus 99 Prozent Französisch und einem Prozent Englisch zu verstehen, dass der Mann anscheinend der *Hospitalero* von Pobeña ist. Nach seinen Angaben öffnet die hiesige Herberge erst im Mai ihre Pforten, ebenso wie jene in Ontón. Als Beweis zeigt er seine Dienstmarke, und schon hält er uns seine Wagentür auf. Na gut, wir lassen uns überraschen. Ich denke, er bringt uns in eine Pension hier in La Arena, und sehe schon wieder eine Badewanne vor meinem geistigen Auge, in die ich elegant hineinspringe. Doch im Lauf der Autofahrt wird mir klar, dass er die Herberge in Castro Urdiales ansteuert, meinem nächsten Etappenziel. Mein Weg ist derzeit eine Fahrt!

Ich bin maßlos enttäuscht, als wir vor der Herberge anhalten. Ich wollte den gesamten Weg nach Santiago zu Fuß gehen, und jetzt hat mir der Kerl doch 13 Kilometer meines *Caminos* gestohlen! Aber irgendwie habe ich das Gefühl, dass sich meine Hüfte gerade mit meinen Knien unterhält, und alle Beteiligten begrüßen diese Autofahrt außerordentlich. Wie schon mal erwähnt, man wird etwas wunderlich hier – jetzt höre ich schon meinen Körperteilen beim Diskutieren zu …

Nachdem ich ein Bett ergattert habe, schmeiße ich mich unter die Dusche. Das heiße Wasser tut meinen Problemzonen sehr gut – langsam werden die Schmerzen erträglicher. Plötzlich höre ich draußen eine Stimme: „*¡Hola!*“ Die klingt doch verdammt nach Kathi. Noch rechnet sie nicht mit mir. Ich merke wieder mal, dass diese Synthetikreisehandtücher so gut wie kein Wasser aufnehmen und bis auf ihr geringes Gewicht keine weitere Funktion haben – daher gehe ich klitschnass, aber angezogen, in die Empfangshalle der Herberge. Und plötzlich hat da draußen jemand eine Erscheinung – Kathi schaut mit offenem Mund, als ob gerade Michael Jackson vor ihr den Moonwalk tanzen würde. So habe ich sie selten erlebt! „Wo hast du mich überholt?“ Ich sage nicht viel – nur: „Ich bin halt immer etwas schneller!“ Und merke, wie sie innerlich kocht. Aber sie freut sich wirklich, mich zu sehen. Und ich muss sagen, so unglücklich bin ich auch nicht. Jetzt kann ich endlich wieder mal mit jemandem deutsch sprechen. Die Franzosen können oder wollen das ja nicht. Und englisch auch nicht. Etwas Spanisch können sie aber fast alle – da haben sie in diesem Land einen nicht unerheblichen Vorteil.

Nach und nach füllt sich die Herberge – jetzt sind wir schon zu sechst, und langsam wird es eng. Daher – nichts wie raus!

Kathi und ich gehen in die Altstadt, die für mich zu den schönsten auf dem bisherigen Weg zählt. Alte Fischerhäuser, viele Kneipen – und darüber eine riesige Wehrkirche mit einer Festung, die zu einem Leuchtturm umgebaut wurde. Hunderte Menschen bevölkern den alten Platz am Hafen.

Kathi erzählt mir alle Einzelheiten der letzten drei Tage. Da ihre Achillessehne dabei war, den Dienst zu quittieren, ist sie vor Bilbao eine Etappe mit dem Zug gefahren. Auch Ramón hat sie am Bahnhof getroffen, dann aber wieder verloren. Und von Tony hat auch sie nichts mehr gehört. Komisch, heute hört sie nach einiger Zeit von selbst auf zu reden. Entweder ist sie krank oder – krank? Dann komme ich dran mit meinem Bericht und vergesse natürlich auch meine französischen Wohngenossen in Bilbao nicht. Als ich ihr vom Blackout des Jungen erzähle, weiß sie als Krankenschwester sofort, dass es sich um einen Epileptiker handeln könnte. Es gibt die verschiedensten Symptome, wie sich diese Krankheit zeigen kann. Plötzlich meint sie lapidar: „Das sind aber nicht die da?“ Und wirklich, da geht der vermeintliche Coach mit dem Jungen, der, wie ich mittlerweile weiß, Vincent heißt. Ich rufe ihnen zu und mache sie mit Kathi bekannt. Die beiden sind heute den gesamten Weg von Bilbao hierher marschiert – knapp 40 Kilometer. Respekt! Der junge Franzose ist völlig fertig und kann sich nur noch mühsam auf den Beinen halten. Sein Begleiter trägt neben dem eigenen auch Vincents Rucksack und freut sich, dass wir ihm den Weg zur Herberge erklären und Kathi ihm obendrein noch ihren Stadtplan mit dem eingezeichneten Weg schenkt.

Auf dem Rückweg kommen wir an einer Stierkampfarena vorbei, bei der eine Tür offen steht. Nur einen Spalt, aber der genügt für eine schlanke Fichte wie mich. Plötzlich stehe ich mitten im Stadion. Und obwohl ich ganz allein bin, höre ich die Zuschauer jubeln und sehe, wie ein *Torero* dem verängstigten Stier den Todesstoß versetzt. Grauslich – die armen Tiere tun mir leid. Doch ich denke, das werden sich die Spanier nie nehmen lassen ...

In der Herberge haben mittlerweile zehn Pilger ihre Sachen ausgebreitet, und langsam füllt sich der kleine Schlafsaal mit einem ganz besonderen „Duft". Egal, da muss man durch! Bevor wir ohnmächtig ins Bett kippen, treffen wir uns alle noch im kleinen Aufenthaltsraum. Und quatschen – in allen Sprachen. Da ist ein Australier, der 1980 aus Polen ausgewandert ist, einige Spanier, ein paar Franzosen und wir Österreicher. Alle reden mit Händen und Füßen. Aber wir verstehen uns, irgendwie geht das schon.

Musketiere sehen anders aus

Tag 10 – 20.4.2010: *Castro Urdiales – Laredo, 27 km (gesamt 233)*
Wetter: *Nebelreißen.*
Strecke: *Großteils am Meer entlang, einmal kurz am Seitenstreifen einer sehr frequentierten Straße, aber dann auf der sehr empfehlenswerten Küstenvariante über Rosamunde-Pilcher-würdige Steilküsten – toll!*
Sonstiges: *Schmerzen werden erträglich, der Weg ist traumhaft.*
Quartier: *Private christliche Herberge Laredo – 13,30 Euro. Gscheite Betten, sehr sauber und gemütlich!*

Morgens um sieben ist die Welt noch in Ordnung. Das ist ja gut – ich drehe mich nochmals auf die Seite und schau' mal, wie sie in einer Stunde sein wird. Während die anderen schon putzmunter sind, versuche ich, noch eine Runde zu schlafen. Nur der australische Pole Karol dürfte ein ebenbürtiger Gegner sein, in der nichtolympischen Disziplin „Trödeln". Aber ich habe gewonnen – yes! Draußen ist es feucht. Kein Regen, wir würden Nebelreißen dazu sagen. Winzige Tropfen perlen von der Außenhaut meiner Jacke ab, und ich hoffe, dass das gute Stück auch wirklich keine Nässe durchlässt. Denn drinnen ist davon schon mehr als genug, anscheinend kommt auch keine Feuchtigkeit raus ...

Heute stehen die 33 Kilometer nach Laredo am Programm. Laut meinem Reiseführer gäbe es eine Abkürzung, die jedoch vor allem bei nassem Wetter etwas schwierig sein könnte. Okay – schau'n wir mal. Das kann ich vor Ort ja immer noch entscheiden. Die Hüfte schmerzt nicht mehr so stark, eventuell hat die gestrige Spezialbehandlung mit Kathis Schmerzsalbe doch geholfen. Und weil da so viel in der Tube war, habe ich mir gleich auch die Knie damit eingeschmiert. Gut, völlig schmerzfrei fühlt sich etwas anders an, aber ich bilde mir ein, dass ich doch elastischer unterwegs bin als noch gestern.

Es geht gleich mal wieder hinauf, ich fühle mich fit wie zwei Turnschuhe. Irgendwie denke ich derzeit beim Marschieren an nichts mehr – es fließt einfach. Mit Siebenmeilen-Stiefeln „fliege" ich Santiago entgegen. Karol sitzt auf einer Bank im Wald und lässt sich sein Frühstück schmecken – Wurst, Käse und Brot. Er lädt mich ein mitzujausnen, doch ich bin so in Fahrt, dass ich einfach nicht stehen bleiben kann. Aber danke! Dann überhole ich die beiden französischen Pilgerinnen, die sich gestern Abend noch sehr spät in die Herberge „geschummelt" haben. Als Nächster ist der große Spanier dran, der unter dem Tisch im Aufenthaltsraum geschlafen hat. Mein freundliches *„Buen Camino"* erwidert er mit einem ganz und gar nicht passenden *„Shit"*. Er kann kaum noch gehen, weil die Rückseiten beider Oberschenkel verkrampft und daher steinhart sind. Ich biete ihm meine Creme an, doch er hat selbst eine Reiseapotheke wie ein Drogenhändler. Leider hilft ihm das auch nichts! Wahrscheinlich sollte er mal ein, zwei Tage Pause machen, um nicht ganz aufgeben zu müssen. Außerdem – wenn ich unter dem Tisch geschlafen hätte, könnte ich heute bestimmt auch nicht so einfach durch die Gegend pilgern. Er ist zwar gestern Abend den nicht ganz unerheblichen Schnarchattacken entgangen, aber die harten Holzdielen im Vorraum waren gewiss alles andere als förderlich für einen erholsamen Schlaf.

In einem Restaurant auf einem Campingplatz hole ich mir knapp vor Mittag mein Frühstück – Hamburger, zwei Cola und einen Kaffee. So, hier und jetzt beschließe ich, das exzessive Cola-Trinken etwas zurückzuschrauben! So ganz gesund kann das doch auch nicht sein. Da wären ja einige *Cervezas* gescheiter, aber ich kann ja noch nicht mittags damit anfangen …

Bald bin ich an der Stelle, wo ich mich entscheiden muss, die Abkürzung zu gehen oder doch den normalen, sechs Kilometer längeren Weg einzuschlagen. Heute bin ich mal faul und entscheide mich für die kürzere Variante. Mittlerweile habe ich Karol und die beiden französischen *Peregrinas* wieder überholt, die während meiner Koffein-Auffrischungskur am Campingplatz an mir vorbeigezogen sind. Auf dem Seitenstreifen einer Landstraße, der manches Mal nur knapp 30 Zentimeter breit ist, geht es bergauf. Eigentlich sollte diese Straße laut meinem Reiseführer sehr verkehrsarm sein, seit unmittelbar daneben die Autobahn gebaut wurde. Aber die Straße kann nicht lesen und weiß daher auch nicht, was verkehrsarm heißt – jede Menge Autos und Lastwagen rasen an mir vorbei. Trotzdem komme ich heil da rauf – und schon geht es wieder bergab, nach El Pontarrón del Guriezo. Plötzlich wackelt einige Meter vor mir eine dunkel gekleidete Person aus einer Seitenstraße

– Kathi! Hat uns der Weg also wieder zusammengeführt! Ein Zeichen? Eher nicht – trotzdem beschließen wir, jetzt mal gemeinsam weiterzumarschieren, über eine angeblich wunderschöne Küstenvariante. Und hier hat mein Reiseführer absolut recht. Ich fühle mich in einen der cineastisch „so" wertvollen Rosamunde Pilcher-Filme versetzt. Das sind jene Herz-Schmerz-Hardcore-Storys, die ich mir aus purer Liebe zu meiner Frau manchmal mit ihr gemeinsam anschaue(n muss). Gut, der Pfarrer hat damals gesagt: „In guten und in schlechten Zeiten …" – aber das ist wirklich hart! Doch die Landschaft von Cornwall und Umgebung kann sich sehen lassen! Und genauso schaut es hier aus – grüne Wiesen mit weißen Schafen und schwarzen Pferden wechseln sich mit Steilklippen ab, die, wie von Riesenhand abgeschnitten, schroff ins Meer fallen.

Hochgebirgsfeeling direkt am Atlantik …

Als der Weg wieder bergauf führt, ziehen plötzlich an die zehn Seeadler ihre Kreise über uns. Der *Camino* scheint jetzt mitten durch das Hochgebirge zu führen – ich werde wieder an den Schneeberg erinnert, nur dass es dort in der Nähe bloß einen kleinen Teich gibt, der mit dem Atlantik nicht so ganz mithalten kann.

Wir pilgern durch ein Paradies – und Kathi quatscht die ganze Zeit. Sie meint, ich sei irgendwie so etwas wie ein Musketier für sie, der sie auf allen Wegen beschütze. Na super – jetzt bin ich auch noch für ihre Sicherheit zuständig! Irgendwann zähle ich die Sekunden, in denen sie still ist – 17, 14, 15, 19 –, länger als 20 Sekunden schafft sie es selten. Was ich ihr dann natürlich auch mal sagen muss. Jetzt ist sie zwar etwas eingeschnappt, aber für längere Zeit herrlich leise. So kann ich die faszinierende Aussicht ungestört genießen. Doch schon bald muss Kathi den für sie fast lebensbedrohenden Zustand beenden und spricht wieder mit mir. Jedoch ab jetzt auch mit Pausen – anscheinend hat sie meinen zarten Wink doch wahrgenommen.

Jetzt haben wir Laredo erreicht und können uns zwischen zwei Herbergen entscheiden. Man gönnt sich ja sonst nichts – daher wird natürlich die etwas teurere, dafür aber um Häuser besser ausgestattete Unterkunft gewählt. In dem großen Vierbettzimmer gibt es saubere Bettdecken und viel Platz für die Rucksäcke. Meine PPT (Pilgerplaudertasche) hat sogar eine eigene Kemenate, denn ihr Schlafplatz kann mit einem (schalldichten?) Vorhang abgetrennt werden. Plötzlich Prinzessin! Kathi will in die Stadt, schau'n was das Volk so macht. Soll sie! Ich werde auf das Zimmer aufpassen und einfach so vor mich hin dösen.

Zuvor überprüfe ich aber noch, ob nicht zufällig irgendein Nachbar vergessen hat, seinen WLAN-Router zu verschlüsseln. Und wirklich, ich werde fündig und kann so kostenlos im Web surfen. Moni und ich haben uns schon seit San Sebastián nicht mehr gesehen, daher wird wieder mal eine Skype-Session einberufen. Endlich können wir quatschen und uns dabei auch noch in die Augen sehen. Und das Beste: Heute gibt es definitiv keinen Lauschangriff von Kathi Bond, Agentin 007,25. Sandra und Sandy – Tochter und Hund, meine zwei Blondinen –, huschen immer wieder mal durch die Kamera, während Moni mir vom Flugverbot wegen des Ausbruches des isländischen Vulkans mit dem unaussprechlichen Namen Eyjafjallajökull erzählt. Hab' ich alles nicht mitbekommen! Da wird es sicher einige Pilgerkollegen geben, die dadurch ihren langersehnten Traum verschieben müssen. Was hätte ich wohl gemacht, wenn mein Flug nach Bilbao storniert worden wäre? Eine Bahnfahrt von drei Tagen wäre zwar eine Alternative gewesen, doch das will ich mir gar nicht vorstellen. Obwohl, für diesen Weg hätte ich alles gemacht!

Jetzt wartet die Stadt! Doch plötzlich sehe ich Karol daherhumpeln – völlig erschöpft und vom Pilgern gezeichnet. Aber unser schönes Zimmer lässt den schlaffen Polen wieder aufblühen, nach einer kurzen Erholungspause samt Dusche ziehen wir beide los – Richtung Meer.

Am langen und megabreiten Sandstrand von Laredo sitzen wir nun in einer Bar und bestellen auf Verdacht eine *Cerveza grande*. Yeah, der *Camarero*, also der Kellner, serviert uns ein eiskaltes Krügerl – wie daheim! Karol erzählt von seiner Frau, den beiden Kindern und den Firmen, die er in Sydney aufgebaut hat. 1980 ist er aus Polen ausgewandert, mittlerweile ist Australien seine Heimat geworden. Begonnen hatte er im Immobiliengeschäft, dann hatte er eine Wäscherei und zuletzt war er mit seiner Housekeeping-Firma dafür verantwortlich, dass die Außen- und technischen Innenanlagen von Hotels und Firmen gepflegt und auf dem neuesten Stand gehalten wurden. In seiner Blütezeit hatte er mehr als 70 Mitarbeiter. Mittlerweile ist er Privatier, fährt mit seinem Motorrad die Küsten ab und – ist jetzt am Jakobsweg. Sein Sohn lebt in England, hat aber vor einigen Jahren in Kitzbühel eine Österreicherin geheiratet. Bei der Trauung war natürlich auch Karol dabei, er schwärmt in den höchsten Tönen vom schönen Land Tirol. Er kann auch etwas jodeln – meint er. Aber die Kostprobe erinnert eher an einen Hund, der Schmerzen hat. Aber gut …

Plötzlich hören wir ein bekanntes „*Hola*“ – Kathi steht vor uns. Wie sie uns gefunden hat, ist ein Rätsel. Aber weil sie schon mal da ist, wird auch für sie eine *Cerveza grande* bestellt. Dann quatschen wir einfach drauflos. Doch irgendwie muss das Bier hier den Alkoholgehalt von Spiritus haben, denn mittlerweile lallen wir nur mehr vor uns hin. Und das nach einer „Halben“? Da stimmt was nicht! Vielleicht liegt es aber auch daran, dass wir alle drei heute noch fast nichts gegessen haben. Also ist Nahrungsaufnahme angesagt. Doch so sehr wir uns auch bemühen, um diese Zeit darf man in Spanien keinen Hunger haben! Nur der Besitzer einer kleinen Bar in der Innenstadt erbarmt sich dann doch und grillt für uns Fleisch, das er gemeinsam mit Eiern in Weißbrot packt. So rettet er uns vor dem sicheren Hungertod.

So – Zeit, nach Hause zu gehen. Aber weil Karol in seiner neuen Heimat Australien nebenbei auch als Winzer tätig ist, möchte er unbedingt den viel gepriesenen spanischen Weißwein kosten. Na gut, helfe ich ihm halt dabei. Er kauft den Wein, ich bin für Schinken, Käse und Weißbrot zuständig. In der Küche unserer Unterkunft köpfen wir die Flasche, und gemeinsam mit dem *Jamón* und dem *Queso* wird es ein ausgezeichnetes zweites Abendessen. Der Wein ist zwar etwas sehr gewöhnungsbedürftig, schmeckt aber nach einigen Versuchen dann trotzdem nicht mal so schlecht. Es gibt anscheinend noch andere Zimmer in dieser kleinen, aber sehr feinen *Albergue*, denn mittlerweile hat sich auch die gestern mit mir im Wagen des Wegediebs mitgefahrene Französin zu uns gesellt. Und auch die Leiterin der Herberge steht plötzlich in der Küche und zeigt uns, dass der kleine Küchentisch, auf dem all unsere Speisen, Getränke, Teller und Gläser stehen, eigentlich ausziehbar gewesen wäre. Aber jetzt ist es auch schon egal. Nach der erledigten Flasche sind auch wir gezeichnet und gehen schlafen …

Wir sind Zwiebel

Tag 11 – 21.4.2010: *Laredo – Santoña, 18 km (gesamt 251)*
Wetter: *Nebel, Sonnenschein, Regen – April!*
Strecke: *Durch Laredo zum schneeweißen Sandstrand, Fähre nach Santoña und durch die Stadt zur Herberge.*
Sonstiges: *Waschtag!*
Quartier: *Jugendherberge Santoña – 6,50 Euro mit Frühstück! Und Fitnesscenter! Betten etwas zu kurz, sonst nicht übel!*

Nachdem unsere Prinzessin heute Morgen wieder mal als Erste das Zimmer geräumt hat, gehen es Karol und ich etwas gemütlicher an. Erst um viertel zehn ist es dann für uns so weit. Das heißt, Karol hat die Herberge schon vor einer halben Stunde verlassen, weil er sich noch im *Oficina de Información Turística* Stadtpläne besorgen möchte. Ich lasse mir noch etwas Zeit, weil ich ja „überprüfen" muss, ob nicht jemand etwas vergessen hat.

Heute stehen nur die Strecke bis zur Fähre nach Santoña und der anschließende Fußweg durch die Stadt zur Herberge am Programm – insgesamt nicht mehr als elf Kilometer. Unsere Unterkunft soll ganz idyllisch auf einer Insel im Schwemmland liegen. Und wenn wir dann dort sind, ist Waschtag angesagt – so haben wir drei das gestern Abend noch gemeinsam entschieden.

Ich treffe Karol in der Stadt – er sucht das Informationsbüro. Gemeinsam finden wir es, was uns aber nicht hilft, weil es geschlossen ist. Gut, wir sind ja inzwischen waschechte Spanier geworden, die sich in allen iberischen Lebenslagen durchschlagen können. Daher starten wir ohne entsprechende Informationen auf unsere bisher mit Abstand „längste" Strecke – in der Hoffnung, unser Ziel noch vor Einbruch der Dunkelheit zu erreichen. Erst geht es an einer Straße entlang, dann wechseln wir zum schneeweißen Sandstrand, der an manchen Stellen bis zu 100 Meter breit ist. Leider ist es heute sehr nebelig, aber im Sonnenschein wäre diese *Playa* bestimmt traumhaft. Karol und ich lösen auf der äußerst „kräfteraubenden" Etappe die Weltwirtschaftskrise. Wir sind beide der Meinung, ganz genau zu wissen, warum es so weit gekommen ist, und vor allem, wie jetzt vorgegangen werden müsste. Der Jakobsweg gibt einem anscheinend tiefere Einsichten in jedes Problem der Welt – sind wir zumindest überzeugt. Doch wir fürchten, dass niemand unsere Vorschläge hören will, und daher beschließen wir, auch keinem etwas davon zu sagen. Soll die Krise doch von jemand anderem gelöst werden!

Bei der Fähre wartet Kathi auf uns, zu dritt setzen wir über nach Santoña. Mit uns auf dem Boot ist neben dem Kapitän und einem geldgierigen Kassier, der uns je 1,70 Euro für die Drei-Minuten-Fahrt abnimmt, nur ein alter, als Baske verkleideter Einheimischer. Genau wie er haben die Menschen im Baskenland ausgeschaut: freundlicher Blick, braun gebrannt, sehr faltenreich – und einen riesengroßen Baskenmützenteller am Kopf. Aber wir sind ja schon seit Castro Urdiales in Kantabrien ...

Langsam kämpft sich die Sonne durch den Nebel, es gelingt ihr aber nicht ganz – und so liegt ein außergewöhnlicher Glanz über dem Meer.

Ein außergewöhnlicher Glanz liegt über dem Meer!

Kathi meint, sie könne Wolken vertreiben, allein mit ihren Gedanken. Na dann – auf geht's! Aber ob sie sich da nicht etwas überschätzt? Sollte es jedoch wirklich funktionieren – mir soll's recht sein!

Jetzt, wo wir zum ersten Mal die Jugendherberge sehen, sind wir doch etwas enttäuscht. So idyllisch ist es hier dann auch wieder nicht. Sieht irgendwie abgewohnt aus – aber dafür ist das Haus mit einem

Fitnesscenter ausgestattet. Komisch nur, dass keiner von uns auf die Idee kommt, hier Gewichte zu stemmen. Aber die Empfangs-*Señora* ist sehr freundlich und bringt uns alle drei im selben Zimmer unter. Schnell werden die unteren Etagen der drei Stahlrohrstockbetten belegt, und wir hoffen, dass keine „fremden" *Peregrinos* unsere gute Stube mitbenutzen wollen.

Dann geht's los – auf zum großen Wäschewaschen! Wir sammeln all unsere Sachen zusammen und machen uns auf die Suche nach der Waschmaschine. Was wir finden, ist ein riesengroßes, verrostetes Stück Etwas im Hinterhof, das mit einem mehrfach geflickten Kabel an das Stromnetz angeschlossen ist. Anscheinend dürfte aber doch Leben in dem vorsintflutlichen Apparat sein, denn die nette Spanierin vom Empfang kommt zu Hilfe und zeigt uns, dass man dieses Ding erst zum Laufen bringt, wenn man den Startknopf mit einem Holzkeil fixiert. Der aber immer wieder rausflutscht – doch mit zwei dieser natürlichen Hilfsmittel klappt es dann. Notfalls hätten wir noch Kathis Superkleber nehmen können, den sie sich für ihre im Auflösen befindlichen Schuhe gekauft hat.

Nachdem sich die Monstermaschine eine halbe Stunde gerüttelt und geschüttelt hat, hängen wir die nassen Sachen auf die Wäscheleine. In den uns noch verbliebenen Kleidern machen sich Karol und ich auf den Weg in die Stadt. Kathi möchte sich den im Reiseführer so toll beschriebenen Sandstrand am anderen Ende der Stadt ansehen. Mein polnischer Australier und ich testen in der Zwischenzeit aber viel lieber die im Reiseführer nicht beschriebenen kalten *Cervezas*. Erst danach sind auch wir bereit, den besagten Strand zu besichtigen. Doch wo ist der? Irgendjemand hat wieder mal das Meer weggesperrt! Denn was wir entdecken können, ist eine Bucht, in die aus einem riesengroßen Kanalrohr Kloake fließt. Und darunter feiern Millionen von Fischen eine Party. Es stinkt – dieses Fest darf ruhig ohne uns gefeiert werden, wir pfeifen auf den Strand.

Während Karol nochmals in die Stadt marschiert, mache ich auf der Parkbank vor der Herberge ein kleines Nickerchen. Doch plötzlich hat jemand nach dem Meer auch noch die Sonne geklaut, und aufgrund abrupt eintretenden Schüttelfrosts mache auch ich mich bereit für einen Stadtbummel. Es schaut zwar irgendwie nach Regen aus, aber bei meinem bisherigen Glück hält das Wetter ganz bestimmt! Daher kann ich auch die Wäsche getrost auf der Leine lassen. Hey, was ist los mit mir? Ich mache mir Sorgen um die Wäsche? Ich werde ja nicht doch noch so etwas wie ein echter Hausmann. Moni wird schauen …

Jetzt sitze ich ganz allein in einem Café am laut Pilgerführer nur zweitschönsten Strand von Santoña – genau dort, wo wir heute Vormittag mit der Fähre von Colindres – eigentlich genauer von der Halbinsel El Puntal – übergesetzt haben. Doch plötzlich sehe ich, wie die Menschen vor der Bar ihre Schirme aufspannen – hey, was soll das? Da ich nicht annehme, dass das alles Sonnenschirme sind, mache ich mir doch Gedanken um unsere Wäsche, zahle so schnell ich kann und jogge die gesamte Strecke zur Herberge zurück – mit meinen Trekkingsandalen. Die sind zwar nicht gerade das idealste Schuhwerk zum Laufen, aber was Besseres habe ich nun mal nicht. Aus den Augenwinkeln heraus sehe ich, wie einigen Schirmträgern vor Lachen der Knirps aus der Hand fällt, weil sie mich in voller Eleganz über die Pfützen sprinten sehen. Insgeheim hoffe ich, dass Kathi oder Karol bereits bei der Wäsche waren, aber leider hängt sie noch dort. Ein kleiner Dachvorsprung hat dafür gesorgt, dass sie nicht tropft wie ein Wasserfall. Doch leicht benässt ist sie schon! Also nehme ich die Sachen fachmännisch von der Leine und trage sie in unser Zimmer, wo ich alles in der Nähe des Fensters nochmals aufhänge. Darunter auch die Unterwäsche von Kathi und Karol. Wobei Kathis Unterwäsche erheblich kleiner ist als jene von Karol – komisch? Endlich fertig! Hausarbeit kann ganz schön anstrengend sein. Darum habe ich mir jetzt einen gemütlichen Fernsehnachmittag verdient und werde mir im Gemeinschaftsraum auf Spanisch einige hochgeistreiche Serien anschauen.

Karol kommt zurück aus der Stadt, mit einer Tasche voll Käse, Wurst, Paradeiser und Brot. Und mit Schokolade – die ich ja überhaupt nicht mag. Wenn sie zu ist! Sonst schon! Ich steuere zwei Getränke aus dem Automaten bei, und gemeinsam vernichten wir den Inhalt von Karols Plastiktasche – bei spanischem Fernsehen. Das wir aber bald ausschalten, weil es uns beim Quatschen stört. Karol erzählt von seiner Flucht aus Polen. Gemeinsam mit seiner Frau konnte er über Ungarn nach Österreich entkommen, von hier aus ging es dann in einer Odyssee weiter bis nach Australien. Ich müsse ihn unbedingt mal in Sydney besuchen, meint er. Dann erzählt er von seinem Lehrgang in Philosophie, den er in seiner neuen Heimat belegt hat. Unser Dasein ist wie eine Zwiebel mit vielen Schalen. Eine ist zum Beispiel unsere Familie, eine die Arbeit, das soziale Umfeld, das Hobby, und so geht es weiter. Alle diese *„Layers"* – wie Karol es in Englisch ausdrückt – ergeben den fertigen Menschen. Wichtig aber ist, dass, wenn alle Schalen fort wären, trotzdem ein Kern übrig bleibt, der eigenständig weiterleben kann. Nur dann bist du wirklich frei, wenn du tief im Innersten einen starken, reifen Charakter hast, der seine eigene Meinung vertritt und geradlinig seine Ziele verfolgt. Mit einem langen Gespräch über Philosophie, Religion und das Leben im Allgemeinen vergeht der Nachtmittag rasend schnell. Ich habe viele neue Erkenntnisse gewonnen, unter anderem aber auch, dass sich meine Englischkenntnisse auf diesem Weg sehr verbessert haben. Vor einem Monat hätte ich solche Themen niemals in dieser Sprache diskutieren können.

Wir merken gar nicht, dass plötzlich Kathi in der Tür steht. Sie hat einen ganzen Berg umrundet – auf der Suche nach dem schönen Sandstrand. Und das in Crocs – die eigentlich auch nicht wirklich zum Wandern geeignet sind. Weil ihr jetzt alles wehtut, hat sie – zur eigenen Belohnung – in der Stadt noch einen Schokokuchen gekauft, Und, wie passend, Chips dazu. Gut, essen wir halt das auch noch! Hab' ich zuvor schon erwähnt, dass ich in der Bar am Strand zwei *Tapas* vertilgt habe? Irgendwie bin ich jetzt plötzlich sehr satt.

Karol schließt seine Kamera an den Fernseher an und zeigt uns Bilder vom Innenleben des Guggenheim-Museums. Er meint, dass er selten zuvor solchen Käse gesehen habe. Das Gebäude für sich ist natürlich auch innen wirkliche Kunst. Aber die derzeit laufende Ausstellung hält er für einen schlechten Witz. Zum Beispiel wurde mit einem Gewehr auf einen großen, roten Wachshaufen geschossen, der in einer Ecke stand. Jetzt sind die „Blutspritzer" im ganzen Raum verteilt. *Shooting in the corner* heißt das Kunstwerk. Und schon diskutieren wir über die abenteuerlichsten Auswüchse von „Kunst" – Fäkalkünstler, Schweineblutverspritzer, Abfallzusammenschweißer. Wo ist die Grenze zwischen Kunst und Wahnsinn?

Irgendwann sind uns diese nobelpreisverdächtigen Gespräche zu anstrengend. Karol hat auf seiner Kamera auch Filme seines Hauses in

Australien gespeichert. Hut ab – so etwas kennt man normalerweise nur aus den amerikanischen Fernsehserien. *Dallas* lässt grüßen! Er hat den gesamten Garten selbst gestaltet, mit künstlichen Höhlen, Wasserläufen usw. Und auch das Haus selbst mit seinen 450 Quadratmetern Wohnfläche in mehreren Etagen, mit Pool, Billardraum, Bar und anderen Annehmlichkeiten ist nicht von schlechten Eltern. Übrigens, da Kathi kurz draußen war, bin ich jetzt einer der wenigen Auserwählten, die den Geheimzutritt zu seinem Weinkeller kennen.

Es ist ziemlich spät geworden. Karol will noch mal in die Stadt, aber ich verweigere. Nach diesem anstrengenden Tag brauche ich Schlaf! Ab morgen gibt es dann wieder *Business as usual* – also gehen, gehen, gehen, an die 30 Kilometer bis nach Güemes.

Wir sind die einzigen Herbergsbenutzer heute Nacht. Da es keinen Schlüssel gibt und die Eingangstür nur von innen zu öffnen ist, dürfte Karol schlechte Karten haben, wieder rein zu kommen. Gut – ich bin ein Menschenfreund und warte auf ihn! Ich könnte jetzt das gesamte Fitnesszentrum allein für mich nutzen, denke aber nicht im Traum daran. Während Kathi längst schon eingeschlafen ist, schmeiße ich mich vor den Fernseher und switche zufällig zu einem Sender, auf dem der Wetterbericht läuft. Das schaut aber gar nicht gut aus, nicht mal auf Spanisch! Ab morgen soll es für längere Zeit Regen geben – da muss sich Kathi aber sehr anstrengen, um die Wolken zu vertreiben!

Knapp vor Mitternacht kommt dann auch das polnische Känguru heim, und nach dem Sprechen der Zauberformel „*Tomorrow – dos cervezas for Herbert*" öffne ich ihm die Herbergstür. Da werde ich mich morgen aber sehr anstrengen müssen, denn schon zuvor haben mir meine beiden Mitpilger einige Bierchen versprochen, für meinen bedingungslosen Einsatz zur Rettung unserer Wäsche. Aber morgen ist weit – jetzt ist endlich Ruhe im Busch …

I'm hinking in the rain

Tag 12 – 22.4.2010: *Santoña – Güemes, 33 km (gesamt 284)*
Wetter: *Nieseln.*
Strecke: *Lange Zeit direkt auf diversen Sandstränden, die von kleinen Erhebungen unterbrochen sind. Dann weg vom Meer, durch ein Naturschutzgebiet und auf der Landstraße nach Güemes.*
Sonstiges: *Schmerzen werden unerträglich, der Weg ist JAHUUU!*
Quartier: *Ernestos Herberge in Güemes – 10 Euro Spende, inkl. Abendessen und Frühstück! Unbedingt empfehlenswert!*

Das war eine Nacht! Stundenlang habe ich mich vor Schmerzen im Bett herumgewälzt. Mein komplettes rechtes Bein pulsierte im Polkatakt, und irgendwie hatte ich das Gefühl, als ob es jeden Moment zerplatzen würde. Erschwerend kam noch dazu, dass ich in einem Stockbett mit Stahlfedern lag, die bei jeder Bewegung einen Lärm machten, der Tote aufwecken könnte. Da meine beiden Mitschläfer Gott sei Dank auch nicht nur annähernd in diesem Zustand waren, fürchtete ich, dass auch sie nicht zu ihrem Schönheitsschlaf kommen würden. Wir werden ja sehen ... Um vier Uhr habe ich mich mit Kathis Schmerzcreme einbalsamiert. Vielen Dank! Dadurch konnte ich dann irgendwann doch noch einschlafen. Aber wenn das so weitergeht, muss ich den verlorenen Schlaf im Gehen nachholen.

Und wieder bin ich der Letzte, der sich auf den Weg macht. Ich habe nichts verbrochen, nichts gestohlen und bin nicht auf der Flucht. Also! Und – es hat auch seine Vorteile, denn da hängt noch ein dunkles T-Shirt im Zimmer, das ich sofort Kathi zuordne. Ich pack's halt mal ein. Vor der Herberge ist nasse Luft – bei leichtem Nieseln muss ich mich und den Rucksack erst ordentlich anziehen. Das heißt, er bekommt den integrierten Regenschutz verpasst und ich schmeiße mich in die wasserdichte Jacke. Und dann geht's auf in Richtung Güemes.

Erst marschiere ich auf der Landstraße nach Berría, wo es am weißen Sandstrand entlanggeht. Meine Hüfte gibt Vollgas, jeder Schritt wird zur Qual. *I'm hinking in the rain* – aber da muss ich durch! Vor mir baut sich ein Berg auf, der zu überqueren wäre. Kathi schreibt mir ein SMS, dass ich aufpassen soll, ja nicht vom Weg abzukommen. Denn sie steht mitten in der Botanik und hat sich in einem Dornengestrüpp verfangen – umgeben nur von Ziegen, die vor Lachen ihre Milch verlieren.

Gut, das zu wissen – danke Kathi! Ich bin nun besonders vorsichtig, schaue doppelt genau auf den Weg, der anfangs sehr steil und sandig ist und dann über kleine Felsbrocken weiter hinaufführt. Links und rechts des rutschigen Pfades sind die Dornenbüsche, in denen Kathi sich verirrt hat. Sie ist nicht mehr zu sehen, dürfte also irgendwie wieder rausgekommen sein. Nur ein paar Ziegen fangen lauthals zu meckern an, weil sie sich schon auf den nächsten ahnungslosen *Peregrino* freuen, der sich in ihrem Gestrüpp mit kurzen Hosen die Beine blutig kratzt.

Wie Robinson …

Ich schaffe das Bergerl unfallfrei, vor mir liegt der nächste Traumstrand – mit schneeweißem Sand, Hunderte Meter breit und völlig menschenleer. Selbst im Nieselregen bin ich fasziniert von der Schönheit, die sich meinem Auge da bietet. Ich fühle mich fast wie Daniel Defoes Robinson, so einsam scheint dieser wunderschöne Flecken Erde zu sein. Doch meine Hüfte ist irgendwie eifersüchtig und versucht, meine Aufmerksamkeit ganz auf sich zu lenken. Jeder Schritt im weichen Sand schmerzt. Jetzt sollte sie aber eigentlich schon wissen, dass sie keine Chance hat gegen meine Sturheit, diesen Weg zu Ende zu gehen. Also – warum nicht gleich mit mir zusammenarbeiten? Vielleicht nimmt sie sich das zu Herzen – ich hoffe es für sie! Und für mich!

Vor mir watschelt ein Murmeltier – Kathi. Gemeinsam gehen wir den letzten Kilometer am Strand entlang und holen uns in Noja etwas zu trinken. Wo wohl Karol jetzt ist? Kathi zieht es schon nach einem Espresso wieder raus in den jetzt immer stärker werdenden Regen. Ich trinke gemütlich noch einen *Café con leche* und warte ab, ob sich die Großwetterlage nicht doch noch ändert. Und wirklich – nach der dritten Tasse geht der Regen vor der Bar in leichtes Nebelgrieseln über. Da verzichte ich doch gleich auf meine schwere Regenjacke und mache mich, nur mit der Fleeceweste bekleidet, auf die restlichen 15 Kilometer nach Güemes. Durch den Eigensinn meiner rechten Hüfte, die nicht und nicht einsehen kann, dass ich der Stärkere bin, trample ich etwas sehr windschief dahin. Ein paar Kilometer vor meinem Ziel überhole ich wieder mal meine persönliche Krankenschwester aus Wien, die große Probleme mit ihren Achillessehnen hat. Nachdem ich mich versichert habe, dass sie trotzdem auch ohne mich zurechtkommt, lasse ich Kathi im nicht mehr so starken Regen stehen und ziehe weiter. Sie nimmt mir das auch nicht übel, wir haben vereinbart, dass jeder sein Tempo durchzieht.

Im Reiseführer ist von einer 400 Meter langen Abkürzung die Rede, auf der man allerdings zwei tolle Sehenswürdigkeiten verpassen würde. Auf die pfeife ich – im Namen meiner Hüfte. Heute ist bei mir nicht der Weg das Ziel, sondern mein Ziel ist, einfach anzukommen. Eigentlich sollte jeden Moment die Kultherberge von Ernesto in Sichtweite sein. Diese *Albergue* muss man einfach gesehen haben, so steht es in vielen Büchern. Leider sehe ich sie nicht – bin ich am richtigen Weg? Ich verlasse mich auf meinen Orientierungssinn und biege einfach links ab. Nach einem halben Kilometer ist von Ernestos Herberge noch immer keine Spur zu sehen. Also läute ich einfach bei einem Haus an und hoffe, dass mich der pubertierende Hofhund, der schon ganz allein und ohne Kette unterwegs sein darf, nicht gleich verschlingen wird. Die *Señora* zeigt mir mit ihren Händen den Weg zu Ernesto – genau in die Richtung, aus der ich gekommen bin. So wird aus einer 400 Meter langen Abkürzung ein kilometerweiter Umweg. Genauso ist es auch im Leben, denke ich mir. Knapp vor dem Ziel sind noch einige Hindernisse und Schwierigkeiten zu bewältigen. Oft muss man auch seine Taktik ändern, eine neue Richtung einschlagen, um dann doch noch dort anzukommen, wo man ursprünglich hin wollte. Nur so wird man Erfolg haben! Und nur diese, die hart erkämpften Erfolge sind jene Erfolge, die wirklich zählen im Leben. Und an denen man sich lange noch aufrichten kann.

Irgendwann finde ich die Herberge ja doch noch. Schon allein der Empfang von Ernesto, einem weißhaarig- und bärtigen Weihnachtsmannverschnitt, ist einzigartig. Er bietet mir mit einer völlig ungespielten Freundlichkeit Wasser, Kekse und Obst an. Karol ist bereits hier. Er hat den Weg über die Landstraße eingeschlagen – zwar landschaftlich nicht besonders reizvoll, aber erheblich kürzer. Eine Viertelstunde nach mir trifft auch Kathi ein. Wir drei beziehen wieder ein gemeinsames Herbergszimmer, das in der Hochsaison von bis zu elf Pilgern verwendet werden kann. Bei den in drei Etagen angeordneten Stockbetten würde ich als Gelegenheitsschlafwandler enorme Bedenken haben, ganz oben liegen zu müssen. Aber da wir ja nur zu dritt sind, gibt es da keine Probleme, und ich schmeiße mich nach der dringend notwendigen Dusche in den Schlafsack, um den gestern verlorenen Schlaf wiederzufinden. Doch daran ist nicht zu denken, der rechte Fuß pocht und arbeitet wie ein Presslufthammer. Um mich etwas abzulenken, stopfe ich mir die Kopfhörer meines MP3-Handys in die Ohren und höre die *Seer* und Rainhard Fendrich. Musik kann Wunder wirken! So große aber leider nicht! Meine Schmerzen werden immer schlimmer. Vielleicht hilft beten? Ich probier's mal wieder ...

Um 20:30 Uhr gibt es Abendessen. Schon seit einer Stunde riecht die gesamte Herberge nach einem Drei-Hauben-Lokal. Vor ein paar Minuten sind noch zwei Pilger dazugekommen, die aber das Nachbarzimmer beziehen. Michael aus der Schweiz und Martina aus Deutschland dürften auf dem Weg ein Paar geworden sein. Heute sind wir eindeutig eine deutschsprachige Mehrheit. „Karol, ob du willst oder nicht, heute wirst du mal deutsch sprechen müssen!"

Der Tisch ist liebevoll gedeckt, in einer Ecke befindet sich ein riesengroßer Kamin. Da es abends draußen sehr kühl wird, genießen wir die angenehme Wärme, die von der offenen Feuerstelle ausgeht. Karol hat einige Songideen für mich – werde mal schauen, ob sich daraus was machen lässt.

Dann bittet Ernesto zu Tisch. Seine Köchin hat ganze Arbeit geleistet und serviert uns eine heiße Nudelsuppe mit allen möglichen Einlagen. Fleisch, Karotten und sogar ganze, harte Eier schwimmen in dem großen Topf, aus dem wir uns selbst bedienen dürfen. Danach kommt eine Reispfanne mit Faschiertem – feurig gewürzt, aber sehr lecker. Auch der dazu gereichte Rotwein passt optimal. Wie das ebenfalls auf dem Tisch stehende Wasser geschmeckt hat, kann ich jetzt leider nicht sagen.

Ernesto ist hier der Dorfpfarrer und war bisher in 76 Ländern dieser Erde. An den Wänden und in der im ersten Stock gelegenen Bibliothek zeugen Tausende Bilder von seinen Reisen. Die längste davon in den 1990er-Jahren dauerte über 27 Monate und führte ihn nach Südamerika, wo er unter anderem in einer Goldmine arbeitete. Der Helm über dem Kamin ist der Beweis, dass mich Ernesto nicht anflunkert. Was ich aber sowieso nie angenommen hätte. Wir sitzen in einem riesengroßen Raum im Erdgeschoß, der gleichzeitig als Empfangshalle, Esszimmer, Kaminecke und auch als Matratzenlager dient. Bis zu 60 Pilger können in Ernestos Luxusunterkunft aufgenommen werden. Er erzählt uns, wie er das alles aufgebaut hat. Und viele andere Geschichten vom und um den *Camino*. Ich könnte ihm stundenlang zuhören, doch irgendwann meldet mein Großhirn, dass es Zeit wäre, schlafen zu gehen. Gleichzeitig mit mir verabschieden sich auch meine Mitpilger vom „Weihnachtsmann", der bestimmt jetzt noch in den Stall gehen wird, um seine Rentiere zu versorgen.

Ich habe Angst vor der Nacht. Kathi hat mir Schmerztabletten aufgeschwatzt. Um sie nicht zu verärgern, nehme ich halt eine. Normalerweise bin ich gegen jede Art von Doping. Aber das ist ja ein echter Notfall. Ich hoffe, so mal die ärgsten Schmerzen lindern und damit auch eventuelle Verspannungen beseitigen zu können. Ob das gelingen wird, kann ich erst morgen sagen. Aber wenn, dann nehme ich alles zurück, was ich bisher über Kathi gelästert habe! Das ist sicher! Obwohl, viel reden tut sie schon ...

Rosamunde Pilcher und die Maoris

Tag 13 – 23.4.2010: *Güemes – Bezana, 26 km (gesamt 310)*
Wetter: *Anfangs Nieseln, dann bleibt es trocken.*
Strecke: *Umweg über Steilküste ist herrlich, hoch über dem Meer geht's teilweise auf saftigen Wiesen bis zur Fähre nach Santander (200.000 Ew.) und dann auf Asphalt weiter nach Bezana.*
Sonstiges: *Nach dem „Drogencocktail" und einigen Gebeten sind die Schmerzen wie weggeblasen.*
Quartier: *Private Wohnung in Bezana – 15 Euro, inkl. Frühstück. Super!!*

Hab' ich meine Sünden jetzt alle abgebüßt? Es war heute die erste schmerzfreie Nacht seit Langem, Kathis Drogencocktail hat gewirkt. „*Muchas gracias, Señora Enfermera!*" Ab vier Uhr bin ich hellwach, normal schlafe ich um diese Zeit erst ein. Aber diesmal ist es nicht wegen der Schmerzen, sondern ich bin einfach schon fit. Anscheinend benötigt man am *Camino* weniger Schlaf – oder ich bin halt irgendwie anders.

Die peruanische Köchin steht in der Küche und macht Frühstück für alle. Ihr Ehemann ist hier anscheinend auch der Hausmeister, gestern hat er betoniert und gemauert, heute serviert er uns den Kaffee. Als ich die Herberge verlasse – ich brauche nicht extra zu erwähnen, dass ich von uns Dreien wieder der Letzte bin –, ist von Ernesto nichts zu sehen. Nur der Schweizer und seine deutsche Freundin aus Oberfranken sind noch in ihrem Zimmer. Gestern Abend haben sie uns erzählt, dass sie es immer sehr gemütlich angehen, Tagestouren von höchstens 15 Kilometern sind da die Regel. Daher sind sie auch schon Monate unterwegs, der Weg von der Schweiz hier runter ist sehr lang. Auf die Frage von Karol, ob sie denn so viel Zeit hätten, meint der junge Vollbartpilger: „*What is time? Time is everywhere, and more than enough!*" Ja, so sind halt die Schweizer – gemütlich, aber gründlich!

Ernesto sitzt eingehüllt in seinen südamerikanischen Poncho im Büro der Bibliothek und hämmert in die Tasten seines PCs. Nach einem herzlichen Danke trage ich mich in das Herbergsbuch ein:

„*Dieser* Camino *wäre nicht* der Camino *ohne diese Herberge – ich habe schon so viel gehört und gelesen über Ernestos* Albergue, *aber die Wirklichkeit hat alles übertroffen. Vielen Dank für die herzliche Aufnahme, das köstliche Essen und all die Eindrücke, die ich hier erleben durfte!* Peregrino *Herbert*“

Es nieselt leicht. Aber ich pfeife auf meine Regenüberhose, denn ich möchte mir das subtropische Regenwaldklima unter der Hose ersparen. Also lieber gleich auf natürlichem Wege nass werden. Leise vor mich hersummend marschiere ich auf der Landstraße Richtung Santander. Immer wieder fallen mir Texte und Ideen für neue Lieder ein, die ich dann gleich in mein Handy jaule. Schmerzfrei zu pilgern ist eine völlig neue Erfahrung, ich könnte jodeln vor Glück!

Mein Reiseführer empfiehlt einen Umweg von zwei Kilometern über die Steilküste. Ich frage meine Knie, meine Hüften und meinen inneren Schweinehund – alle sind einverstanden, und so marschiere ich bald über saftigste Wiesen, auf denen glückliche Kühe grasen und ebenso glücklich dreinschauende Bauern mit ihren riesengroßen Traktoren im Regen das Gras mähen. Dabei kommen sie bedenklich nahe an den Rand der Steilklippen, die 60 bis 80 Meter ins Meer abfallen. Einmal Bremse mit Gas verwechseln, schon wär's vorbei, mit der Glückseligkeit.

Rosamunde Pilcher lässt grüßen …

Aber die Farmer inklusive ihrem Weidevieh wissen schon, was sie tun. Ich fühle mich wie ein etwas fülliger Verehrer in einem der bereits angesprochenen Pilcher-Filme, der über die Steilküsten von Cornwall zu seiner Liebsten läuft und ihr – ähm – einen Rucksack voll Wanderhemden, Unterhosen und Hirschtalgcremes bringt. Ist zwar nicht gerade romantisch, aber vielleicht wäre das mal was anderes, um ein Frauenherz zu erobern. Blumen, Perlen und Goldschmuck kann jeder bringen, aber so etwas?

Nach vielen Kilometern auf der beeindruckenden Steilküste führt mein Weg mich runter zum feinen Sandstrand und auf diesem bis knapp vor die Anlegestelle der Fähre von Soma nach Santander. Mittlerweile hat es aufgehört zu regnen, ich genieße jeden Schritt! Auf den Wellen versuchen sich ein paar mit Neoprenanzügen ausgestattete junge Männer im Surfen. Ansonsten bin ich allein auf dem kilometerlangen und mehrere Fußballfelder breiten Strand. Nur der Sand, die Schreie der Möwen, der Wind, die Wellen – und ich! So fühlt es sich also an, wenn man wunschlos glücklich ist. Und schmerzfrei – denn auch meine Hüfte dürfte ihren Frieden gefunden haben. Beten hilft also doch!

Auf der Fähre nehme ich mir Zeit, endlich wieder alle Einstellungsmöglichkeiten meines Rucksacks zu prüfen und neu zu justieren. Den Bauchgurt muss ich um fast zwei Zentimeter enger stellen. Glück macht dünn – eine völlig neue Erkenntnis! Nach 15 Minuten legen wir in Santander an, mein Reiseführer meint, dass diese Stadt nicht sehr sehenswert sei. Daher marschiere ich nach einer kurzen Stärkung weiter Richtung Santa Cruz de Bezana. Ernesto hat uns gestern eine private Herberge empfohlen, und genau dort möchte ich mich heute Nachmittag mit meinen beiden Weggefährten treffen.

Nachdem ich durch die Fußgängerzone von Santander in Richtung Stadtrand marschiert bin, steht plötzlich Karol vor mir. Er und Kathi haben gemeinsam mit der Fähre übergesetzt und sich dann getrennt. Karol wollte unbedingt die Altstadt sehen, Kathi hat denselben Führer wie ich. Toller Satz, da bin ich richtig stolz drauf. Auch wenn er auf den ersten Blick keinen Sinn ergibt. Aber auf den zweiten – denn auch Kathi war der Meinung, dass es da nichts Sehenswertes im Zentrum gäbe. Doch Karol erzählt begeistert von engen Gassen und schönen, alten Häusern – also was jetzt? Egal – gemeinsam ziehen wir jetzt auf dem Jakobsweg weiter nach Bezana. Glauben wir zumindest. Doch aufgrund erhöhter Nichtaufmerksamkeit verpassen wir den regulären Weg und sind gezwungen, ohne die vertrauten gelben Pfeile auf der Landstraße zu pilgern. Irgendwann kommen wir aber trotzdem dort an und kehren in der ersten Bar ein – nur um mal nachzufragen, wo denn die von Ernesto empfohlene Cafeteria *Nimon* sei, in der wir den Schlüssel zu einer Privatherberge bekommen sollen. Da wir aber beide sehr freundliche Menschen sind, wollen wir diese Auskunft natürlich nicht gratis – sondern trinken aus reinster Nächstenliebe zwei *Cervezas*. Dann erklärt mir die Wirtin in reinstem Spanisch und gefühlte 30 Minuten lang den Weg zum *Nimon* – ich verstehe kein Wort. Aber wir marschieren in die gezeigte Richtung – und schon nach 200 Metern stehen wir vor der gesuchten Cafeteria. Was hat mir die spanische *Señora* vorher bloß alles erzählt, wo der Weg doch eh so kurz ist?

Im *Nimon* stehen ein junger Mann und seine Mutter hinter der Bar. Ich sage nur kurz: „*Peregrinos*", und die Spanierin lacht und erwidert: „Ernesto?" Alles klar! Sie erzählt, dass bereits eine *Chica* da ist und bringt uns zwei Häuserblocks weiter in eine sehr geräumige Wohnung im vierten Stock – mit Vorraum, Bad und zwei Zimmern. *Chica* Kathi hat bereits ihre übliche Prinzessinnenkammer bezogen, Karol und ich dürfen im zweiten Zimmer mit Doppelbett übernachten. Das ist eine „Herberge" so ganz nach meinem Geschmack – Ernesto, vielen Dank für die gute Empfehlung!

Eigentlich wollte ich mich ja endlich wieder mal rasieren, aber nach dem Duschen ist zuerst Ausrasten angesagt. Der hyperaktive Exil-Australier will noch kurz in die Stadt und möchte in einer Stunde wieder da sein. Vom Nebenzimmer habe ich schon seit einer Stunde keinen Ton mehr gehört – und das ist sehr ungewöhnlich für Kathi. Ich nehme also an, dass sie schläft. Keine schlechte Idee – in Sekundenschnelle bin auch ich im Reich der Träume.

Hab' zwei Stunden geschlafen – bin aber weiterhin unrasiert. Also her mit dem Öl und weg mit dem Bart. Da schau' ich gleich wieder zivilisierter aus. Inzwischen weilt auch Kathi wieder unter den Lebenden. Wo Karol ist, wissen wir allerdings nicht. Unser Magen knurrt wie ein Ötscherbär, also beschließen wir, ohne den „Poltralier" auf Nahrungssuche zu gehen. In der Cafeteria unseres Vertrauens, dem *Nimon*, wollen wir mal fragen, wo es pilgergerechte Portionen gibt. Und wer sitzt da, mit einem Notebook am Tisch? Karol! Er hat anscheinend schon einige *Cervezas* intus und begrüßt uns überschwänglich. Der Hausherr hat ihm seinen Computer überlassen, und Karol ist einer der glücklichsten Menschen der Welt. Er surft im Internet, checkt seine Mails und schaut sich YouTube-Videos an.

Computerspielen macht hungrig. Karol ist außerordentlich kommunikativ und erzählt uns, dass er heute schon die Besitzerin einer Pizzeria kennengelernt hat, die ihn unbedingt wieder sehen möchte. Okay – da müssen wir natürlich hin! In dem kleinen, mit fünf Tischen ausgestatteten, italienischen Ristorante begrüßt Karol die Chefin so, als ob er sie schon seit Jahren kennen würde – Bussi links und Bussi rechts. Auch sie ist sehr herzlich, aber nicht nur zu dem polnischen Womanizer. Auch wir fühlen uns sofort wohl bei Maria – noch dazu, wo das Essen so hervorragend schmeckt. Und auch der *Rioja* 2006 ist sein Geld wert – hin und wieder darf auch ein Pilger völlern. Heutzutage zumindest – früher war das ja eher verpönt.

Mittlerweile sind wir die letzten Gäste – Zeit, um aufzubrechen. Da uns der Weg aber am *Nimon* vorbeiführt, beschließt die Männerfraktion, hier noch eine *Cerveza* zu trinken. Kathi können wir allerdings nicht davon überzeugen, so müssen wir ganz allein rein in die Kneipe. Als uns die Wirtin sieht, lacht sie über das ganze Gesicht. Anscheinend ist sie an solche *Peregrinos* gewöhnt, die so ganz und gar nicht nach Hause wollen. Bei der wirklich allerletzten *Cerveza* erzählt mir Karol von den australischen Aborigines und den neuseeländischen Maoris. Er macht dabei am Tisch sitzend die Gesten und Mienen der Eingeborenen nach – in voller Lautstärke: „HOARRRR." Und immer wieder – „HOARRRRR". Es gibt ja so viel zu erzählen über die Ureinwohner in seiner neuen Heimat. Obwohl ihre wahre Geschichte leider oft sehr traurig ist, lache ich Tränen bei Karols Ausführungen. Mittlerweile ist der Fernseher, der in einer Ecke ein Fußballspiel zeigt, völlig uninteressant für die restlichen Gäste. Alle schauen zu uns, erst ängstlich und erstaunt, aber mittlerweile machen sie sich vor Lachen fast ins Hemd. Und wieder „HOARRRR" – und auch „HAUUURRROOORRRAHHH"!

Doch irgendwann wird jeder noch so perfekte Stimmenimitator müde. Die Wirtin übernimmt die gesamte Zeche und überlegt wahrscheinlich, ob sie Karol nicht für eine ganze Saison engagieren soll. Das gesamte Lokal wünscht uns „*Buen Camino*", als wir uns dann weit nach Mitternacht auf den Weg in unser Quartier machen. Und einmal noch: „HOARRRRR!"

Pfarrer Franz Brei

Kann denn Pilgern Sünde sein?

Schon in dieser provokanten Frage kann es nur einen tieferen Sinn geben. Wenig spricht man in unserer Zeit über Sünde. Obwohl es sie gibt, will sich fast jeder selbst heiligsprechen und tut so, als sei alles glänzend in Ordnung. Umso mehr kann dann eine Wallfahrt den heutigen Menschen mit der Frage „Warum mache ich das eigentlich?" beschäftigen. Oft erlebt man Pilger, die übermüdet und erschöpft das Wallfahrtsziel erreichen, die den Ausspruch tun: „Jetzt hab ich aber alle meine Sünden abgebüßt!" Und so mancher erwidert den witzhaften Spruch: „Dann hättest du aber noch viel weiter gehen müssen!" Zu einer echten Wallfahrt gehört aber eben auch die innere Haltung, die den körperlichen Wallfahrtsstress beruhigen kann. Wenn auch Blasen, Fußleiden, Rückenschmerzen und dergleichen eine Pilgerfahrt, ein Pilgern am Jakobsweg begleiten, so darf der Pilger trotz des Leidens eine innere Befreiung und einen tiefen Frieden verspüren. Von diesem Frieden konnte auch Herbert Hirschler als Pilger erfahren. Er weiß, was es heißt, glücklich zu sein – auch wenn man aufgrund der vielen Schmerzen am liebsten aufgeben würde.

„Kann den Pilgern Sünde sein?" zeigt, dass vieles im Leben durch eine Wallfahrt erleichtert werden kann, auch die Sünde. Ich wünsche Herbert Hirschler, dass er die Erfahrungen seiner tiefgehenden Wallfahrt so weiterschenkt wie geistige Perlen, die man hart erkämpfen und erleiden muss.

Spanischkurs für Taxilenker

Tag 14 – 24.4.2010: *Bezana – Santillana del Mar, 34 km (gesamt 344)*
Wetter: *Heiter bis wolkenlos.*
Strecke: *Es geht wieder weg vom Meer, der Weg führt meist auf Asphaltstraßen durch kleine Dörfer in das wunderschöne, aber im Sommer angeblich völlig überlaufene mittelalterliche Städtchen Santillana del Mar.*
Sonstiges: *Mittagsschläfchen im Gras – Herz was willst du mehr?*
Quartier: *Herberge Santillana del Mar, 6 Euro. Betten zu kurz für meine 1,95m, sonst ok!*

Mann, das war eine Nacht. Ich habe geschlafen wie ein Bär, der gerade von Alaska bis in die Steiermark durchmarschiert ist. Und das in einem Bett, das diesen Namen auch wirklich verdient. Irgendwie schaffe ich es wieder, als Letzter rauszukommen. Doch jetzt verrate ich mal ein kleines Geheimnis: Ich trödle nur deshalb so lange, weil ich es einfach genieße, den Morgen für mich allein zu haben. Und vor allem deshalb, damit ich mal ohne „Termindruck" in meinem „zweiten Büro" (auf Spanisch *Servicios*) sitzen und dort mit meinem Führer die nächste Etappe vorbereiten kann. Danach prüfe ich noch, ob keiner von uns – vor allem ich – etwas vergessen hat, und mache mich erst dann, erleichtert und beruhigt, auf den Weg.

Als ich den Schlüssel zurück zur Bar bringe, serviert man mir völlig unerwartet ein kostenloses Frühstück – *Tortilla* und einen *Café con leche*. Ob das am gestrigen Abend liegt? Oder einfach daran, dass die Leute hier besonders nett sind? Umso inniger fällt dann die Verabschiedung aus. Ob wir uns jemals wiedersehen? Dann geht es raus aus der Stadt, die Sonne brennt schon am frühen Morgen vom strahlend blauen Himmel. Karibikmäßig eingeschmiert schwitze ich einsam durch die Landschaft. Kein Meer in Sicht, großteils marschiere ich auf einer Landstraße so vor mich hin und denke an – nichts! Einfach nur gehen! Mehr brauche ich derzeit nicht. Und das Schönste ist – auch heute spielen die Schmerzen eine nur mehr sehr unbedeutende Nebenrolle. Hin und wieder meldet sich der rechte Fuß zu Wort, aber da ich nicht auf ihn höre, gibt er wieder auf. Ich habe jetzt auch die Beine-Schwing-Übung der Schifahrer in mein Programm aufgenommen. Ich lasse, auf einem Fuß stehend, den anderen in sämtliche Richtungen locker kreisen, genauso wie es unsere österreichischen Schistars als Aufwärmübung vor dem Start jedes Rennens machen. Vielleicht sind sie gerade deshalb bei allen Rennen so erfolgreich. Und ich bilde mir ein, dass diese Sache mir hilft, meine Muskeln und Bänder in der Hüfte aufzulockern und alle Körpersäfte ins Fließen zu bringen.

In meinem Reiseführer steht etwas von einer illegalen Abkürzung über eine Eisenbahnbrücke, die man aber natürlich nicht benutzen darf. Da man sich dabei jedoch knapp acht Kilometer erspart, wird dieser Übergang von geschätzten 100 Prozent der Pilger doch verwendet. Natürlich auf eigene Gefahr, wie im Führer steht. Wo ist diese Brücke? Das wird doch nicht etwa die sein, die ich jetzt von meinem erhöhten Standpunkt mitten in einer Wohnsiedlung in einem Kilometer Entfernung sehe? Leider in der Richtung, aus der ich gerade gekommen bin. Ich habe also wieder mal eine Abzweigung verpasst. Eigentlich könnte ich jetzt gleich auf dem legalen Weg weiterpilgern, aber irgendwie reizt mich das Verbotene. Und außerdem möchte ich auch zu den 100 Prozent der Pilger gehören, sonst wären es ja nicht mehr 100 Prozent – oder so halt. Daher geht es wieder die Straße runter, über die ich mich vor einigen Minuten erst raufgequält habe. Irgendjemand hat da jetzt plötzlich eine Unterführung gebaut, die zuvor sicher noch nicht da war. Durch die muss ich durchmarschieren, um auf den „unerlaubten" Pfad zu kommen. Neben den Schienen geht es dann über die Brücke. Wenn ein Zug kommen würde, müsste man sich halt zwischen den Eisenstreben verstecken, aber im Großen und Ganzen ist diese Gesetzesüberschreitung keine große Gefahr für Leib und Seele.

In einem *Supermercado* entdecke ich eine Wurst, die unseren harten Selchwürsteln in Niederösterreich zum Verwechseln ähnlich sieht. Man sollte nicht glauben, dass es möglich ist: Trotz des enormen Flüssigkeitsverlusts in der heißen Sonne läuft mir das Wasser im Mund zusammen. Her damit, und dazu ein knuspriges Baguette! Auf einer wunderschönen Blumenwiese verputze ich die *Salchicha* und genieße den Tag. Nur das leise Summen der Bienen ist zu hören, sonst nichts. Nach einem ausgedehnten Mittagsschlaf im weichen Gras merke ich, wie leicht danach das Marschieren fällt. Ich habe ein Gefühl, als ob der Tag soeben erst begonnen hätte – locker, frisch und fröhlich geht's dahin. Ab heute werde ich diese Pause fix in meinen Tagesablauf einbauen. Meinen Nachmittagskaffee hole ich mir in einer Bar am Straßenrand. Und weiß nun: Michael Jackson war Spanier. Denn immer wenn ein *Señor* hier eine Bar betritt, greift er sich erst mal in den Schritt. Gut, den buschigen Bart hatte der King of Pop nicht, aber sonst sind es annähernd dieselben Bewegungen.

Irgendwie hätte ich heute Lust, wieder mal in einem eigenen Zimmer zu schlafen. Doch das in meinem Führer empfohlene Hotel in Viveda hätte zwar Zimmer mit riesengroßen Badewannen, es ist jedoch alles belegt – Zimmer genauso wie Badewannen.

So marschiere ich halt weiter, bis zum geplanten Ende der Etappe nach Santillana del Mar. Und bin sehr froh darüber. Noch nie zuvor habe ich solch ein Dorf gesehen, ich komme mir vor, als wäre ich inmitten von Kulissen zu einem Ritterfilm. Der gesamte mittelalterliche Dorfkern ist zur Gänze erhalten. Es liegt ein besonderes Flair über dem *bonito Pueblo*. Im Reiseführer steht, dass durch die Einzigartigkeit dieses Dorfes auch unzählige Touristen den Ort bevölkern. Das kann ich aber jetzt, am späten Nachmittag, noch nicht so ganz bestätigen – wahrscheinlich herrscht die Ruhe vor dem Sturm.

Santillana del Mar – Mittelalter pur …

Die Pilgerherberge ist in einem schönen Steinhaus im Hof eines Museums untergebracht. Ich bin der erste *Peregrino* hier und muss einige Minuten warten, bis ein dürrer, bärtiger Spanier kommt, der in allen Passionsspielen locker die Hauptrolle übernehmen könnte, hier aber als *Hospitalero* tätig ist. Bald kommt auch Kathi und teilt mir freudestrahlend mit, dass sie einen Daniel mitgebracht hat. Ein deutscher Ex-Student aus Trier, der zwischen dem erfolgreichen Abschluss seines Studiums und dem Beginn des harten Arbeitslebens noch schnell mal den Jakobsweg marschieren will. Und wie ich sehe und höre, redet er gern – Kathi hat endlich den Pilgerpartner, mit dem sie den ganzen Tag quatschen kann. Ich freue mich für sie. Und für mich ...

Später trudelt auch Karol ein, und nach und nach füllt sich die Herberge mit müden, aber glücklichen Pilgern. Auch für eine weitere Niederösterreicherin, die ca. 40 Kilometer von meinem Heimatort entfernt wohnt, beginnt heute der Weg. Sie ist gestern nach Bilbao geflogen und hat sich nun mit dem Taxi hierher bringen lassen. „*¡Buen Camino!*"

Apropos Taxi – in der Herberge bemerke ich, dass ich den Hauptakku meines Telefons in Bezana vergessen habe. Der war leider nicht ganz billig, und die Ersatzbatterie hält meist nur ein paar Stunden. Das GPS-Tracking zieht ganz schön viel Strom, nur mit dem Reserveakku kann ich das vergessen. Vielleicht sollte ich das auch? Ist das ein Test? Wer sagt, dass ich nicht ohne Netbook und GPS-Handy glücklicher wäre, hier am Jakobsweg? Zurück zur Natur, zur Stille, zu sich! So ist es auch in vielen Pilgerberichten zu lesen. Und da ist schon ein stinknormales, nur zum Telefonieren geeignetes Handy (gibt es das überhaupt noch?) fehl am Platz. Und mein multimediales, satellitengesteuertes Foto-Musik-Texter-und-was-weiß-ich-noch-Smartphone hat da eigentlich überhaupt nichts verloren. Irgendwie komme ich ins Nachdenken und gehe kurz in mich – da habe ich schon allein wegen meiner körperlichen Ausprägung sehr viel Platz. Und dann habe ich eine Erleuchtung: Jeder soll machen, was er will! Und ich fühle mich auf meinem *Camino* so wohl wie schon lange nicht, selbst mit dem ganzen technischen Krimskrams. Ich kann auch so die Ruhe und Magie dieses Wegs erkennen. Und zur Sicherheit habe ich die Telefonfunktion während des Tages sowieso meist deaktiviert, es kann mich also niemand beim Zur-Ruhe-Kommen stören. Außer Kathi vielleicht. Aber die hat jetzt eh ihren Daniel. Alles ist schon richtig so, wie es ist. Nur in diesem Moment eben nicht ganz – denn mein Akku liegt 30 Kilometer von hier irgendwo mutterseelenallein in einem Zimmer in Bezana.

Also, was soll ich tun? Doch einen *Peregrino* kann nichts erschüttern. Ich gehe in das beste Hotel der Stadt, in der Hoffnung, dass dort eine nette Rezeptionistin auch etwas Englisch versteht. Spanisch setze ich sowieso voraus. Und genauso ist es! Ich erkläre der Empfangs-*Señorita* mein Problem, und sie erfragt telefonisch den Preis für eine Taxifahrt nach Bezana und retour. Nachdem mein Akku mindestens das Dreifache kostet, lasse ich das Taxi anrauschen.

Die Taxifahrerin ist eine sehr nette Person, kann jedoch kein Wort Englisch, geschweige denn Deutsch. Es werden stille erste Minuten. Um doch noch mit ihr ins Gespräch zu kommen, lese ich einfach aus meinem Reisewörterbuch vor. Ich sage: *„¡Felicite al cocinero de mi parte!“*, was so viel heißt wie „Sagen Sie dem Koch mein Kompliment“. Oder auch: *„¿Alquilan con el coche también una silla de automóvil?“* – „Haben Sie für den Leihwagen auch einen Kinderautositz?“ Oder die für einen Fußpilger sehr elementare Frage: *„¿Puede ajustarme la altura del sillín?“* – „Können Sie mir die Sattelhöhe einstellen?“ Sie biegt sich hinter dem Lenkrad vor Lachen, und ich fürchte, dass die Tränen in ihren Augen sie doch etwas in der Sicht einschränken könnten. Denn einige Male kommen wir sehr nahe an die Gehsteigkante, doch immer wieder schafft sie es, lauthals prustend, den Wagen wieder auf die Straße zu bringen. So vergeht die Fahrt nach Bezana wie im Flug. Warum habe ich eigentlich so lange gebraucht, um die läppische Distanz marschierend zu überwinden?

Im *Nimon* sitzen dieselben Gäste, die gestern am Abend auch hier waren. Wahrscheinlich wohnen die hier. Sie begrüßen mich mit einem überraschten, aber umso freundlicheren „Heyyyy!“ und einem lauten Geschwafel auf Spanisch. Gerade als das ganze Lokal zur La Ola-Welle ansetzen will, erkläre ich dem Chef der Bar mein Problem. Er gibt mir den Schlüssel zum Zimmer, in dem heute anscheinend keine *Peregrinos* untergebracht sind. Und wirklich – neben dem Bett finde ich meinen Akku. Wir haben uns wieder!

Danach geht es zurück ins Mittelalter. Wieder habe ich einige ganz lebensnotwendige Fragen für meine Chauffeuse, zum Beispiel „Wo sind hier die Umkleidekabinen?“ oder „Haben die Toiletten eine Wasserspülung?“. Aus Dankbarkeit für ihre Vergnügungsfahrt mit einem wahnsinnigen *Peregrino* verrechnet mir die grinsende *Señora* gerade mal knapp 30 Euro. Das war’s mir wert, es war wirklich eine lustige Stunde.

In Santillana del Mar geht es inzwischen zu wie in Velden am Wörthersee zur Hauptsaison. Tausende Menschen schieben sich durch die Gassen der Stadt. Ich möchte mir die riesengroße Kirche anschauen, aber vier breitschultrige Spanier versperren mir den Weg und meinen, dass man die Messe nicht stören darf, die gerade im Gang ist. Gut, dann nicht! Also lasse ich mich einfach mit der Menge treiben. Ich kann eigentlich gar nicht anders, aber genau vor einer Kneipe spuckt mich die Menschenmasse wieder aus. Okay, wenn ich schon mal da bin … Einige Minuten nach mir geht es Karol ebenso. Wenn das nicht ein Zeichen ist! Er war übrigens in der hl. Messe.

Zur Feier des Tages bestellen wir das Pilgermenü, denn da ist auch eine Flasche Rotwein dabei. Karol hat einen undefinierbaren Fisch auf seinem Teller liegen, der aber angeblich sehr schmackhaft ist. Ich habe *Pechuga* bestellt, Hühnerbrust mit Pommes. Als Vorspeise gibt es *Ensalada mixta* und zum Schluss noch ein *Mousse au chocolate*. Alles in allem ein vorzügliches Essen, wenn auch mit zwölf Euro etwas teuer für knappe Pilgerkassen. Aber wir sind im Mittelalter …

Um 22 Uhr marschieren wir in die Herberge zurück, wo schon die Hälfte der Pilger selig vor sich hin döst. Die andere Hälfte möchte in den Waschraum – da heißt es hinten anstellen. Daher dauert es noch mehr als eine halbe Stunde, bis auch ich ins Bett komme. Das viel zu kurz ist, für meine 1,95 Meter. Und viel zu weich. Irgendwie habe ich das Gefühl, dass ich auf einem Trampolin schlafen soll. Bei jedem Umdrehen hebe ich ab. Na, das wird eine Nacht …

Tag 15 – 25.4.2010: *Santillana del Mar – Cobreces, 19 km (gesamt 363)*
Wetter: *Bewölkt.*
Strecke: *Nach einem Umweg über die berühmte Höhle von Altamira (prähistorische Höhlenmalereien) auf Asphalt- und Sandpisten und zum Schluss auf einer Landstraße nach Cobreces.*
Sonstiges: *Mir fehlt das Meer – aber sonst ist alles in Ordnung!*
Quartier: *Hotel in Cobreces – 37 Euro, inkl. Frühstück. Tolles Quartier, große Badewanne. Klosterherberge habe ich verweigert …*

So schlecht war's gar nicht, auf der Gummimatratze. Ich bin zwar mehrmals aufgewacht – und mit mir auch meine Hüfte –, aber wir konnten dann beide recht bald wieder einschlafen, und jetzt fühlen wir uns auch beide richtig gut heute Morgen. Meine Moni hat Geburtstag! Hurra – jetzt ist sie wieder ein halbes Jahr lang zwei Jahre älter als ich! Denn sie *wird* schon 46, ich *bin* noch 44. Dass da in Wirklichkeit nur etwas mehr als sechs Monate dazwischen liegen, spielt keine Rolle. Auf jeden Fall wird sie von mir jetzt ein halbes Jahr lang auf diesen „hohen" Altersunterschied aufmerksam gemacht. Bis ich sie im November dann einhole und wir wieder gleich alt sind. Es ist knapp nach acht, als ich zu Hause anrufe und ihr alles Gute wünsche. Und sie kurz mal auf die zwei Jahre anspreche. Moni hat natürlich schon darauf gewartet und erinnert mich an die Familienfeier, als ich diesen supertollen Gag vor meinen damals noch kleinen Kindern und der gesamten Verwandtschaft gebracht habe. Christoph und Sandra haben nicht lange gefackelt und gleichzeitig geschrien: „Die Mama schaut aber viel jünger aus!" Falsche Erziehung meinerseits – aber bitte! Da sieht man wieder, wie sehr sie von mir gehegt und gepflegt wird, dass man ihr das „hohe" Alter überhaupt nicht ansieht. Wie gern hätte ich sie jetzt bei mir! Sie ist mein Lebensmensch, mein bester Freund und ein mehr als verständnisvoller Partner, dem ich blind vertrauen kann – ich liebe sie jeden Tag mehr. Das klingt jetzt zwar wie ein kitschiger Schlagertext, aber ich meine es genau so. Auch wenn sie schon um „Jahre" älter ist als ich … Es ist ein langjähriger Brauch, dass wir an jedem unserer Geburtstage in ein Casino fahren und dort, nach einem gemütlichen Abendessen, mit unseren Eintrittsjetons um sagenhafte 35 Euro Roulette spielen. Da ich es ja heuer vorziehe, durch Spanien zu spazieren, haben gute Freunde meinen Part übernommen und Moni gestern Abend zum legalen Glücksspiel begleitet. Sie hatte ihr gesamtes Spielkapital bereits verloren, bis auf die letzten beiden Jetons. Und die schmiss sie dann auf meinen Geburtstag – auf die Acht und die Elf. Und wirklich, die Kugel rollte auf die Elf und Moni war um gigantische 85 Euro reicher. Natürlich hat sie dann großzügig ein paar Cocktails spendiert, und es wurde ein langer, wunderschöner Abend. Moni erzählt mir die Geschichte voller Begeisterung, und ich hoffe, dass sie jetzt nicht dem Spielwahn verfällt. Ich freue mich für sie! „Bitte ruf mich zurück, wenn die Kinder wach sind – damit wir dir dann gemeinsam ein Geburtstagsständchen singen können!"

Mittlerweile haben bereits alle Pilger die Herberge verlassen. Karol und Kathi sind während meines Telefonats, *Happy Birthday* singend, an mir vorbeimarschiert. Ich bin also wieder allein. Ganz in der Nähe von Santillana del Mar befindet sich eine der bedeutendsten Touristenattraktionen Spaniens – die Höhle von Altamira. Hier wurden im Jahr 1868 beeindruckende Höhlenzeichnungen entdeckt, die angeblich bis zu 14.000 Jahre alt sind. Den Umweg von knapp fünf Kilometern nehme ich gern in Kauf, denn ich lasse mir natürlich diesen geschichtlichen Höhepunkt auf meinem Weg nicht entgehen. Die Originalhöhle wurde vor zehn Jahren geschlossen, um ihr durch den enormen Besucherandrang nicht noch weiteren Schaden zuzufügen. Damals wurde eine exakte Kopie davon angelegt, durch die jetzt die Gäste aus aller Welt geführt werden.

Gerade als ich die Höhle verlasse, läutet das Telefon – die Kinder haben es doch irgendwie geschafft, aus dem Bett zu kriechen, und wären jetzt bereit für einen gemeinsamen Geburtstagsgruß. Sie stimmen ein *Happy Birthday* an, und inbrünstig singe ich ins Telefon – mitten am Gelände des Museums und mitten unter den Hunderten Besuchern, die mich verdutzt anschauen. Selbst eine kurze Verbeugung meinerseits lässt niemanden hier zu „Zugabe"-Rufen hinreißen. Komisch? So ähnlich werden auch die altamirischen Höhlenmenschen gejault haben, wenn sie einen Bären erlegt haben. Aber mir isses wurscht! Moni hat Geburtstag, und das zählt mehr als jeder Bär (reimt sich!).

Irgendwo im Nirgendwo, sieben Kilometer entfernt von Santillana, sitze ich jetzt vor einer Bar und genieße die Sonne und den Kaffee. Heute ist nur die kurze Etappe bis Cobreces geplant, wo ich wieder in einer Klosterherberge übernachten möchte. Es sollten noch an die zwölf Kilometer dorthin sein, jetzt ist früher Nachmittag – ich muss mich also nicht sonderlich beeilen. Außerdem habe ich auf meinem Weg sowieso alle Zeit der Welt: „*¡Señorita*, noch einen *Café con leche, por favor!*"

Wieder ist Landstraßenpilgern angesagt – immer nie am Meer entlang! Erst morgen führt mich mein Weg wieder zurück zur Küste. Vor der Kirche San Pedro überhole ich einen grauhaarigen *Peregrino* und grüße ihn mit einem perfekt ausgesprochenen „*Buen Camino*". Doch irgendwie bekommt der mit, dass Spanisch nicht meine Muttersprache sein kann und meint nur: „Sprechen Sie Deutsch?" Ich muss wohl noch an meiner Aussprache arbeiten, aber ich habe ja noch etwas Zeit dafür. „Ja, hallo, ich bin der Herbert." Im Reiseführer steht geschrieben, dass auf dem *Camino* grundsätzlich alle per Du sind. Das sieht der schon an die 60 Jahre alte Deutsche aber nicht so – und spricht mich beharrlich mit Sie an. Na gut, mir soll's recht sein, sind wir halt per Sie. Wir gehen einige Zeit gemeinsam, er stammt aus Saarbrücken und war bereits vor rund 40 Jahren mit seinem VW-Bus hier, unter anderem auch in Santillana del Mar. Die wunderschönen mittelalterlichen Häuser, in denen heute Hotels, Restaurants oder Geschäfte untergebracht sind, waren damals einfache Kuhställe. Die Bauern boten den zu dieser Zeit sehr spärlich anzutreffenden Touristen warme Kuhmilch und Marzipankuchen an – und das noch dazu kostenlos. Wie sich die Zeiten doch ändern.

Irgendwann geht es wieder bergauf, wo ich mit meinem kombinierten Vier-Fuß-Stock-Antrieb einen nicht zu unterschätzenden Vorteil habe. Mit einem „Ich wünsche *Ihnen* noch einen schönen Weg!" verabschiede ich mich von meinem Mitpilger, der anscheinend so auf Etikette Wert legt. Aber wie heißt es so schön auf diesem Weg – jeder soll tun und lassen, was er möchte.

Heute ist es gar nicht mal so heiß, trotzdem schießt die Feuchtigkeit wie ein Wasserfall aus meinen Poren. Kann das deswegen sein, weil ich schon wieder an die vier, fünf Liter Flüssigkeit getrunken habe? Das Schwitzen stört mich persönlich eigentlich überhaupt nicht, ich begegne auch niemandem, der sich aufgrund einer etwaigen Geruchsbelästigung demonstrativ die Nase zuhält oder dessen Brillengläser sogar anlaufen. Auch meine Hüfte hat meistens *Siesta* – es macht wirklich Spaß, so zu pilgern. Wenn auch das Meer etwas fehlt, aber morgen sollte mein Glück dann wieder perfekt sein.

Vor mir sehe ich schon die Türme der Kirche in Cobreces und freue mich auf die Herberge, in der man laut Reiseführer unbedingt übernachten muss. Ein Portier stempelt meinen Pilgerpass ab und verlangt ganze drei Euro. Ich gebe ihm fünf, die Herberge wird es sicher wert sein, denke ich mir.

Ein Pilger „reißt" aus …

Der Spanier zeigt mir den Weg, sie schaut von außen schon mal gar nicht so schlecht aus. Aber als ich eintrete, ist es vorbei mit der Herrlichkeit. Ein langer Schlauch, in dem uralte Stahlrohrbetten aufgereiht sind, wahlweise mit einer, zwei oder auch drei Matratzen drauf, die alle schon bessere Zeiten erlebt haben. Aus dem eisernen Lattenrost hängen Stahlfedern raus, und ich höre augenblicklich meine Hüfte schreien: „Da schlaf ich nicht – und wenn, dann nur unter Protest!" Nur ein einziger *Peregrino* hat es sich auf einem Bett ungemütlich gemacht, der Rest der nicht sehr einladend aussehenden Schlafstätten wartet noch auf die

Benützung durch nicht hüftmarode Pilger – wer weiß, wie lange schon? Die Rucksäcke von Kathi, Karol und dem Rest der Pilgergang sind auch nicht zu sehen, anscheinend haben sie sich ein anderes Quartier gesucht. Da ich nicht vorhabe, mich auf diesem Weg selbst zu geißeln, und absolut freiwillig unterwegs bin, gehe ich genauso freiwillig durch die Hintertür dieser „Kultherberge" wieder raus und laufe bis zur Ortskirche zurück, neben der ich zuvor beim Vorbeimarsch ein großes „H" für Hotel leuchten sah. Im Klostergarten sehe ich nur ganz kurz die niederösterreichische Neo-Pilgerin von gestern Abend, die heute ihre erste Etappe hinter sich gebracht haben muss. Ich sage im Vorbeilaufen kurz „Hallo", bleibe aber nicht stehen. Sorry – ich muss hier weg! Meiner Hüfte zuliebe!

In der Tür zu dem kleinen Familienhotel stehen die sehr sympathisch wirkenden Inhaber, die mir in ganz passablem Englisch erklären, dass sie erst nächste Woche offiziell öffnen. Derzeit sind sie mit den Vorbereitungs- und Reinigungsarbeiten beschäftigt, aber einige Zimmer wären schon bezugsbereit. Und weil ich der erste Kunde in dieser Saison bin, machen sie mir einen Sonderpreis von 37 Euro – für ein Zimmer mit Badewanne. Das überzeugt mich natürlich, ohne es noch gesehen zu haben, weiß ich, die Wanne, Entschuldigung, das Zimmer gehört heute mir! Irgendwie bin ich völlig badewannenfixiert auf meinem Weg, aber es gibt nun mal nichts Schöneres für einen müden *Peregrino*, wenn sich die Muskeln im heißen Wasser langsam wieder von den Strapazen erholen können. Auf der Stiege zum ersten Stock stolpere ich fast über eine Katze. Nein, es ist doch keine Katze, sondern ein drei Monate altes Hundebaby, in das ich mich sofort verliebe. Aber ich muss mein Date mit dem kleinen Herzensbrecher noch etwas verschieben, denn der Hotelchef zeigt mir zuvor noch das wunderschöne Zimmer mit riesengroßem Bad und sehr großer Wanne. Wahnsinn – wenn ich da an die Herberge denke …

Draußen vor der Tür höre ich das kleine Hundeknäuel schnurren – ist es doch eine Katze? Also raus – man soll eine Liebe nicht lange warten lassen. Nachdem mir Bastard, wie er im Haus genannt wird, auch seine Zuneigung zeigt, indem er mir das linke Ohr fast abknabbert, nehme ich ihn mit in mein Zimmer – das wirklich toll ausgestattet ist. Neben einer Minibar mit kalten Getränken gibt es auch WLAN, innerhalb von fünf Minuten habe ich mit meiner Frau eine Videokonferenz aufgebaut, und sie erzählt mir, wie feudal sie ihren Geburtstag nach dem Megagewinn im Casino gefeiert hat. Und als ich ihr meinen neuen Freund vorstelle, ist sie ganz hin und weg. Sandra schaut auch mal kurz vorbei und möchte unbedingt, dass ich Bastard im Rucksack mit nach Hause nehme. Der schaut mich so treuherzig an, dass ich wirklich überlege, ihn einzupacken und mit ihm durchzubrennen. Aber er kann ja nur Spanisch, wer weiß, ob er sich in Österreich wohlfühlen würde. Daher bringe ich ihn wieder zurück in den Hof, wo er sich ganz traurig in einer riesigen Hundehütte verkriecht. Er hat noch genug Zeit, da reinzuwachsen.

Mein kleiner Freund Bastard!

Nachdem die Skype-Session mehrfach unterbrochen wurde, und ich jetzt partout keine Verbindung nach Hause mehr herstellen kann, werte ich das mal als Zeichen und lasse mir das heiß ersehnte Bad ein. Aus der Minibar hole ich mir zwei *Cervezas* und stelle die Dosen auf den Hocker neben der Wanne. Und jetzt – nichts wie rein und einfach genießen! Ich habe noch nie Bier in der Wanne getrunken, aber irgendwann muss immer das erste Mal sein. Ein tolles Gefühl! Ich spüre am ganzen Körper, wie gut das heiße Wasser tut, weil es meine Muskeln entspannt und mein Herz in Hochstimmung bringt. Und dazu die Bierchen!

Nach gut einer Stunde habe ich Schwimmhäute zwischen den Zehen und leider auch kein Bier mehr. So muss also dieser feuchte Traum ein Ende finden – schade! Frisch und gut duftend marschiere ich danach nochmals zur Pilgerherberge, um nachzuschauen, ob meine Freunde nicht doch noch angekommen sind. Und siehe da – gerade als ich die Straße runterwandere, laufen Karol, Kathi, der deutsche Daniel und der weibliche Pilgerlehrling aus dem Klostertor. Es gibt eine herzzerreißende Wiedersehensszene, die noch eindrucksvoller wird, als ich von meinen kalten *Cervezas* in der heißen Badewanne erzähle. Augenblicklich werde ich zum Pilgersnob erklärt – was mir in diesem Moment völlig egal ist. Das war es mir wert!

Die vier sind in einem anderen Trakt untergebracht, daher habe ich ihre Rucksäcke vorhin nicht gesehen. Die Österreicherin, deren Namen ich noch immer nicht kenne, wollte mir das zuvor zwar sagen, aber ich war so schnell weg, dass sie keine Chance mehr dazu gehabt hat. Gott sei Dank – wer weiß, vielleicht hätte ich mich dann überreden lassen, doch in dieser Herberge zu übernachten. Dann hätte ich Bastard nicht kennengelernt und die Badewanne schon gar nicht. Es ist gut so, wie es gekommen ist – wieder mal!

Mein Hotelier hat mir angeboten, für mich und eventuell auch für meine Freunde zu kochen. Da jedoch alle schon gegessen haben, werde ich später wohl allein die spanische Küche durchprobieren müssen – aber jetzt geht es zuerst in eine Bar, um unser Wiedersehen zu feiern. Ich bleibe nur eine *Cerveza* lang, weil ich unbedingt die gesungene Abendmesse der Mönche um 21 Uhr miterleben möchte. Die „neue" Österreicherin meint, dass ich einen sehr gestressten Eindruck mache, obwohl ich jetzt schon zwei Wochen unterwegs sei und da eigentlich schon längst Ruhe und Gelassenheit gefunden haben müsste. Vor einigen Stunden bin ich an ihr vorbeigehetzt, und auch jetzt zieht es mich wieder davon. Kathi kann das so nicht stehen lassen. Sie verteidigt mich mit allen ihr zur Verfügung stehenden Mitteln – und verbal sind das jede Menge. Ihrer Ansicht nach bin ich die Ruhe in Person. Immer der Letzte, der die Herberge verlässt, immer einer der Letzten, der am Abend schlafen geht, und auch immer einer der Letzten, der zum Beispiel eine Touristeninfo aufsucht, weil für mich, so wie ich es ihr mal erzählt habe, irgendwie der Weg sowieso irgendwo weitergeht. Ob am offiziellen oder auf einem anderen Pfad – alle Wege führen nach Santiago. Sie habe mich noch nie hektisch gesehen, und das Wort Stress dürfte ich nicht in meinem Sprachgebrauch haben, meint Kathi. Hey – danke! Sie legt sich aber ordentlich ins Zeug für mich! Ist das deswegen, weil sie jetzt nicht mehr die einzige Frau in unserer lustigen Pilgerrunde ist und damit die ersten Revierkämpfe beginnen? Oder hat sie ein schlechtes Gewissen, weil sie mich quasi gegen einen Jüngeren ausgetauscht hat – Daniel, der Student aus Deutschland, weicht keinen Meter von ihr. Sie waren heute gemeinsam in der Höhle von Altamira und sind dann zusammen hierher gepilgert. Mit ihm kann sie den ganzen Tag reden und reden und reden ... Ich freue mich für sie! Und irgendwie freue ich mich auch, dass sie mich derart vehement verteidigt. Die *Peregrina*-Debütantin ist ganz still geworden – aber sie wird sich schon wieder fangen ...

Ich bin wieder mal zu spät! Knapp nach 21 Uhr stehe ich vom Tisch auf und laufe zum Kloster. Dort aber kommen mir bereits die Mönche entgegen und erklären mir, dass die hl. Messe zu Ende ist. Schade! Also zurück ins Hotel, um meine Enttäuschung mit Essen zu kompensieren. Denn da wartet heute Abend „das große Fressen" auf mich. Die Frau steht hinter dem Herd, und ihr Ehemann serviert eine Spezialität nach der anderen. Gott sei Dank weiß ich heute noch nicht, was das morgen kosten wird. Aber ich möchte mal so speisen, wie es die Spanier angeblich gewohnt sind. Die beiden legen sich besonders ins Zeug, und ein kulinarischer Höhepunkt jagt den nächsten. Ich spüre förmlich, wie sich meine Fettzellen nach der langen Hungerperiode freuen – aber das ist mir völlig egal. Irgendwann geht aber nichts mehr – ich muss auf das Dessert verzichten, sonst hätte es eine gröbere Sauerei im Speisezimmer gegeben. Dann nämlich, wenn ich aus allen Nähten geplatzt wäre.

Jetzt ist die beste Zeit, um schlafen zu gehen. So hat auch der Körper das meiste von einem derart üppigen Essen, nur keine Bewegung, sonst hätte es ja keinen Sinn! Ich schmuse noch kurz mit Bastard, der mich mit treuherzigem Blick bestechen möchte, ihn mit in mein Zimmer zu nehmen. „Keine Chance, du bist der Hund und schläfst im Hof! Ich bin der Mensch und schlafe im Haus!" Das versteht er und verzieht sich.

Plötzlich ein Schrei! Im Badezimmer schaut mir eine fünf Zentimeter lange Assel mit Hunderten von Beinen verdutzt in die Augen. Der Schrei war übrigens von mir – bin ganz schön erschrocken wegen dem Vieh.

Doch jetzt nehme ich den Kampf mit der Bestie auf. Mit dem Klobesen werfe ich sie von der Wand auf den Boden. Das Vieh macht ein zischendes Geräusch, das ich ihm nicht zugetraut hätte. Mit perfekten Golfabschlägen bugsiere ich das Untier aus dem Zimmer, direkt hinaus in den Hof und dann weiter in die Pelargonienstauden.

Ich fühle mich wie ein Ritter, der gerade die Prinzessin aus den Fängen eines Ungeheuers befreit hat. Erst jetzt merke ich, dass ich völlig nackt bin. Na hoffentlich sieht mich keiner, hier heraußen. Sonst gibt es morgen die Schlagzeile im Cobreceser Ortsblatt: „Nackter Pilger mit Klobesen in Klinik eingewiesen!“ Mein kleiner Freund Bastard beißt mir aus Freude über meine heldenhafte Tat mit seinen kleinen Beißerchen in den rechten großen Zeh. Da er aber doch noch ein Liliput-Hund ist, spüre ich es kaum, und so geht dieser ereignisreiche Tag mit einem Happy End zur Neige. Ich lege mich in das schöne frische Bett und hoffe, dass nicht noch so ein Vieh mit so vielen Beinen im Zimmer auf mich lauert.

Es ist ein Ross entsprungen

Tag 16 – 26.4.2010: *Cobreces – San Vicente de la Barquera, 28 km (gesamt 391)*
Wetter: *Heiter, regengrau, wolkenlos.*
Strecke: *Teilweise auf Landstraßen nach Comillas (Gaudí-Schlösschen El Capricho), danach zuerst in Küstennähe, später direkt am karibisch wirkenden Sandstrand nach San Vicente.*
Sonstiges: *Endlich wieder am Wasser – jeder Schritt ein Traum!*
Quartier: *Herberge von Sofía und Luis – 6 Euro, inkl. Frühstück, 10 Euro Spende für ein tolles Abendessen. Großer Schlafsaal, Waschräume – na ja, aber herzliche Betreuung. Toll!*

Ich komme nicht aus dem Bett – es ist bereits neun Uhr, bis ich es endlich schaffe, meinen vom Pilgern, aber mehr noch von der gestrigen Völlerei gezeichneten Körper ins Badezimmer zu bewegen. Nichts tut mir weh! Wahnsinn! Was eiskalte *Cervezas* in der heißen Wanne doch alles bewirken können …

Eine halbe Stunde später erfahre ich, dass bereits zwei Österreicherinnen hier waren, um zu frühstücken. Der Wirt kennt auch die Namen der beiden – Kathi und Hanna. So, jetzt weiß auch ich endlich, wie die *Peregrina* aus Österreich heißt, die mich als Stressmatiker eingestuft hat und nicht verstehen kann, dass man nach zwei Wochen auf dem Weg nicht wie eine Valiumtablette dahermarschieren muss. Mein spanischer Hundefreund würdigt mich keines Blickes, er wirkt enttäuscht, dass er nicht in meinem Zimmer schlafen durfte. Mein spanischer Menschenfreund aber richtet mir ein Frühstück her, das mir fast die Augen rausfallen lässt. Und zum Abschluss gibt er mir noch ein riesengroßes *Tortilla*-Brot mit auf den Weg, das ich fast nicht in meine Rucksacktasche bekomme. Ich glaube, der mag mich wirklich! Denn das Frühstück ist im Preis inbegriffen und für das „große Fressen" gestern Abend habe ich nur zwölf Euro bezahlt. Die *Cervezas* aus der Minibar hat er mir überhaupt geschenkt.

Nachdem ich mich noch von meinem kleinen, jetzt wieder hemmungslos schwanzwedelnden Hunde-Bastard verabschiedet habe, geht es los. Übrigens, mein Hotelchef erklärt mir noch zum Abschied, dass dieser „Wuffi“ mal zu einem Riesenköter heranwachsen wird, der irgendwann das Haus bewachen muss. Und nur das Haus! Er darf daher schon jetzt unter keinen Umständen in die Zimmer. Oh – ich sage jetzt besser nicht, dass ich Bastard gestern Abend zwei Stunden bei mir gehabt und ihn mit etwas Wurst aus meinem Jausenvorrat verwöhnt habe. Wird schon nicht so schlimm sein – oder?

Heute geht es endlich wieder mal runter von der Landstraße – ich schlage mich ins Gebüsch. Auf wunderschönen Wald- und Wiesenwegen, vorbei an Obstplantagen mit bis zum Gehtnichtmehr behangenen Orangenbäumen, führt mich mein Weg in Richtung Meer. Ich kann es kaum erwarten, wieder am Wasser entlangzupilgern. Aber nicht *im* Wasser, denn irgendwie schaut es plötzlich so nach Regen aus. Links von mir hängen dunkelgraue Wolken, rechts aber scheint weiterhin die Sonne in Höchstform. Ein wunderschöner Kontrast, und ich habe wieder dieses Gefühl, dass mich da einer ganz oben auf meinem Weg permanent begleitet und mir die Hindernisse einfach so aus dem Weg räumt. Entlang der Regen-Sonne-Demarkationslinie wandere ich dahin, auf der einen Seite ist das Land in graue Schleier getaucht, dort schüttet es also schon. Mich aber begleitet der Sonnenschein – die Stimmung ist unbeschreiblich. Danke!

Am Hauptplatz von Comillas treffe ich meinen deutschen Sie-Freund von gestern, der anscheinend inzwischen die Statuten des Jakobswegs gelesen hat und mich heute duzt. So gehört sich das! Plötzlich tritt aus einem Rundbogen eines herrschaftlich wirkenden Stadthauses Karol heraus, der gar nicht gut ausschaut. Er hat sich anscheinend einen Magenvirus eingehandelt und möchte sich hier ein Zimmer suchen. Wenn es ihm dann besser geht, wird er versuchen, uns wieder einzuholen, notfalls mit dem Bus. Die Verabschiedung verläuft sehr innig, wer weiß, ob, wo und wann wir uns wiedersehen.

Hier in Comillas gibt es den von Gaudí erbauten Palast *El Capricho*. Ich versuche, irgendwie auf das Gelände des kleinen Schlösschens zu kommen, das von einem wunderschönen Park umgeben ist. Doch alles ist abgezäunt, die Tore sind fest verschlossen. Jetzt erst merke ich, dass ich es von der falschen Seite versuche, nach einem Irrweg von ein paar hundert Metern finde ich den breiten, schneeweißen Kiesweg zu dem beeindruckenden Bauwerk. Gaudís Jahrhundertprojekt, die *Sagrada Famí-*

lia in Barcelona, ist natürlich unwesentlich größer, aber hier bin ich hautnah an den kleinen Türmchen, Verzierungen, bunten Erkern und den vielen überraschenden Elementen, die den Baustil so einzigartig machen. Ich könnte Stunden hier verbringen und bin mir sicher, dass sich unser Wiener Kultkünstler Friedensreich Hundertwasser da Anregungen für seine mittlerweile weltbekannten Bauten geholt hat.

Jetzt muss ich mich aber trotzdem trennen von diesem verspielten Hobby eines genialen Architekten, der spektakulär gelebt und gebaut hat und dann ebenso außergewöhnlich bei einem Straßenbahnunfall zu Tode kam. Bei der kirchlichen Universität geht es rauf auf eine Höhenstraße, von der aus ich einen tollen Ausblick auf den endlos langen Strand habe. Dann führt die gekennzeichnete Strecke durch das Landesinnere nach San Vicente de la Barquera, doch im Reiseführer wird ein Umweg direkt über die Küste empfohlen. Dreimal darf man raten, welche Variante ich einschlage. Das Meer ruft, und mein Herz schlägt bis zum Himmel (das ist übrigens ein Grand Prix-Titel, den ich für Marlena Martinelli geschrieben habe), als ich endlich nach zwei langen Tagen wieder den Atlantik unter meinen Füßen spüren kann.

Das ist „mein" Weg!

Ein schmaler Pfad auf einem Damm führt durch einen überfluteten Wald direkt zum Strand. Dort liegt ein entwurzelter Baum im Sand, und durch seine Äste schimmert das seichte Wasser türkisgrün, während hoch über mir die Möwen vor Vergnügen schreien. Karibik pur – und das in Spanien!

Es herrscht Flut, daher muss ich immer wieder auf die Küstenstraße ausweichen, aber es bleiben mir doch mehrere Kilometer am weißen Strand, die ich einfach nur genieße. Die Wanderschuhe hängen natürlich längst schon an ihren Schuhbändern über meinen Schultern, und das eiskalte Meerwasser kühlt meine brennenden Fußsohlen, die noch dazu vom feinen Sand herrlich massiert werden. Was kann es Schöneres geben? Ich kann mich auch gar nicht mehr erinnern, dass ich jemals Hüft- oder Knieschmerzen gehabt habe. Wahrscheinlich habe ich mir die nur eingebildet. So schnell vergisst man, wenn man glücklich ist!

Zwischen den kleinen Dünen sitzt ein etwas stärkerer Mann mit einem Golden Retriever an seiner Seite. Natürlich kommt mir da wieder meine Sandy in den Sinn, und im nächsten Moment herze ich den Hund, der es sich natürlich sofort gefallen lässt. Goldies sind so – sie glauben an das Gute in jedem Menschen, sind sehr vertrauensselig und freuen sich tierisch über jede Zuneigung, was sie beim Schwanzwedeln zu Höchstleistungen treibt. Nur als Wachhunde kann man sie nur sehr schwer einsetzen, im Normalfall würden sie jedem Einbrecher freudig dabei helfen, die Bude auszuräumen. Die einzige Gefahr für die Diebe besteht darin, dass sie vom Goldie zu Tode geschleckt werden. Wenn ich so über mich nachdenke, dürfte auch ich eher dieser gutmütigen Hunderasse angehören. Na gut, die Haarfarbe passt nicht ganz. Und auch das mit dem Schwanzwedeln – aber sonst …

Über die einstmals längste Brücke Spaniens bin ich nach San Vicente de la Barquera reinmarschiert und stehe jetzt vor der im Führer beschriebenen Kultherberge. Sie befindet sich in einer Garage unter einer Technikerschule, über dem breiten Tor hängt eine Schiffskulptur an der Wand, und der Ausblick auf eine Meeresbucht verschlägt mir die Sprache. Eine nette, alte Spanierin begrüßt mich – das muss die im Reiseführer beschriebene Sofía sein. Sie nimmt meine Daten auf und zeigt mir das Zimmer, wo ich mit einem großen Begrüßungs-Hallo von Kathi, Daniel und Hanna empfangen werde. Auch mein ehemaliger Sie- und jetziger Du-Kamerad ist hier und stellt sich als Sepp aus Bayern vor. Wieder erhält ein altbekanntes Gesicht einen Namen: „Freut mich, Sepp!“ An den Herbergswänden hängen Hunderte Pilgerfotos, einige zeigen auch den

Dorfpfarrer aus Güemes, Ernesto, in dessen Herberge ich mich so wohlgefühlt habe.

Um 20 Uhr wird das Abendessen serviert, es bleibt also noch genügend Zeit für eine gemeinsame *Cerveza*. Rein zufällig finden wir gleich gegenüber eine Bar und genießen auf den Stufen vor der Kneipe die letzten Strahlen der Sonne. Unsere Schmutzwäsche durften wir Sofía anvertrauen, die Stück für Stück einzeln in die Maschine wirft. Wir haben hier vor der Kneipe nur mehr die wenigen Sachen am Leib, die noch einigermaßen rein sind, Daniel sitzt überhaupt in seiner Unterhose da.

Sofía und ihr Mann Luis haben *Paella* gekocht, sie schmeckt hervorragend. Geholfen haben ihnen dabei einige Pilger aus Spanien, Frankreich und Belgien. Wir waren ja mit dem Biertrinken draußen vor der Herberge beschäftigt, daher erklärt Luis uns auf Spanisch, dass wir abwaschen müssen. Ich sage lachend: *„No hablo español."* Und daher wisse ich auch nicht, was er mir da sagen will. Hilft aber alles nichts, ich werde in die Küche abkommandiert, gemeinsam mit Kathi, Hanna und Daniel.

Draußen wird inzwischen gesungen. Plötzlich höre ich *Am Brunnen vor dem Tore*. Und dann *Es ist ein Ross entsprungen*. Da hat sich aber jemand gewaltig in der Zeit geirrt. Oder auch nicht, denn sie singt das Ros mit „-ss" – wahrscheinlich ist das Pferd vom Nachbarn durchgegangen. Egal, Sofía ist in ihrem Element und singt, was ihr unter die Zunge kommt – auf Deutsch, Spanisch, Italienisch. Und die Nicht-Abwascher singen mit – irgendwie ist es schon gut, dass wir in der Küche sind …

Nach meinem bedingungslosen Geschirrspüleinsatz komme ich mit dem Belgier Frank ins Plaudern. Er spricht fließend Deutsch, Französisch und Spanisch. Kathi kommt dazu und quatscht ihn auf Englisch an. Er antwortet auf Deutsch, weil er Englisch zwar kann, aber diese Sprache nicht mag. Alles wird verenglischt heutzutage. Immer mehr Ausdrücke werden – vor allem von der Jugend – aus dem angloamerikanischen Raum übernommen, in der Werbung hört man fast nur mehr englische Ausdrücke, die Popmusik spielt sich vorwiegend auf Englisch ab, und, und, und. Frank meint, dass die eigene Identität der einzelnen Länder immer geringer werde – und er spricht mir dabei aus der Seele. Der Mann ist mir sympathisch! Ich hoffe, dass er – trotz seiner geschätzten 150 Kilo – den Weg so schaffen wird, wie er ihn sich vorgestellt hat.

Um 22 Uhr wird das Herbergs-Garagentor geschlossen, und wer zu spät kommt, hat Pech. Eine halbe Stunde später schaltet Luis persönlich das Licht aus – Nachtruhe! Der ist aber streng! Doch es ist sowieso jeder müde, und schon nach wenigen Minuten hört man keinen Mucks mehr. Bis auf einige leise Schnarchgeräusche, die aber auch durchaus von mir sein könnten.

Glocken, Merkel, Gänsemarsch

Tag 17 – 27.4.2010: *San Vicente de la Barquera – Llanes, 45 km (gesamt 436)*
Wetter: *Wolkenlos, glühend heiß.*
Strecke: *Auf engen Straßen durch eine wunderschöne Landschaft, etwas weg vom Meer, dann aber direkt an der Küste auf einem schmalen Weg Richtung Llanes. Die letzten km ziehen sich endlos an einem Bergrücken entlang.*
Sonstiges: *Toller Weg, aber an der Grenze der Belastbarkeit. Fußsohlen brennen wie wild, Krämpfe in den Beinen …*
Quartier: *Bahnhofsherberge in Llanes – 10 Euro. Geht so …*

Die Schmerzen sind wieder zurück, mein rechtes Bein hat mir den Krieg erklärt! Ich habe gestern Abend in meiner Euphorie völlig vergessen, mich mit der Muskelentspannungscreme einzuschmieren. Normalerweise hilft die sehr gut bei Überbelastung – also, selbst schuld! Draußen ist es noch dunkel, als das große Rascheln beginnt. Bis vier Uhr kann ich mich an jedes Detail der Nacht erinnern, ich habe also gerade mal drei Stunden geschlafen. Aber ich gebe mich geschlagen und stehe auf – vor allem auch, weil mir einfällt, dass es Frühstück nur bis acht Uhr gibt. Ich werde immer schneller mit dem Einpacken und Frischmachen – innerhalb von 15 Minuten hab ich das erledigt und sitze an der Frühstückstafel. Mit getoastetem Brot, Butter und Marmelade geht es in den neuen Tag. Sofía singt uns zum Abschied noch ein spanisches Lied, das jedoch sehr italienisch klingt: *Arrivederci*. Aber die Spanier singen mit, also ist es Spanisch!

Kathi und ich haben gestern Abend davon gesprochen, ob wir nicht versuchen sollten, heute die mehr als 43 Kilometer lange Strecke bis Llanes durchzumarschieren. Es ist Zeit, sich mal ordentlich zu plagen, denn die im Führer vorgeschlagene Strecke bis Colombres, gerade mal 20 Kilometer, machen wir als *Peregrinos* im fortgeschrittenen Stadium ja mit links. Okay – ich nehme die Herausforderung an, trotz chronischem Schlafmangel und verrückt spielendem rechten Bein.

Nach und nach machen sich alle auf den Weg. Ich muss natürlich nicht erwähnen, wer wieder als Letzter die Herberge verlässt? Im Tal liegt noch der Nebel, von oben mischen sich Sonnenstrahlen dazu und ergeben so ein unvergessliches Bild der grünen Hügellandschaft, durch die ich hindurchmarschiere. Rund um mich sind nur zufriedene Kühe, Schafe, Esel und Pferde – die bimmeln. Wie bei uns den Kühen hängen die spanischen Bauern hier den Pferden Glocken um den Hals. Sie tun mir richtig leid. Wie schnell könnte so ein Gaul in eine Identitätskrise kommen. Pferde mit Glocken – manchmal versteht man die Welt nicht.

Morgenstimmung ...

Es geht auf engen Straßen bergauf und bergab, plötzlich kommen mir drei Deutsche entgegen – im Gänsemarsch. Einer von ihnen sieht mich und schreit gleich darauf: „Mensch, jetzt werde ich aber bald wahnsinnig!" Was hab ich dem getan? Die drei sind ganz offensichtlich auf dem „Holzweg". Sie haben die Nacht in einer Pension in San Vicente verbracht und sind heute sehr früh losmarschiert. Zuerst waren sie auch korrekt unterwegs, doch irgendwann hatte dann einer der Pfadfinder das sichere Gefühl, dass der gefundene Pfad doch nicht der richtige war. Also machten alle drei kehrt und treffen jetzt auf mich – nach einigen Kilometern Gänsemarsch in die falsche Richtung. Das nennt man kollektive Fehlorientierung. Die unzähligen gelben Pfeile, die in die ihnen entgegengesetzte Richtung zeigten, haben sie völlig ignoriert, weil es sich dabei nur um einen Fehler in der Markierung handeln konnte. Dieses uneingeschränkte Selbstvertrauen hätte ich auch gerne hin und wieder, aber nicht in diesem Fall. Jetzt müssen sie nochmals umkehren, und von nun an geht's wieder Richtung Santiago – alle drei hinter mir, im Gänsemarsch.

Ein Verkehrsschild kurz vor Serdio zeigt an, dass rechts die Asphaltstraße in den Ort abzweigt. Der *Camino* aber führt geradeaus weiter. Ich marschiere über saftige Wiesen und durch einen traumhaften Wald samt kleiner, idyllischer Wasserstelle, immer den gelben Pfeilen nach, und erreiche dann ebenfalls Serdio. Als ich dort einbiege, kommen gleichzeitig die drei Deutschen die Landstraße herunter – hautnah verfolgt von Kathi, die inzwischen auch wieder aufgeschlossen hat. Ich erzähle ihr kurz, dass ich die *Peregrinos* aus Dortmund auf den rechten Weg geführt habe, da biegen sie wieder völlig falsch ab. Das gibt's ja nicht! Kathi möchte das Schlimmste verhindern und ruft ihnen zu: „Dort ist der Weg!" Aber einer unserer Lieblingsnachbarn erwidert: „Und dort ist die Bar!" Okay – da hat er recht! Aber dann meint er noch: „Ja, manche gehen mit den Füßen, andere mit dem Kopf!" Ha, ha – selten so gelacht. Das „Kopfwandern" hat man gesehen, als sie zuvor völlig unmotiviert in die falsche Richtung „geköpfelt" sind.

Jetzt geht es steil bergab – und das ist Kathis Revier. Sie zieht mir davon, dass mir Hören und Sehen vergeht. Meine Knie rufen ihr „*Good bye*" nach – und weg ist sie. „Traurig" setze ich mich in eine Bar am Wegrand und genehmige mir ein Cola und ein Schinkenbrötchen. Einige Zeit später watscheln die drei Deutschen an mir vorbei. Wieder im Gänsemarsch – schön Schritt für Schritt hintereinander und mit einem kessen Spruch auf den Lippen: „Wir sind ja doch schneller ..." Irgendwann kommen auch Daniel und Sepp vorbei und lassen sich erschöpft in die Sessel fallen. Daniel erklärt mir, dass Kathi ein bisserl viel redet und er daher jetzt allein marschieren wird. Na so was! Sepp bricht als Erster wieder auf, dann bin ich dran, und nur Daniel denkt noch darüber nach, was Kathi ihm alles erzählt hat. Ich hoffe, er sitzt nicht morgen noch da ...

Die ersten 20 Kilometer wären geschafft! Die Sonne brennt zwar glühend heiß vom Himmel, aber mir geht es blendend. Mein rechtes Bein hat ein schlechtes Gewissen wegen der vorlauten Nacht und verhält sich völlig ruhig, also marschiere ich weiter! Richtung Llanes. Im letzten Ort Kantabriens, in Unquera, decke ich mich in einem Supermarkt mit isotonischen Getränken und einer kleinen Jause ein und sehe beim

Bezahlen, dass auf der Straße der gesamte deutsche Gänsestall vorbeiwatschelt, mit Daniel in der Mitte. Sie sind jetzt also zu viert.

Über eine Brücke geht es nach Asturien. Was mir nicht sofort auffällt, denn die Sonne scheint auch hier genauso heiß wie zuvor in Kantabrien. Und es wird immer heißer. Der Weg führt steil bergauf, kein Baum in Sicht, um irgendwo den Hauch eines Schattens zu erhaschen. Plötzlich sehe ich die drei deutschen Mitpilger vor mir. Nicht mehr im Gänsemarsch, sondern völlig durcheinandergewürfelt, so als ob sie der Hofhund aufgescheucht hätte. Was ist los? Da merke ich, dass sie „am Zahnfleisch" das Bergerl hinaufkriechen und an geordnetem Formationsgehen nicht mehr interessiert sind. Jeder kämpft ums Überleben! Ich glaube, sie bemerken mich nicht mal, als ich vorbeimarschiere. Irgendwie tun sie mir leid, aber wir Ösis sind halt doch ein Gebirgsvolk und Bergaufgehen gehört bei uns zur Allgemeinbildung. Wo ist Daniel?

In meinem Reiseführer wird wieder eine längere, aber angeblich interessantere Variante empfohlen. Na klar – die nehm' ich! Ich habe ja gerade nichts anderes zu tun! Zuerst führt mich der Weg durch einige kleine Dörfer hindurch, bis er dann wieder auf die Landstraße trifft. Und da ist er – knapp vor mir sehe ich Daniel, der sich mit letzter Kraft in eine Pension am Wegrand schleppt. Ich nehme mal an, er hat genug für heute.

So – jetzt bin ich 30 Kilometer marschiert. Die Sonne brennt zwar gnadenlos herunter, ein Thermometer am Wegrand zeigt 32 Grad, aber mir geht es immer noch gut. Also auf nach Llanes. Ich freue mich schon auf die letzten 13 Kilometer an der Küste entlang. Wo mag Kathi sein?

Leider finde ich den Einstieg zum Küstenweg nicht und muss daher einen Umweg von mehr als einem Kilometer in Kauf nehmen. Habe ich zuvor über die Deutschen gelästert? Alles im Leben kommt zurück – geschieht mir schon recht! In der Nähe eines Campingplatzes verirre ich mich das zweite Mal, es dauert einige Zeit, bis ich dann endlich den richtigen Weg finde, auf dem ich in prallster Sonne nach Llanes taumle. Irgendwann erhalte ich ein SMS von Kathi – sie hat sich am Campingplatz ein Zelt und eine Luftmatratze geborgt, der gesamte Strand gehört ihr heute ganz allein. Sie hat also aufgegeben – sehr gescheit, wie sich jetzt bald herausstellen wird. Ich weiß nicht, was mehr brennt – die Sonne oder meine Fußsohlen.

Aber der Weg über die Steilküste ist nicht nur Atem raubend, sondern auch atemberaubend schön. Im Reiseführer werden die *Bufones de arenillas* beschrieben. Durch Verkarstung wurden die Felsen unter der Steilküste ausgehöhlt, und es gibt kleine Durchlässe, aus denen bei bestimmten Bedingungen die Wellen gleich einem Geysir bis zu 20 Meter hoch aus der Erde schießen. Ich warte bei einem der Trichter, schussbereit mit meinem Fotoapparat. Aber leider höre ich nur bedrohliches Rauschen unter mir, es ist aber kein noch so kleiner Springbrunnen zu sehen. Schade – wahrscheinlich müssen da gerade Weihnachten, Ostern und eine Megaflut zusammenkommen, um dieses Naturschauspiel bewundern zu können.
Weiter geht es in der sengenden Sonne Afrikas, sorry, Nordspaniens natürlich. Es gibt tolle Ausblicksplätze, an denen ich mein gesamtes Trinkwasserreservoir und auch den Rest meiner Jause vernichte. Jetzt bin ich völlig nahrungslos, es sind aber auch nur mehr fünf Kilometer. Doch die haben es in sich, nie hätte ich gedacht, dass mich diese läppische Distanz zum Verzweifeln bringen könnte. Ich quäle mich einen Bergrücken entlang, an dem anscheinend vor Kurzem der gesamte Baumbestand komplett abgefackelt wurde. Daher ist Schatten auch hier ein Fremdwort, rechts unten sehe ich schon Llanes, aber der Weg entfernt sich leider immer mehr von der Stadt meiner Sehnsucht. Und noch dazu geht es bergauf, immer der alles verbrennenden Sonne zu. Ich schleppe

„Dieser Weg wird kein leichter sein …"

mich dahin, und das erste Mal denke ich mir: „Sch...weg!“ Und das „Sch...“ heißt nicht „Schöner“! Gott sei Dank können mich jetzt die drei deutschen Gänsemarschpilger nicht sehen – vorbei ist es mit der Leichtigkeit, mit der wir Österreicher beim Bergaufgehen ausgestattet sind. Hochmut kommt vor dem Fall. Sorry im Nachhinein, liebe Germanen!

Irgendwann aber führt selbst dieser beschienene Weg dann doch Richtung Tal – fünf Kilometer können soooo lang sein. Ich schaffe es gerade noch in die Stadt und lasse mich in der ersten Bar in einen Sessel fallen: *„¡Una cerveza grande!“* Der Wirt lacht, und seine weißen Zähne strahlen wie jene von Stefan Raab, als er mich das diesmal wirklich große Bier ex austrinken sieht, aber das musste sein! Ein zweites nehme ich jetzt besser nicht – so erschöpft wie ich bin, könnte das böse Folgen haben.

Die Herberge von Llanes befindet sich im alten Bahnhof. Der *Hospitalero* führt mich in ein Sechsbettzimmer, in dem bisher nur ein Berliner sein Quartier aufgeschlagen hat – der für sein Leben gerne quatscht! In kürzester Zeit kenne ich die ersten 50 Jahre seines Daseins und auch, dass er schon mal hier war und den Wirten gegenüber gut kennt. Trinken kann man dort anscheinend gut, „aber Fressen ist sehr teuer“. Na gut – er wird's wissen, und ich werde mir ein anderes Lokal suchen.

Nach dem Duschen kommen langsam meine Lebensgeister wieder zurück. Kathi schreibt mir ein SMS: „Werden wir uns wiedersehen?“ Ich denke schon, morgen oder spätestens übermorgen werde ich es wieder einmal gemächlicher angehen, und dann sollten wir uns in La Isla – zwei Tagesetappen von hier entfernt – wieder treffen.

So – jetzt suche ich mal den Strand. Wieder meine Frage an eine Spanierin, wo denn *la Playa* sei. Wieder ein ungläubiger Blick und wieder ein verständnisvolles Erklären des Wegs. Fast schon Routine.

Bis knapp vor 22 Uhr sitze ich am Meer und lasse den Tag Revue passieren. Heute war ich an der Grenze meiner Belastbarkeit, ab Kilometer 38 macht das Pilgern keinen Spaß mehr! Jeder Kilometer wird dann zum Marathon. Trotzdem bin ich stolz, es bis hierher geschafft zu haben. Bin schon sehr gespannt auf die Nacht, heute werde ich mir meine Beine zentimeterdick eincremen und so den Krämpfen keine Chance geben. Zusätzlich werde ich halt auch wieder den lieben Gott bitten, mir einen erholsamen Schlaf zu schenken. Eigentlich hat das noch immer geholfen.

Wider Erwarten finde ich auf Anhieb den Weg vom Strand zurück in die Herberge. Mein deutscher Mitpilger heißt Günter – und ist gar kein Pilger. Als Pensionist kann er es sich leisten, seine Heimat von Oktober bis Mai hinter sich zu lassen und stattdessen durch Spaniens Lande zu ziehen. Morgen fährt er mit der Bahn Richtung Madrid, und von dort geht es mit dem Flieger zurück in sein Berlin. Das aber anscheinend gar nicht mehr *sein* Berlin zu sein scheint. Schon fest in seine Decke gehüllt lässt er vor dem Schlafengehen eine Schimpfkanonade auf die deutsche Obrigkeit los, dass einem Sehen und Hören vergeht. Ich kann ja gar nichts dafür! Er erzählt vom schwulen Bürgermeister, der aber wenigstens sympathisch ist. Dann labbert er mich voll über den ebenfalls homosexuellen Außenminister, den sich die Angela Merkel irgendwo eingefangen hat. In vielen Ländern dieser Welt steht darauf die Todesstrafe, und der erste Staatsbesuch des deutschen Außenministers geht genau in so ein Land – Saudi-Arabien. „Das war aber ein Hallo dort", meint Günter. Außerdem seien sowieso immer die Oberen schuld – der Fisch fange am Kopf zu stinken an. Drum ist er auch fast das ganze Jahr weg aus Deutschland, nur im Sommer kommt er zurück in seine kleine Wohnung in Berlin. Aber kaum wird es Herbst, ist er schon wieder in Spanien. So – jetzt werden die Lehrer plattgemacht: Die sind schon lange nicht mehr das, was sie einmal waren. Ich wage es, Einspruch zu erheben und zu sagen, dass Lehrer zu sein heute bestimmt kein Honiglecken mehr ist. Die Kinder haben keinen Respekt mehr, und viele Eltern denken, dass die Schule ihre Kinder zu erziehen hat. Nur weil sie selbst sich keine Zeit dafür nehmen. Oh – da hab ich aber anscheinend seinen wunden Punkt getroffen. Er sagt: „Gute Nacht", und beendet so in Hundertstelsekundenschnelle das Gespräch. Super – so einfach geht das also.

Pilgert man hier auch nach Mekka?

Tag 18 – 28.4.2010: Llanes – Ribadesella, 33 km (gesamt 469)
Wetter: Wolkenlos.
Strecke: Zuerst auf einer Strandpromenade, dann etwas in das Landesinnere auf schmalen Wegen und zum Schluss direkt am wunderschönen Strand.
Sonstiges: Wahnsinn – mein Weg wird immer schöner! Beine „arbeiten" am Abend nach, aber sonst alles ok.
Quartier: Jugendherberge Ribadesella – 16 Euro, inkl. Frühstück. Villenartiges Gebäude direkt am Strand, empfehlenswert!

Knapp nach sieben Uhr werde ich geweckt – erste Reihe fußfrei in einem spanischen Flamencokonzert. So laut ist die Musik, die von draußen in mein Zimmer prasselt. Ich habe gar nicht mal so schlecht geschlafen, aber so bis acht hätte ich schon gern noch durchgedöst. Gestern hat beim Einschlafen mein rechter Fuß noch etwas „nachgearbeitet", aber irgendwann bin ich dann doch ins Land der Träume geflogen. Die Kombination aus Gebet und Sportcreme hat also gewirkt! Aber heute – keine Chance zum Weiterschlafen! Was ist da draußen bloß los? Meine „Berliner Schnauze" und ich sind nicht allein in der Herberge, in einem Zimmer am anderen Ende des Ganges ist ein weiterer Gast untergebracht. Und genau diesen höre ich jetzt schreien: „Ruhe!" Dann ein paar unverständliche Worte von Günter. Und irgendwann stellt der Deutsche sein Radio auf Zimmerlautstärke. Das war es also! Günter kommt in mein Zimmer, sieht, dass ich schon wach bin, und meint, dass er gerade einen Rüffel bekommen habe. Dabei war sein Radio eh nur ganz leise aufgedreht. Ob ich was gehört habe? Ich sage ihm, dass ich ihn noch nicht so richtig verstehen kann, weil irgendeine Musik zuvor mein Trommelfell verletzt hat. Er versteht sofort und meint: „Oh sorry, da muss ich das nächste Mal wohl besser aufpassen – ich will keinen Ärger." Anscheinend hat er's schon etwas mit den Ohren.

Lange nach Günter verlasse auch ich die Herberge. Es ist gar nicht so einfach, aber ich finde eine Bar, die um diese Zeit schon ihre Pforten geöffnet hat. Und wer sitzt da? Günter. Er freut sich, mich zu sehen, und erzählt mir einige Geschichten aus seinem spanischen Tramperleben. Es ist nicht uninteressant, ihm zuzuhören. Er gibt mir Tipps, wo ich welchen Weg nehmen soll, und kennt anscheinend jede Herberge und jede Kneipe im Umkreis von mehreren tausend Kilometern. Dann zeigt er mir ein Foto einer spanischen Illustrierten, das ihn in seiner Wanderkluft zeigt. Anscheinend ist er eine kleine Berühmtheit hier. Er hat sämtliche Stationen aller Jakobswege schon hinter sich gebracht und kennt auch sonst die meisten Ecken Spaniens.

Der Vormittag ist schon sehr fortgeschritten, als ich mich auf den Weg mache. Aber was soll ich tun, wenn der *Supermercado* meines Vertrauens erst nach neun Uhr öffnet und Günter so viel quatscht? Der Weg ist wieder mal einzigartig schön, vom Strand geht es über viele Treppen auf eine Promenade, die einen tollen Ausblick auf das Meer eröffnet. Hier marschiere ich vollkommen zufrieden inmitten einer grünen Parkanlage hoch über dem Atlantik dahin – meine Füße schweben fast. Die Luft ist trotz Sonnenscheins noch eher kühl, alles passt irgendwie! Mein Herz sagt permanent danke, dass ich diesen Weg gehen darf! Heute habe ich mir vorgenommen, die 30 Kilometer nach Ribadesella durchzupilgern, unter anderem auch, weil es dort eine tolle Herberge direkt am Meer geben soll. Für morgen hätte ich dann einen Ruhetag mit gerade mal 21 Kilometern geplant, wo ich dann in La Isla wiederum in einer *Albergue* direkt am Strand übernachten möchte.

Der Weg geht traumhaft weiter, ich bin völlig eins mit der Natur. Obwohl, von der Statur her könnte ich auch völlig „zwei" sein. Irgendwie spüre ich aber doch die gestrige lange Etappe, ich habe zwar keine Schmerzen, aber mein Tempo kommt mir sehr schneckenartig vor. Doch – ich habe ja alle Zeit der Welt, es sind ja heute nur etwas über 30 Kilometer. Was – 30 Kilometer? Vor einigen Wochen hätte ich da die Hände über dem Kopf zusammengeschlagen – aber heute sind es *nur* 30. Ich bin richtig eingegangen, natürlich nicht körperlich. Ich hoffe schon, dass ich mir noch immer meine 1,95 Meter Körpergröße erhalten konnte. Aber fünf bis acht Kilo weniger werde ich schon auf die Waage bekommen, dafür habe ich mittlerweile ein gutes Gefühl entwickelt. Leider bin ich ja das menschliche Jo-Jo schlechthin, eigentlich sollte ich im Zirkus auftreten. Wenn ich all meine Eiweiß-, Trennkost-, FdH- und anderen Diäten zusammenrechne, dann habe ich sicher schon mehr als 100 Kilo abgenommen – aber viel mehr wieder zugelegt. Alles habe ich probiert, am besten hat einfach immer die Devise „viel Sport“ geholfen. Doch irgendwann ist dann der alte Schlendrian zurückgekehrt und hat alle Bemühungen wieder zunichte gemacht.

Knapp nach Mittag habe ich die ersten 20 Kilometer bis Piñeres geschafft. Ich fühle mich psychisch und physisch voll auf der Höhe, jeder Meter macht Freude. Daher sehe ich natürlich überhaupt kein Problem, die nächsten zehn Kilometer weiterzumarschieren. Ich bin ja so gut drauf …

Wie sehr sich zehn Kilometer doch ziehen können – jetzt schlägt der gestrige Tag voll durch. Ich schleppe mich nur noch dahin, die Sonne brennt mir auf den gut behüteten Kopf, und in mir macht sich die große Leere breit. Ich denke an gar nichts mehr, bin nur durstig, aber meine letzten Wasservorräte habe ich mir vor einer halben Stunde über den Schädel geschüttet. Ein Königreich für einen Brunnen! Plötzlich finde ich mich mitten in einer kleinen Häuseransammlung wieder, mit einer Pilgertränke in der Mitte. Ich trinke beinahe das gesamte Wasserreservoir für den kleinen Ort in einem Zug aus, den Rest lasse ich über meine Haare, den Hals und den Nacken laufen. Dass jetzt mein T-Shirt waschelnass ist, macht mir überhaupt nichts aus. Das lasse ich in der Sonne trocknen, denn neben dem lebensrettenden Brunnen steht ein Tisch mit einigen Bänken, auf eine davon schmeiße ich mich jetzt einfach so mal in die Horizontale. Ein riesengroßer Baum schützt mein Gesicht einigermaßen vor der Sonne, und bis auf einen ungefähr alle zehn Minuten vorbeidüsenden Quadfahrer tut sich überhaupt nichts in dem verschlafenen Ort. Ich passe mich an, lasse meine Gedanken einfach ziehen und bin innerhalb weniger Minuten eingepennt. Wann habe ich so etwas das letzte Mal getan, am helllichten Tag einfach vor mich hin geträumt? Mitten auf einem Dorfplatz? Das Leben ist ein Hit!

Plötzlich werde ich aus den Träumen gerissen, weil meine Hose, oder vielmehr mein Handy da drinnen, vibriert. Meine spanische Pilgernummer habe ich nur zwei Menschen weltweit mitgeteilt, meiner Frau und meinem Chef Thomas, der mir jedoch versprechen musste, sie nur in äußersten Notfällen zu verwenden und unter keinen Umständen weiterzugeben. Aber wenn sich mein Freund und Arbeitskollege Karl etwas in den Kopf setzt, dann bekommt er es auch. Und so hat er einfach seine Neugier zu einem Notfall erklärt und sich unter fadenscheinigen Vorwänden meine Nummer erschlichen. Ich bin aber gar nicht böse darüber, es tut gut, mit jemandem aus der Heimat zu reden. Vor einigen Tagen habe ich einen ersten Reisebericht an meine Freunde gemailt, Karl hat ihn Zeile für Zeile gelesen und erzählt mir jetzt, wie sehr er mich beneidet. Außerdem erwartet er eine umfangreiche Berichterstattung sofort nach meiner Rückkehr nach Österreich und ist dafür auch bereit, seinen Weinkeller zu öffnen. Blöd wäre ich, das nicht zu tun, denn Karl hat ein Faible für Weine aller Art, und bei ihm gibt es nur auserlesenste Tröpfchen. „*¡Hasta luego, Karl!*" Völlig erschöpft vom vielen Telefonieren schlafe ich noch eine Runde.

Jetzt weckt mich der Quadfahrer, der vor mir eine spektakuläre Motorshow abzieht. Mit rauchenden Reifen macht er Startversuche, dass der Gummi auf der heißen Dorfstraße schwarz und dampfend am Asphalt kleben bleibt. Wahrscheinlich will er mir sagen, dass ich in seinem Fahrerlager schlafe und sofort das Boxengelände zu verlassen habe. Gut, verstanden! Weiter geht's Richtung Ribadesella.

Ich fühle mich wieder bedeutend besser als noch vor meiner Schlaftherapie, aber die Strecke zieht sich heute trotzdem wie ein Strudelteig. Am Weg sehe ich einen grünen Müllcontainer, auf den der gelbe Jakobswegpfeil raufgepinselt wurde, und stelle mir vor, was passieren würde, wenn man diesen Container einfach mal auf die andere Straßenseite schiebt. Würden dann sämtliche Pilger aufgrund des in die falsche Richtung zeigenden Pfeils plötzlich nach Mekka pilgern statt nach Santiago?

Irgendwie schaffe ich es doch an mein Ziel, sehe aber nichts von dem angeblich so tollen Strand, der im Führer beschrieben wird. Erst nachdem ich über eine Brücke den Fluss Sella überquere, beginnt beim Hafen von Ribadesella der zwar schmale, jedoch beeindruckende Sandstrand. Die gerade mal mehrere tausend Bürger zählende Stadt ist zu Recht ein Touristenzentrum, das seine Einwohnerzahl im Sommer um ein Vielfaches erhöht. Die Jugendherberge ist in einem villenartigen Gebäude direkt an der Strandpromenade untergebracht – feinste Adresse! Abgekämpft und müde wie ich bin, hält mich die Rezeptionistin anscheinend doch noch für einen Jugendlichen und gibt mir ein Zimmer. Ein Franzose hat bereits sein Bett bezogen, er spricht aber außer Französisch nur Französisch, wir kommen aber auch so zurecht.

Das Duschen hat mich wieder einigermaßen fit gemacht, jetzt sitze ich in einer Bar und schaue über die Küstenstraße hinweg auf das Meer. Alle paar Minuten kommt ein verrückter Rennfahrer mit seinem Peugeot vorbei und versucht, die vor der Bar liegende 90-Grad-Kurve noch einen Tick schneller zu fahren. Irgendwann landet er in den Wellen, denke ich. Blöd nur, dass es davor noch mehrere Zäune zu durchbrechen gibt. Auf einem Tisch neben mir sitzen einige Teens, die den Local Hero jedes Mal enthusiastisch anfeuern, wenn er wieder anbraust. Immer wieder gibt es Gegenverkehr, nicht auszudenken, wenn der Irre mit dem Geschwindigkeitswahn gerade in dem Moment die Kurve kratzt und ein völlig unschuldiger Autofahrer zum Handkuss kommt.

Ich habe auf diesem Weg einen sehr persönlichen Draht nach oben gefunden und bin mir inzwischen sicher, dass man mit Beten vieles bewirken kann. Natürlich hatte ich durch meine Erziehung auch schon zuvor eine christliche Einstellung. Eigentlich hielt ich mich schon vor diesem *Camino* für sehr gläubig, aber hier erfahre ich Tag für Tag, wie gut es sich anfühlt, wenn man sich vollends auf Gott verlässt und ihn immer um Hilfe bitten kann. Und so bete ich jetzt halt einfach auch mal für den jungen Autonarren, dass durch seine Wahnsinnsaktionen niemand zu Schaden kommt.

Heute bin ich völlig ausgepowert. In einer Bar wird das Match Barcelona gegen irgendwen übertragen. Na servus, da geht's um – es wird diskutiert, was das Zeug hält. Schon allein die Atmosphäre in der Kneipe interessiert mich, vielleicht sollte ich mir das Spiel ebenfalls ansehen? Aber danach werde ich sofort mützen gehen! Morgen gibt es dann die 20-Kilometer-Tour nach La Isla, auf der sich meine Beine wieder erholen sollten. Denn das rechte pulsiert wieder mal im Tempo meines Herzschlags, es ist ein Pochen und Ziehen, dass mir manchmal die Luft wegbleibt. Jetzt schmeckt nicht einmal mehr meine *Cerveza* – und das ist kein gutes Zeichen. Aber das war gestern eigentlich genauso, daher hoffe ich, dass sich mein rechtes Bein daran erinnert und sich vor dem Schlafengehen doch noch einigermaßen beruhigt.

Und das Kreuz bleibt doch!

Tag 19 – 29.4.2010: *Ribadesella – La Isla, 20 km (gesamt 489)*
Wetter: *Heiter.*
Strecke: *Die ersten Kilometer teilweise auf Landstraßen, dann auf Wegen oder direkt am Strand entlang.*
Sonstiges: *Mein Traum – mein Weg! Alles passt irgendwie.*
Quartier: *Herberge La Isla – 6 Euro. Großer Schlafsaal, viel Platz, jedoch eiskalte Duschen! Soll aber nicht normal sein – daher: empfehlenswert!*

Das Match hab ich nicht mehr gesehen, ich war viel zu müde, um überhaupt an Fußball zu denken. Jetzt ist es neun Uhr morgens, und ich sitze allein beim Frühstück. Es gibt das Übliche, Brot, Butter, Marmelade. Dann marschiere ich zuerst mal in eine *Farmacia*, wo mich eine hübsche und freundliche Spanierin sehr kompetent bedient. Jeden Tag schmiere ich mir dreimal die Hirschtalgcreme auf meine Füße – nach dem Duschen, vor dem Schlafengehen und am Morgen vor dem Anziehen meiner Wanderschuhe. Das ist bestimmt auch der Grund, dass sich nicht eine einzige Blase auf meinen Fußsohlen und Fersen blicken lässt. Aber jetzt ist die Tube leer. Gloria, so heißt die nette Apothekerin, empfiehlt mir ein spanisches „Wundermittel", damit ich auch weiterhin blasenfrei über die Runden komme. Wenn es nur annähernd den Fettfaktor von den hier üblichen Pommes frites hat, kann mir nichts passieren. Dann erzähle ich Gloria auf Englisch von meinem rechten Fuß, der sich nicht und nicht damit abfinden kann, dass er jetzt plötzlich Höchstleistungen absolvieren muss. Die *Señorita* hat aber auch da eine passende Creme bei der Hand. Angeblich macht das sogar Tote munter – Gott sei Dank, so weit bin ich noch nicht. Mein außerordentliches Spanisch mit Händen und Füßen hat großen Eindruck in der *Farmacia* gemacht, zum Abschluss macht der Chefapotheker noch ein Foto von Gloria und mir und fragt seine hübsche Angestellte, ob sie nicht mit mir mitpilgern möchte. Sie sagt zu seiner großen Verwunderung: „*Si*", und geht mit mir durch die Tür auf die Straße hinaus. Der Mann im weißen Mantel bleibt erstaunt zurück. Draußen verabschiedet sich Gloria lachend mit einem Händedruck und einem – oh là là – Küsschen von mir und wünscht mir:

„*¡Buen Camino!*“ Ich verspreche, ihr so schnell wie möglich das gemeinsame Foto zu senden, und sehe den erleichterten Blick ihres Chefs, als sie wieder zurück in die Apotheke marschiert.

Dann geht es auf in meinen 19. Tag – mit Ziel La Isla. Zuerst wandere ich am Strand entlang und kurz darauf bergauf Richtung San Esteban. Die Sonne scheint, es ist aber nicht so warm wie gestern. Ab heute soll es mehrere Tage regnen, sagt mir zumindest die Wettervorschau auf meinem Handy. Na, das wird schon nicht so schlimm werden. Unterwegs treffe ich ein Wanderpärchen, das mir schon in Ribadesella aufgefallen ist. Irgendwie schauen sie, sagen wir mal „exotisch“ aus, aber sie können beide hervorragend Deutsch. Kein Wunder, denn wie sich jetzt herausstellt, leben beide in der Schweiz. Kasim kommt ursprünglich aus der Türkei, Maria ist Spanierin, und für zwei Wochen sind sie gemeinsam auf dem Weg. Leider konnten sie erst dienstagabends statt ursprünglich Montag früh mit dem Marsch beginnen, weil sie der Flieger zwar nach Bilbao, ihr Gepäck aber nach Barcelona gebracht hat. Es macht große Freude, mit den beiden zu quatschen, sie sind außerordentlich sympathisch, und ich hoffe, dass wir uns in La Isla wieder treffen werden.

Ich kann mich gar nicht sattsehen an den grünen Wiesen, den blühenden Orangen- und Zitronenbäumen und dem weißen Strand, über den ich barfuß wandere. Mein Weg führt heute auch durch einige kleine Dörfer, wo mir das erste Mal die *Hórreos* auffallen.

Hórreos – da haben Mäuse keine Chance!

Das sind Mais- und Getreidespeicher auf Stelzen, wo waagrechte Steinplatten am oberen Ende der Steher verhindern sollen, dass sich Mäuse oder sonstige Nagetiere den Bauch vollschlagen können. Man sieht diese „Pfahlbauten" an allen Ecken und Enden – in allen Ausführungen. Alte, teils verfallene, aber auch offensichtlich ganz neu erbaute. Und auch einige, die heute offensichtlich als Wohnhaus dienen. Aber auch sonst sind die kleinen Ortschaften, durch die ich durchkomme, absolut sehenswert. Vorbei geht's an kleinen Dorfkirchen, alten Waschhäusern und an Bauernhöfen – die so aussehen wie bei uns vor mehreren Jahrzehnten. Und immer wieder winken die Menschen mir zu und wünschen: *„¡Buen Camino!"* Ich liebe Spanien!

Plötzlich findet jede Menge Ideen für neue Lieder den Weg in meinen Kopf. Ich spreche bzw. singe sie auf mein Handy und fürchte, dass sich die Leute hier bald das Grüßen wieder abgewöhnen, weil ihnen ein in sein Telefon grunzender *Peregrino* doch nicht ganz geheuer ist. Irgendwie habe ich das Gefühl, dass sich mein Hirn allmählich öffnet. Ich denke an die vielen Pilger- und sonstigen Bekanntschaften auf diesem Weg zurück und kann mich erstaunlicherweise an sämtliche Namen erinnern: Ramón, Paolo, Tony, Hanna, Daniel, Sepp, Kathi, Karol, Miguel, Sofía, Gloria usw. Normalerweise weiß ich schon kurz nach der Vorstellung nicht mehr, wie mein Gegenüber heißt.

Um 14 Uhr bin ich in La Isla. Eigentlich viel zu früh für einen Pilgerprofi wie mich. Aber was soll's. Außerdem habe ich Kathi ja versprochen, hier auf sie zu warten. Und ein Gentleman hält auch, was er verspricht. Meistens halt ... Irgendwie geht mir die Wienerin schon ab. Nein – das habe ich jetzt nicht geschrieben. Wenn ich da an ihre endlosen Monologe denke, überlege ich mir diesen Satz zweimal. Aber – andererseits war's doch immer nett mit ihr. Also, ich lasse es einfach mal so stehen.

Auf dem Weg zur Herberge komme ich an einer Bar vorbei und frage die junge Dame hinter dem Tresen auf Spanisch nach dem Weg. Doch auch ihr kann ich nichts vormachen, sie meint zu mir: „Sie sind aber kein Spanier." Na geh, wie hat sie das nur rausbekommen? „Sprechen Sie Deutsch?" Na und ob. Okay – eventuell nicht immer richtig und meinen „gscherten" Dialekt spreche ich viel besser als Hochdeutsch, aber man kann mein Kauderwelsch doch als Deutsch bezeichnen. Nach einer kurzen Plauderei muss ich ihr versprechen, später wiederzukommen. Sie wird zu meinen Ehren Grillhenderl mit Pommes und Salat auf den Tisch zaubern.

Den Herbergsschlüssel bekomme ich in einem alten Haus bei *Doña* Angelita, so steht es im Führer. Dort sitzen gleich zwei reife Frauen auf der Terrasse, die mich freudestrahlend begrüßen.

Ich fühle mich geehrt, sie wirken wie zwei etwas überwuzzelte Cheerleaders, die für mich in Kürze tanzen wollen. Vielen Dank für den Empfang! Noch schnell die Formalitäten erledigen, und dann zeigt mir eine der beiden, Angelita, den Weg zur alten Schule, die auf einer kleinen Anhöhe über dem Meer liegt. In einem großen Raum stehen acht Stockbetten, die Hälfte davon ist schon belegt. Ich schmeiße meine Sachen auf ein freies Bett und gehe erst mal duschen. UIHHH – fast kein Wasser, und das wenige, das da raustropft, ist noch dazu eiskalt. Ich bin ein harter Knabe, aber das ist schon Strafverschärfung. Schockgefroren klimpere ich nach der mehr als erfrischenden Brause zu meinem Bett und kuschle mich in den wärmenden Schlafsack. Plötzlich kommt Kathi bei der Tür rein – sie hat mich also wieder eingeholt. Ab jetzt können wir wieder gemeinsam unsere Wäsche waschen, allein macht es sowieso keinen Spaß.

Nachdem sich das Wasser auch von Kathi nicht dazu bewegen ließ, endlich warm aus den Rohren zu fließen, dauert ihre Körperpflege erstaunlicherweise nicht sehr lange. Doch man kann fehlendes Wasser sehr gut mit reichlich Parfum kompensieren, also ist es halb so schlimm. Endlich beginnen wir mit unserer Lieblingsbeschäftigung – Wäschewaschen. Es ist schon einiges angefallen, seit Kathi und ich uns getrennt haben. Also – alles rein in die Maschine und Knopf auf ON. Aber nichts tut sich. Es zischt zwar irgendetwas, aber so richtig funktionieren tut das Ding nicht. Kathi probiert den Wasserhahn neben der Maschine – da kommt nur Luft raus. Das ist also der Grund, dass sich auch in den Duschen zuerst nur mehr kaltes und dann überhaupt mehr kein Wasser blicken ließ. Irgendjemand hat es uns einfach geklaut!

Na gut, marschieren wir halt ins Dorf und schauen, was da los ist. In der Bar am Hauptplatz steht wieder das deutsche Mädel hinter der Theke und erzählt uns, dass ihre Eltern von Hamburg nach Spanien ausgewandert sind, als sie sieben Jahre alt war. Jetzt lebt sie hier und fühlt sich bereits als echte *Señorita*. Es kommen viele deutschsprachige

Pilger vorbei, und so hat sie immer die Möglichkeit, auch in ihrer Muttersprache zu quatschen. Sie liebt das Land und könnte sich nicht mehr vorstellen, irgendwo anders zu leben. Auch wenn hier hin und wieder einfach das Wasser abgedreht wird. Normalerweise dauert das aber nicht so lange. Um ihre Worte zu untermauern, dreht sie mal kurz am Hahn – und siehe da, es fließt wieder wie in guten alten Zeiten. Das heißt für uns, zurück in die Herberge, wo unsere Wäsche noch geduldig in der alten Maschine wartet. ON – alles läuft wie geschmiert, in einer Stunde sollten wir wieder frische, gut duftende Kleider haben.

Da man der Waschmaschine jetzt durchaus zutrauen kann, ganz allein ihre Arbeit zu verrichten, gehen Kathi und ich zurück zur deutschen *Señorita*, um uns mit dem versprochenen Grillhuhn vollzustopfen. Am Weg dorthin kommen wir an einem kleinen Geschäft vorbei, das an die früher bei uns in jedem Ort vorhandenen Greißler erinnert. Leider gehören die ja mittlerweile zur aussterbenden Rasse und sind bei uns beinahe zur Gänze ausgerottet. Hier in Spanien gibt es sie noch, diese kleinen Nahversorger, in denen man von Schuhpaste über Glühlampen und Dosengulasch alles bekommt, was man halt so brauchen könnte. Und auch die neuesten Gerüchte und Nachrichten werden hier weitererzählt – ein echtes Kommunikationszentrum also. Aber wahrscheinlich ist das auch in Spanien nur mehr eine Frage der Zeit …

Leider ist unsere neue deutsch-spanische Freundin nicht mehr da, aber dafür ihre rein spanische Vertretung, bei der ich aufgrund sprachlicher Schwierigkeiten statt meines heiß ersehnten Grillhenderls *Pechuga*, also gebratene Hühnerbrust, bestelle. Doch auch das würde sehr gut schmecken, hätte ich nicht zwischen Order und Auslieferung endlos mit der Heimat telefoniert. Daher ist das Geflügel jetzt noch um einiges kälter als die Dusche vorhin. Selber schuld …

Dann ist Philosophiestunde angesagt. Irgendwie kommen Kathi und ich auf ein Gespräch über Gott und die Welt. Sie ist sehr aufgeschlossen gegenüber allen anderen Nationen und Religionen und hätte nichts dagegen, wenn das Kreuz in den öffentlichen Gebäuden und Schulen abgenommen werden würde. Doch da sind wir ganz konträrer Meinung, ich finde nämlich, dass die Gesellschaft in unserem Teil der Welt auf christlichen Wurzeln aufgebaut wurde und wir eben diese nicht verleugnen dürfen. Und das Zeichen dafür ist nun mal das Kreuz. „Ja, aber jeder sollte doch seinen eigenen Glauben ausleben dürfen – überall!", meint Kathi. „Wie wäre es wohl, wenn man dieselbe Diskussion in den radikal islamischen Ländern anzetteln würde?", frage ich. „Ja, dort sind sie ja auch im Mittelalter, aber eigentlich wäre es schon wünschenswert, wenn es generell mehr Freiheit und Toleranz geben würde!" Okay – da bin ich Kathis Meinung. Denn man kann den Menschen niemals den Glauben aufzwingen – schon gar nicht mit Blut und Schwert. Für mich ist Gott die Liebe – und die Liebe kann in Allah genauso sein wie in Buddha oder eben in meiner Weltanschauung in Jesus Christus. Jetzt sind wir uns wieder einig, aber noch immer nicht in der Frage nach dem Kreuz in den Schulen. Ich finde, wir sollten unbedingt zu unserer Identität stehen, und das Kreuz gehört bedingungslos dazu. Daher beschließe ich: Das Kreuz bleibt! Und Kathi lade ich auf ein Bier ein.

Im Fernsehgerät der Bar kündigt eine mir bereits vertraute Musik den Wetterbericht an. Es hat heute nicht geregnet, obwohl gestern mit 100-prozentiger Genauigkeit Schlechtwetter vorausgesagt wurde. Für morgen jedoch werden richtig grausliche Regenschauer und ein Temperatursturz von mehr als zehn Grad prophezeit. Gut – wenn das Wetter so schlecht wird wie heute, habe ich nichts dagegen ...

Endlich kehrt Stille ein in der Herberge. Das ist genau meine Zeit, jetzt kann ich auf der Terrasse vor der ehemaligen Schule in Ruhe mein Tagebuch schreiben. Könnte! Denn Kathi kommt wieder mal vorbei und raucht ihre letzte Zigarette. Schon die dritte letzte Zigarette! Irgendwie fällt ihr immer wieder etwas ein, was sie mir erzählen muss. Auch Kasim und Maria, die etwas später gekommen sind, können noch nicht schlafen, obwohl sie hundemüde ausschauen. Der kleine Schweiz-Türke hat eine sehr offene Art und hat von Kathi erfahren, dass ich Liedtexter bin. So outet er sich als riesengroßer Schlagerfan, vor allem von Helene Fischer. Und zur Bestätigung singt er mir eines ihrer Lieder vor – in voller Lautstärke, ohne jede Hemmung. Er hat eine schöne Stimme, aber mit der von Helene Fischer kann er dann doch nicht mithalten. Kasim erzählt, dass er manches Mal auch den Grand Prix der Volksmusik im Fernsehen „luaga tuat", und möchte wissen, ob ich denn da auch schon mal dabei war?

Ich war völlig von den Socken, als ich im März 2002 einen Anruf vom ORF bekam, dass der von mir getextete Titel Jahuuu *bei der Österreich-Vorentscheidung zum Grand Prix der Volksmusik an den Start gehen wird. Aus knapp 500 Einsendungen waren von einer hochkarätig besetzten Jury jene 15 Titel ausgewählt worden, die in einer Live-Sendung um die vier Finalplätze „kämpfen" sollten. Yeah! Wieder ein Traum, der in Erfüllung ging! Ich hatte in den vergangenen Jahren schon mehrmals Demos zu diesem Bewerb eingesandt, aber leider ohne Erfolg. Jetzt war ich dabei! Gemeinsam mit meinem Freund Helmuth Ehebruster, der diesen Titel komponiert hat. Gesungen wurde* Jahuuu *von der Gruppe* Tiroler Adler, *die auch die Lebenslust und das Sommerfeeling, das dieser Titel ausdrücken soll, sehr gut rüberbrachte. Trotzdem wurde mit Platz sieben der Finaleinzug verpasst, aber zum ersten Mal kam ich auch persönlich mit jenen Menschen zusammen, die im Musikbusiness etwas zu sagen hatten. Telefoniert hatte ich zwar schon des Öfteren mit dem einen oder anderen „Macher" in der Musikszene, aber wenn man auch das Gesicht zur Stimme kennt, tut man sich doch in vielen Dingen etwas leichter. Der Abend in Wien war eine tolle Erfahrung und half mir sehr, neue Kontakte zu knüpfen. Nach der Live-Übertragung gab es ein großes Buffet, viele der teilnehmenden Interpreten holten ihre Instrumente und spielten Backstage, Sigrid & Marina, die einige Jahre später den Grand Prix gewinnen konnten, gaben ein Privatkonzert, und die Stimmung war grandios. Das könnte ruhig öfter so sein, dachte ich mir damals.*

Im selben Jahr schrieb ich den Text Lass ein Wunder gescheh'n. *Meine Schwester war gerade zum dritten Mal schwanger, sollte das Kind jedoch laut ihren Ärzten aus gesundheitlichen Gründen unter keinen Umständen bekommen. Doch Elfi hat einen unerschütterlichen Glauben, sie meinte nur: „ER wird es schon machen!" Und wirklich – es gab zwar einige Schwierigkeiten, doch letztendlich ging alles gut und meine Schwester brachte eine völlig gesunde kleine Julia zur Welt. Davon handelt* Lass ein Wunder gescheh'n. *Eine Geschichte, die das Leben schrieb. Und genau diesen Text habe ich Christian Zierhofer geschickt, der dazu eine wunderschöne Ballade komponierte und diese dann den* Ladinern *anbot. Die wurden in diesem Jahr mit dem Titel* Allein in Einsamkeit *hinter dem* Nockalm Quintett & Stephanie *Zweite beim Grand Prix und galten als die Aufsteiger des Jahres. Sie nahmen meinen Titel auf und er wurde bisher mehr als 100.000-mal verkauft. Erstaunlich an dieser Story ist auch, dass mir meine Schwester damals schon seit Jahren immer wieder in den Ohren lag, wann ich denn endlich eine „Goldene" für meine Texte erhalten würde? Und genau für diesen Titel, den Titel über ihre Geschichte, für* Lass ein Wunder gescheh'n, *wurde ich beim großen* Ladiner-*Fest in Südtirol mit Doppelgold ausgezeichnet. Mein erster Award! Danke Elfi! „Wenn's läuft, dann läuft's" – auch im nächsten Jahr, nämlich 2003, wurde wieder ein*

„Hirschi"-Titel für eine lokale Vorentscheidung zum Grand Prix gewählt: Trau keinem, der net singt *ging für Südtirol an den Start. Doch auch die Gruppe* Juval *schaffte es nicht, mit dieser flotten Polka unter die ersten vier zu kommen.*

Zwei Jahre später gab es dann einen Grand Prix-Doppelpack: Zuerst ging ich wieder für Südtirol an den Start, doch die Ballade Berge leben *ging bei der Vorentscheidung in Meran völlig unter. Aber auch die österreichische Jury hatte einen Titel aus meiner Feder für die Vorentscheidung 2005 gewählt:* A starke Frau. *Walter Wessely hatte eine fetzige Melodie dazu komponiert, und die* Krieglacher *aus der Steiermark waren begeistert, als sie dieses Lied zum ersten Mal hörten. Schon bei den Proben gab es einen gehörigen Skandal. Zum Glück nicht wegen unserem Lied, es ging um den Beitrag von Oliver Haidt und Marlena Martinelli. Ein kleiner lokaler Fernsehsender hatte einige Sekunden des Titels ausgestrahlt – und das war laut den damaligen Bestimmungen verboten. Logische Konsequenz – Disqualifikation! Das meinten zumindest die verantwortlichen Gremien. Ich persönlich fand es sehr schade, dass die beiden die „Höchststrafe" aufgebrummt bekamen, denn das war ein Fehler, für den sie selbst nichts dafür konnten.*

Eigentlich wäre ich am Tag der österreichischen Vorentscheidung mit vier Arbeitskollegen auf den steirischen Reichenstein gewandert, doch dann kam der Grand Prix „dazwischen", und sie mussten allein da raufmarschieren. Gerade als Moni und ich nach Wien ins ORF-Zentrum fahren wollten, erhielt ich einen Anruf, der mich erschaudern ließ: Zwei meiner Kameraden standen hoch auf dem Berg auf einem schmalen Felsvorsprung mitten im Nebel und warteten auf die Bergrettung. Meine erste Frage: „Wo sind die anderen?" Und dann kam es so richtig knüppeldick: Unser Chef war bei einer Schneefeldüberquerung ausgeglitten und mehr als 300 Meter in die Tiefe gestürzt. Er war zwar kurz ansprechbar gewesen, doch die Beschreibung seiner Verletzungen ließ nichts Gutes erhoffen. Mit dem Rettungshubschrauber wurde er nach der Erstversorgung in das Spital Leoben gebracht. Die anderen drei versuchten, sich auf dem völlig vereisten Berg in Sicherheit zu bringen. Dabei fuhr der Nächste ab – wieder an die 200 Meter. Er hatte jedoch mehr Glück, anscheinend „nur" ein paar Knochenbrüche. Wieder war der Rettungshubschrauber zur Stelle. Doch dann wurde der Nebel immer dichter, daher waren meine Freunde auf die Rettung der Bergwacht angewiesen – die hoffentlich bald kommen würde, denn mittlerweile war es saukalt geworden!

Ich konnte nicht glauben, was ich da hörte. „Kann ich etwas tun für euch?" Der Grand Prix war plötzlich völlig vergessen. „Ja, ruf bitte die Frau von unserem Chefe an! Die weiß wahrscheinlich noch nichts davon! Und bitte erkundige dich im Spital, wie's den beiden geht!" Sicher! Die Dame im Spital wollte mir natürlich keine Auskunft geben. Aber irgendwie schaffte ich es doch, sie zum Reden zu bringen, und in tiefstem Steirisch hörte ich: „Der oane schaut gaor net schlecht aus, der hot nur an Verband an der Hand. Owa um den aunderen moch i mia schon Sorgen, der erinnert mi an mein Nochbarn. Der ist a do auffegangen, is owagfoin und woar tot!" Das wollte ich jetzt aber nicht hören. „Wurde eigentlich die Frau schon benachrichtigt?" „I glaub scho!" Okay – danke!

Ich war natürlich überhaupt nicht in Grand Prix-Stimmung, aber Moni und ich entschlossen uns dann doch, nach Wien zu fahren. Ich hätte das Auto unmöglich selbst lenken können, das übernahm Moni. Mein Blutdruck war bestimmt auf 200, und mein Körper zitterte während der gesamten Fahrt. Permanent war ich in telefonischem Kontakt mit meinen Kameraden, dem Spital und den Angehörigen. Niemals wieder möchte ich solch eine Fahrt erleben. Und das hatte nichts mit der Fahrweise von Moni zu tun!

20:15 Uhr – die Grand Prix-Fanfare wird angespielt. Es ist, als ob es gestern gewesen ist: Tausende Spots sind auf die Bühne gerichtet. Der Moderator kündigt den nächsten Interpreten an. Hunderte Kilometer von hier entfernt kämpfen sich die Männer der Bergrettung im dichtesten Nebel zu meinen Freunden durch. Völlig erschöpft werden sie mit dem Seil gesichert und ganz langsam in Richtung Tal gelotst. Wobei jeder Schritt in dem eisigen Gelände fatal enden kann. Auf der Bühne singen die Krieglacher *das Lied* A starke Frau. *Ich kann mich nicht konzentrieren, immer wieder starre ich auf mein Telefon, das mich mit den neuesten Nachrichten versorgt. Gerade als das Publikum zu klatschen beginnt, erhalte ich das erlösende SMS: „Wir sind herunten!" Gott sei Dank! Aber wie geht's unserem Chef? Die* Krieglacher *kommen in den Green Room, in dem alle Interpreten und Urheber versammelt sind. „Warum schaust du so, hat's nicht gepasst?", fragt mich Gabriel, der Chef der Gruppe. „Oh, doch – äh, ich weiß nicht? Ich habe gerade andere Sorgen!" Ich wollte sie vor dem Auftritt nicht damit belasten, aber jetzt erzähle ich ihnen in allen Einzelheiten, was sich da oben am Berg abgespielt hat. Auch Gabriel wird blass! Aber die Show geht weiter. Mittlerweile sind alle Interpreten durch – das Warten beginnt. Jetzt haben die Zuschauer die Möglichkeit, für ihren Favoriten anzurufen. Die vier Lieder mit den meisten Stimmen kommen ins Finale. „Schädel-Hirn-Trauma!" – das SMS meines Freundes lässt mich völlig erstarren. So – raus, die Telefonleitungen sind geschlossen. Alle Interpreten und Urheber müssen sich im kleinen Raum neben der Bühne versammeln, gleich werden die Sieger verkündet. Neben mir steht Friedl Würcher vom* Nockalm Quintett. *Er meint, dass die Volksmusikanten mit der starken Frau unbedingt weiterkommen sollten. Was? Meint der die* Krieglacher? *Mir soll's recht sein!*

Das Ergebnis wird verkündet – die ersten vier in umgekehrter Reihenfolge. Meine Krieglacher *sind nicht auf Platz vier. Nicht auf Platz drei. Auch nicht am zweiten Platz. Friedl hat doch nicht recht gehabt, denn jetzt kommen sie bestimmt nicht mehr.*

Platz eins – und Sieger der österreichischen Vorentscheidung zum Grand Prix der Volksmusik 2005: „Die Krieglacher!“ *Ich kann's nicht glauben! Wir haben gewonnen! Nie im Leben hätt' ich das gedacht! Ich muss rauf auf die Bühne, ein goldener Konfettiregen fällt von der Studiodecke, und Gabriel fällt mir um den Hals. Genauso wie der Rest der Gang, einer nach dem anderen! Und auch Moni hat sich bis zur Bühne durchgekämpft – mit Tränen in den Augen! Ein tolles Gefühl! Aber nur kurz! Denn plötzlich fällt mir wieder das Drama am Berg ein.*

Es war die Nacht der gemischten Gefühle. Mal so, mal so! Tausende Gratulanten, eine Aftershow-Party voll Musik und bester Stimmung – und immer wieder meine Sorge um meine Kameraden und vor allem um meinen schwerst verletzten Chef. Beim Schlafengehen habe ich gebetet, dass alles doch noch einigermaßen glimpflich ausgehen wird! Und geträumt habe ich davon, so einen Erfolg irgendwann nochmals erleben zu dürfen – jedoch ohne diese dramatischen Begleiterscheinungen.

Beim internationalen Finale in der Schweiz wurden die Krieglacher *dann als bestplatzierte Volksmusikgruppe Neunte. Chancen auf die vorderen Plätze haben hier seit jeher nur Schlagertitel. Einzig Marc Pircher hat es in den letzten Jahren geschafft, mit einem Boarischen ganz oben zu landen.*

Aber viel wichtiger war, dass mein Chef zu diesem Zeitpunkt erstmals wieder in unserer Firma gesehen wurde. Er sah zwar – sorry, Arnie – schrecklich aus, tiefe Narben liefen quer über die Schädeldecke von einem Ohr zum anderen, die Haare waren gerade erst im Wachsen, und sein Gang glich dem des Glöckners von Notre Dame – aber er war da! Drei Wochen war er im Koma gelegen, immer an der Schwelle zwischen Leben und Tod. Danach hatte es noch einige Zeit gedauert, bis sich sein Körper wieder einigermaßen regeneriert hatte – aber er wurde wieder völlig gesund! Lass ein Wunder gescheh'n! *Hier ist wieder eines passiert!*

Kasim erzählt mir, dass er eigentlich eine Ausbildung als Maler absolviert hat. Aber jetzt, mit 27 Jahren, steckt er gerade mitten in einer Umschulung zum Sozialarbeiter und arbeitet vor allem mit gehörlosen Kindern. Dazu muss er unbedingt die Gebärdensprache erlernen, was gar nicht so einfach ist. Aber er übt jeden Tag, und aus seinen Erzählungen erkenne ich, wie sehr er sich für seinen Beruf begeistert. Ich bin sicher, er wird ein hervorragender Sozialarbeiter. Mit seiner offenen, sympathischen Art hat er bestimmt keine großen Probleme, die Herzen seiner zukünftigen Klienten zu öffnen. Eventuell wäre er auch geschaffen für die Schlagermusik, aber ich denke doch, dass er mit seinem angestrebten Ziel mehr Erfüllung finden kann. Irgendwann wird Kasim müde, seine Maria träumt schon längere Zeit von ihm im Bett, und Kathi hat vor einer halben Stunde ihre wirklich allerletzte Zigarette gepafft. Sie redet wahrscheinlich jetzt im Schlaf weiter. Ich bin allein auf der Terrasse und schreibe an meinem Tagebuch. Mittlerweile ist es dunkelste Nacht, da kommt *Doña* Angelita, die Herbergsmutter, mit einem über und über bepackten Radfahrer an ihrer Seite – einem Tramp, der anscheinend schon öfters hier übernachtet hat. Angelita erklärt ihm streng, aber doch irgendwie mütterlich, wie er sich diesmal zu verhalten habe. Kein Lärm, kein Licht, keine Suppe kochen und keine Probleme machen! Und schlafen darf er nur auf einem Notbett im Vorraum der Herberge. „*Aye, Aye, Señora*“, meint der nicht mehr ganz taufrische Profibiker zu jedem von Angelitas Befehlen, die gleich darauf etwas skeptisch, doch schmunzelnd, die Herberge verlässt.

„Hi, ich bin Arthur, King Arthur“, so stellt sich der kleine, hagere Mann mit dem wettergegerbten Gesicht lachend bei mir vor – und kocht gleich mal am Herd verbotenerweise eine undefinierbar duftende Suppe. Und während er sie dann gierig in seinen Mund schaufelt, erzählt er mir aus seinem Leben. Mein Tagebuch kann ich morgen auch noch schreiben, irgendwie ist dieser Typ doch interessanter als mein Geschreibsel. Er quatscht ununterbrochen, interessant wäre es, was passieren würde, wenn der mit Kathi eine Diskussion hätte. Wer da wohl gewinnen würde? King Arthur ist über 60 Jahr alt und schaut irgendwie aus wie Jürgen Drews, der etwas verrückte „König von Mallorca“. Und er gibt sich auch so – etwas verwirrt, aber sehr sympathisch. Er erzählt mir in perfektem Englisch, dass er in Kapstadt geboren ist und seit Jahrzehnten in Saragossa lebt. Als Englischlehrer unterrichtete er zuerst in einer „normalen“ Schule, bis er dann als Privatlehrer für sehr reiche, aber auch sehr verwöhnte und damit umso schwierigere Kids der High Society von Spanien verantwortlich war. Irgendwann hatte er genug von den verzogenen Gören und Bengeln und ließ sein altes Leben einfach hinter sich. „Es wird Lehrern immer schwieriger gemacht, gute Arbeit zu leisten. Die Kinder haben null Respekt, und immer öfters wird von den Eltern erwartet, dass die Schulen ihre Erziehungsarbeit übernehmen“, meint er noch. Komisch – das kommt mir irgendwie bekannt vor? Habe das nicht ich erst vorgestern zu meinem Berliner gesagt, kurz bevor er dann eingeschlafen ist? Der „King“ war verheiratet, die Ehe ging aber den Bach runter. Dann erzählt er von seinen sechs Kindern – fünf Söhnen und einer Tochter. Sie heißt Amor, ist 35 Jahre alt und hat als Nonne in Indien bei Mutter Teresa, die ja leider inzwischen verstorben ist, ihre Lebensaufgabe gefunden. Arthur hat angeblich eine Freundin im Alter seiner Tochter, die in Saragossa lebt und ihn über alles liebt. Alle paar Monate besucht er Isabella, und dann geht's rund – „Du weißt schon, was ich meine“, sagt er mir mit einem Augenzwinkern und einer eindeutigen Bewegung. Ich kann's mir vorstellen! Doch sehr lange hält er es nirgendwo mehr aus, daher macht er sich nach ein paar Wochen immer wieder vom Acker und zieht mit seinem alten Rad durch Spanien. Seine Wurzeln sind väterlicherseits holländisch und indonesisch, mütterlicherseits ist er ein Mix aus Irisch und Schottisch – genauso schaut er aus. Völlig undefinierbar, vom Leben gezeichnet, spindeldürr, aber sehr redselig und alles in allem sehr sympathisch. Auch wenn vielleicht nicht jede Einzelheit von dem, das er von sich gibt, stimmen sollte – es ist doch ein Erlebnis, mit ihm bis spät nach Mitternacht durchzuquatschen. Meinen Tagesbericht schreibe ich halt morgen ...

Platz ist in der kleinsten Wanne

Tag 20 – 30.4.2010: *La Isla – Villaviciosa, 24 km (gesamt 513)*
Wetter: *Regen in der Nacht, wolkenverhangen.*
Strecke: *Es geht wieder etwas weg vom Meer, teilweise auf schmalen Straßen, teilweise auf Wegen durch einen (Ur-)Wald meist in der Nähe der Autobahn.*
Sonstiges: *Nicht ein Wehwehchen, das mich zwickt!*
Quartier: *2-Sterne-Hotel in Villaviciosa – 25 Euro Pilgerpreis. Schönes Bad, einfaches Zimmer – passt!*

Wieder mal eine Nacht, in der ich kein Auge zugemacht habe. Eine junge Spanierin ist mit ihrer Mutter unterwegs, und diese hat wie ein ganzer kanadischer Holzfällerverein bei den diesjährigen Provinzmeisterschaften gesägt. Sie hat es tatsächlich geschafft, allein dreistimmig zu schnarchen. Keine Chance also für mich – und auch für den Großteil meiner Mitschläfer –, auch nur kurz einzudösen. Dazu kam, dass mein Bett viel zu kurz für meine knappen zwei Meter war, permanent habe ich mir am Stahlrohrgestell blaue Flecken geholt. Eigentlich habe ich die ganz Nacht nur gehofft, dass heute der Morgen schneller kommen würde als normal üblich. Ich kann mich erinnern, wie ich um fünf Uhr das letzte Mal auf die Uhr geschaut habe. Dann dürfte ich trotzdem noch etwas eingeschlummert sein. Zumindest erzählt mir Kathi nach dem Aufstehen, dass ich angeblich ab ca. fünf Uhr morgens mit eben dieser besagten *Señora* im Duett geschnarcht hätte. Zwar um einige Dezibel leiser, doch immerhin. Ich kann das aber nicht so recht glauben, denn ich habe nichts gehört …

Kathi und der Rest der Pilger machen sich auf die Socken. Nur Kasim schläft noch immer tief und fest. Seine Freundin Maria kann ihn unmöglich wecken, anscheinend ist er in ein tiefes Koma gefallen. So verabschiede ich mich nur von ihr, Kasim bleibt unverabschiedet liegen – das hat er davon! Ich bin aber sicher, dass ihm das in diesem Augenblick nicht sehr nahegeht.

Über eine steile Straße verlasse ich das Dorf. Der Himmel ist bedeckt, es hat geregnet, doch derzeit ist es trocken. Mensch, hab ich ein Glück – von mir aus kann es jede Nacht durchschütten, solange dann am Tag angenehmes Wanderwetter herrscht. Zur Sicherheit bete ich mal kurz dafür – hat noch immer geholfen!

Es ist relativ kühl, trotzdem bin ich kurzärmelig und -beinig unterwegs. Nach knapp einer Stunde knurrt mich mein Magen bedrohlich an – hey, Pilger, wie wär's mit Frühstück? Okay – kurze Rast in Colunga für einen *Café con leche* und ein *Pitxo*. Aber dann geht's weiter, auch wenn mein Magen noch immer nicht ganz zufrieden ist. Jetzt erst bemerke ich, dass es ohne Sonne ganz schön kalt sein kann in Spanien. Also, rein in die Fleecejacke. Die kurze Hose lasse ich an, ich habe noch immer genug natürliches Dämmmaterial an den Beinen, so schnell spüre ich dort die Kälte nicht. Über schmale Landstraßen, auf die sich nur alle heiligen Zeiten ein Auto verirrt, und auf schönen Waldwegen geht es Richtung Sebrayo. Unterwegs treffe ich die spanische Mutter, die in der letzten Nacht sämtliche Eukalyptusbäume der Umgebung abgesägt hat. Sie ist völlig ausgeschlafen und mit sich und der Welt zufrieden. Ich überhole sie schleunigst, weil ich weiter vorn schon ihre hübsche Tochter sehe. Ich bin ja auch nicht blöd, ich halte mich da lieber an die Jugend als an die fauchende „Holzfällerin". Die *Señorita* heißt Lucía und kann perfekt Englisch. Auf meine Frage, ob sie heute Nacht gut geschlafen habe, meint sie, dass sie immer Stöpsel in ihren Ohren habe, weil ihre Mutter schnarchen würde wie ein Dampfross. Na super – hätte sie das nicht vorher sagen können? Dann hätte ich mir mein Handtuch in die Lauschlappen gestopft.

Mittlerweile ist es wieder wärmer geworden, die Jacke habe ich zurück in meinen Rucksack gepackt, und die Schmerzen sind sowieso irgendwo im Nirwana verstaut. Nicht ein Wehwehchen, das mich heute zwickt. Ich fühle mich grenzenlos frei, fast so, als könnte ich fliegen. Immer wieder breite ich meine Arme aus und lasse mich mit dem Wind treiben. Wahnsinn! Keine Verantwortung, keine Verpflichtungen – nur marschieren, das ist derzeit meine Arbeit. Was heißt Arbeit? Das ist der Sinn des Lebens auf diesem Weg. Nur marschieren – und trinken.

Ich bin nicht besonders umweltfreundlich, zumindest wenn ich ein Auto wäre. Ein aktueller Neuwagen braucht so an die fünf bis sechs Liter auf 100 Kilometer, ich schütte die gleiche Menge auf 20 Kilometer in mich hinein. Gut, es ist meist Wasser, aber immerhin. Dafür schwitze ich auch wie ein finnischer Holzfäller in der Sauna. Kein Wunder also, dass ich das abends dann mit einigen *Cervezas* oder sonst irgendwas ausgleichen muss.

Auf einer Böschung kurz vor Villaviciosa sitzt ein junger Pilger, der ebenfalls in der Herberge in La Isla übernachtet hat. Er stammt aus Estland und möchte von mir wissen, wie weit denn der Weg noch sei, denn er ist ohne Reiseführer unterwegs. Anscheinend dürfte er hauptberuflicher Pfadfinder sein, denn ich hätte diesen *Camino* niemals ohne Karte geschafft. Im Großen und Ganzen ist die Strecke zwar sehr gut gekennzeichnet, aber immer wieder gibt es einige Stellen, wo gelbe Pfeile Mangelware sind und mir nur ein Blick in den Führer einen Umweg erspart hat – oder auch nicht. Und auch jetzt schaue ich da rein – es sind noch an die drei Kilometer, aber es gibt dort keine Herberge. Es wird jedoch eine Pension für 15 Euro empfohlen. Schnell gibt mein Gegenüber die Adresse in sein iPhone ein und hat kurz darauf den exakten Streckenplan auf seinem Display. Auch so ein Technikpilger – ich bin also nicht allein!

Durch den Urwald ...

Hilfe, ich stecke bis über beide Knöchel im Schlamm. Eigentlich wollte ich elegant wie ein Reh (oder wie heißt das Vieh mit dem Rüssel?) über eine Pfütze springen. Doch irgendwie habe ich die Distanz und auch meine Sprungkraft etwas überschätzt. Es war eine weiche Landung, aber jetzt habe ich Angst, dass ich hier versinke und nie mehr gefunden werde. Doch zum Glück bin ich nicht in einem schottischen Hochmoor gefangen, sondern kann mich aus eigener Kraft befreien.

In meinen jetzt nicht mehr blauen Pilgerschuhen watschle ich bis Villaviciosa, wo mich die empfohlene Pension eigentlich nicht so wirklich anspricht. Irgendwie hätte ich mir für heute etwas anderes vorgestellt. Also gehe ich eine Straße weiter und finde ein 2-Sterne-Hotel, in dem mir der Besitzer einen Pilgerpreis von 25 Euro macht. Das Zimmer ist zwar nicht sehr groß, aber dafür ist das Badezimmer riesig – mit Wanne, Bidet, Klosett und großem Waschbecken. Alles neu und sehr sauber. Keine Frage – da bleib ich! Kurz darauf liege ich in der Badewanne und lasse mich einfach treiben. Das heißt, natürlich nur in Gedanken – ich selbst fühle mich ziemlich eingezwängt in der sehr kurzen und hautengen Wanne. Es hat immer nur eine Hälfte meines zierlichen Körpers darin Platz – entweder Po, Hüfte und Knöchel oder, in einem zweiten Durchgang, der Oberkörper mit rechtwinkelig angelegten Beinen, die an der Fliesenwand fast bis zur Decke reichen. Zum Glück gibt es hier keine Paparazzi – das wäre sicher ein tolles Bild. Trotzdem ist das Bad ein Genuss, ich bin im heißen Wasser sogar kurz eingeschlafen. Das ist aber auch kein Wunder nach der vergangenen Nacht. Ein Blick in den Spiegel zeigt mir einen Typen, den ich noch nie gesehen habe. Oder doch, irgendwie schaut mir mein vollbärtiger Bruder entgegen, der von der ganzen Welt nur „Buddy" gerufen wird. Man kann sich vorstellen, warum. Also – Zeit, sich wieder mal zu rasieren! Aber danach geht's ab ins Bett. Tut das gut! Ich schlafe augenblicklich ein – bis mich drei Stunden später das Vibrieren meines Handys aus meinen Träumen rüttelt. Kathi fragt per SMS, ob ich Lust auf eine *Cerveza* habe? Ich kann natürlich nicht verantworten, dass sie allein das spanische Bier trinken muss, und krabble, wieder mal aus reinem Mitgefühl, aus dem warmen Bett.

Auf einem Tisch vor ihrer Pension treffe ich Kathi, Kasim und Maria. Der türkische Schweizer erzählt, dass auch er keinen Schlaf finden konnte und daher am frühen Morgen in die Bewusstlosigkeit fiel, aus der ihn Maria erst um zehn Uhr wachrütteln konnte. Im selben Moment kommt der Grund für unsere schlaflose Nacht dahermarschiert. Mutter und Tochter nehmen sich ebenfalls ein Zimmer in diesem Quartier. Ich hoffe für meine Pilgerfreunde, dass die Wände einigermaßen schalldicht sind. Lucía setzt sich zu uns und erzählt mir, dass ihre Mutter enorme Schmerzen habe und sie vielleicht das ganze Vorhaben abbrechen müssten. Ich möchte ihr einige gesundheitliche Ratschläge geben, aber Kathi reißt in ihrer unnachahmlichen Art das Gespräch an sich und plappert drauflos, als ob die beiden schon seit Jahren die besten Freundinnen wären.

Da hab ich keine Chance mehr und setze mich einfach zum Nachbartisch, wo ein Mann seinen Hund mit tausend Streicheleinheiten verwöhnt. Ich frage den ganz und gar nicht spanisch aussehenden Tierfreund, ob ich ihn beim Hundeverwöhnen ablösen soll. Irgendwie geht mir meine Sandy schon sehr ab – also auf geht's zum Fremdhundestreicheln. Der nette *Señor* erzählt mir, dass er gar kein *Señor* ist, sondern ein Londoner, den es vor 18 Jahren nach Spanien verschlagen hat. Den Hund hat er vor einiger Zeit aus einem Haus gerettet, in dem er misshandelt und geschlagen wurde – von dem riesengroßen Hausherrn, der ungefähr meine Maße hatte. Daher könnte es sein, dass der undefinierbare Mischling auf meine Annäherungsversuche etwas barsch reagiert – aber er meint es bestimmt nicht böse. Na super – soll ich jetzt, oder nicht? Doch ich bin schon derart hundeabstinent, dass ich der Gefahr ins Auge blicke – und schon nach kurzer Zeit fasst der anfangs etwas zitternde Straßenköter Vertrauen und genießt die volle Streichelattacke – übrigens genau wie ich.

Am Nachbartisch schnattert Kathi weiter und weiter, irgendwann wird es auch der Spanierin zu viel, und sie gibt vor, nach ihrer Mutter schauen zu wollen. Jetzt sitzt Kathi allein da, und bevor sie auch meinen neuen, nicht-spanischen Hundefreund zutextet, verabschiede ich mich schweren Herzens von diesem und seinem mich mit treuherzigen Augen anblickenden Vierbeiner und wechsle wieder den Tisch. Es wäre jetzt Zeit für ein Abendessen, also suchen wir gemeinsam eine Bar und genehmigen uns einige *Tapas*. Irgendjemand hat Kathi heute aufgezogen, denn Duracell-Hasen-gleich schnattert sie ununterbrochen. Jetzt – sie holt kurz Luft –, das ist meine Chance! Ich versuche, das Gespräch auf ein Thema zu bringen, das ihr nicht so behagt. Vielleicht wird sie dann etwas ruhiger. Kathi hat mir ja mal erzählt, dass sie nur schwarze oder höchstens graue Kleidung besitzt, auch auf diesem Weg ist sie nur in dunklen Wandersachen unterwegs. Daher erzähle ich von meinen Ausflügen in viele Dörfer des Burgenlands, wo man immer wieder ganz in Schwarz gekleidete, uralte Bäuerinnen am Straßenrand sitzen sieht, die zahnlos die ältesten Gerüchte austauschen. Die Sonne brennt zwar auch dort fast spanisch vom Himmel, doch die burgenländischen Golden Girls sind immer hochgeschlossen und adrett, aber eben sehr finster angezogen. Auf meine Frage, ob diese Mädls ihr Vorbild seien, meint Kathi nur, dass ich heute schon etwas blöd sei. Aber sie erzählt mir gleich darauf minutenlang und in allen Details, welche Kleidung sie zu Hause habe, und welche nicht. Okay – Versuch nicht gelungen! Sie hat ein neues

Thema. Kathi. Kathi! Kathi!! Es ist spät – ich bin müde! „Na gut“, meint sie, „gehen wir halt.“

Nachdem ich sie bei ihrer Pension abgeliefert habe, genieße ich noch die Ruhe auf dem Rückweg zu meinem Hotel. Jetzt sitze ich im Restaurant, schreibe mein Tagebuch und bestelle beim Wirten den zweiten *Rioja*. Draußen gehen Menschen mit Schirmen vorbei, der übliche Nachtregen hat eingesetzt. Die Tochter des Hauses wischt die Tische ab, hinter mir diskutieren drei Spanier über das gestrige Fußballmatch, bei dem Barcelona den Einzug in das Champions-League-Finale verpasst hat, im Fernseher an der Wand quasselt irgendeine nationale weibliche Berühmtheit über ihr Leben – und alles ist gut! Wie schön kann doch das Leben sein, wenn man mal ganz allein mit sich ist. Morgen ist schon der 1. Mai, in zwei Wochen könnte ich in Santiago sein. Wie schnell die Zeit doch vergeht! Ich marschiere kurz hinaus auf die Straße und schaue, geschützt unter einem Dachvorsprung, zum Himmel hinauf. Danke, für alles! Für den schönen Weg, das Wetter, die Freundschaften, die ich hier schließen konnte und all die vielen Erfahrungen, die ich machen durfte. Bitte beschütze mich weiterhin auf diesem *Camino* nach Santiago, meinem großen Traum, der in mir so lange schon gebrannt hat. Gute Nacht!

Kommarechnen statt Komatrinken

Tag 21 – 1.5.2010: *Villaviciosa – Gijón, 33 km (gesamt 546)*
Wetter: *Regen in der Nacht, bedeckt.*
Strecke: *Auf einer schmalen Landstraße bis zur Abzweigung zum Camino Primitivo in Casquita, danach weiter durch Wald und Wiesen rauf auf über 400 m, runter auf 100 m und wieder rauf auf 300 m, bis Gijón (275.000 Ew.) mit seinem tollen Stadtstrand – ein touristischer Geheimtipp, hier machen vorwiegend Spanier Urlaub!*
Sonstiges: *Heute war's wieder mal sehr anstrengend, aber Sidra baut auf.*
Quartier: *Hostal in Gijón – 25 Euro Pilgerpreis. Zimmer – keine Wanne, nur Dusche ...*

Ich habe soooo gut geschlafen wie lange schon nicht, um acht Uhr schaue ich auf die Uhr – was, schon so spät? Heute stehen die 31 Kilometer nach Gijón am Plan, da wollte ich eigentlich etwas früher los. Funktioniert aber wieder nicht, erst nach einer Stunde bin ich wirklich abmarschbereit. Macht nichts! Es sollte trotzdem kein Problem sein, heute Abend in einer Kneipe in Gijón die spanische Variante unseres Apfelmosts, die viel gepriesene *Sidra*, näher kennenzulernen.

Ohne Frühstück verlasse ich das Hotel und marschiere etwas sehr schlaftrunken den Pfeilen nach. Denke ich zumindest, denn plötzlich reißt mich jemand aus meinem Wachkoma. Eine Oma samt dazugehörigem Enkel winkt mir aus dem ersten Stock eines schmucken Einfamilienhauses freundlich zu. Erst grüße ich ebenso freundlich zurück, dann aber merke ich, dass die beiden mich darauf aufmerksam machen möchten, dass ich die falsche Abzweigung genommen habe. Noch ist nicht viel passiert, nur 100 Meter Umweg. Aber wenn die beiden Wachposten nicht geschaut hätten, würde ich wahrscheinlich heute noch dort herumirren.

In der kleinen Ortschaft Casquita teilt sich der Jakobsweg, links führt der Weg im Landesinneren über den *Camino de Santiago Primitivo* nach Oviedo und weiter nach Santiago, ich aber marschiere geradeaus, weiter am Küstenweg Richtung Gijón. Ich habe mir diese doch bedeutende Abzweigung viel spektakulärer vorgestellt, so mit Freibier, Partystimmung und Cheerleaders. Aber da ist nur ein Monolith mit zwei Muschelsymbolen drauf – mehr nicht.

Hendaye - Start ins Abenteuer ...

Von Pasaia nach San Sebastián: Von diesem Weg habe ich geträumt!

Auf der Anhöhe von Morga – wie zu Hause …

Das Guggenheim-Museum in Bilbao …

Der Hafen von Castro Urdiales …

Auf der Straße nach El Pontarrón del Guriezo bleibt nicht viel Platz für Peregrinos …

Menschenleerer Strand von Noja …

Auf der Fähre nach Santander …

Tapas und Pintxos – man isst auch mit den Augen …

Karibikfeeling vor San Vicente de la Barquera …

Der Weg nach Llanes – Herz, was willst du Meer!

Abendstimmung in Ribadesella …

Stadtstrand von Gijón …

Gewitterwolken über Avilés …

Cudillero …

Ein letzter Blick zurück …

Seminario in Mondoñedo …

Sonnenaufgang am Tag X …

Am Monte do Gozo – noch fünf Kilometer …

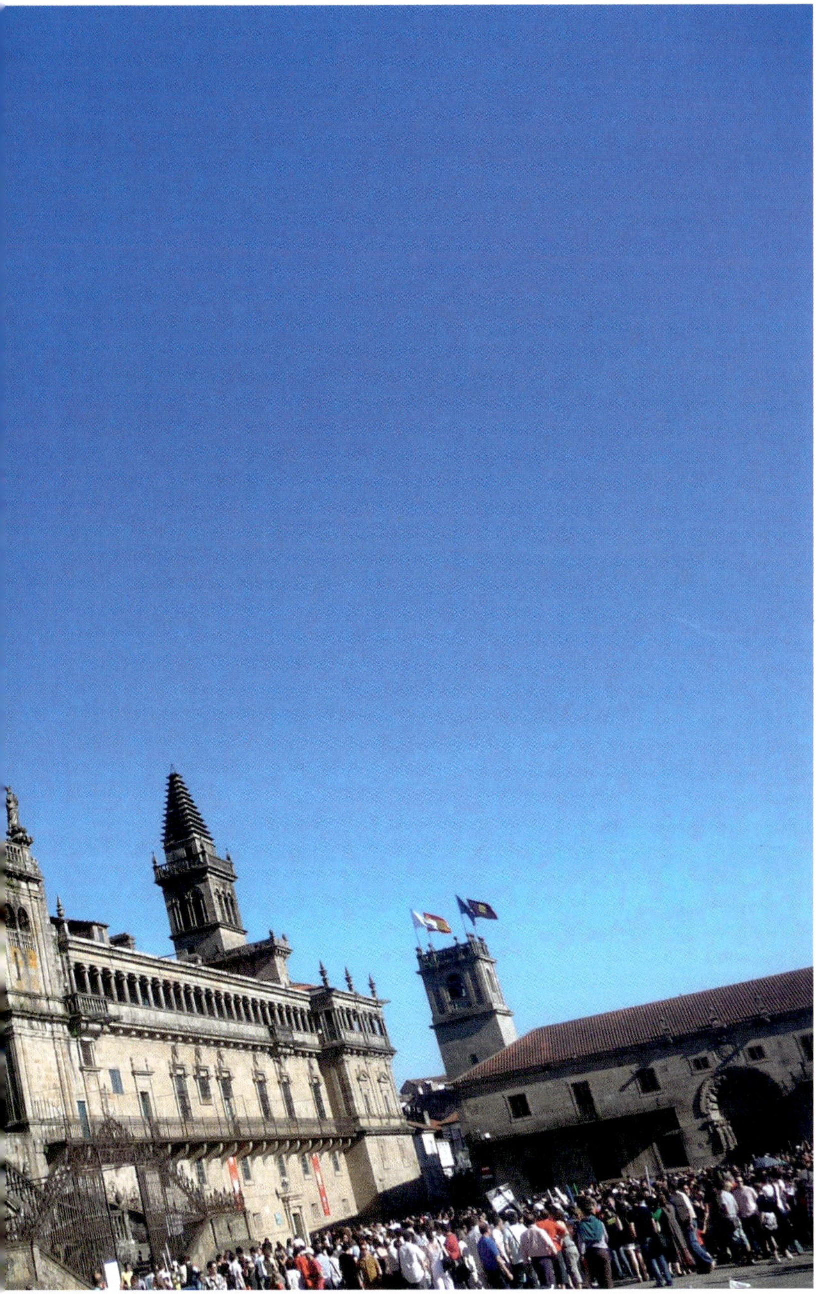

Am Ziel: die Kathedrale von Santiago de Compostela!

Kap Finisterre ...

Danke für alles!

Wieder hat es die Nacht hindurch geschüttet, und wieder hängen am Morgen dunkle Wolken am Himmel, aber es bleibt trocken. Gut, dass ich mehrfacher Meister im Tempelhüpfen war, denn so springe ich auch sehr elegant über die Pfützen, die sich tief in den Waldboden eingraben. Es geht bergauf, und mein Schnaufen übertönt den wunderschönen Gesang der Vögel in den Eukalyptusbäumen um ein Vielfaches. Ich kann mich nicht erinnern, dass diese Steigung in meinem Reiseführer erwähnt wurde. Da ich jedoch nicht annehme, dass über Nacht eine plötzlich eintretende Kontinentalverschiebung diesen Berg entstehen lassen hat, sehe ich wieder mal ein, dass ich einfach nur schlecht vorbereitet bin. Aber was soll's – hätt' ich's gewusst, hätt' ich trotzdem da rauf wandern müssen.

Auf knapp über 300 Höhenmetern (mein GPS-Handy versorgt mich mit exakten Daten) treffe ich zwei spanische Brüder, die es auf ihrem Weg runter in das Tal wesentlich leichter haben. Locker werfen sie mir ein *„Buen Camino"* zu, hechelnd wie ein Hirtenhund grüße ich zurück. Sie erzählen mir, dass sie selbst auch schon mal den *Camino Francés* abgepilgert sind, heuer wollen sie im Herbst den Weg von Gijón bis Santiago marschieren. Gerade als ich wieder einigermaßen verständliche Worte rausbekomme, verabschieden sich die beiden Glücklichen und lassen mich auf dem fast überhängenden Waldweg unangeseilt zurück. Noch immer kein Ende abzusehen ...

Der heutige 1. Mai dürfte auch in Spanien Nationalwandertag sein. Immer wieder kommen mir Menschen entgegen, die pfeifend den Weg runterlaufen. Für alle geht's bergab, ich bin der Einzige, der sich hinaufkämpfen muss. Wurden die mit dem Hubschrauber raufgebracht? Jetzt bin ich bereits auf 435 Metern – noch dazu ohne Sauerstoffgerät. Und zusätzlich muss ich mir auch meine Lasten selbst tragen, wo sind die Sherpas? Aber irgendwie schaffe ich doch den Gipfel, auf dem statt eines Gipfelkreuzes eine Autobushaltestelle aufgebaut wurde. Okay – jetzt weiß ich, warum ich hier nur topfitte Bergabwanderer getroffen habe. Eine dieser fröhlichen Nationalwandertagsbusbenützerinnen zeigt mir den „Weg der gelben Pfeile" und meint dann, dass ich mich nicht zu früh freuen soll! Zwar geht es jetzt endlich etwas bergab, aber dann kommt eine Steigung, die sich gewaschen hat! Zumindest hab ich das so verstanden, ich hoffe aber doch, dass ich mich irre. In den Führer traue ich mich nicht zu schauen. Aber vielleicht gibt es auch einen Bus, dort drüben?

Es geht tatsächlich runter, doch viel zu steil für meine Hüfte. Erstmals seit langer Zeit gibt sie wieder ein Lebenszeichen von sich – ich hätte aber gern darauf verzichtet. Plötzlich ist da ein gelber Pfeil, der weg von der asphaltierten Straße mitten in den Wald führt. Wahrscheinlich hat den aber irgendein Spaßvogel aufgemalt, denn jetzt stehe ich in einem Eukalyptusschlag und kann weder vor noch zurück. Überall liegen Bäume kreuz und quer, sollte es da mal einen Weg gegeben haben, dann ist der jetzt unter Tonnen von Ästen, Blättern und Wurzelwerk vergraben. Doch der medikamentöse Eukalyptusgeruch nach Brust- und Stirncreme weckt den Pfadfinder in mir, und wie in Trance kämpfe ich mich über dicke Baumstämme, Zweige, Ameisenhügel und spitze Dornen tragende Bodendecker an das andere Ende des Holzschlags, wo ich dann auch wirklich so etwas wie einen Pfad finde. Völlig erschöpft marschiere ich hinab in ein kleines Dorf und lasse mich im ersten und einzigen Restaurant am Platz einfach in einen Sessel fallen. Am Nebentisch sitzt ein Franzose, den ich schon aus der Herberge von La Isla kenne. Vor einigen Stunden habe ich am Weg hierher eine Sonnenmütze vom Boden aufgehoben und mitgenommen. Und genau die zeige ich dem Pariser, er springt mir fast um den Hals und schließt seinen verloren geglaubten Pilgerhut zärtlich in seine Arme.

Ich freue mich, dass ich das Ding los bin, und ziehe weiter, um die letzte Steigung vor Gijón zu meistern. Meine spanische Wanderbekanntschaft von vorhin hat also recht gehabt, es geht wieder bergauf. Schwer atmend und völlig verschwitzt komme ich endlich oben an – und wer erwartet mich mit einem Redeschwall? Richtig – Kathi! Sie hat schon da und dort Rast gemacht und mit dem und der gesprochen und dann ist sie dort und da rauf gegangen und irgendwo wollte sie ein alter Spanier mit dem Auto mitnehmen mit dem sie aber nicht mitgefahren ist und irgendwann hat sie plötzlich hinter sich einige Hunde bellen gehört und hat sofort an mich gedacht und hier ein Cola getrunken um auf mich zu warten doch es ist zuvor nur ein junger Radfahrer gekommen und daher hat sie dann gedacht dass eventuell die Hunde wegen dem so laut waren und dann bin ich doch noch gekommen und überhaupt … Ich kriege keine Luft vom Marschieren – aber Kathi bringt 2000 Worte in der Minute ohne einen einzigen Atemzug raus, und ganz ohne Beistrich – wie macht sie das? Meine Schnattertaube möchte mir etwas Gutes tun, drum meint sie: „Es gibt da drinnen Cola!“ Ich bin aber noch mit meinen Lungenflügeln beschäftigt und bringe kein Wort heraus. Drauf sie nochmals: „Du, ich habe schon ein Cola getrunken!“ Ich bleibe immer noch stumm. Sie wieder: „Es gibt da eine Bar, und da haben sie auch Cola!“ So, aus – „Ich will jetzt kein Cola, ich habe bereits vor einer halben Stunde ein Cola getrunken und möchte jetzt nur mal verschnaufen – bitte!“ „Du musst eh kein Cola trinken, sie haben auch was anderes!“ „Danke, ich habe alles mit, was ich brauche!“

Mittlerweile ist auch die Sonne neugierig geworden und möchte wissen, wer da jetzt unbedingt kein Cola trinken will. Daher schiebt sie sich langsam hinter den Wolken hervor, ich setze mich auf einem Steinvorsprung ins helle Licht. „Gell, ich habe uns da einen schönen Platz ausgesucht.“ Was? Den habe ich mir gerade selbst erkämpft. Ich sage zur Sicherheit gar nichts mehr und packe einfach meine Jause aus dem Rucksack. Kathi erzählt mir in der Zwischenzeit von jedem Millimeter ihrer heutigen Etappe. Und sie streut immer wieder Fangfragen ein, um zu sehen, ob ich ihr noch zuhöre. „Hast du das blaue Haus gesehen?“, „Wo bist du da abgebogen?“ usw.

Irgendwann stellt sie dann fest, dass ich seit mehreren Minuten nicht mehr geantwortet habe, es sich also um einen sehr einseitigen Dialog handelt, und meint nur: „Gell, so viele Fragen?“ Das ist mein Stichwort, und ich sage: „Ja, dabei will ich nur hier sitzen, wir Männer sind ja so einfach gestrickt.“ „Ja, die Männer ... Kannst du kurz auf meinen Rucksack aufpassen, ich muss aufs Klo.“ Ja, bitte geh aufs Klo – und bleib dort, solange du willst. Aber sie ist viel zu schnell wieder da und meint, wir könnten jetzt gehen. Was heißt wir? Ich werde noch ein bisschen da bleiben, weil ich mir die „Pilgereinkaufskneipe“ doch näher ansehen möchte. „Geh nur rein – ich warte inzwischen hier!“ „Aber das ist ja nicht notwendig, Kathi! Du kannst ruhig vorausgehen, weil bergab können wir beide sowieso nicht dasselbe Tempo marschieren, du bist ja viel schneller! Wir sehen uns in Gijón, okay?“ Irgendwie schaffe ich es, dass sie wirklich abdüst.

So – jetzt rein in die Bar. Zur Erholung bestelle ich mir – ein Cola! Dazu aber auch einen *Café con leche* und etwas Süßes – zur Belohnung. Im obligatorischen Fernseher in der Ecke wird ein Tennisspiel übertragen. Ich genieße es, einfach nur hier zu sitzen. Am Nebentisch bestellt sich ein spanisches Pärchen, das mit den Mountainbikes hier raufgeradelt ist, eine Flasche *Sidra*. Ich sehe mich im Geiste schon heute Abend in irgendeiner Kneipe in Gijón sitzen, wo ich dann erstmals dieses Apfelzeugs kosten werde. Doch plötzlich fragen mich die beiden iberischen Radfahrer, ob ich diese Spezialität schon mal probiert hätte? Ha – darauf hab ich insgeheim gewartet, wie schnell doch Wünsche in Erfüllung gehen, hier am *Camino*. Zuerst werde ich in die hohe Kunst des Einschenkens eingeweiht. Die Flasche hat einen eigenen Aufsatz und wird hoch über dem Kopf gekippt, so dass der gebündelte *Sidra*-Strahl direkt in das Glas tröpfelt und dadurch so viel Luft wie möglich dazukommen kann. Ähnlich dem Dekantieren unseres Rotweins soll das den Geschmack des Getränkes um ein Vielfaches verbessern. Ich treffe auch fast genau – es ist so ähnlich wie Kunstpinkeln in ein Glas. Nicht, dass ich das schon mal gemacht hätte, aber manche Fertigkeiten besitzt man einfach. *Sidra* schmeckt richtig gut – fast genau wie unser Apfelmost. Ist ja auch dasselbe, nur haben die Spanier angeblich feinere Methoden, um zu diesem Ergebnis zu kommen. Sagen sie …

Mein *Sidra*-Lehrer kommt ursprünglich aus Barcelona und ist aus Liebe zu seiner Frau nach Gijón gezogen. Er hat es aber niemals bereut, denn die Lebensqualität sei hier einfach viel höher als in der Millionenstadt Barcelona. Dort gebe es zwar alles, was ein Touristenherz höher schlagen ließe, aber es seien einfach viel zu viele Menschen auf viel zu wenig Platz. Hier in Gijón sei alles etwas kleiner und ruhiger und obwohl es einen wunderschönen Stadtstrand gäbe, werde der fast ausschließlich von Einheimischen genutzt. Touristisch sei Gijón also ein Geheimtipp – und so solle es auch bleiben, meint er.

Nach der geleerten *Sidra*-Flasche heißt es Abschiednehmen von meinen beiden Lehrmeistern, fröhlich – *Sidra* sei Dank – mache ich mich auf die letzten sechs Kilometer nach Gijón. Dort geht es dann vorbei an der beeindruckenden Universität, einer gewaltigen Stierkampfarena und vielen anderen Bauten, bis ich dann endlich den Atlantik sehe – mitten in der Stadt. Ein kilometerlanger Sandstrand, fast menschenleer um diese Zeit. Nur zwei Mädchen lassen sich vom saukalten Wasser nicht abhalten und baden im Meer, fast so als wäre Hochsommer.

Die im Führer angegebene Pension *Gonzales* ist fast gänzlich ausgebucht, nur ein kleines Zimmer unter dem Dach im fünften Stock könnte man mir anbieten, jedoch mit Duschen und Klos in der ersten Etage. Danke, da suche ich mir doch lieber etwas anderes. Ganz in der Nähe ist ein 2-Sterne-Hotel, schau ich halt da mal rein. Zwei bestaussehende Spanierinnen sitzen beim Empfang, und irgendwie fürchte ich, in einem Hotel gelandet zu sein, wo man statt für Nächte nur für Stunden bezahlt. Die *Señoritas* sind auch ganz schön körperbetont bekleidet, wobei mit dem Stoff sehr gespart wurde. Dazu sind sie geschminkt wie Winnetou auf dem Kriegspfad. Ja, sie haben ein Zimmer, das kostet aber 40 Euro, Bad und Klo sind am Gang. Irgendwie fühle ich mich etwas deplatziert hier, wer weiß, was da noch alles geboten wird. In einem *Hostal*, zwei Gassen weiter, werde ich fündig. Badewanne gibt es hier diesmal zwar nicht, aber heute reicht mir eine Dusche. Und dann lege ich mich einfach ins Bett und knotze so vor mich hin – bei spanischem Fernsehen.

Jetzt wär's eigentlich an der Zeit, *Sidra* zu probieren. Einen Vorgeschmack habe ich ja schon bekommen, aber jetzt wäre ich für mehr bereit. Und wer fällt mir ein, zur großen Apfelmostverkostungsaktion? Kathi! Irgendwie denke ich mir selbst, dass ich nicht ganz dicht bin. Erst geht sie mir auf den Wecker, und dann schreibe ich ihr wieder ein SMS für ein gemeinsames Trinker-Date. Man wird wirklich etwas schrullig auf dem Weg. Aber es macht doch mehr Spaß, neues Land gemeinsam zu entdecken.

Wir treffen uns am Strand. Auch Kathi hat keinen Platz in der empfohlenen Pension gefunden und ein anderes Hotel genommen. Da wir beide noch nicht allzu viel im Magen haben, suchen wir erst mal Nahrung. Irgendwie habe ich plötzlich Mega-Appetit auf einfache, gebratene Würste. Aber leider unmöglich zu organisieren, daher holen wir uns ein paar kleine Pizzaecken, um den ersten Hunger zu stillen. Dann begeben wir uns, vom Durst gezeichnet, auf die Suche nach einer *Sidrería* und kommen dabei durch einen wunderschönen Park etwas oberhalb der Stadt, wo Hunderte Kinder und Jugendliche gerade einen Lehrgang im Komasaufen absolvieren. Der 1. Mai muss ein besonderer Tag sein, die ganze Stadt feiert. Und hier im Park liegen die Jugendlichen im grünen Gras, umgeben von Flaschen voll Wein und *Sidra*. Einigen kommt vieles schon sehr spanisch vor – aber sie geben nicht auf und hauen sich die

Birne voll. Dabei sind da viele dabei, die aufgrund ihres Alters unbedingt das Kommarechnen dem Komatrinken vorziehen sollten.

So geht das!

Völlig ausgelaugt haben wir doch eine *Sidrería* gefunden, sofort wird jetzt natürlich das hiesige Nationalgetränk bestellt. Und dann beeindrucke ich Kathi mit den erst vor einigen Stunden gelernten Künsten des Einschenkens. Überraschenderweise bringe ich fast den gesamten Inhalt des kostbaren Nasses in die Gläser und bin selbst etwas stolz auf mich. Kathi war bis jetzt erstaunlich ruhig, wahrscheinlich hat sie heute Nachmittag mitbekommen, dass ihre permanenten Monologe doch manchmal etwas nerven. Aber *Sidra* löst die Zunge – und es geht wieder los. Ich schlage vor, das Lokal zu wechseln.

In Restaurant meines Hotels holen wir uns eine Gute-Nacht-*Cerveza*. Plötzlich stellt uns der Kellner als kleinen Snack einen Teller mit gebratenen Würstchen und Pommes hin. Der kann Gedanken lesen! „*¡Muchas gracias!*" Kathi bringt nach den Pizzaecken nichts mehr runter, daher gehört die gesamte Pracht mir. Es stehen da auch senfähnliche Tuben auf der Theke, die ich einfach mal probiere und über einigen Pommes vergieße. Nichts ahnend nehme ich so ein besenftes Kartoffelstangerl und stecke es mir in den Mund. WAAUUU – das ist kein Senf, sondern irgendeine tierisch scharfe Knoblauchsauce. Meine Geschmacksnerven schreien nach einem Arzt, aber mit einer zweiten *Cerveza* schaffe ich es, sie doch wieder einigermaßen zu beruhigen.

Während Kathi in ihr Hotel zurückstöckelt, schleppe ich mich in mein Zimmer im dritten Stock und schmeiße mich nach einer kurzen Katzenwäsche unter die Decke. Morgen kann ich etwas länger schlafen! Die hl. Messe beginnt erst um zehn Uhr – die möchte ich nicht versäumen. Am Sonntag muss das sein! Und danach werde ich mich an die ca. 25 Kilometer nach Avilés machen. Aber jetzt – rein in die Federn.

4 GIJÓN – SANTIAGO: WAS GEHT AB?

Melanie Oesch, Oesch's die Dritten

Da spielt die Musik!

„Junge Menschen feiern doch meist Partys, haben oft nur Highlife, Mode und Facebook im Kopf und sind viel oberflächlicher, als es die früheren Generationen waren" – immer wieder hört man Vorurteile dieser Art über die Jugend von heute. Und dann hat mir Herbert erzählt, dass er jede Menge junger Leute am Camino nach Santiago getroffen hat, die sich aus den unterschiedlichsten Beweggründen dazu entschieden haben, diesen Weg zu marschieren. Aber kein Einziger der „Jungpilger" hat auf ihn jemals den Eindruck gemacht, oberflächlich zu sein. Im Gegenteil, sie wussten ganz genau, worum es im Leben geht. Die Jugend hat ihre Ziele, ihre Sehnsüchte und Träume. Und natürlich auch jede Menge Spaß – selbst beim Pilgern. Aber Spaß und Freude gehören unbedingt dazu, zum Leben. Und das sollte nicht nur ein Privileg der Jugend sein!

Natürlich mach' auch ich am liebsten jene Dinge, die mich begeistern. Das geht natürlich nicht immer, aber man kann an eine Sache entweder mit Freude und positiver Erwartung oder mit Abneigung herangehen. Und da ist mir die erste Variante natürlich bedeutend sympathischer. Also versuche ich, in jeder Aufgabe eine positive Herausforderung zu sehen, und schon geht vieles von selbst.

Was mir jedoch uneingeschränkten Spaß macht, ist das Musizieren, das Singen und vor allem mein Jodeln. Ich könnte mir momentan keinen schöneren Beruf vorstellen auf dieser Welt. Vor allem bin ich unendlich dankbar, dass sich mein Traum erfüllt hat und ich meine große Leidenschaft auf der Bühne ausleben darf. Da fühle ich mich wohl, dafür brennt mein Herz – und ich darf all die Emotionen mit meinen Liebsten, mit meiner Familie teilen. Die Musik ist mir und meinen Brüdern ganz klar in die Wiege gelegt worden, schon unser Großvater war ein begnadeter Musiker und Komponist, ebenso unser Vater, welcher mit uns schon als ganz kleine „Stöpsel" all die Lieder, Sketches und Sprüche einstudiert hat. Wir gingen alle drei noch kaum zur Schule, als wir mit Auftritten im kleinen Rahmen die ersten Bühnenerfahrungen sammeln durften. Heute, rund 13 Jahre später, stehen wir da, wovon wir nie zu träumen gewagt hätten. Vor allem seit dem Gewinn des Stadlsterns 2007 und dem dritten Platz beim Grand Prix der Volksmusik 2008 führt uns die Musik durch ganz Europa, oft sind wir wochenlang unterwegs. Trotz des meist sehr gedrängten Programms versuchen wir aber auch, etwas Zeit für uns selbst zu reservieren, einige Sehenswürdigkeiten anzuschauen oder in die nächste Stadt zum Bummeln zu fahren. Dabei ergeben sich oftmals auch ganz lustige, amüsante und sehr interessante Begegnungen mit den Leuten dort. Ab und zu sind es sogar Fans, die uns dann anhauen und ein wenig mit uns „gsprächlen" wollen.

Jaja, das Tourleben ist alles andere als langweilig. Und doch freue ich mich immer wieder, wenn wir nach unseren Auftritten mit dem Tourbus das Ortsschild „Oberlangenegg" sehen und kurz darauf in unsere Straße einbiegen. Nach den oft sehr langen Autofahrten sind alle meist hundemüde und völlig erschöpft, jeder braucht erst mal seine eigene Zeit, um wieder „runterzukommen". Das Musikbusiness ist zwar wunderschön und strahlt in allen möglichen Farben, aber trotzdem gibt es natürlich auch ein Leben abseits der Bühne. Mit all den Freuden und Sorgen, die in jeder Familie so vorkommen. Gott sei Dank – denn dadurch werden wir immer wieder „geerdet", und es besteht nicht die Gefahr, dass einer von uns „abhebt" – das wüsste der Rest des Oesch-Clans schon zu verhindern. Der würde nicht weit kommen, auf seinem Himmelsflug ;-).

Ich habe mir noch niemals die Frage gestellt, ob das wochenlange Pilgern auch etwas für mich sein könnte. Ich bin mir sicher, dass man diese Zeit auf dem Camino *bestimmt niemals mehr vergessen kann. Und ich weiß auch von einigen Personen aus meinem Bekanntenkreis, dass sie ihre Entscheidung niemals bereut haben! Es ist eine außergewöhnliche Erfahrung, die man ein Leben lang im Herzen trägt. Irgendwie könnte ich mir das schon vorstellen – aber niemals allein! Meine Familie oder zumindest meine beiden Brüder Mike und Kevin müssten unbedingt mit. Schon allein auch wegen den Abenden, an welchen wir in den Herbergen zusammensitzen würden und gemeinsam mit den anderen Pilgern ein paar Lieder anstimmen könnten. Da wäre was los am* Camino *– unter dem Motto „Mit einem Jodler zieh'n wir durch die Welt"!*

Real Madrid gegen FC Sevilla – 3:2

Tag 22 – 2.5.2010: Gijón – Avilés, 30 km (gesamt 576)
Wetter: Regen in der Nacht, kurze Regenschauer am Tag.
Strecke: Auf einer Hochebene durch Wiesen und Eukalyptuswälder, dann hab ich leider eine Abzweigung verfehlt und muss auf einer Landstraße pilgern, bis der Weg mich wieder auf eine kahle Hochebene führt. Die letzten km vor Avilés (85.000 Ew.) ganz nahe der Autobahn durch hässliches Industriegebiet. Avilés selbst hat eine schöne Innenstadt.
Sonstiges: Ich bin auch für einen „hässlichen" Weg dankbar!
Quartier: Herberge in Avilés – 5 Euro. Riesengroßer Schlafsaal, etwas kalt – nicht so ganz meines!

Bin ich in Brasilien? Vor meinem Bett ging die halbe Nacht die Party ab, und das im strömenden Regen. Vier Uhr morgens hat sich mittlerweile zu meinem Standardeinschlaftermin entwickelt, bis dahin war vor meinem Hotel die Hölle los. Anscheinend hat sich das Saufgelage vom Park in die Straßen Gijóns verlagert, und es wäre besser gewesen, ich hätte mitgefeiert. Aber irgendwann war dann doch Schluss mit lustig, und jetzt zeigt mir mein Handy neun Uhr.

Erstaunlicherweise fühle ich mich trotzdem ausgeschlafen und bin rechtzeitig um zehn in der hl. Messe. Es ist der erste Gottesdienst des Tages, also eigentlich die Frühmesse, und nur wenige Gläubige haben sich um diese verschlafene Zeit in der großen Kirche versammelt. Diese Messe berührt mich tief im Herzen. Habe ich meine Gedanken in den bisherigen Gottesdiensten auf meinem Weg immer wieder mal abschweifen lassen, so gilt heute meine gesamte Aufmerksamkeit dieser Feier. Bereits mehr als die Hälfte meines Wegs nach Santiago liegt hinter mir, und ich spüre genau, dass es Zeit ist, dem Herrgott dafür zu danken, dass er mich gesund und ohne gröbere Probleme bis hierher geführt hat. Okay, die paar Schmerzen ganz am Anfang waren nicht so toll, aber die sind längst vergessen. Und ich bitte ihn natürlich, dass er mich auch am Rest des Wegs begleiten soll. Was rinnt denn da an meinen Wangen runter? Da es bestimmt nicht durch das Dach der Kirche regnet, müssen es wohl Tränen sein. Freudentränen, ich bin unendlich glücklich, dass alles so läuft, wie es jetzt ist. Alles auf diesem Weg ist gesegnet – genauso wie auch in meinem Leben. Ich kann mich glücklich schätzen, in einem wohlbehüteten Umfeld aufgewachsen zu sein, habe eine tolle Familie samt Wanderhund und bin sehr zufrieden, wo und wie ich lebe und arbeite. Hey – jetzt werde ich sentimental, aber es fühlt sich gut an! Ich bin ganz in mir und noch „ganzer" bei Gott. Die versammelten Gläubigen beten gerade das spanische Vaterunser, ich spreche laut und deutlich in Deutsch mit. Ein paar Kirchenbesucher schauen mich verwundert an, aber mir ist es völlig egal. Und auch sie lächeln nur kurz zustimmend und beten weiter.

Nach dem Ende der Messe bleibe ich noch etwas sitzen und lasse das soeben Erlebte einige Minuten auf mich wirken. Dann mache ich mich auf den Weg – spirituell frisch gestärkt, körperlich jedoch sehr geschwächt. Ich brauche dringend ein Frühstück, doch ich finde einfach kein Café mit den sonst üblichen *Pitxos*-Tabletts am Tresen, die mir meist schon beim Anschauen das Wasser im Mund zusammenrinnen lassen. Eine fesche, dunkelhäutige Barbesitzerin hat aber Mitleid mit einem ausgemergelten, wahrscheinlich nur mehr knapp 120 Kilo schweren *Peregrino* und ruft, laut lachend und wild gestikulierend, irgendjemanden an. Ein paar Minuten später wird eine ganze Platte voll mit leckeren Broten in das Lokal gebracht, anscheinend frisch für mich gemacht. Bei einem Sandwich mit paniertem Hühnchenschnitzel und Mayonnaise komme ich ins Gespräch mit einer neben mir Zeitung lesenden *Señora*, die mir dann endlich sagen kann, dass gestern hier der Tag der Arbeit gefeiert wurde. Deshalb die vielen Feste in allen Teilen der Stadt, so arbeiten also die Menschen in Spanien. Und heute ist übrigens Muttertag. Ich erschrecke kurz, doch nach einem weiteren Sandwich, diesmal mit Fisch und Paprika, bin ich mir sicher, dass bei uns dieser Tag erst am zweiten Sonntag im Mai gefeiert wird. Ich habe also noch genug Zeit, ein Geschenk zu besorgen. Irgendetwas wird mir schon noch einfallen …

Es ist zwar noch trocken, aber es schaut so aus, als ob es jeden Moment wieder zu schütten beginnen würde. Und während ich den in die Gehsteige eingelassenen goldenen Muscheln folge, spüre ich die ersten Regentropfen, die dann immer stärker werden. Grau in grau türmen sich die Wolken über mir auf, alles schaut nach einem „gscheiten" Regenguss aus. Ein kurzes Gebet scheint nichts zu helfen, jetzt hat der Herrgott anscheinend wichtigere Dinge zu tun. Also ziehe ich mir zum ersten Mal auf meinem *Camino* in einer Busstation die Regenüberhose und die Regenjacke an. Gerade als ich fertig bin, hört es auf zu gießen. Ha, ha – lustig! Aber um später mal dokumentieren zu können, dass ich wirklich alle Sachen aus meinem Rucksack irgendwann auf meinem Weg getragen habe, bitte ich einen *Señor*, ein Beweisfoto von mir zu machen – in voller Montur. Hätte ich das nur lieber nicht getan, denn der alte, bedauernswerte Mann dürfte an Parkinson erkrankt sein. Es krampft mir das Herz zusammen, als ich sehe, wie sehr er sich bemühen muss, die Kamera einigermaßen ruhig zu halten, um das Foto nicht komplett zu verwackeln. Aber was soll ich tun in diesem Moment? Ich kann ihm doch das Gerät nicht wieder wegnehmen? In diesem Fall bin ich auch mit einem unscharfen Foto zufrieden. Aber es gelingt ihm doch, am Display sehen wir beide, dass er ein einwandfreies Bild geknipst hat – mal abgesehen vom Motiv. „*¡Muchas gracias!*" Mit einem breiten Lächeln grinst er mich an und ist anscheinend sehr stolz drauf, es geschafft zu haben. Und das zu Recht!

Der Regen ist vorbei, unter dem Vordach einer Kirche ziehe ich mir die Sachen wieder aus. So kann ich vielleicht am Ende des Wegs sagen, dass ich die Regenhose für ganze drei Minuten getragen habe. Hat er mein Gebet also doch gehört? Na sicher ...

Ich gehe, von nicht regnenden Regenwolken begleitet, weiter auf meinem Weg, der irgendwann steil bergauf führt. Ohne Hüftschmerzen, ohne Knieweh, absolut schmerzfrei! So macht Pilgern Spaß! Kilometerweit wandere ich dann auf einer Hochebene durch Eukalyptuswälder und Wiesen, bis ich mich an einem Wegweiser wieder mal total verlaufe. Statt geradeaus marschiere ich ins Tal hinab, weil ich ja wie immer zu faul war, in den Führer zu schauen. Also wieder ein Umweg von mehreren Kilometern, anscheinend bin ich mit der normalen Strecke nicht ausgelastet, daher mache ich immer diese Fleißaufgaben. Sport ist gesund! Dann sehe ich bei einer Kirche gelbe Muschelsymbole, ich bin also wieder auf dem rechten Weg. Und der führt weiter über eine kahle Hochebene, die aber eigentlich nur an die 60 Meter über dem Meeresspiegel liegt. Doch irgendwann ist dieser an und für sich sehr schöne Weg zu Ende – und nun kommt es ganz dick. Vorbei an riesengroßen und endlos langen Silhouetten von Fabriken und Lagerhallen geht es auf den letzten zehn Kilometern in Richtung Avilés. Links die von mir noch nie so laut gehörte Autobahn und rechts die stinkenden Industrieanlagen – nicht gerade das Paradebeispiel eines tollen Wegs. Und er wird anscheinend immer länger, dafür kommen aber wieder Tropfen. Hey – es hat schon einmal funktioniert, warum nicht wieder? Ich schau zum Himmel rauf: „Herrgott, jetzt ist der Weg eh schon so schiach, da brauch ich so knapp vorm Ziel nicht auch noch Regen!“ Und im Handumdrehen dringt die Sonne durch die Wolken, innerhalb von einer halben Minute sind alle Regentropfen Geschichte. Das kann doch nicht immer nur Glück sein – oder?

Die Sonne begleitet mich ab jetzt bis zur Herberge in Avilés. Der *Hospitalero* erzählt von einer *Chica*, die ebenfalls aus *Austria* ist. Kathi! Nach dem Duschen und einer kurzen Verschnaufpause steht sie plötzlich neben mir und erzählt, dass sie bereits in der Touristeninformation gewesen ist und auch die Altstadt schon gesehen hat. Nicht schon wieder! Trotzdem freue ich mich irgendwie, sie zu sehen. Sie hält sich auch relativ zurück, ich muss mir nicht ihren ganzen Tagesablauf minutiös anhören. Entweder ist sie krank – oder lernfähig. Irgendwie ist es doch immer wieder schön, wenn man nach dem langen, einsamen Wandern am Abend in ein bekanntes Gesicht blicken kann. Es ist – zwar im sehr erweiterten Sinne – so etwas wie Heimkommen in eine vertraute Umgebung. Und wenn ich heute allein sein will, dann werde ich es ihr einfach sagen. Zumindest habe ich mir das vorgenommen. Und ich bin sicher, sie wird es verstehen …

Wie mittlerweile fast jeden Tag gehen wir gemeinsam in die Stadt. Sie hat bereits gegessen, mein Magen aber knurrt wie ein Schäferhund, der von der Kette gelassen werden möchte. Leider hat um diese Zeit natürlich kein ernstzunehmendes Lokal offen, daher werfe ich zur Abwechslung ein *Pitxo* ein – inklusive dem üppigen Frühstück heute bereits mein drittes. Aber dieses hier ist so klein, dass man es mit freiem Auge kaum wahrnimmt. Doch fürs Erste habe ich genug, und jetzt freut sich Kathi, mir endlich die von ihr schon zuvor erkundeten Plätze inklusive dem schönen Hafen zeigen zu können. Ohne sie würde ich blindes Hendl vieles gar nicht sehen, so schlecht macht sie ihre Sache als Fremdenführerin gar nicht. Dann marschieren wir am Ría, dem Meeresausläufer, entlang und entdecken so etwas wie eine Strandbar, in der auf einem Tablett köstlich aussehende *Pitxos* präsentiert werden. Okay – ein viertes geht heute noch, aber das darf man, nach knapp 30 Kilometern Fußmarsch, inklusive einiger selbstverschuldeter Umwege.

Langsam wird es kalt hier am Strand, also marschieren wir zurück in die Altstadt. In einem Café schreibe ich meine Worte zum Tag, nachdem ich zuvor Kathi erklärt habe, dass ich für eine Stunde allein sein möchte. Sie hatte damit kein Problem und ging zurück in die Herberge. Es geht also doch, man muss nur offen reden. So sitze ich nun hier und schreibe und schreibe und schreibe – und bekomme so nebenbei mit, dass Cristiano Ronaldo soeben den Siegestreffer zum 3:2 von Real Madrid gegen den FC Sevilla geschossen hat. Draußen schüttet es wieder, aber ich bin zuversichtlich, dass ich auch morgen wieder ohne gröberen Wasserschaden auf meinem Weg unterwegs sein werde.

Als ich wieder in die Herberge zurückkomme, kochen sich die beiden Schweizer gerade Spaghetti. Sie haben einen Mordshunger, nachdem sie die anstrengende Strecke doch irgendwie geschafft haben. Kathi ist bei ihnen und erklärt irgendetwas, das sie vielleicht gar nicht wissen wollen. Aber so ist sie – hätte sie eine Maulsperre, würde sie sofort tot umfallen. Aber das ist eine andere Geschichte! Geschätzte zehn *Peregrinos* liegen schon in ihren Betten, als auch ich mich endlich in meinen Schlafsack kuschle. „*¡Buenas noches!*“

Ich will endlich Bohnensuppe

Tag 23 – 3.5.2010: *Avilés – San Esteban de Pravia, 27 km (gesamt 603)*
Wetter: *Regen in der Nacht – am Tag Aprilwetter!*
Strecke: *Durch die schöne Altstadt von Avilés und dann aufgrund falscher Abzweigung auf der Landstraße weiter, später auch auf Waldwegen und Pisten, die sehr oft überflutet oder matschig sind.*
Sonstiges: *Auch Regen hält mich nicht mehr auf!*
Quartier: *Jugendherberge Esteban de Pravia – 18 Euro, inkl. Frühstück. 2 4-Bett-Zimmer, Frühstücksraum – passt!*

Heute kommt der große Regen, das spür' ich! Völlig unerwartet habe ich in dem Stahlrohrbett gar nicht so schlecht geschlafen. Doch als die Ersten zu rascheln beginnen, höre ich dazu auch noch die Niagarafälle rauschen. Träume ich oder schüttet es draußen vor dem Fenster? Es ist leider Zweiteres. Also drehe ich mich in meinem XL-Schlafsack nochmals um und döse weiter. Wer jetzt geht, ist selbst schuld! Ich warte auf die Sonne! Um 8:30 Uhr werde ich so richtig wach, und wirklich – das Wasserrauschen vor dem Haus hat aufgehört. Alle sind fort, nur die beiden internationalen Schweizer, Kasim und Maria, schnarchen noch vor sich hin. Spätestens nach meinem beeindruckend leisen Zusammenpacken werden sie wach sein. Aber selbst das Knistern meiner Plastikbeutel stört sie nicht. Ich fürchte schon, dass sie mit Medikamenten in den Tiefschlaf versetzt wurden und dass sich nach meinem Abmarsch Herbergsräuber über sie hermachen. Irgendwann höre ich aber trotzdem ein leises „Guten Morgen" – hab's also doch geschafft!

Zufrieden verlasse ich die Herberge – alles ist nass! Aber derzeit regnet es nicht, die Wolken haben Kathis Kleiderfarbe angenommen, dunkelschwarz hängen sie am Himmel. Lange kann es also nicht mehr dauern, aber ich nehme mir einfach vor, auch heute trocken zu bleiben – irgendwer wird mir schon helfen dabei. Schon nach 100 Metern rauschen die Wassermassen vom Himmel. Ich kann gerade noch in eine Bar flüchten und bestelle nach und nach zwei *Cafés con leche*, ein Cola und zwei *Pitxos*. Ich trinke und esse einfach so lange, bis es aufhört zu schütten.

So – kein Regen mehr, weiter geht's! Nach ein paar Minuten komme ich am Bahnhof vorbei, und das Ganze beginnt wieder von vorn. In der Wartehalle sitze ich weitere 15 Minuten, bis draußen die Menschen wieder ihre Schirme abspannen. Nächste Etappe – diesmal hält der Himmel länger dicht. Leider sehe ich jetzt keine gelben Pfeile mehr, ein Blick in meinen Führer sagt mir, dass ich anstatt querfeldein über das Land jetzt auf der Bundesstraße zum nächsten Ort, Salinas, unterwegs bin. Endlich reißt der Himmel auf – zuerst ein blauer Fleck, der mit jedem meiner Schritte größer und größer wird. Meine Hoffnung lebt also, auch heute großteils unbenässt den Tag zu überstehen.

Es geht bergauf, auf einem schönen Höhenweg genieße ich dann uneingeschränkt die Sonne. Doch irgendwann verwandelt sich das strahlende Blau doch wieder in ein mattes Dunkelgrau, bald ist es über mir nur mehr schwarz. Unter dem Dachvorsprung einer Kirche mache ich Pause, jeden Moment erwarte ich den großen Regen. Aber da kommt nichts, also marschiere ich weiter. Mein Weg führt den Berg hinauf, bis es nach einigen Kilometern durch duftende Eukalyptuswälder plötzlich auf einem Hohlweg steil bergab geht. So – und jetzt ist er da, der Regen. Erst leicht, wie ein Nebelreißen, und dann immer stärker. Ich ignoriere ihn einfach, eigentlich wollte ich ja heute nicht nass werden. Daher lasse ich auch meine Regenjacke im Rucksack. Die Zweige der Waldbäume fangen den Großteil des Regenwassers auf, ich marschiere trotzig weiter – mit T-Shirt und Fleecejacke.

Die Wege sind gatschig wie in einem schottischen Moor, immer wieder bleibe ich mit beiden Füßen im Dreck stecken, und manchmal fürchte ich, dass ich bald ohne Schuhe dastehen werde. Irgendwie schaffe ich es trotzdem, unfallfrei durchzukommen. Aber jetzt, auf einer Landstraße ohne schützende Baumkronen, kommt der Regen voll an mich heran. Doch nur für zwei Minuten, dann ist der Spuk auch schon vorbei und etwas Sonne blinzelt mir zu. Die Wärme und ein gleichzeitig eintretender leichter Wind beginnen meine Sachen zu trocknen. Ja! So isses recht!

Noch fünf Kilometer bis zu meinem Etappenziel, bis zur Jugendherberge in San Esteban de Pravia. Ich mache wieder acht daraus, weil ich ja der Beste bin und auf einen Führer ohne Weiteres verzichten kann. Übrigens genauso wie auf diverse Gebrauchsanleitungen und sonstige

Beschreibungen. Eventuell sollte ich dieses Verhalten doch mal überdenken, oft stehen da ganz brauchbare Sachen drinnen. Und oft könnte man sich dadurch auch einiges an Umwegen ersparen. Der Regen wartet, bis ich die Herberge erreicht habe. Eine halbe Stunde später schüttet es aus vollen Kannen, aber da bin ich schon längst geduscht und gebügelt.

Auch Kathi hat mittlerweile die Herberge erreicht, ebenfalls gut gewaschen. Der *Hospitalero* hat mir Zimmer Nummer 1 gegeben, Kathi ist nebenan auf Nummer 2 untergebracht – mehr Zimmer gibt es hier anscheinend nicht. Beide Räume bestehen aus je zwei Stockbetten und einem Heizstrahler, der heute Höchstleistungen zu vollbringen hat, um unsere nasse Wanderkleidung bis morgen vom Wasser zu befreien.

Und wieder gibt es *Pitxos* zum Abendessen. Denn auch hier finden wir natürlich kein Restaurant, das vor 21 Uhr warmes Essen anbietet. Ich fürchte, dass selbst mir als Weißbrot-Junkie dieses Fast Food bald zum Hals raushängen wird. Ich träume von einem knusprigen Grillhuhn mit normalen, das heißt nicht zur Gänze im Fett schwimmenden, Pommes frites. Oder von Schnitzel mit Erdäpfelsalat. Und natürlich von der Bohnensuppe meiner Mutter, für die ich jedes Rehmedaillon mit Steinpilzen und Trüffelsauce stehen lassen würde. Obwohl, auch wenn ich daran denke, rinnt mir sofort das Wasser im Mund zusammen.

Andy Borg hat einen Zusatzjob – nur so kann er sich anscheinend sein „exzessives" Leben leisten. Er arbeitet in einer Bar in Esteban de Pravia und bringt Kathi und mir das oben beschriebene üppige Abendmahl, nämlich zwei *Pitxos*. Zumindest schaut der etwas stärkere Kellner hier im schummrigen Licht der Kneipe dem Mister Musikantenstadl zum Verwechseln ähnlich. Keiner weiß von Andys Nebentätigkeit hier im Norden Spaniens. Nur Kathi und ich! Doch unsere Versuche, ihn zum Singen zu bringen, scheitern daran, dass er einfach so tut, als ob er uns nicht verstehen würde. Dabei war sein erster Erfolg ja eindeutig ein spanischer Song: *Adiós Amor*. Komisch?

Kathi will wissen, ob ich Andy Borg kenne. Na ja – so wirklich kennen? Wir sind uns zumindest schon öfters mal begegnet! Wie zum Beispiel beim ersten von ihm präsentierten Musikantenstadl im September 2006 in Wiener Neustadt. Karl Moik war 25 Jahre lang der Moderator dieser Musikshow, die zu den erfolgreichsten im gesamten deutschsprachigen Raum zählt. 2005 wurde sein Vertrag jedoch nicht mehr verlängert, der Silvester-

stadl aus Klagenfurt wurde zur Abschiedssendung von Karl. Das letzte Lied in der Ära Moik kam aus meiner Feder. Mit dem Siegertitel aus der österreichischen Grand Prix-Vorentscheidung, A starke Frau, *beendeten die* Krieglacher *diesen emotionalen Stadl.*

Und zufällig waren genau jene Krieglacher *wieder die Ersten, die Andy Borgs Premieren-Musikantenstadl eröffnen durften. Und wieder mit einer flotten „Hirschi"-Nummer:* Sieben Tage hat die Woche. *Ich war schon am Vortag bei den Proben und habe dann auch die Sendung Backstage in der riesengroßen Halle in Wiener Neustadt miterlebt. Andy Borg meinte hinter der Bühne zwar immer wieder, dass er ordentliches Lampenfieber hätte, aber das war ihm überhaupt nicht anzumerken. Im Gegenteil, sein Stadl war von der ersten Sendung an überaus erfolgreich, die Borg-Melange aus Wiener Schmäh, Schlagfertigkeit und toller Stimme kommt auch in Deutschland und der Schweiz außerordentlich gut an.*

2007 kam der Silvesterstadl aus dem Burgenland, genauer gesagt aus Oberwart. Meine Eltern hatten in den letzten beiden Monaten einen Feiermarathon hinter sich – Goldene Hochzeit, Mama 75, Papa 80. Beide waren riesengroße Fans der Volksmusik – und sind es auch heute noch, Gott sei Dank! Ich wurde von meinen Geschwistern einstimmig dazu ausgewählt, eine Fotopräsentation über das Leben unserer Eltern zu erstellen. In langen Nachtschichten suchte ich aus dutzenden Fotoalben Bilder raus, die ich dann einscannen musste und mit meinem Computer in eine herzeigbare Form brachte. Es war ein Mordsaufwand, aber es war doch auch sehr interessant, weil ich dadurch viel Neues über das Leben meiner Eltern erfahren konnte. Die Bilder wollte ich natürlich mit Musik untermalen. Aber nicht mit irgendeiner, sondern ich textete dazu einfach einige Schlager um und ließ sie durch einen guten und natürlich sehr musikalischen Freund einsingen. Jetzt passten die Fotos und die Musik perfekt zusammen. Trotzdem – das i-Tüpfelchen fehlte noch! Und das sollten Video-Grußbotschaften von Volksmusikstars sein – zumindest stellte ich mir das so vor. Ich wusste zwar nicht, ob es mir gelingen würde, aber ich musste es einfach probieren.

Ich ließ meine Kontakte zur Branche spielen und konnte für den Silvesterstadl in Oberwart „Videodrehs" mit Francine Jordi, Petra Frey, Marc Pircher, den Ladinern *und Andy Borg fixieren. Mit meiner Kamera bewaffnet fuhr ich ins Burgenland und holte die sonst als unnahbar geltenden Superstars vor meine Linse. Und sie entpuppten sich ausnahmslos als sympathische und nette Kollegen. Entweder waren sie noch in Weihnachtsstimmung, oder – was ich eher vermute – sie sind allesamt am Boden geblieben. Francine Jordi zum Beispiel machte sich vor dem Drehen ernsthafte Gedanken darüber, ob mein Vater sie auch mit ihrer neuen Frisur erkennen würde. Andy Borg sprach meinen Vater mit „Lieber Hansl" an und wünschte mit seinem unvergleichlichen Schmäh alles*

Gute zur Goldenen Hochzeit und viel „Xundheit" zum Geburtstag. Abschlusssatz: „... und behandle deine Lieben gut – von mir alles Gute – dein Andy!" Die Eltern von Joakin, dem Sänger der Ladiner, *haben heuer ebenfalls die Goldene Hochzeit gefeiert. Das Lied* Wahre Liebe ein Leben lang *hat er auch meinen Eltern gewidmet – so hat er es zumindest in der Videobotschaft verlautbart.*

Es kamen noch ein sehr humorvoller Beitrag von den Stoakoglern *und ein Geburtstagsständchen von den* Zellberg Buam *dazu – dann hatte ich alles beisammen und konnte es gerade noch rechtzeitig vor der großen Familien- und Freundesfeier in die Präsentation einbauen. Und dann war der große Tag da – die Vorstellung begann:*

Alle lachten, als zu den ersten Kinderfotos von Papa eine etwas sehr umgetextete Version von Rainhard Fendrichs Macho, Macho *eingespielt wurde. Bis sich plötzlich die Stimme von ORF-Moderator Tom Schwarzmann meldete, der eine Videobotschaft aus Tirol ankündigte: Petra Frey. Ein Raunen ging durch den versammelten Familienclan: „Ist sie das wirklich?" Und als dann immer mehr Prominente meinen Eltern alles Gute wünschten, wurde das Staunen immer größer. Mein Vater hatte als einer der Ersten bemerkt, dass es sich bei den Filmen auf der Leinwand um echte Grußbotschaften handelte, und aus seinen Augen kullerten dicke Tränen. Meine Eltern konnten es nicht fassen, dass ihnen diese „unerreichbaren" Superstars ganz persönlich gratulierten und alles Gute für die nächsten 50 Jahre wünschten. Als dann auch noch der versammelte Enkerl-Chor zwei Lieder zum Besten gab – diesmal natürlich live – waren meine zusammen 155 Jahre alten Eltern nicht mehr zu halten. Sie weinten hemmungslos – und mit ihnen auch ein Teil der versammelten Großfamilie.*

Draußen vor dem Restaurant marschieren im immer stärker werdenden Regen die vereinigten internationalen Pilgerschweizer vorbei, mit einem Einkaufssackerl in der Hand. Also muss es hier doch einen Laden geben, obwohl Kathi und ich zuvor den gesamten Ort nach einer Einkaufsmöglichkeit abgesucht haben. Kasim und Maria verraten uns gegen zwei *Cafés con leche* den Weg dorthin, und so können wir unsere Vorräte wieder auffüllen. Nach einem letzten Abenddrink in der Herbergsbar gehen drei Viertel von uns schlafen. Ein Viertel, nämlich ich, trinkt noch ein weiteres Viertel, nämlich *Rioja*, im Aufenthaltsraum und bringt dabei seine Gedanken des heutigen Tages zu Papier. Übrigens, unser Herbergsvater hat die beiden Schweizer bei Kathi untergebracht – damit sie jemanden zum Reden hat. Ich darf also wieder Pilgersnob spielen, denn ich habe ein ganzes Zimmer für mich allein!

Auch Helden können weinen

Tag 24 – 4.5.2010: San Esteban de Pravia – Novellana, 28 km (gesamt 631)
Wetter: Regen in der Nacht – Sturm, Nieseln, später Sonne und wieder Regen.
Strecke: Empfehlung: Küstenweg außergewöhnlich schön, hoch über dem Meer auf schmalem Pfad mit spektakulärer Aussicht, unbedingt nach Cudillero (idyllischer Fischerort)! Dann meist auf Asphaltstraßen nach Novellana.
Sonstiges: Alles in Ordnung, keine Wehwehchen, toller Weg!
Quartier: 2-Sterne-Hotel in Novellana – 30 Euro, inkl. Frühstück. Zimmer kalt, aber in Ordnung!

Und wieder Regen, die ganze Nacht klopft er an das Fenster meiner „Einzelsuite“. Ich habe sehr gut geschlafen, doch jetzt ist daran nicht mehr zu denken. Irgendjemand wirft die knarrende Klotür permanent auf und zu. Immer wieder, knarr, knarr, knarr … Es ist Kathi, die zuerst ihre Morgentoilette macht, dann ihre zum Trocknen aufgehängten Sachen holt, dann irgendetwas vergessen hat, dann nochmals für kleine Mädchen muss usw. Mittlerweile bin ich hellwach – die Uhr zeigt 7:45, viel zu früh für einen Morgenpilgermuffel wie meinereiner. Aber wenn ich schon mal die Augen offen habe, stehe ich halt ganz auf. Im Gemeinschaftsraum denkt Kathi, sie hat eine Erscheinung, als sie mich sieht. Ganz verwundert meint sie, dass sie mit mir jetzt aber wirklich noch nicht gerechnet hätte. Hey – was soll das? Es ist zwar für mich wieder mal knapp nach Mitternacht, aber ich mag es halt nicht, wenn man den ganzen Tag verschläft. Sag ich zumindest, aber so richtig glaubt sie mir nicht …

Irgendwie dürfte die alte Thermoskanne ihre Thermosfunktion mittlerweile verloren haben, der Kaffee aus dem vorsintflutlichen Ding ist mehr als nur lau. Gut, schadet bestimmt nicht, vielleicht werde ich doch noch der athletische, toll aussehende Sportler, den sich Kathi in San Sebastián vorgestellt hat. Kalter Kaffee macht schön, vielleicht sollte ich ihn überhaupt mit Eiswürfeln trinken? Kathi ist fertig und macht einen Abflug. Ich trödle noch etwas herum, bis auch das Schweizermädel erwacht und ich ihr *„Buen Camino“* wünschen kann. Kasim ist sowieso noch irgendwo in einer Traumfabrik gefangen, ich höre ihn durch die geschlossene Zimmertür schnarchen. Die Wolken hängen heute so tief, dass ich mit meinen knappen zwei Metern beinahe an ihnen streife. Und ein eiskalter Wind fährt mir ins Gesicht, dazu das Salzwasser aus dem Atlantik. Die Wellen sind mannshoch, heute wirkt mein geliebter Ozean irgendwie bedrohlich.

Windstärke 7 …

Na, das kann ein Tag werden … Ich biete dem Sturm jede Menge Angriffsfläche, daher muss ich mich mit voller Kraft gegen ihn stemmen, um meine Richtung halten zu können. Wenn der plötzlich aufhört zu blasen, schmeißt's mich voll auf den Asphalt.

Es geht einige Zeit an der Kaimauer entlang, an deren Ende keuche ich links über Hunderte Stufen hinauf Richtung Himmel, wo ich aber aufgrund des gewaltigen Panoramas, das sich mir hier bietet, die Anstrengung sofort vergessen habe. Mit beiden Händen halte ich beim Knipsen die Kamera, sonst würde sie einer der vielen, heute besonders tief fliegenden Möwen an den Schädel knallen. Durch einen dichten Eukalyptuswald geht es weiter, immer das Meer zur meiner Rechten – und trocken bleibt es auch. Noch! Durch die Bäume wird der böige Wind etwas abgeschwächt, aber über mir wird es grauer und grauer – ich fürchte, dass es bald losgeht.

Vor mir sehe ich Kathi. Da es doch einigermaßen bergauf geht, habe ich sie rasch eingeholt. Mittlerweile bin ich aber auch bergab sehr rasant unterwegs, meine Knieschmerzen habe ich völlig weggebetet, und auch meine Hüfte hat aufgegeben, mir das Pilgerleben unnötig schwer zu machen. Ich hoffe doch, dass das so bleibt! Nur hin und wieder spüre ich jetzt ganz leichte Rückenschmerzen, wahrscheinlich muss ich nur mal wieder den Gurt vom Rucksack neu justieren. Das hat man davon, wenn man dem Körper einige Kilo klaut, dann passt alles andere nicht mehr. Aber ich bin froh, dass es so ist!

Kathi zeigt mir ihre rechte Hand – anscheinend wurde sie von einem Insekt gestochen, ein roter Strich wandert den Oberarm entlang. Alarm! Hoffentlich ist das keine Blutvergiftung! Meine wieder mal ganz in Schwarz gehüllte Pilgerkollegin meint zwar, sie hätte sich da wahrscheinlich nur gekratzt, aber sicher ist sicher. Wir beschließen, den Umweg über ein kleines Fischerdorf zu wagen, weil wir dort eine Apotheke vermuten. Und wirklich – gleich am Ortseingang von Cudillero finden wir eine *Farmacia*, die beiden Damen geben sich jedoch völlig unbeeindruckt von Kathis Strich und verkaufen ihr eine Salbe um geschmalzene sieben Euro. Na gut, wenn die meinen, dann wird es schon nicht so arg sein. Kathi wird trotzdem den Arm weiter beobachten, vielleicht kann sie ja mit ihm reden …

Cudillero ist eines der schönsten Dörfer auf meinem bisherigen Weg. Selbst bei diesem unwirtlichen Wetter üben die vielen bunten Häuser eine besondere Faszination aus. Da die Wolken immer schwärzer werden, beschließe ich, in einem Restaurant am Hafen zu essen, um den drohenden Regenguss abzuwarten. Kathi marschiert mutig weiter, so sitze ich allein in dem gemütlichen Lokal, als ein gewaltiger Schauer niedergeht. Ich hoffe, meine redselige Lieblings-*Peregrina* hat irgendwo Unterschlupf gefunden, sonst kann sie sich im wahrsten Sinne des Wortes brausen gehen.

Die *Ensalada Mixta* war 1a – endlich Vitamine in Form von frischen, grünen Salatblättern, Tomaten, Thunfisch und viel Zwiebel, genauso wie ich das liebe – meine Frau aufgrund der Zwiebel eher nicht so, aber die ist ja weit weg – leider! Was die wohl jetzt gerade macht? Ich rufe einfach mal kurz an, um ihre Stimme zu hören. Leider höre ich nur meine, der Telefonanrufbeantworter sagt mir, dass ich nicht zu Hause bin. Sehr gut, jetzt weiß ich das auch! Weil es draußen auf dem normalerweise sicher sehr idyllischen Platz am kleinen Hafen zwar noch nicht sommerlich, aber doch trocken aussieht, breche ich auf.

Immer noch überwiegt die Farbe Grau, ich kämpfe mich gegen den noch stärker werdenden Sturm auf einer Straße bergauf, bis es dann in einem Waldstück wieder leicht zu regnen beginnt. Aber wieder mal verhindert das dichte Laub über mir, dass allzu viele Tropfen auf mein empfindliches Haupt regnen. Gott sei Dank hört diese unfreiwillige Erfrischung nach dem Ende des Waldes überhaupt auf, und ich kann im Trockenen weitermarschieren. Plötzlich erhalte ich ein SMS von Kathi, dass ein im Führer beschriebener Weg derzeit aufgrund einer Baustelle nicht mehr existiert. Ich kann gerade noch umdrehen, mein Scout hat ganze Arbeit geleistet. Schön, dass es sie gibt! Ich finde eine Ersatzpiste und kämpfe mich nach ein paar Kilometern durch einen anscheinend sehr wenig begangenen, weil sehr mit Dornenbüschen verwachsenen Waldweg hinunter. Es ist saukalt, mehr als zehn Grad hat es bestimmt nicht.

Plötzlich ist der Weg zu Ende, und ich stehe mitten auf der monumentalen Baustelle der neuen Autobahn. Es ist sehr beeindruckend, was sich mir da bietet: Einige riesige Betonstützen sind bereits fertiggestellt, ebenso wie einige Verbindungsstücke dazwischen, hoch droben in luftiger Höhe, die restlichen Säulen sind noch in Arbeit. Ich habe so etwas noch nie aus der Nähe gesehen – aber wie komme ich da weiter? Vor mir geht es fast senkrecht runter. Der Abhang ist über und über bedeckt mit Bodendeckern und Brennnesseln, die mich anlachen und schreien: „Komm doch!“ Okay – das lasse ich mir nicht bieten, ich beiße die Zähne zusammen und klettere hinunter. Die Verbrennungen unbestimmten Grades an Händen, Beinen und auch in der Halsgegend ignoriere ich heldenhaft.

Jetzt noch schnell einen Berg voll Baustahlgitter überqueren, dann geht es auf einer sehr matschigen Baustellenzufahrt endlich ganz nach unten – bis zu einer versperrten Ausfahrt. Aber es dürfte Leben geben, auf diesem Weg. Denn da steht eine Tafel – auf Deutsch: „Provisorischer Weg nach Santiago.“ Ich folge dem Schild und unterquere in einem größeren Kanalrohr die neben der Baustelle führende Landstraße. Und plötzlich – ein gelber Pfeil, der Weg hat mich wieder!

Einige Minuten später treffe ich auf eine völlig verzweifelte Kathi. Erst ist sie wieder in einen Hagelschauer gekommen, Gott sei Dank in einen kurz andauernden, aber immerhin. Dann hat sie den Weg nicht gefunden, und so blieb ihr nichts anderes über, als durch ein Privatgrundstück zu marschieren. Jeden Moment hat sie darauf gewartet, von einem bewaffneten Dobermann gefressen zu werden, aber der Hund war anscheinend auf Urlaub. Das Tor zur Einfahrt, durch das sie das Grundstück dann wieder verlassen hatte, musste sie gewaltsam öffnen und konnte es dann nicht mehr schließen – wahrscheinlich wird sie jetzt steckbrieflich in ganz Spanien wegen Hausfriedensbruch gesucht. Und zu guter Letzt hat sie einige hundert Meter später bemerkt, dass sie ihren Führer verloren hat. Beim nächsten Restaurant durfte sie ihren Rucksack parken und ist dann die Strecke zurückgegangen, in der Hoffnung, das Buch wieder zu finden. Und da hatte sie erstmals wieder so etwas wie Glück – es lag in einer Kurve am Straßenrand, und beide waren froh, sich wieder zu haben. Kathi ist völlig außer sich – alles geht heute schief! Sie ist knapp davor, hemmungslos zu weinen. Jetzt muss ich bei ihr bleiben! Sie braucht Trost, darum erzähle ich ihr, dass in Spanien auf Toraufbrechen bestimmt nicht die Todesstrafe steht und sie sich daher da keine allzu großen Sorgen machen muss. Auch sonst fallen mir viele beruhigende Sätze ein, bis sie endlich wieder ihr Lachen gefunden hat. Und sich bei mir tausendmal bedankt, weil ich ihr heute schon das zweite Mal beigestanden bin. Zuerst habe ich sie ja mit sanftem Zwang in die Apotheke gedrängt, und jetzt war ich wieder da, als sie in Not geraten ist. Ich sei ihr Musketier, meint sie. Na gut – wenn sie das sagt. Wie d'Artagnan schaue ich ja gerade nicht aus, aber irgendetwas wird da schon dran sein. Mit stolz geschwellter Brust gehe ich nun weiter, nachdem ich mich versichert habe, dass man Kathi wieder ohne Selbstmordgefahr allein lassen kann.

Aber da kommt das nächste Problem – wir gehen schnurstracks in eine verbotene Zone. Darum steht also überall, dass der provisorische *Camino* in die entgegengesetzte Richtung führt, was wir aber vollkommen ignoriert haben. Der Weg endet nämlich im gegenüberliegenden Teil des Tales, mitten im Zentrum der zweiten Autobahnbaustelle. Eine riesengroße Zementaufbereitungsanlage verhindert jedes Weiterkommen. Ich bin aber nicht nur Musketier, sondern auch staatlich geprüfter

Indianerscout und entdecke nach längerem Suchen einen nicht ganz ungefährlichen Pfad durch die Botanik, ganz knapp an einem Abhang entlang. Jetzt warte ich sicherheitshalber auf Kathi, damit ich sie da durchlotsen kann. Sie sei mir heute schon das dritte Mal unendlich dankbar, meint sie. Und ich bin mittlerweile 2,50 Meter groß aufgrund des vielen Lobes von meiner Quasseltante. Jetzt aber nehme ich endgültig wieder meinen normalen Schritt auf und gehe meine Wege.

Mittlerweile hat sich die Sonne durchgesetzt und es ist sehr heiß geworden. Von zehn auf 25 Grad in einer halben Stunde – ich muss nicht sagen, welche Temperatur mir lieber ist. Während ich so auf der Straße dahinmarschiere, kommt mir mein Spiegelbild entgegen, ein bis zum Gehtnichtmehr bepackter Esel, mit einem mürrischen Deutschen an seiner Kordel. Als ich die beiden fotografieren möchte, reißt der Eselführer die Hände vor sein Gesicht und meint auf Deutsch: „Das Vieh kannste fotografieren, aber mich nicht!" Na gut, mache ich halt gar kein Bild, das hat er nun davon. Beide dürften heute nicht sehr gut drauf sein, denn auch der Esel macht nur ein unwirsches: „IIIIAAAA." Okay – aber so ist der *Camino*: Jeder kann tun und lassen, was er möchte. Und wenn der Eseltreiber jetzt nicht quatschen will, dann muss er auch nicht mit jedem dahergelaufenen Pilger ein Gespräch anfangen. Aber so ist es ja nicht nur auf diesem *Camino*, auch im „wirklichen" Leben sollte jeder das Recht haben, sein Ding durchzuziehen – sofern es nicht gegen das Gesetz verstößt oder andere dadurch in Mitleidenschaft gezogen werden. Wieder eine Erkenntnis, auf meinem Weg nach Santiago …

Weiter geht es über Landstraßen, Asphaltpisten und Waldwege, bis sich plötzlich der Himmel wieder verfinstert und die ersten Tropfen auf die Straße knallen. Da kommt mir die kleine Bar am Straßenrand gerade recht. Heute bin ich schon etwas angeschlagen – kein Wunder, ich habe ja auch schon an die 26 Kilometer hinter mir und musste als Musketier so manchen Kampf bestehen. Bis zu meinem Tagesziel wären es noch knapp zehn Kilometer. Die sind zu schaffen, aber irgendwie würde ich mich wieder mal über eine Badewanne voll heißem Wasser freuen. Da ich nicht vermute, dass die im Führer empfohlene Pension so etwas bieten kann, spiele ich mit dem Gedanken, mir sechs Kilometer vorher in dem kleinen Ort Novellana ein Hotelzimmer zu gönnen. Aber jetzt bin ich mal in der Bar und habe große Lust auf ein Bier. Normalerweise trinke ich *Cerveza* erst am Ende des Tages, aber jetzt ist meine Kehle derart trocken, dass nur ein kühles Blondes helfen kann. Und die Gläser in Spanien sind ja eh so klein! Während ich mit mir über das Bier verhandle, kommt auch schon Kathi rein und meint, dass sie jetzt eine *Cerveza* brauchen würde. Na gut, entschieden! Wir bestellen zwei dieser Elektrolytgetränke, und Kathi lässt es sich nicht nehmen, auch meines zu bezahlen. Dafür, dass ich sie heute mehrmals gerettet habe, sagt sie. So schmeckt das Bier doppelt gut.

Der Regen hält nicht lange an – wir ziehen also wieder los. Ich bin durch das Bier derart aufgeputscht, dass ich den ersten Kilometer bergauf in unter zehn Minuten absolviere. Aber das war eindeutig zu schnell. Plötzlich dreht sich alles rund um mich, die Straße taumelt! Ich stecke mir schnell zwei Traubenzucker in den Mund und kann mich gerade noch auf eine Gehsteigkante setzen. Nach ein paar Minuten fühle ich mich wieder besser, jetzt weiß ich aber, dass Bier und Marschieren in meinem Fall nicht zusammenpassen. Oder dass ich zumindest danach nicht zum Hochleistungssportler mutieren sollte. Dieses Erlebnis bestärkt mich, mir doch ein Hotel in Novellana zu suchen, noch dazu weil es wieder leicht zu regnen beginnt. Und dann sehr stark, sogar Hagelkörner fallen vom Himmel, aber da stehe ich schon längst in einer zufällig am Weg gefundenen Autobushaltestelle. Kathi ist noch unterwegs, ich hoffe, dass auch sie irgendwo die Möglichkeit hat, sich vor den Eisbrocken zu schützen.

Zum Glück dauert dieser Schauer nicht sehr lange, so kann ich mich bald auf die Suche nach einem Quartier für diese Nacht machen. Am Ortsende von Novellana, gleich neben der Kirche, werde ich fündig – das „H“ mit einem Stern leuchtet groß und hell von einem Dach. Ich habe genug vom Marschieren für heute, da bleibe ich! Schnell noch ein SMS an Kathi, und dann zeigt mir der Hotelbesitzer ein sehr schönes Zimmer mit großem Bad und einer mir angepassten Wanne. Ja – das ist es! Und auch der Pilgerpreis von 30 Euro geht in Ordnung.

Tut das gut! In der Wanne, die bis zum Rand mit heißem Wasser gefüllt ist, lasse ich meine heutigen „Heldentaten“ Revue passieren. Jetzt hätte ich mir auch ein Bier verdient, aber man kann nicht immer alles haben. Nach einer kurzen Fußpediküre werden sämtliche Cremes aus meiner Wanderapotheke verschmiert – Fettcreme für die Fußsohlen,

Muskelentspannungscreme für die Beine, Wundcreme auf eine kleine Stelle an der Hand, wo ich mich anscheinend mit den Stöcken etwas aufgescheuert habe. Und dann lege ich mich in das frische Bett und döse so vor mich hin. Der Hotelier hat mir erzählt, dass es ab 20:30 Uhr ein *Menú del día* um acht Euro gibt, zusätzlich wird im Restaurantfernseher ein Fußballspiel übertragen, wo die gesamte Dorfjugend versammelt sein wird. Das kann sehr interessant werden, aber bis dahin habe ich Zeit.

Anscheinend habe ich tief und fest geschlafen, aber nun werde ich wach – mitten in Alaska, mir ist saukalt. Jetzt erst merke ich, dass es draußen wieder in Strömen gießt und der Heizkörper im Zimmer nur als Eisschrank taugen würde – außer Betrieb! Also rein in sämtliche mir noch zur Verfügung stehenden trockenen Sachen und wieder unter die Decke. So geht es einigermaßen, aber das ist kein Zustand. Ich werde es dem Hotelmeister dann beim Abendessen sagen, denn bei Minusgraden im Zimmer ist meine feuchte Wäsche morgen bestimmt schockgefroren.

Knapp nach acht bekomme ich ein SMS von Moni und melde mich natürlich sofort bei ihr. Sie ist wieder aus Deutschland zurückgekehrt, wo sie eine Freundin besucht hat. Auch dort war es eisig, in Hamburg hatte es nur fünf Grad. Wir quatschen fast 20 Minuten, die Telefonrechnung ist mir völlig egal, ich bin nur froh, sie wieder mal zu hören. Ich habe jetzt schon die Hälfte meines *Caminos* hinter mir, und jeden Tag vermisse ich meine Familie mehr.

Beim Abendessen versuche ich, dem Hotelier zu erklären, dass in meinem Zimmer polare Temperaturen herrschen, weil der Radiator nicht funktioniert. „Werde ich sofort beheben“, meint mein spanischer Zimmerdealer, und ich denke, dass er wahrscheinlich einen elektrischen Heizstrahler aufstellen wird – der Fall dürfte also erledigt sein.

Das *Menú del día* beginnt mit einer Fischsuppe in einer riesengroßen Schüssel, aus der mich zwei Augen einer Languste anstarren – igitt! Auch Muscheln und allerlei sonstiges Getier schwimmen da drinnen herum. Außer paniertem Fisch habe ich in meinem bisherigen Leben alles verweigert, was aus dem Meer kommt. Aber heute habe ich großen Hunger, mir ist kalt und die Suppe dampft verlockend vor mir, also springe ich über meinen Schatten und nehme mir halt einen Schöpfer davon. Mhm

– die schmeckt überirdisch gut, ich vernichte fast die gesamte Schüssel. Aber nicht, ohne den Topf zuvor umgedreht zu haben. Jetzt kann sich die Languste das Fußballmatch im Fernseher anschauen – und ich fühle mich nicht mehr so beobachtet. Danach gibt es ein Rindersteak mit Pommes, die wieder mal in mehreren Hektolitern von Olivenöl rausgebacken wurden. Trotz des vielen Fettes schmeckt auch das hervorragend, und als mir der spanische Haubenkoch zum Schluss noch einen selbst gemachten Kuchen bringt, bin ich wunschlos glücklich.

Im Gastraum neben meinem engen Speiseschlauch haben sich die angesagte Dorfjugend und anscheinend auch der Ältestenrat versammelt, um das vorhin angesprochene Fußballspiel im Fernseher mitzuverfolgen. Und das unüberhörbar! Jede Aktion wird entweder mit einem erbitterten „OOOOOHHH", wenn es den Gegner betrifft, oder mit einem zustimmenden „AAAAAHHH", wenn es sich um die eigene Mannschaft handelt, kommentiert. Es geht hin und her mit den OOOOOHHHs und AAAAAHHHs, ich weiß auch ohne von meinem Teller aufzublicken, welche Mannschaft gerade im Ballbesitz ist. Es gibt Diskussionen und Schreiduelle, da sind Emotionen dabei, die ich so noch nie gesehen habe. Und dann sehe ich plötzlich groß gewachsene Männer weinen. Sie flennen wie Kinder, weil irgendein Loser den alles entscheidenden Elfmeter verschossen hat. Tränen aus purer Verzweiflung! Ich bin inzwischen fertig mit dem tollen Essen und setze mich noch auf ein Bier raus in den Schankraum, um dieses außergewöhnliche Schauspiel live mitzuverfolgen – ein Erlebnis! Es ist aber nicht so sehr das Fußballspiel, das mich fasziniert, sondern die Reaktionen und Gefühlsausbrüche der versammelten Anhängerschaft. Das Match endet übrigens 1:1, die OOOOOHHHHs und AAAAAHHHHs waren also sehr ausgeglichen. Anscheinend haben die spanischen Passivfußballer von ihren Frauen aber heute nur Ausgang bis 22 Uhr bekommen, denn fünf Minuten nach Spielende ist das Lokal wie ausgestorben, und ich bin der einzige Gast. Na gut, wenn die mich allein lassen, gehe ich halt auch schlafen. „*Buenas noches*, Herr Wirt und Frau Köchin, und danke für das gute Essen!"

Jetzt sehe ich, wie es in meinem Zimmer wärmer werden soll: Man hat mir zwei Decken auf mein Bett gelegt. Nichts ist aus dem elektrischen Heizgerät geworden. Ich kann mich zwar in die Decken kuscheln, aber meine feuchte Wäsche muss frieren. Also gehe ich mit den nassen

Sachen runter in das Lokal, wo der Wirt gerade dabei ist, das Licht auszumachen. Jetzt hat er begriffen, was ich eigentlich wollte, und meint, dass es im Schankraum um vieles wärmer sei als im Zimmer. Also lasse ich die Sachen hier. Die werden morgen aber schön schauen, wenn im gesamten Lokal die Fliegen von der Decke fallen, weil es wahrscheinlich doch eine erhebliche Aromaentwicklung geben könnte. Aber Hauptsache ich kann meine Wander-T-Shirts wieder anziehen.

Die Arche Noah startet ohne uns

Tag 25 – 5.5.2010: Novellana – Almuña, 34 km (gesamt 665)
Wetter: Und wieder Regen bei Nacht, aber am Tag etwas aufgelockert.
Strecke: Landstraßenpilgern – aber meist mit dem Meer in Sichtweite.
Sonstiges: So viel Asphalt!
Quartier: Herberge Almuña – 3 Euro. Großer Schlafsaal, eingeschränkte Duschmöglichkeit, „Terrorschnarcher"! Keine gute Nacht!

Wieder hat es die Nacht durchgeschüttet, aber jetzt haben sich die Wolken ausgeweint, denn heute Morgen sind sie nicht mehr ganz so schwarz wie noch gestern. Es ist zwar weiter Regen angesagt, aber das muss ja nicht so sein! In der Wirtsstube bekomme ich meine Sachen wieder, sie sind doch einigermaßen trocken geworden. Und überraschenderweise kann man hier auch ohne tränende Augen ganz normal atmen. So arg dürfte die Duftbelästigung dann doch wieder nicht gewesen sein. Auch mit einem Kaffee und einem Kuchen werde ich versorgt. Zum Abschied gibt mir der Wirt noch zwei Flaschen Mineralwasser mit auf den Weg – gratis! „*¡Muchas gracias!*"

Auf mich warten 16 Kilometer auf einer fast nicht befahrenen Landstraße. Ich begegne gezählten acht Autos – zwei weißen, drei roten, einem grünen und zwei undefinierbar verrosteten. Völlig ausgeschlafen ist man viel leistungsfähiger. Den Kilometer schaffe ich in unter zehn Minuten, für die erste Teiletappe brauche ich gerade mal zweieinhalb Stunden. Mir tut absolut nichts weh, es macht unglaublichen Spaß, so dahinzulaufen. Es geht bergauf und bergab, und ich kann problemlos ein sehr hohes Tempo halten.

Nächsten Sonntag ist Muttertag, und ich habe noch immer kein Geschenk. Da komme ich auf die einzigartige Idee, mal ausnahmsweise Blumen zu schenken. Aber wie, wenn man Tausende Kilometer entfernt ist von zu Hause? Gerade als ich so vor mich hinsinniere, komme ich an einer Gärtnerei vorbei. Es dauert einige Zeit, bis ich der nicht des Englischen mächtigen *Señora* auf Spanisch erklärt habe, dass ich keine Blumen kaufen möchte, sondern dass sie mich damit nur fotografieren soll. Sie lacht über das ganze Gesicht, als sie endlich versteht, dass ein *Pere-*

grino aus *Austria* zum Muttertag virtuelle Blumengrüße nach Hause senden möchte. Und dann sucht sie für mich drei schöne Blumenstöcke aus und knipst mich damit – je ein Foto für meine Moni, meine Mama und meine Schwiegermutter. So, dieses Problem hätten wir gelöst.

Ich bin schon am letzten Anstieg zu meinem Etappenzwischenziel in Cadavedo, da kommt mir plötzlich Kathi entgegen und meint, nicht ganz damenhaft: „Scheiße, geh ich in die falsche Richtung?" Sie ist gestern noch fünf Kilometer weitermarschiert und hat in der im Führer beschriebenen Pension *Prada* übernachtet. Manchmal hat der Autor des Führers bei seinen Empfehlungen so gar nicht meinen Geschmack getroffen, aber diese Unterkunft dürfte wirklich mehr als in Ordnung sein – das bestätigt mir auch Kathi. Jetzt hat sie hier im Ort etwas gegessen und sich mit Proviant versorgt, dann wollte sie weiter und hat die falsche Abzweigung erwischt. In ihrer unnachahmlichen Art zeigt mir die Hobby-Fremdenführerin sofort das halbe Dorf, inklusive der Bar und dem Supermarkt, dann marschiert sie weiter. Während ich mich im Geschäft vor allem mit Schokolade eindecke, kommt sie wieder vorbei und meint: „Scheiße, wieder falsch!" Irgendwie wirkt sie etwas desorientiert, die gute Dame! Aber sie wird es schon noch schaffen, aus dem Ort rauszufinden.

Ich esse heute ausnahmsweise mal einige *Pitxos* in einer Bar und mache mich nach einem *Café con leche* auf den Weg. Draußen am Platz vor der Kneipe höre ich plötzlich lautes Rufen. Ein Spanier läuft mir nach, in seinen Händen schwingt er meine Wanderstöcke. Über das ganze Gesicht grinsend sagt er so etwas wie: „Du willst ein Pilger sein? Und dann vergisst du das Wichtigste!" Ich bedanke mich tausendmal bei ihm und ziehe endlich los.

Es geht steil bergauf. Der Regen der Nacht hat riesengroße Pfützen auf den Waldwegen hinterlassen, die sich im Gatsch und im Morast tief eingegraben haben. Ich muss sehr aufpassen, wo ich hinsteige, weil sonst sehr leicht mein gesamter Körper Bekanntschaft mit dem Waldboden machen könnte. Und das würde immer noch eine leichtere seismographische Erdbewegung auslösen. Jetzt ist keine Rede mehr von einem rasanten Tempo. Trotzdem hole ich Kathi auf den letzten fünf Kilometern ein, sie dürfte sich irgendwo verplaudert haben. Oder auch nicht – denn in mir hat sie wieder jemanden, dem sie ihren Tagesablauf in allen Einzelheiten schildern kann. Also, sie hat in der Pension *Prada* übernachtet die wunderschön war und wo sie ein Zimmer allein um zwölf Euro allerdings mit Dusche statt Badewanne bekommen hat und da waren auch viele Spanier und ein Radfahrerpärchen von der Färöer-Inseln mit ihrer dänischen Kusine und es war lustig und heute früh ist sie um 8:30 Uhr losmarschiert allerdings die Spanier waren da schon fort und dann hat es nicht geregnet und im Geschäft hat sie was gekauft und ist dann auf einem Gehsteig gegangen, später dann im Wald und … – STOP! Irgendwann schaffe ich es nicht mehr, ihr zu folgen, und verschärfe mein Tempo. Da kommt sie ins Keuchen und kann nicht mehr so viel quatschen – ich bin ganz schön fies … Mitten in einem Park steht ein Schiff. Kathi meint, dass das bestimmt die Arche Noah wäre, und wir zwei könnten da gleich einsteigen. Worauf ich ihr sagen muss, dass wir da aber die Falschen sind. „Warum?", meint Kathi. „Weil wir uns sicher nicht vermehren, da sollten andere rauf!" „Okay, hast auch wieder recht", meint sie.

Arche Noah – nix für uns …

Endlich haben wir Almuña erreicht. Gleich am Ortsanfang gibt es einen riesengroßen Supermarkt – obwohl hier laut Führer keine Einkaufsmöglichkeit vorhanden ist. Jetzt hat Kathi ihre Jause unnötig mitgeschleppt und ist dementsprechend empört. Ganz sicher wird sie das dem Autor des Reiseführers in einem Brief mitteilen, denn das ist eine Gemeinheit! Ich frage mich, ob sie wohl genauso schreibt, wie sie spricht? Dann muss sie die Beschwerde in einem Paket übersenden, denn unter 100 Seiten werden es nicht sein. Ich habe heute Morgen wieder mal vergessen, meine Tagesetappe genau zu planen, und so auch nicht mitbekommen, dass es hier angeblich keinen *Supermercado* gibt. Daher habe ich auch keine Jause in meinen Rucksack gepackt und muss mich jetzt auch nicht aufregen. So einfach ist das! Irgendwo finde ich immer etwas zu essen, und wenn nicht, dann eben nicht. Und ich habe noch immer genug Speck an den Rippen, von denen ich zehren kann.

Die Lady in Black an meiner Seite meint, dass wir es uns heute in der Herberge gemütlich machen könnten. Ich hoffe, sie meint nicht das, was es sein könnte, das sie meint? Aber sie möchte nur *Tapas* für uns machen, mit Brie-Käse, *Jamón* und Salami. Okay, das hört sich nicht so schlecht an. Ich steuere die Salami, Weintrauben und Brot bei, Kathi übernimmt den Rest.

In der Herberge treffen wir auf sieben Spanier und eine *Señora*, aufgeteilt in zwei Räumen. Nachdem ich mir ein freies Stockbett ergattert habe, breite ich im Erdgeschoß meinen Schlafsack und im ersten Stock all meine restlichen Sachen aus. Ich möchte mir gar nicht vorstellen, wie es wäre, wenn die gesamte Herberge voll belegt ist. Wo hätte ich dann Platz für meine Wanderhose, Wanderjacke, Fleeceweste, für die verschwitzten T-Shirts usw.? Gott sei Dank ist Vorsaison. Da sind nur ein paar *Peregrinos* unterwegs, und außerdem ist der Frühling mit seinen blühenden Bäumen gerade die Jahreszeit, die ich am meisten liebe. Das Leben ist bunt!

Essenszeit – Kathi macht *Tapas*, und ich gehe inzwischen vor das Haus, um die Sonne hervorzulocken. Aber sie war schon vor mir da, so können wir unsere Brote ganz gemütlich im abendlichen Sonnenschein genießen. Zum Abschluss dieses schönen Abends gehen wir noch kurz in die nahe liegende Bar auf zwei *Cervezas*, und das war's für heute – ab in den Schlafsack, ich bin sehr müde. Morgen geht es über 30 Kilometer nach El Franco, da werde ich mir sicher ein Pensionszimmer nehmen. Der Führer schreibt nämlich nichts Gutes über die dortige Herberge. Die Stahlrohrbetten und Matratzen in dieser Herberge heute aber scheinen gar nicht mal so übel zu sein, ich freue mich auf einen erholsamen Schlaf.

Schnarchen kann Ihre Gesundheit gefährden

Tag 26 – 6.5.2010: Almuña – El Franco, 36 km (gesamt 701)
Wetter: *Regen bei Nacht, am Tag kommt die Sonne.*
Strecke: *Auf allen möglichen Pisten geht es durch idyllische Orte und kleine Städte direkt am Meer.*
Sonstiges: *Nach der gestrigen Nacht „schlafwandle" ich heute durch Spanien.*
Quartier: Hotel CH, El Franco – 25 Euro Pilgerpreis. Tolles Hotel, tolles Service, statt Badewanne Riesendusche – sehr empfehlenswert!

Mann – das war eine Nacht! Erster vermutlicher Kontakt mit dem Traummännlein nicht vor 4:45 Uhr, bis dahin habe ich fast jede Minute genervt und verzweifelt auf meine Uhr gestarrt. Was ist passiert? Neben mir lag ein spanischer Kettensägen-Imitator auf höchstem Niveau. Aber nicht nur Bäumeumschneiden stand auf seinem Programm – mal schnaufte er wie ein Walross, dann winselte er wie eine Dobermann-Dackelmischung, prustete und hustete, als wäre er gerade nach 3000 Metern wieder aus dem Meer aufgetaucht – und das alles mit einer Dezibelstärke, die dem Starten eines Düsenjets ganz bestimmt in nichts nachstand. Immer wieder hatte er dann ewig lange Atemaussetzer, die irgendwann in einem „WAHRRCHCHSUDHHSGDF" endeten, und nach mehrmaligem „Nach-Luft-Röcheln" fing das ganze Spiel wieder von vorne an. Kurz – an Schlaf konnte ich nicht mal denken! Und auch meine Leidensgenossen nicht, immer wieder hörte man ein lautes *„¡Silencio!"* von den armen Pilgerkollegen, aber es war völlig nutzlos. Irgendwann holte ich meine Kopfhörer raus und versuchte, mit Liedern aus meinem MP3-Handy Schlaf zu finden. Aber der spanische Troublemaker war einfach zu laut und zu konstant.

Um drei Uhr war ich kurz davor, ihn zu würgen. Am Weg zum Klo stieß ich zufällig mit voller Wucht an sein Stahlrohrbett und leuchtete ihm wie Inspektor Kottan mit meiner Stirnlampe in die Augen – aber er hatte einen seligen Schlaf. Ihm war alles egal, wenn er nur schnauben und toben konnte. Ich schwor mir, wenn ich den jemals wieder in einer Herberge treffe, ziehe ich dort sicher nicht ein. Oder er muss raus. Oder beides!

Jetzt ist es knapp vor sechs – und wer weckt mich mit einem um diese Zeit höchst unangebrachten Rascheln und Knistern? Der Spanier mit dem verschluckten Formel-1-Motor im Rachen ist ausgeschlafen, packt seine Frau sowie die restlichen sieben Sachen zusammen und geht einfach. Das bringt einige Nachahmungstäter auf den Plan, auch sie machen sich mit einem Heidenlärm auf den Weg, und irgendwann bin ich allein in der Herberge. Auch Kathi ist schon losgezogen, ich aber schmeiße mich nochmals in mein Bett, um wenigstens ein paar Minuten Schlaf nachzuholen. Um neun Uhr öffne ich wieder meine Augen und merke, dass ich noch immer höchst unausgeschlafen bin. Heute Abend werde ich die Herberge in La Caridad/El Franco meinen *Peregrino*-Kollegen überlassen, ich suche mir ein schönes Zimmer, in dem ich ganz allein schnarchen und mich dabei nicht hören kann.

Die ersten drei Kilometer schlafwandle ich bis zu der direkt am Meer liegenden Stadt Luarca. Zwei Kaffees, diesmal richtig starke Espressos, hauchen mir wieder Leben ein. Im Fernseher in der Ecke läuft gerade *Medicopter 117* – auf Spanisch. Hört sich lustig an! Komisch ist nur, dass die Schauspielerin Sabine Petzl synchronisiert wurde, der Hubschrauber aber nicht – obwohl beide ungefähr gleich viel Text haben.

Erst um zehn Uhr mache ich mich endgültig auf den Weg. Es geht wieder bergauf – aber irgendwie ist heute der Wurm drinnen. Ich komme

Schlafwandelnd geht's zum Hafen von Luarca …

nicht auf Touren, die Nacht steckt mir zu tief in den Knochen. Ich ärgere mich über den Spanier, der mir die so wichtigen Erholungsstunden einfach gestohlen hat. Aber eigentlich kann er ja auch nichts dafür, denke ich mir dann wieder. Oder doch? So jemand sollte nicht in einer Herberge absteigen! Außerdem hätte es zusätzlich zum großen Schlafraum ein kleines Dreibettzimmer gegeben – dort hätte er die gesamte russische Tundra absägen können. Aber da schliefen seine drei Begleiter. Hey – jetzt erst fällt mir das auf, die haben alles gewusst und sich so in Sicherheit gebracht. Supernett, uns anderen *Peregrinos* gegenüber! Aber soll ich mir deswegen den Tag vermiesen lassen? Es ist zwar nicht einfach, aber trotzdem versuche ich, nicht mehr an diese Nacht zu denken.

Es gibt auch Positives zu vermelden. Ich entdecke, dass ich immer mehr neue Fähigkeiten entwickle, von denen ich zuvor nie wusste, dass ich die nicht habe. Oder dass ich die überhaupt jemals brauchen würde. Zum Beispiel kann ich mir selbst die Trinkwasserflaschen aus den Rucksackschlaufen nehmen – und auch wieder zurückgeben. Das habe ich am Beginn meiner Pilgerschaft unmöglich geschafft. Darum hatte ich damals ja auch meinen englischen Keniaten Tony als „Ersten Wasseroffizier“ ausgebildet, er hat das für mich erledigt. Jetzt kann ich beide Hände derart verbiegen, dass ich dazu fähig bin, mir selbst das Wasser zu geben.

Ich kann mich auch perfekt „steirisch“ schnäuzen. Das heißt, ich brauche kein Taschentuch mehr, sondern drücke mit einem Finger ein Nasenloch zu und blase kräftig durch meinen Riecher – und schon ist alles erledigt. Ich muss dafür nicht mal meine Wanderung unterbrechen. Gut, diese Kampfsportart aus der grünen Steiermark ist zwar nicht die feinste Art, aber wenn es niemand sieht …

Oder auch das endlos lange Rumtrödeln am Morgen. Okay – diese Fähigkeit hatte ich schon vorher. Aber jetzt kann ich es bis zur Vollendung. Irgendwie schaffe ich es immer noch, der Letzte zu sein, der das Haus verlässt. Ich habe schon so viel Neues gelernt …

In der Nacht hat es natürlich wieder geregnet, jetzt ist der Himmel bedeckt. Aber ich, als bereits erfahrener spanischer Wetterfrosch, weiß natürlich genau, dass auch heute – entgegen den Vorhersagen im Wetterbericht – sicher kein Regen kommen wird. Oder wenn, dann nur sehr kurz. Und genauso ist es – es herrscht ideales Wanderwetter. Nur leider wurden mein langärmeliges Wandershirt und die Fleecejacke über Nacht nicht vollständig trocken – obwohl der Schnarcher für genügend Luftzug gesorgt hat. So musste ich die Sachen etwas feucht anziehen, und irgendwie habe ich jetzt ein permanentes Eisbärengefühl auf der Haut. Um mich aufzuwärmen, hole ich mir in einem Restaurant in Piñera einen Thunfischsalat, der hervorragend schmeckt. Danach noch heißen Kaffee und etwas Süßes, aber dann geht es wieder hinaus in die Kälte. Während ich so vor mich hin fröstle, schicke ich ein schnelles Gebet zum Himmel. Und bald drauf – ich kann es selbst nicht ganz glauben (oder doch, drum hab ich's ja getan) – guckt die Sonne durch ein klitzekleines Loch in der sonst völlig geschlossenen Wolkendecke hindurch, und in Sekundenschnelle spüre ich eine wohlige Wärme, die meinen Körper umfließt. Ab diesem Zeitpunkt hat die Sonne das Sagen – sie vertreibt sämtliche Wolken, und der Nachmittag wird schön und heiß. Jetzt kann ich die Fleecejacke ausziehen, und endlich wird auch das langärmelige Leibchen wieder ganz trocken. Aber leider nur trocken, das gewisse Aroma behält es bei. Es wär' längst an der Zeit, wieder mal einen Waschtag einzulegen.

Da ich gerade an einem 4-Sterne-Hotel mit eigener Spa-Landschaft vorbeikomme, überlege ich kurz, ob ich hier nicht mal nachfragen soll, was denn die Nacht für einen *Peregrino* kosten würde? In meinen Tagträumen sehe ich mich, wie ich in einem weichen, frischen Bademantel in das Hallenbad pilgere und dort stundenlang das warme Thermalwasser genieße, während in der Zwischenzeit meine Wandersachen von guten Geistern gewaschen werden. Aber leider ist es noch viel zu früh, um für heute schon das Handtuch zu werfen. Obwohl – Handtuch – schön wär's schon hier. Ich entscheide mich trotzdem fürs Weitergehen, aber sollte ich in einigen Stunden noch mal an so einem Gesundheitstempel vorbeiwandern, mach' ich das ganz bestimmt! Wenn die einen Stinker wie mich überhaupt bis zur Rezeption vorlassen. Die Kosten wären mir eigentlich völlig egal. Ich müsste dann halt meiner Frau etwas weniger Haushaltsgeld überlassen, die Kinder müssten hungern und der Hund sowieso …

Immer wieder marschiere ich heute auf falschen Wegen, und immer wieder zeigen mir wildfremde Menschen, wo's langgeht. Irgendwie taumle ich nur durch diesen Tag. Da ist auch wieder Kathi, sie hat es sich an einem von pilgerfreundlichen Mitmenschen liebevoll gestalteten Platz mit Santiago-Brunnen gemütlich gemacht und ruft mir zu: „Schau, was ich für einen tollen Platz gefunden habe!" „Danke Kathi, aber ich bin zu müde, um hier Pause zu machen! Wenn ich jetzt stehen bleibe, kann mich das Rote Kreuz holen – ich würde keinen Schritt mehr weitergehen!"

Irgendwie schaffe ich es doch nach La Caridad, den Wegweiser zur Herberge ignoriere ich aber ganz bewusst. Dort wird bestimmt auch heute wieder die spanische Schnarchlandesmeisterschaft ausgetragen, da muss ich nicht unbedingt dabei sein. Daher ziehe ich weiter und weiter und weiter – bis ich nach einer knappen Stunde endlich auf einer viel befahrenen Landstraße das Schild „Hotel – 1 km" passiere. Yes – genau da will ich hin. Doch aus dem einen Kilometer werden geschätzte zehn, selbst die Nacktschnecken am Wegrand scheinen schneller unterwegs zu sein als ich durchtrainierter Kampfpilger. Ich kann mich nicht erinnern, jemals so müde und ausgepumpt gewesen zu sein wie heute.

Fast auf allen Vieren schleppe ich mich die paar Stufen zur Rezeption des Hotels in El Franco empor, aber was ich da sehe, lässt mein armes, geschundenes Herz wieder lachen. Die Empfangshalle macht einen außergewöhnlich edlen Eindruck, alles ist sehr geschmackvoll und mit Liebe zum Detail eingerichtet. Ein freundlicher Spanier sieht meine Erschöpfung und gibt gleich mal ein Coke aus. Dann zeigt er mir das Zimmer, genau das wollte ich! Na gut, nicht ganz – es gibt hier leider keine Badewanne, aber eine riesengroße Dusche! Und WiFi, also drahtloses Internet, da kann ich wieder mal mit meiner Frau skypen. Zuvor frage ich jedoch den *Señor*, ob ich hier irgendwo meine Sachen waschen kann! Er meint nur, ich solle ihm den ganzen Kram einfach geben, er wird sich was einfallen lassen. Das lasse ich mir nicht zweimal sagen, fast den kompletten Rucksackinhalt schmeiße ich auf einen Haufen, mir bleibt nur mehr die Badehose! Und nur die habe ich an, als ich die Wäsche zur Rezeption bringe. Anscheinend bin ich hier heute der einzige Gast, da ist es doch egal, wie ich ausschaue und was ich anhabe. Ein Hotelier ist zum absoluten Stillschweigen verpflichtet, hoffe ich zumindest. Doch genau in diesem Moment kommt eine Frau in die Vorhalle, dich mich doch etwas verwundert anschaut. Aber dann nimmt sie lachend meinen Wäscheberg in Beschlag, und ich husche wieder zurück in mein Zimmer.

Die heiße Dusche tut einfach nur gut! Danach massiere ich mir wie immer alle möglichen Cremes auf meine Füße – die heute brennen, als wäre ich barfuß über glühende Kohlen gelaufen. Kathi meldet sich per SMS, sie ist in der Herberge – gemeinsam mit der spanischen Schnarchnase. Und noch während ich mich überirdisch freue, weit weg zu sein von diesem Geräuschakrobaten, schlafe ich ein. Ich werde erst Stunden später wach, als die nette Dame, die ich zuvor mit meiner Badehose geschockt habe, an meine Tür klopft und mir einen Sack mit frisch gewaschenen, gebügelten und toll duftenden Sachen übergibt – ich bin im Paradies! Aber schon das Aufstehen und Öffnen der Tür war eine Höchstleistung, erschöpft lasse ich mich wieder ins Bett fallen und schlafe glücklich und zufrieden ein.

Der Duft der Pilger

Tag 27 – 7.5.2010: El Franco – Vilar, 30 km (gesamt 731)
Wetter: *Nachtregen, Nieseln und dann heiter.*
Strecke: *Der empfohlene Küstenweg ist außergewöhnlich schön, breite Sandstrände wechseln sich mit beeindruckenden Steilküsten ab, über eine 600 m lange Brücke geht's rein nach Ribadeo (letzter Ort am Meer) und weiter durch das Landesinnere nach Vilar.*
Sonstiges: *Wahnsinn – eine der schönsten Strecken meines Caminos.*
Quartier: *Pension in Vilar – 30 Euro. Klein, rein, fein!*

Zehn Uhr – so spät wie nie! 16 Stunden durchgeschlafen, neuer Pilgerrekord in der inoffiziellen Statistik seit 1762. Oder so halt – auf jeden Fall habe ich den Schlaf wirklich gebraucht. Und außerdem schüttet es draußen, ich hab' also auch nicht viel versäumt. Trotzdem muss ich mich jetzt bald auf den Weg machen, wenn ich die knapp 35 Kilometer bis nach Vilar schaffen möchte. Das empfohlene Etappenziel für heute wäre laut Reiseführer Ribadeo, zehn Kilometer vorher. Aber ich möchte einerseits vermeiden, dass ich wieder zusammen mit dem Kampfschnarcher übernachten muss, und außerdem treibt es mich unaufhörlich nach Santiago. Jeden Tag brennt es in mir mehr und mehr – und mit jedem Schritt komme ich meinem großen Ziel näher. Ab Vilar wäre es dann möglich, morgen bis nach Mondoñedo durchzumarschieren, so hätte ich einen ganzen Tag gewonnen. Obwohl ich ja nichts gewinnen muss, aber wie gesagt, Santiago wartet auf mich. Es gäbe aber schon einen Nachteil, wenn ich wirklich über Ribadeo hinaus pilgern würde – Kathi müsste ihren Abschied vom *Camino* allein feiern. Jetzt waren wir über vier Wochen mehr oder weniger gemeinsam am Weg, aber heute, in Ribadeo, beendet sie ihren Weg. Länger hat sie nicht Zeit, und wahrscheinlich müssen auch ihre Kieferknochen jetzt einmal zum 1.000.000-Sätze-Service. Aber sie wird mir doch fehlen, und es wäre schön gewesen, wenn wir gemeinsam Santiago erreicht hätten. Hoffentlich treffen wir uns überhaupt noch mal, heute auf dem Weg – oder irgendwo in Ribadeo.

Soll ich das gemütliche Bett wirklich schon verlassen? Aber dann fällt mein Blick auf den frisch gewaschenen Wäschestoß, der nur darauf wartet, wieder im Rucksack verstaut zu werden. Alles wie neu, und es riecht wie ein Lavendelstrauß im Hochsommer. Also, nichts wie raus! Heute werde ich für einige Verwunderung sorgen, einen derart ausgeschlafenen, wohlriechenden *Peregrino* hat man hier bestimmt noch selten gesehen. Glücklich – und gut duftend – schwebe ich förmlich in den Frühstücksraum, wo bereits ein geschmackvoll gedeckter Tisch auf mich wartet. Und auch die nette *Señora*, die mich seit gestern auch in der Badehose kennt und trotzdem meine Sachen gewaschen hat, erwartet mich mit einem Lächeln, einer Tasse Kaffee und einem Frühstück – ich liebe den *Camino*. Und dieses Hotel – denn ich bezahle für die Unterkunft inklusive Frühstück nur den Pilgersonderpreis von 25 Euro, das Waschen meiner Kleider war überhaupt gratis. Das ist ein Service! „*¡Muchas gracias!*"

Um elf Uhr mache ich mich endlich auf den Weg, mittlerweile ist auch vom Regen nur mehr ein leichtes Nieseln übrig geblieben. Bei idealem Wanderwetter geht es also auf der Straße dahin, wo leider sehr schwere LKWs hautnah an mir doch etwas leichterem Ösi-Pilger vorbeidonnern. Doch dann sehe ich wieder gelbe Pfeile, die mich weg von der Hauptstraße lotsen. Alles in Ordnung! Die ersten zehn Kilometer bis Tapia de Casariego schaffe ich in unter zwei Stunden, bin also gar nicht so schlecht drauf.

Ich glaube, Kathi würde sich über ein kleines Abschiedsgeschenk freuen. Leider gibt es in dem *Supermercado* hier keine Bonbonniere mit der von ihr so geliebten weißen Schokolade, so wird es halt eine mit Milchschokolade. Schmeckt sicher auch, und außerdem – es kommt ja auf die Geste an. Und damit sich niemand benachteiligt fühlen muss, kaufe ich noch eine Packung – nur für mich!

Einen Kilometer weiter bemerke ich, dass ich jetzt zwar genug Schokolade habe, aber keine Stöcke mehr. Hab' ich die doch wieder mal glatt vergessen. Also zurück, der Regenschirmhalter des Supermarkts freut sich, dass er jetzt endlich die überlangen Titanstöcke loswird, die zwischen seinen Knirpsen doch etwas deplatziert waren. Und dann geht es ein drittes Mal an der wunderschönen Strandpromenade entlang, die aber mittlerweile nicht mehr so beeindruckend ist wie noch vor einer halben Stunde.

Mein Reiseführer empfiehlt den angeblich spektakulären Küstenpfad *Senda Costera* – und hat nicht zu viel versprochen. Ich marschiere durch hüfthohes und regennasses Gras, aber die feuchte Hose nehme ich gerne in Kauf, denn auf der gesamten Strecke bietet sich mir eine sensationelle Aussicht auf das Meer.

Mein Weg zeigt sich nochmals von seiner spektakulärsten Seite …

Mal liegt es weit unter mir, wenn ich auf grünen, saftigen Wiesen hoch über den steilen Klippen dahinmarschiere. Und dann wieder führt mich mein Weg direkt auf den menschenleeren Strand. Heute ist mein letzter Tag am Atlantik! Diese Verabschiedungstour könnte nicht schöner sein! Vielen Dank!

Kathi schreibt mir in einem SMS, dass sie glaubt, meine Spuren im Sand gesehen zu haben, und jetzt denkt sie, ich wäre schon weitergezogen. Sie ist also nicht nur Weltmeisterin im Schnellquasseln, sondern hat anscheinend auch eine Scout- und Rangerausbildung absolviert. Ich tippse ihr zurück, dass sie da falsche Spuren gelesen hat, denn ich werde erst in einer halben Stunde in Ribadeo sein und mich natürlich dort gebührend von ihr verabschieden. Postwendend sendet sie mir ihren Standort – oder besser Sitzort. Und – sie freue sich sehr, wenn wir uns nochmals sehen. Natürlich – so lasse ich sie nicht gehen!

Über eine 600 Meter lange Brücke marschiere ich rein nach Ribadeo, rechts ist die schöne Herberge zu sehen, die ganz idyllisch direkt am Ufer liegt. Uih – die schaut aber cool aus, sollte ich eventuell doch dableiben? Aber ich verwerfe den Gedanken sofort, als ich an den spanischen Weltrekordschnarcher denke, der den Schlafsaal heute wieder in eine Großbaustelle mit Presslufthammer und Mega-Mischmaschinengeräuschen verwandeln wird. Daher, schnell weiter, Richtung Stadt – wo Kathi schon sehnsüchtig warten wird.

Jetzt bin ich fast im Zentrum, aber die Straße, die Kathi mir beschrieben hat, ist nicht zu finden. Weil mich augenblicklich ein Durstgefühl überfällt, das ich sonst nur kenne, wenn ich an einer Bar mit Bier vom Fass vorbeigehe, bleibe ich kurz stehen und nehme einen ordentlichen Schluck aus meiner Wasserflasche. Und wer sitzt da, auf einer Parkbank in einer Seitengasse? Und schaut fragend in die andere Richtung? Kathi. Indianergleich schleiche ich mich leise an und schreie dann ganz fröhlich: „*¡Hola, Señorita!*“ Das Pilgermädl fällt fast von der Bank – von dieser Seite hätte sie mich nicht erwartet, ich bin also wieder mal einen falschen Weg gegangen. Was soll das werden in Zukunft, ohne sie?

Kathi erzählt mir in einem Wortschwall, was sie in den letzten 24 Stunden erlebt hat. Nicht alles interessiert mich, aber weil heute der letzte gemeinsame Tag ist, lasse ich sie einfach drauflosplaudern. Der Schnarcher hat gestern Abend einen ganzen Regenwald durchforstet und ist auch heute wieder in der Herberge. Kathi war kurz dort, möchte sich aber für diese Nacht ein Pensionszimmer nehmen. Um 16 Uhr öffnet das Touristenbüro, bis dahin quatschen wir einfach so dahin. Irgendwie tut es uns beiden leid, dass sich unsere Wege jetzt trennen. Ich spüre, wie gerne Kathi den *Camino* zu Ende gegangen wäre. Obwohl sie das am Beginn ihrer Wanderschaft nie und nimmer vorgehabt hat, fällt es ihr jetzt doch schwer, so knapp vor dem Ziel Adieu sagen zu müssen. Aber sie ist sich sicher, irgendwann wiederzukommen und auch den Rest des Wegs zu marschieren. Irgendwann, wenn die Zeit dafür reif ist …

Die sehr resche Spanierin im Touristenoffice schnauzt uns dermaßen an, dass wir befürchten, im Terroristenbüro gelandet zu sein. Äußerst widerwillig rückt sie den Stempel für unsere Pilgerpässe raus, und als Kathi sich erdreistet, nach der besten Verbindung nach Barcelona zu fragen, wirkt die gute Dame hinter dem Schalter etwas sehr überfordert und meint schnippisch, sie soll am Bahnhof nachfragen. Ob die da wirklich ihren Traumberuf gefunden hat?

Schnell raus aus dem Laden! Um uns vom Schrecken zu erholen, genehmigen wir uns zwei Achterln *Rioja* in einem kleinen Straßencafé. Schließlich muss der Abschied auch ordentlich gefeiert werden. Wir lästern dermaßen über die „freundliche“ Info-Tussi aus dem Touristenoffice, dass die vor lauter Schluckauf eigentlich vom Sessel fallen sollte.

Kathi kennt die zwei deutschen Mädls, die sich jetzt zu uns setzen. Sie haben zuvor kurz in der Herberge miteinander gesprochen, und ich erfahre von Nela, der jüngeren der beiden *Peregrinas*, dass Kathi bei der Brücke neben der Herberge gesessen ist und auf mich gewartet hat. Wie süß – das hat mir meine schwarze Schnatterina nicht erzählt.

Natürlich möchte ich von den beiden deutschen Pilgerinnen erfahren, wie es ihnen bisher ergangen ist, auf ihrem *Camino*. Nela ist in Santander losmarschiert, und bis auf eine Etappe war alles prima. Aber an dem besagten Tag fühlte sie sich von allen Leuten einfach nur verarscht. Sie wurde in eine falsche Richtung geschickt, in Lokalen musste sie ewig lange auf den Kaffee warten, und außerdem wurde sie sowieso immer ignoriert. „Okay“, meine ich, „vielleicht hättest du doch nicht das T-Shirt mit der Aufschrift *‚I don't like Spain!'* tragen sollen?“ Nela steigt sofort auf den Schmäh ein und erzählt, das *„don't“* habe sie eh durch gestrichen, aber anscheinend war's doch noch etwas sichtbar. Dann meint sie noch, dass sie sich ernsthaft überlegt habe, den Satz „Für dich zünde ich keine Kerze in Santiago an“ auf Spanisch zu lernen, den Gedanken dann aber doch wieder verworfen habe.

Die zweite *Peregrina* heißt Flo und kommt aus Berlin. Sie hat in Bilbao begonnen, nachdem sie im Vorjahr schon von Irún aus bis dorthin marschiert war. Alles ist wunderbar, sie ist anscheinend mit sich und der Welt zufrieden.

Aber jetzt ist die Zeit gekommen, Abschied von Kathi zu nehmen. Und ihr mein Geschenk zu überreichen – die leider in der Sonne schon etwas geschmolzene Bonbonniere. Kathi wird ganz leise und stammelt verlegen: „Und ich habe gar nichts für dich!“ Eine neue Facette tut sich auf – Kathi ringt um Worte. Hätt' ich nie gedacht, was so eine olle Schokolade alles auslösen kann. Wenn ich das früher gewusst hätte … Aber jetzt werde auch ich etwas rührselig. „Kathi, es war schön, diesen Weg gemeinsam mit dir zu marschieren. Manchmal war es zwar etwas nervig (wahrscheinlich auch für dich), doch ich bin sehr froh, dich damals nach dem Lauschangriff in San Sebastián getroffen zu haben. Vielen Dank für die unzähligen Male gemeinsames Wäschewaschen, für die selbstlose Versorgung mit diversen Cremes, Schmerzmitteln und

Schokoladekuchen sowie die vielen unterhaltsamen Abende inklusive der ungezählten gemeinsam getrunkenen *Cervezas* in allen möglichen Kneipen dieses Landes." Natürlich vereinbaren wir, uns in Wien mal irgendwann zu treffen. Es müssen ja Tausende Fotos ausgetauscht werden, und eventuell haben wir auch Zeit, nochmals eine gründliche Nachbesprechung unseres gemeinsamen Wegs zu machen.

Bevor die Abschiedsszene eskaliert, reiße ich mich los und ziehe von nun an allein gen Westen. Unerwarteterweise finde ich sofort den Weg raus aus der Stadt. Es ist bereits früher Abend, als ich einen letzten Blick auf „mein" Meer werfen kann, bevor ich mich auf den Weg quer durch Galicien nach Santiago mache. Ich fühle mich so richtig wohl, nur auf der linken Ferse spüre ich eine kleine Druckstelle. Oder ist es die Achillessehne? Aber es scheint halb so schlimm zu sein, daher genieße ich einfach den Weg. Die Wolken sind alle auf wundersame Weise verschwunden, und ich wandere schnurstracks in die Abendsonne hinein.

Irgendjemand muss hier die Muschelsymbole falsch rum aufgehängt haben. Nein – das gehört natürlich so, denn in Galicien, das ich mit Ribadeo erreicht habe, wird das Symbol des Jakobswegs anders interpretiert. Bisher sollte es ein Sternensymbol sein, dessen geschlossenes Ende den Weg anzeigt, dahinter folgt der Schweif. Hier in Galicien stellt es wirklich eine Muschel dar, und deren offenes Ende zeigt nach Santiago. Wer das nicht weiß, wandert im Kreis!

In Vilar gibt es nur eine Pension, zum Glück haben sie ein Zimmer für mich. Sehr klein, aber mit einem eigenen Badezimmer. Zwar leider nur mit Dusche, aber natürlich nehme ich es sofort. Was bleibt mir auch anderes über? Die nächste Unterkunft ist mindestens 15 Kilometer entfernt. So, schnell unter die Dusche und dann ordentlich abtrocknen mit dem hoteleigenen Handtuch. Wauuuu – Weichspüler dürfte man hier noch nicht erfunden haben. Ich kratze mir das Wasser von der Haut – es ist wie ein Peeling mit einer Drahtbürste, und irgendwie fühle ich mich wie ein Fakir nach einem Nagelbad. Einen Vorteil hat das Handtuch aber gegenüber meinem Reise-Frotteefetzen, der so gut wie keine Feuchtigkeit aufnimmt: Jetzt bin ich wirklich staubtrocken. Und auch harzen fällt flach. Ich habe das Gefühl, als ob sämtliche Haare während dieser Prozedur meinen Körper verlassen haben. Da ich mich jetzt rundum gepflegt fühle, möchte ich das auch zeigen und gehe in das angeschlossene Restaurant. Jetzt sitze ich hier ganz allein, nur mein Bier, mein Computer und ich – und tippe mein Tagebuch in den PC. Plötzlich setzt sich ein kleines Mädchen an den Nachbartisch, anscheinend die Tochter des Hauses, die eigentlich ihre Schulaufgabe machen soll. Doch sie denkt nicht daran, sondern schaut nur neugierig zu mir rüber, bis ich mit ihr zu quatschen beginne. Und das klappt nicht schlecht – ich kann sehr gut „Kindisch“, viel besser als Spanisch. Die Siebenjährige kommt zu mir, und ich lasse sie einige Worte in meinen Computer tippen. Das Eis ist gebrochen, wir unterhalten uns köstlich. Ihre Eltern sind ganz erstaunt, wie gut ihre Tochter mit einem wildfremden *Peregrino* in allen möglichen Sprachen kommunizieren kann. Irgendwann aber werde ich müde – obwohl die kleine Lucía, so heißt der Sonnenschein, überhaupt nicht ans Schlafengehen denkt. Trotzdem muss ich mich schweren Herzens von ihr trennen.

Meine Achillessehne am rechten Fuß ist doppelt so dick als noch vor 24 Stunden. Kommt jetzt doch das erste ernsthafte Problem – so knapp vor dem Schluss? Aber noch ist es nicht so weit – ich kleistere mich mit Kathis Schmerzcreme ein und hoffe, dass diese Sehne bis morgen wieder normale Dimensionen annehmen wird. Und etwas beten hilft bestimmt auch! Gute Nacht!

John Wayne reitet wieder

Tag 28 – 8.5.2010: *Vilar – Mondoñedo, 32 km (gesamt 763)*
Wetter: *Grau in grau, teilweise leichtes Nieseln.*
Strecke: *Zuerst auf wenig befahrenen Landstraßen durch Felder und kleine Dörfer, dann rauf in die Berge durch Nadel- und Eukalyptuswälder, „Abstieg" auf Straße nach Mondoñedo nicht ganz ungefährlich. 700 Hm. Mondoñedo beeindruckend (Kathedrale, Hauptplatz …), aber verregnet.*
Sonstiges: *Kein Meer mehr, dafür dicke Achillessehnen – trotzdem: Santiago ruft!*
Quartier: *Seminario in Mondoñedo – 23 Euro. Schönes Zweibettzimmer mit Badewanne – empfehlenswert!*

Ganz sicher ist die Bergluft schuld daran, dass ich so bärig (Zitat: Hansi Hinterseer) geschlafen habe. Neun Uhr – bin genau im Zeitplan. Hab' zwar keinen, aber wenn ich mir einen zurechtgelegt hätte, dann wär' genau jetzt meine Aufstehzeit. Ich habe Hunger wie ein Bär – daher kommt also das Wort „bärig". Nix wie runter zum Frühstück. Oje, wer sitzt da am Tresen – der spanische Sägechampion mit seiner Komplizin. Die beiden sind gemeinsam mit einem dritten Spanier heute Morgen in Ribadeo gestartet und machen jetzt ihre erste Pause. Wir begrüßen uns trotzdem mit einem freundlichen „*Buenos días*" – und mein Sargnagel fragt mich, ob ich vor ihm und seiner nächtlichen Grunzattacke hierher geflüchtet bin? Zumindest hab ich das so ähnlich verstanden, Schnarchen dürfte ja seine einzige Fremdsprache sein. In nicht ganz lupenreinem Spanisch sage ich ihm, er sei ein „*Terrorista dormir*" – ein schlafender Terrorist, oder so ähnlich. Das ist vielleicht nicht die feine Art, aber anscheinend nimmt er es mir nicht übel, denn gemeinsam mit seiner Frau bricht er in lautes Lachen aus und sagt nur mehrmals: „*¡Perdón!*" Auf meine Frage, wie weit sie heute denn marschieren wollen, meint er: „Mondoñedo." Aber nur wenn die Schmerzen in den Beinen nicht noch schlimmer würden. Da dürfte es ganz schön rundgehen in den Knien und auf den Fußsohlen. Hey, das wär's! Aber ich wünsche ihnen bestimmt nichts Schlechtes, ihre Füße sollen sie bis nach Santiago und auch weiter hinaus tragen, und alle ihre Blasen, die ich schon bei der letzten Herberge an ihren Sohlen und Zehen gesehen habe, sollen sich sofort in Luft auflösen. Aber vielleicht gibt es eine andere Möglichkeit, sie zu stoppen? Natürlich nur so lange bis ich außer Schnarchweite bin. Zum Beispiel könnten sie ja ein paar Kilometer vor Mondoñedo plötzlich überfallsartig an einem äußerst kritischen *Cerveza*-Mangel laborieren, den sie mit Bier vom Fass bis zum Gehtnichtmehr und vor allem bis zum Weitergehtnichtmehr bekämpfen müssten. Und dann könnte da ja plötzlich ein 10-Sterne-Hotel am Weg stehen, in dem sie – von mir aus auch völlig kostenlos – die Präsidentensuite bekommen, so dass sie gar nicht anders können, als dort zu übernachten. Mein nächtlicher Ruhestörer hat jetzt schon am frühen Morgen seine zweite *Cerveza* in Arbeit – die Chancen stehen also gar nicht mal schlecht ...

Der Wirt bringt mir einen Berg von getoastetem Brot, Butter und Marmelade. Nach zwei *Cafés con leche* geht es ans Bezahlen. Gestern Abend hatte ich vier *Cervezas*, das hört sich jetzt vielleicht schlimmer an, als es ist, doch jedes Glas dieses überlebensnotwendigen Hopfenblütentees hatte nur 0,25 Liter. Der Wirt will dafür absolut keinen Cent nehmen, anscheinend hat sich die kleine Tochter rettungslos in mich verliebt, und daher gehöre ich als zukünftiger Schwiegersohn jetzt fast zur Familie. Also zahle ich nur die 30 Euro für das Zimmer – okay, wenn's denn sein soll. So, jetzt geht's aber wieder los, ich bedanke mich für die nette Unterkunft und wünsche auch meinen spanischen Schlafzerstörern alles Gute für ihren Weg. Mittlerweile ist da jetzt schon ein Vierter dazugestoßen, den sie mit einem weiteren Bier begrüßen. Mein hinterlistiges Lächeln sehen sie nicht, aber ich bin sicher, dass sie heute noch viele *Cervezas* trinken werden und mein Plan vielleicht doch gelingt. Leider sehe ich meine kleine Prinzessin Lucía nicht mehr.

Nach dem Aufstehen habe ich mir die noch immer etwas geschwollenen Achillessehnen eingeschmiert und sanft massiert, aber jetzt schmerzt der gesamte linke Fuß. Vielleicht habe ich nur die Schuhe zu fest zugeschnürt? Und wirklich, ich lockere die Schuhbänder so weit, dass ich fast rausschlüpfe, jetzt sind die Schmerzen einigermaßen erträglich. Hoffentlich bleibt's so! Warum es immer wieder Phasen geben muss, wo einem etwas wehtut? Da pilgert man Tage völlig schmerzbefreit durch die Gegend, und dann gibt's immer wieder neue Stellen am Körper, die auch mal ihr Recht auf Aufmerksamkeit einfordern. Dabei mag ich sie alle gleich gern, das müsste also gar nicht sein.

Mittlerweile bin ich auf 330 Metern Seehöhe, es schaut aus wie zu Hause. Okay, Eukalyptuswälder sieht man eher selten in Niederösterreich, aber es gibt auch Kiefern und Schwarzföhren hier – genauso wie auf den Bergen meiner Heimat. Und dann führt mein Weg mich auf der schmalen Landstraße durch „Kuhnester", die auch genauso riechen. Und das meine ich jetzt nicht abwertend! Ich selbst bin in einem winzig kleinen Dorf aufgewachsen, nämlich in Sieding. Es ist jetzt keine Bildungslücke, wenn man noch nie von diesem Ort gehört hat. Obwohl – eigentlich schon! Sieding hat zwar nur an die 600 Einwohner, aber es liegt wunderschön eingebettet zwischen den Bergen im südlichen Niederösterreich, und man kann dort wunderbar wandern und einfach die Seele baumeln lassen. In meiner Kindheit war der Haupterwerb der Menschen dort die Landwirtschaft. Es gab einige kleine Lebensmittelgeschäfte, Wirtshäuser, einen Bäcker, Fleischer, Schuster und Schneider (nämlich meinen Vater) und eine Raiffeisenkasse – dazu natürlich die Feuerwehr und die Musikkapelle. Leider ist davon bis auf die beiden Vereine und zwei Gasthäuser nichts mehr übrig, trotzdem – das ist genau jene Umgebung, die ich so sehr liebe. Nie könnte ich in einer Stadt wohnen. Für mich ist es dort kalt, unpersönlich und irgendwie würde ich mich einfach „gefangen" fühlen. Ich bin sicher, Stadtkinder werden jetzt denken, der ist nicht ganz „dicht". Aber für mich ist das eben so! Auf dem Land gibt es vielleicht nicht die vielen kulturellen, gastronomischen und sonstigen Möglichkeiten, aber ich atme jeden Tag pure Freiheit ein. Und dazu gehört natürlich auch der besondere Geruch, der sich dort an manchen Tagen über die grünen Wiesen verteilt. Ich genieße es wirklich, durch diese Dörfer hier zu ziehen, weil sie mich an meine Kindheit erinnern. Mittlerweile lebe ich drei ganze Kilometer von meinem Geburtsort entfernt, nämlich im ebenso kleinen, aber feinen St. Johann, und die Zeiten haben sich natürlich geändert. Haupterwerbsbauern werden es immer weniger, die Gerüche nach Stall und Mist ebenfalls. Aber der Duft von frischem Heu und nassem Gras ist geblieben – wunderbar!

Die Grautöne am Himmel werden immer intensiver, und langsam fängt es zu nieseln an. Doch meine Regenjacke hält dicht. Nur darunter schwitze ich wie in der Sauna nach dem 25. Aufguss.

Vor einer Kneipe am Hauptplatz eines Fünf-Häuser-Dorfes steht ein Pferd. Also rein in den Saloon, vielleicht gibt mir der dazugehörige John

Wayne einen Drink aus. Aber nichts dergleichen, nur unzählige Fliegen schwirren in Formation durch das Lokal, und zwei alte Bauern diskutieren, woher wohl der lange *Peregrino* sein mag, der sich da mit einer unglaublichen Uneleganz auf die harte Eichenbank fallen lässt. Einige Worte davon verstehe ich, daher antworte ich mit: „Hendaye." Jetzt wird es stumm im Lokal – der kann Spanisch. Ich lasse sie im Glauben, spreche aber zur Sicherheit kein Wort mehr. Erst beim Bezahlen bemerken die spanischen Cowboys, dass ich ein Hochstapler in Sachen Spanisch bin, und jetzt können sie wieder ungestört über mich herziehen. Doch vielleicht reden sie auch über das Wetter, oder ob Barcelona spanischer Meister wird, oder wer die lokale Ausgabe von *Das Supertalent* gewinnen wird, die gerade im Fernseher in der Ecke gezeigt wird? Ich weiß es nicht, denn ich kann ja die Sprache so gut wie überhaupt nicht.

Apropos Supertalent *– Michael Hirte wurde im Finale der deutschen Ausgabe dieser aus der britischen Castingshow* Britains Got Talent *hervorgehenden Sendung im November 2008 mit überragendem Vorsprung zum Gewinner der zweiten Staffel gekürt. Seine gefühlvolle Mundharmonika-Interpretation vom* Ave Maria *in der letzten Sendung rührte eine ganze Nation zu Tränen.*

Ich habe Michael Hirte im Dezember 2009 nach seinem, natürlich ausverkauften, Weihnachtskonzert in der Wiener Votivkirche getroffen. Er ist ein bescheidener, ruhiger Mensch, der sich trotz seiner plötzlichen Popularität seine liebenswerte Art erhalten hat. Sein Stargast an diesem Abend war Pfarrer Franz Brei, der im selben Jahr mit dem von mir getexteten Lied Das Leben *zuerst die österreichische Vorentscheidung zum Grand Prix der Volksmusik gewonnen hatte und dann im internationalen Finale in München sensationell am Stockerl landete. Quasi über Nacht wurde ein einfacher Landpfarrer als Drittplatzierter und bester Österreicher beim Grand Prix der Volksmusik im gesamten deutschsprachigen Raum bekannt.*

Beide Künstler haben eine außergewöhnliche Lebensgeschichte, und beide sind beim selben Plattenlabel unter Vertrag. Was lag also näher, als sie auch gemeinsam auftreten zu lassen. Mittlerweile gibt es auch schon einen Duett-Titel von Michael Hirte und Pfarrer Franz Brei, der in der Wiener Votivkirche zum ersten Mal vorgestellt wurde.

Immer schon wollte ich Lieder schaffen, die sich von der Masse abheben. Wo auch der Aufbau anders ist als viele 08/15-Songs, die immer aus Strophe, Refrain und eventuell einer Bridge zu bestehen haben. Was wäre zum Beispiel, wenn ein Großteil eines Liedes einfach nur gesummt werden würde? Ganz leise, friedlich, irgendwie zart und zerbrechlich.

Dazu ein einfacher Text mit Aussage – so ein Lied wäre bestimmt in der Lage, die Herzen der Menschen zu berühren. Irgendwann vor zwei Jahren kam mir während einer „Nachtschicht“ der Text zu Das Leben. *Es klingt jetzt vielleicht etwas vermessen, aber der schien mir echt gelungen. Der Vergleich unseres Daseins mit den vier Jahreszeiten und der anschließenden „Hoffnungsrunde“, dass es nach jedem Ende einen Neuanfang gibt, also neues Leben entsteht, war für mich vollkommen schlüssig.*

Das Leben

Langsam, ganz langsam – erwacht das Leben wieder neu.
Langsam und ganz leise – macht ein Kind den ersten Schrei.

Oben, ganz weit oben – kann man schon die Schwalben seh'n.
Bald schon wird das Kind dann seine eig'nen Wege geh'n.

Schneller, immer schneller – zieht der Sommer in das Land.
Alles geht so einfach, das Glück nimmt jeden an die Hand.

Langsam wird es kälter, und der Schnee deckt alles zu.
Langsam, ganz, ganz langsam – findet jeder dann seine Ruh'.

Herzschlag …

Langsam, ganz langsam – erwacht das Leben wieder neu.
Langsam, ganz, ganz langsam – macht ein Kind den ersten Schrei.

Ich war sehr zufrieden mit meiner Arbeit – und bin das heute natürlich immer noch! Selbst wenn schon sehr oft der Versuch unternommen wurde, meinen Text zu analysieren und zu zerpflücken. Zum Beispiel war es im Internet ein großes Thema, dass ein „leiser Schrei“ nicht möglich sei, ein Schrei hat laut zu sein! Doch wenn ich da an die ersten zaghaften Versuche eines „Gebrüllerls“ meines Sohnes nach seiner außergewöhnlich schweren Geburt denke, kann ich sehr wohl das Gegenteil bestätigen. Und genau diese Augenblicke hatte ich vor Augen, als ich den Text schrieb. All die Ängste, dass da etwas schiefgehen könnte, aber auch die Hoffnung und am Ende die riesengroße Erleichterung, als er zum ersten Mal dazu ansetzte, der Welt hörbar zu machen, dass er jetzt da ist. Zwar zart und leise, aber immerhin – es war ein Schrei. Gott sei Dank!

Auch in einem „Fachbuch" hat jemand versucht, meinen Text zu analysieren, und ist dann zu der Erkenntnis gekommen, dass „es sich um eine glatte Lüge handelt, weil das Leben in Wirklichkeit niemals so sinnarm verläuft wie in diesem Text". Na geh – so was aber! Bekommen solche Leute auch Geld dafür, dass sie so etwas verzapfen? Ist Fliege mit mir in den Himmel eine durchgängig wahre Geschichte? Sind die Songs von den Kastelruther Spatzen, aber auch von Rainhard Fendrich, Elton John oder Lady Gaga völlig realitätsbezogen? Oder soll Musik nicht Dinge einfach überzeichnen – oder wie in diesem Fall vereinfachen? Weil dann den Menschen genügend Raum bleibt, ihre eigenen Interpretationen und Gedanken einfließen zu lassen.

Wie auch immer – ich fand das Thema und die Umsetzung sehr gelungen. Noch dazu hatte ich auch eine passende Melodie im Kopf, und zwischen den Zeilen wollte ich, dass einfach nur gesummt wird. Das gesamte Publikum sollte mitsummen, das würde eine Stimmung schaffen, die zu Herzen geht. Apropos Herz – durch das ganze Lied sollte sich der Rhythmus unseres Herzschlages ziehen, der nach der „Winterstrophe" kurz innehält, aber nach einer kleinen Pause wieder neu „durchstartet". Nach jedem Ende gibt es einen neuen Anfang – eine „Hoffnungsrunde" also!

Am nächsten Morgen war natürlich mein erster Weg zu dem „Komponisten meines Vertrauens", Walter Wessely, der meine Vorstellungen bisher schon immer genial umgesetzt hatte. Was er wohl dazu meinte? Vielleicht war ich ja betriebsblind und nicht ganz objektiv. Aber auch er fand das Ganze sehr interessant, und nachdem ich ihm auch meine musikalischen Vorstellungen ins Telefon gejault hatte, machte er sich sofort an die Umsetzung unseres Projekts.

Und es wurde ein tolles Demo, zwar vom Rhythmus vielleicht etwas zu langsam und eigentlich mit seinen mehr als 4:20 Minuten viel zu lang, um eine Chance zu haben, im Radio gespielt zu werden. Eine ungeschriebene Regel sagt, dass Lieder nicht länger als drei Minuten sein sollen – aber unser Song war mehr als „Kunstwerk" zu verstehen, und wir waren jetzt beide sehr zufrieden. Walter hatte das Summen durch einen Choral ersetzt, und alles klang sehr mystisch.

Ich war für das „An-den-Mann-Bringen" unserer Lieder verantwortlich, wollte dieses „Juwel" aber nicht so ohne Weiteres vergeuden und hielt es daher lange zurück. Doch einmal hatte ich zufällig den Produzenten eines der ungekrönten Könige der Volksmusik am Telefon und sprach mit ihm über Das Leben. Er meinte nur, ich solle ihm das MP3 zusenden, brauche aber nicht auf eine Reaktion zu warten, denn bei täglich bis zu 100 Titelvorschlägen sei es unmöglich, auf jeden einzelnen zu reagieren. Okay – ich habe ihm das Lied trotzdem sofort gemailt. Und – innerhalb von fünf Minuten erhielt ich seinen Rückruf, ich solle den Song unbedingt für die nächste Produktion reservieren. Damals *leider, heute zum Glück, wurde daraus dann doch nichts, aber für mich war das ein Zeichen, dass dieses Lied etwas Besonderes sein könnte. Wenn selbst einer der mächtigsten Produzenten innerhalb von Minuten zum Telefonhörer greift, um es sich zu reservieren …*

So – und dann war Einsendeschluss zum Grand Prix der Volksmusik 2009. Walter und ich hatten einige Titel fertig und entschieden uns am letzten Tag, auch Das Leben mit anzubieten. Aber da dieses Stück um knapp 1:30 Minuten zu lang war, musste was geschehen. Daher setzte ich mich vor meinen PC und versuchte, mit meinem Musikprogramm Teile des Chorals rauszuschneiden. Auch die „Herbststrophe" musste daran glauben. Beim Speichern des Titels passierte mir dann Gott sei Dank ein Missgeschick mit der Samplerate und dadurch wurde die Geschwindigkeit des Liedes um einige Prozent erhöht. Walter hörte das natürlich sofort, rief mich an und meinte nur, diese Version sollten wir unbedingt beibehalten. Und wirklich, dem „Taktgefühl" meines PCs war es also zu verdanken, dass Das Leben *jetzt den richtigen „Groove" hatte. Walter hat dann natürlich das Demo verfeinert, auf drei Minuten gebracht und mir, knapp vor dem Ladenschluss unserer Post, per Mail zukommen lassen. Und als letzter Kunde für diesen Tag konnte ich mich gerade noch durch die Schiebetür durchschwindeln, um das Kuvert mit der CD und dem Anmeldeformular aufzugeben.*

Einige Wochen später kam plötzlich der Anruf vom ORF – Das Leben *wurde von der Jury aus knapp 400 Titel ausgewählt, bei der österreichischen Vorentscheidung zum Grand Prix der Volksmusik an den Start zu gehen. Ich solle den Interpreten bekannt geben, der dieses Lied dann endgültig vortragen würde. JAAHHUUUU – wir waren wieder dabei!!! Wie im Jahr davor – 2008 gab es sogar einen Grand Prix-Doppelpack für das Urheber-Duo Wessely/Hirschler.* Die Krieglacher *gingen mit* Z'samm singen *an den Start der österreichischen Vorentscheidung – ein Lied, das mir sehr am Herzen liegt, weil es genau jenes Leben am Land beschreibt, das ich so sehr liebe. Und für die Schlagerfraktion war Marlena Martinelli angetreten, mit dem schwungvollen Titel* Mein Herz schlägt bis zum Himmel. *Beide Titel waren im Favoritenkreis, ins Finale schaffte es letztendlich keiner – Platz sechs und sieben. Es gab zwar einige enttäuschte Gesichter, aber so ist das Leben – man kann nicht immer nur gewinnen! Obwohl – für mich war es schon ein Sieg, bei der Vorentscheidung dabei gewesen zu sein.*

*Einen ersten Platz gab es 2008 aber doch noch für einen Hirschler-Titel! Das Ober-*krainer-*Ensemble des Akkordeonvirtuosen Hansi Stermetz aus Kärnten gewann mit der fetzigen Polka* Was wär' die Welt ohne uns *den Alpen Grand Prix 2008. Hansi hatte die Musik selbst komponiert, ihm fehlte jedoch ein geeigneter Text dazu. Daher rief er mich eines Tages einfach an – obwohl wir uns zuvor nicht kannten. Er hatte meine Nummer aus dem Internet und fragte ganz vorsichtig an, ob ich mir vorstellen könne, bis* *morgen einen Text zu seiner Melodie anzufertigen. Denn am nächsten Tag sei der Einsendeschluss für diesen zweitgrößten volkstümlichen Musikbewerb, und da würde er gerne teilnehmen.* Oberkrainer-Musik *ist meine Leidenschaft, und weil mich Hansis Demo schwer begeisterte, setzte ich mich in derselben Nacht vor meinen PC und ließ die Tasten glühen. Heraus kam eben der Text zum Lied* Was wär' die Welt ohne uns, *das beim Finale in Meran alle übrigen Teilnehmer aus acht Ländern hinter sich lassen konnte – wir waren Alpen Grand Prix-Sieger 2008.*

Zurück zum Leben *– wir gingen alle möglichen Kandidaten durch, bis dann Walter meinte, er kenne einen Herrn Pfarrer, der sehr gut singen könne und auch schon eine CD bei ihm aufgenommen habe. „Ja, bitte frag' den mal!" Pfarrer Franz Brei war natürlich völlig überrascht, doch nach einer kurzen Bedenkzeit entschied er sich dann, unser Lied zu singen.*

Ich kann mich noch sehr gut daran erinnern, als ich die zuständige Dame im ORF informierte. Sie schnappte erst mal einige Zeit nach Luft, um dann ganz ungläubig zu stammeln: „Ein richtiger Pfarrer?" „Ja – und er hat noch dazu eine tolle Stimme!"

Ab jetzt nahm Walter Wessely das Ganze in seine höchst professionellen Hände. Er produzierte in seinem Studio die endgültige Grand Prix-Version mit Pfarrer Franz Brei, holte als Unterstützung den vierköpfigen Männerchor Signum *dazu und konnte eine der größten internationalen Plattenfirmen davon überzeugen, Pfarrer Franz Brei unter Vertrag zu nehmen.*

So, das war's – der Rest ist Geschichte: Pfarrer Franz Brei gewann mit Das Leben *die österreichische Vorentscheidung mit dem größten je erzielten Vorsprung, und dann ging's ab nach München zum Finale. Wo eine Stunde vor Beginn noch eine Unterschriftenpetition lief, mit dem Ziel, ihn vom Bewerb auszuschließen: Ein Pfarrer habe hier nichts verloren, und außerdem sei das Lied ja ein abgekupferter Michael Jackson-Song. Doch die meisten Kollegen hinter der Bühne verhielten sich sehr fair und waren nicht bereit, da mitzumachen. Die Plagiatsvorwürfe waren ja schon lange widerlegt, und dass Franz Brei ein Pfarrer war, wusste man eigentlich auch schon seit mehreren Monaten. Aber die Angst musste doch sehr groß gewesen sein, dass Herr Pfarrer ganz vorne mitmischen und so den arrivierten Künstlern gefährlich werden könnte.*

Am Abend vor dem Finale saßen wir mit unseren Freunden von den Grubertalern *und mit Andreas Gabalier bis in die frühen Morgenstunden in einer Stube des Münchner Hotels, in dem die Künstler und Urheber untergebracht waren. Beide, die* Grubertaler *und Andreas, zählten zum engeren Favoritenkreis für den Bewerb am nächsten Tag, doch da war keine Spur von Konkurrenzdenken. Im Gegenteil, wir vernichteten gemeinsam die Flasche Zirbenschnaps von Andreas, und dann hatte jemand plötzlich eine Gitarre zur*

Hand. Darauf wurde musiziert, was das Zeug hielt. Selbst ich mit meinen dürftigen Lagerfeuer-Gitarrenkenntnissen hatte das Ding das erste Mal seit langer Zeit wieder in meinen Händen – und alle sangen mit. Die Grubertaler *wurden übrigens am nächsten Tag beim Finale des Grand Prix in der allerletzten Jurywertung von Pfarrer Franz Brei um einen Punkt auf den vierten Platz verwiesen. Sie nahmen das aber mit ihrer sympathischen Art sehr locker, mittlerweile hat sich eine tolle Freundschaft zwischen den Tiroler Manda und unserem steirischen Herrn Pfarrer entwickelt.*

Seit seinem dritten Platz in München haben die CDs von Pfarrer Franz Brei zweimal Gold- und einmal Platinstatus erreicht. Die erste Goldene wurde ihm nach dem oben erwähnten Michael Hirte-Konzert in der Wiener Votivkirche verliehen. Und mit ihm auch allen Urhebern. Im Rahmen einer kleinen Feier überreichte die Geschäftsführung von Sony BMG daher auch an mich meinen bis zu diesem Zeitpunkt siebenten Gold-Award. Und Michael Hirte gratulierte herzlich, so wie es seine Art und sein Motto zu sein scheint – „Leben und leben lassen!"

Zurück aber jetzt zu meinem Weg, der mich auf einer Straße sehr steil bergauf und dann hinein in einen Wald führt. Dort beginnt es wieder zu nieseln, und bei jedem Regentropfen frage ich mich, ob ich nicht doch die Herberge hier in Vilanova de Lourenzá aufsuchen soll. Doch dann denke ich an den spanischen Stimmbandakrobaten, der mir wahrscheinlich wieder die Nacht versauen würde, und weiß in der Sekunde – ich gehe weiter bis Mondoñedo. Egal, ob es nieselt, hagelt oder schneit! Doch bald hört der Regen auf, nur innerlich bin ich so verschwitzt, dass mir die Kälte langsam, aber eisig den Rücken raufkriecht. Endlich ist da ein Restaurant am Straßenrand, in dem ich mich etwas wärmen möchte. Aber eine äußerst unfreundlich wirkende *Señora* knurrt mich an der Eingangstür an wie ein Dobermann und meint, dass heute geschlossen sei. Es sind nur mehr vier Kilometer bis in die Stadt, die werde ich wohl auch noch schaffen. Na danke, sehr freundlich! „Für dich zünde ich keine Kerze an, in Santiago!"

Da ich wie schon so oft eine Abzweigung versäumt habe, muss ich die letzten Kilometer nach Mondoñedo auf einem „Seitenstrich" marschieren. Es fängt wieder an zu nieseln und die vorbeidüsenden Autos halten nie und nimmer den gesetzlich vorgeschriebenen Sicherheitsabstand zu einem dahertorkelnden Pilger ein. Doch bald schon sitze ich in einem kleinen Café am Hauptplatz von Mondoñedo, laut meinem

Führer eine der schönsten Städte auf meinem Weg. Nach 29 Kilometern habe ich mir jetzt eine *Cerveza grande* verdient. Und hier gibt es das auch wirklich. Eine hübsche *Señorita* bringt mir einen halben Liter vom Fass. Es war heute eine anstrengende Etappe, ich fühle mich ganz schön ausgelaugt, daher fährt mir der Krug ungebremst in den Kopf. Jetzt wäre schlafen toll! Noch bin ich unsicher, ob ich das in der öffentlichen Herberge tun soll – oder doch in einer kleinen, gemütlichen Pension. Mir ist saukalt, auch nach dem Gerstensaft. Ein Pärchen am Nachbartisch kann anscheinend meine Gedanken lesen und erzählt mir, dass es hier im Ort ein *Seminario* gebe, in dem schöne Zimmer vermietet werden. Das klingt gut, obwohl ich nicht wirklich weiß, was ein *Seminario* ist.

Aber jetzt stehe ich vor dem riesengroßen Steingebäude, es dürfte ein ehemaliges Kloster sein, das zu einem Hotel umgebaut wurde. Die *Señora* in der klitzekleinen Pförtnerloge erzählt mir, dass die Nacht inklusive Frühstück 23 Euro kostet. Leider gibt es keine Badewanne, aber eine Heizung ist vorhanden. Auch keine schlechte Kombination! Schon wegen der Aussicht, auch heute wieder allein schlafen zu können, sage ich zu. Die nette Dame bringt mich in dem uralten Gemäuer zu einem nagelneuen Aufzug und zeigt mir dann im dritten Stock mein Zimmer. Es schaut sehr nett und geräumig aus, hinter den beiden getrennten Betten führt eine Tür in das Badezimmer. Die Radiatoren an der Wand werden ab 19 Uhr eingeschaltet, dann kann ich also auch meine nassen Sachen trocknen. Passt alles! „*¡Muchas gracias!*" Ich bedanke mich vielmals bei der *Señora*, und sie trottet wieder zurück in ihren Mäusestall.

Erst mal ab ins Bad – und welche Überraschung –, da ist doch eine Badewanne! Sie hat sich geirrt, sie hat sich geirrt – juchuuuu!!!! Ich lasse gleich heißes Wasser ein, und in kürzester Zeit bin ich entrückt von dieser Erde. Die Hitze vertreibt langsam sämtliche polare Klimazonen in meinem Körper, und die eisige Kälte weicht dem angenehmen Gefühl von Wärme, Stille und Zufriedenheit. Nach einer halben Stunde Glückseligkeit wache ich im mittlerweile wieder etwas kälter gewordenen Wasser auf, um nach einem kurzen Stellungswechsel nahtlos im Bett weiterzuschnarchen. Das Leben ist schön! Und die Achillessehnen schauen auch schon viel besser aus als noch gestern um diese Zeit – danke!

Drei Stunden Tiefschlaf, das tut gut! Aber jetzt muss ich raus, um die Stadt zu erkunden. Mangels Kathi muss ich mir jetzt alles selbst erarbeiten, darf das aber dann auch in aller Stille genießen. Was sie wohl jetzt macht? Eigentlich sollte sie schon in Barcelona sein. Aber ich bin hier, in Mondoñedo, wo es schüttet und saukalt ist. Ich schmeiße mich in alle mir noch zur Verfügung stehenden trockenen Sachen und gehe wieder zum Hauptplatz.

In der Kathedrale wird gerade ein Rosenkranz gebetet. Kurz bleibe ich drinnen und bewundere die Fresken, den Altar und die riesengroßen Orgelpfeifen der romanisch-gotischen Kirche, der im 18. Jahrhundert eine Barockfassade verpasst wurde. Irgendwie ist sie mir aber zu mächtig, also suche ich mir etwas Kleineres, Heimeligeres. Und das finde ich in einer unscheinbaren Kirche, in der ich, allein in der ersten Bankreihe sitzend, dem Herrgott Dank sagen kann. Dank für all das Gute, das er bisher auf meinem Weg und in meinem Leben bewirkt hat. Für meine Frau und meine Kinder, auch der Hund kommt vor in meinem Gebet, meine gesamte Familie und all die Freunde und Arbeitskollegen. Wieder und wieder wische ich mir Tränen aus den Augen, aber es tut einfach gut! Ich bete dafür, dass er auch in Zukunft seine schützende Hand über mich und meine Lieben halten wird, und sitze einfach da, ganz ruhig und still. Völlig eins mit Gott und dem Leben! Nach einer knappen Stunde verlasse ich das Gotteshaus und marschiere mit einem Lächeln durch den Regen. Den ich aber kaum spüre. Mir kann nicht's passieren …

Oder vielleicht doch? Hunger kann mich quälen! Aber ich habe es selbst in der Hand, das zu ändern. Also ab in die nächste Bar! Völlig konträr zu meinen bisherigen Essgewohnheiten bestelle ich statt einem riesengroßen Pizzarad nur eine kleine Schnitte – obwohl ich mir eigentlich nach der anstrengenden Etappe heute doch noch einige Kalorien mehr leisten könnte. Aber eigenartigerweise habe ich trotzdem keinen allzu großen Hunger. Durst schon! Zwei *Cervezas* helfen mir, den Flüssigkeitshaushalt wieder auszugleichen. Und dann marschiere ich wieder zurück in mein Kloster. Ich möchte nur mehr schlafen – und morgen geht's dann weiter, am Muttertag!

Muttertag

Tag 29 – 9.5.2010: Mondoñedo – Gontán, 18 km (gesamt 781)
Wetter: Regen, Sonne, Regen, Sturm.
Strecke: Auf schmalen Asphalt- und Sandpisten geht es rauf auf 545 m, über die Baustelle der neuen Nordautobahn und dann runter nach Gontán.
Sonstiges: 5 Minuten Weltuntergangsstimmung – Regen, Hagel, Sturm, danach „Muttertagsfeier"!
Quartier: Herberge in Gontán – 7 Euro. Relativ neu, großer Schlafsaal, schöne Sanitärräume – sehr empfehlenswert!

wrjkdjflxiceakx ...

Same procedure as every year – AC/DC

Tag 30 – 10.5.2010: *Gontán – Baamonde 44 km (gesamt 825)*
Wetter: *Regen bei Nacht, Sturm, Nieseln und Sonne bei Tag.*
Strecke: *Auf teilweise überfluteten Wegen weiter nach Baamonde.*
Sonstiges: *Jedes Wetter ist mir recht – ich will nach Santiago!*
Quartier: *Herberge in Baamonde – 5 Euro. Scheint ganz neu zu sein – sehr empfehlenswert!*

Mensch, hab' ich einen Brummschädel! Der kommt bestimmt vom schlechten Wetter und dem Wind, der draußen vor dem Fenster die Mistkübel durch die Straßen weht. Oder vielleicht doch, weil ich den Muttertag mangels Mutter mit einem Pilgerfreund ausgiebigst gefeiert habe? Irgendwie hatte ich auch keine Zeit, meinen Tagesbericht zu schreiben. Hab's zwar probiert – aber viel ist nicht rausgekommen, wie man der vorhergehenden Seite entnehmen kann. Daher gibt es heute auch einen kurzen Rückblick auf den gestrigen Tag, auf die Etappe von Mondoñedo nach Gontán.

Nachdem es die ganze Nacht durchgeschüttet hatte, quälte ich mich etwas lustlos in den Frühstücksraum des *Seminarios* und lernte dort einen hessischen Bayern kennen – Alexander. Bayern – das ist dort, wo man das Bier aus XXXL-Gläsern trinkt, wo jedes „gstandene" Mannsbild in einer Lederhose rumrennt und die Mädls fesche Dirndln tragen – zumindest im September, wo eigenartigerweise das Oktoberfest stattfindet. Für mich sind die Bayern die Italiener Deutschlands – lebenslustig, aufgeschlossen, charmant und trinkfest. Ich mag diesen Freistaat, und ich mag München – wo ich seit zwei Jahren immer wieder mal beruflich unterwegs bin. Am Tag im Büro und am Abend im Biergarten – tolle Kombination!

Alexander hat zwar auch nach 18 Jahren Bayern die Sprache immer noch nicht richtig gelernt, passt aber sonst haargenau dorthin. Wir hatten schon beim Frühstück jede Menge Spaß und gründeten – gegen mein bisheriges Prinzip *Walk Alone* – für den gestrigen Tag eine Zweierbande, die sich gemeinsam auf den Weg Richtung Westen machte. Mondoñedo stand unter Wasser – wo einen Tag zuvor noch eine Straße war, hätte gestern ein Gondoliere ohne Weiteres *O sole mio* singen können – der Regen der Nacht hatte ganze Arbeit geleistet. Und irgendwann blubberten aus den Kanaldeckeln plötzlich Geysire. Liegt Venedig in Island? Ganz schön international, dieses Spanien.

Wir mussten bis zu einem Pass auf unglaublichen 550 Metern Seehöhe marschieren, wobei das Wetter bis knapp vor dem höchsten Punkt Mitleid mit uns hatte. Doch oben hingen bereits dunkelschwarze Gewitterwolken, die nur darauf zu warten schienen, uns mal so richtig nass zu machen. Alexander und ich waren auf derselben Wellenlänge, zum Schluss erzählten wir schon Witze, die eher pilgerunwürdig waren.

Das schaut gar nicht gut aus …

Die Zeit verflog im Vorübergehen, auf der Anhöhe marschierten wir dann bis zu den Knöcheln im Morast der beeindruckenden Baustelle der neuen Nordautobahn. Und plötzlich ging es los – die Wolken verloren ihr Schwarz, wir waren mitten drinnen in einem weißen Regen- und Hagelschauer, der uns fast die Kapuzen vom Kopf fetzte. Nach einem kurzen „Bitte“ nach ganz oben kam auch noch ein orkanartiger Wind dazu. Hey, das war so nicht gedacht!? Ganze fünf Minuten kämpften wir uns durch das Unwetter, genau auf der höchsten Stelle, ohne Möglichkeit, uns irgendwo unterzustellen. Und dann war der Spuk plötzlich vorbei. Die Sonne blinzelte zwischen ein paar Wolken hervor, so als wäre überhaupt nichts gewesen. Aber wir waren beide klitschnass. Herrgott, jetzt wäre eine warme Bar toll. Geht das irgendwie?

Zehn Minuten nach unserer unfreiwilligen Duschszene erreichten wir dann Gontán, wo gleich am Ortsanfang rein zufällig eine Bar auf nasse Pilger spezialisiert war. Drinnen wartete ein riesengroßer offener Kamin. Das Feuer war zwar bereits ausgelöscht, aber der Ofen versprühte immer noch eine wohlige Wärme. Genauso hab ich mir das vorgestellt!

Es war Firmung in Gontán. An die zehn junge Mädchen saßen in ihren Trachten an einem Tisch und feierten bei Gugelhupf und Kakao. Glaub' ich zumindest, den Gugelhupf durfte ich sogar kosten, auf das Getränk in den Tassen habe ich freiwillig verzichtet. Stattdessen wurde uns eine *Cerveza grande* serviert, und irgendwie fanden Alex und ich mehr und mehr Gefallen an diesem Ort.

Gestern war aber auch Muttertag! Eigentlich wollte ich mittags meine Mama anrufen, um ihr alles Gute zu wünschen. Aber da war ich gerade im Eissturm am Everest, und daher gab es verspätete Muttertagsgrüße in die Heimat. Meine Lieblingsschwester Elfi (ist auch die einzige, wär' sie aber auch sonst) hatte meine Eltern eingeladen, und ich war schon vor dem Anruf sicher, dass die beiden derart kulinarisch verwöhnt würden, dass Papa nach dem opulenten Mahl wieder feststellen würde, so etwas Gutes hätte er sein ganzes Leben noch nie gegessen – *same procedure as every year*. Schon beim ersten „Hallo?" meiner Schwester überkam mich eine LKW-Ladung voll Heimweh, im Hintergrund war die gesamte Familie versammelt, ich hörte sie blödeln und lachen. Wie die mir alle abgehen! Normalerweise bin ich da mittendrin, aber ich gehe ja lieber durch Spanien! Spanien? Santiago! Mein Traum! Eigentlich sollte ich mich nicht beklagen – ich darf mir meinen Lebenswunsch erfüllen! Ja – ich bin unterwegs nach Santiago!!!

Also schaufelte ich einige Kubikmeter Sehnsucht wieder zur Seite, zurück blieb zwar immer noch ein gar nicht mal so kleiner Hügel davon, trotzdem fiel es mir dann schon erheblich leichter, mit meinem versammelten Familienclan zu telefonieren. Natürlich zuerst meine Luikerl – so wird Mama Aloisia von ihren Freunden gerufen. Ich habe zu ihren Ehren mehrmals in den Telefonhörer geschmatzt und ihr dann auch erzählt, dass ich heute erstmals auf meinem *Camino* in ein „gscheites" Unwetter geraten sei. Und jetzt würde ich gemeinsam mit meinem ebenfalls tropfenden Leidensgenossen Alex versuchen, den Körper innerlich an die äußere Feuchtigkeit anzupassen. Meine Mutter wusste natürlich sofort, was das zu bedeuten hatte, und meinte nur, ich soll aber dann nicht mehr mit dem Auto fahren. Ha, ha – guter Witz! Dann kam Papa an den Hörer, und er erzählte mir, dass er heute so gut geschmaust habe wie sein ganzes Leben noch nicht. Also doch!

Zu guter Letzt war Moni dran. Sie hatte meine virtuellen Blumengrüße natürlich schon längst weitergeleitet, und so waren alle Damen floral bestens versorgt. Auf meine Frau kann man sich halt immer verlassen! „Alles Gute, Moni, auch wenn du nicht meine Mutter bist! Ich liebe dich! Und lass mir bitte auch die Schwiegereltern schön grüßen. Und die Kinder. Und den Hund. Und die Freunde, die immer wieder mal anrufen und nachfragen, wie's mir geht."

Nach einem traurigen „*Hasta luego*" ging's zurück in die Bar – und da feierte ich dann mit Alex Muttertag – obwohl er ebenfalls nicht meine Mutter ist. Zum Glück! Nach einigen uns bekannnten Drinks wollten wir was Neues probieren, und so schenkte uns die Servier-*Señora* eine Mischung aus weißem und dunklem Martini ein. Angeblich trinkt man das hier so. Es wurde ein richtig besinnlicher Muttertag. Und während es draußen wieder hemmungslos schüttete, versorgte uns der Wirt mit dem Notwendigsten, neben einigen Drinks stellte er uns immer wieder auch Erdnüsse und Oliven auf den Tisch. Ordentlich, wie ich bin, sammelte ich die Kerne fein säuberlich auf einer Serviette – bis ich sah, dass Alexander, der Rabauke, sie einfach auf den Boden donnerte. Hey – das geht ja nicht – oder? Ja, es geht doch – hier tut es jeder, auch Zigarettenstummel und sonstiger Abfall lagen da herum. Alexander hatte einfach viel schneller gelernt als ich. Zuerst kostete es zwar einiges an Überwindung, doch bald wurde ich ein echter Gontáner, der ebenfalls die unnötigen Kerne einfach auf den Boden krachen ließ. Ein völlig neues Gefühl, Moni wird schön schauen, wenn ich wieder zu Hause bin …

Irgendwann mussten wir uns aber doch eine Bleibe suchen. Die Herberge war ganz nahe unserer Muttertags-Bar und entpuppte sich als eine der schönsten am bisherigen Weg. Schon beim Eingang musste man die Schuhe ausziehen, was vielleicht gar nicht mal so eine gute Idee war. Denn man ging zwar auf sauberem Boden nach oben in den großen Schlafsaal, aber ein gewisses Aroma zog sich durch das gesamte Gebäude. Und dann – wieder eine Erscheinung, leider aber eine negative: Mit einem verschmitzten Lächeln klopfte mir plötzlich mein Terrorschnarcher auf die Schulter, und sein Blick versprach, dass er wieder vorhatte, heute Nacht für tolle Stimmung zu sorgen.

Doch es gab auch Lichtblicke – plötzlich schaukelte Nela rein, die nette Deutsche, die ich in Ribadeo beim Abschiedskaffee mit Kathi kennengelernt hatte. Sie meinte nur lachend, dass einige spanische Pilger sie alkoholmäßig abgefüllt hätten und sie jetzt unbedingt eine Stunde brauche, um ihr „Damenspitzerl" auszuschlafen. Es war also anscheinend nicht nur Muttertag, sondern auch „Tag der nicht mehr anonymen *Peregrino*-Trinker"!

Da es aber viel zu früh war, um zu schlafen, gingen wir dann trotzdem noch alle gemeinsam in den Ort – Nela, Alexander, der spanische Pilger Joachim und ich. Zur Feier des Tages gab es einen kleinen Rummelplatz. Nela wollte unbedingt Autodrom fahren, aber bis auf meine Wenigkeit wollte niemand sonst dieser Gefahr ins Auge blicken. Und obwohl ich meiner Mutter versprochen hatte, es nicht zu tun, setzte ich mich gemeinsam mit Nela hinter das Steuer des Gummipufferautos. Ihre an und für sich zuvor schon sehr gesunde Gesichtsfarbe nahm augenblicklich das Rot eines überreifen Paradeisers an, als sie sich neben mich quetschte. Darum trennten wir uns ab der zweiten Fahrt, und jeder fuhr sein eigenes „Rennen". Noch kindischer als vor vielen Jahren versuchten wir, dem anderen „voll reinzufahren". Aber wir hatten nicht mit den spanischen Kids gerechnet, die ihrerseits wieder Jagd auf uns „Alte" machten. Obwohl – der Alte bin nur ich, Nela ist erst 23. Noch dazu war mein Wagen mit Abstand der langsamste, ob das an meinem Gewicht liegen könnte? Ich habe doch so viel davon schon auf den spanischen Pisten verloren, das kann es eigentlich nicht sein. Mein Vehikel hatte einfach viel weniger PS als die anderen Boliden.

Nach diesem spannenden Formel-A(utodrom)-Rennen wurde einstimmig beschlossen, die unbedingt notwendige Siegerehrung in der nächsten offenen Bar abzuhalten – wo Alex und ich zeigen konnten, was wir ein paar Stunden zuvor alles gelernt hatten. Wir weihten unsere Mittrinker in die hohe Mixkunst des Martinis ein – das Gesöff schmeckte auch hier außerordentlich gut. Joachim hatte in der Zwischenzeit dem Barbesitzer auf Spanisch erklärt, wie sehr uns diese Pilgerschaft schon mitgenommen habe und dass wir alle ganz knapp am Hungertod vorbeimarschieren würden. Ihm war es zu verdanken, dass uns in einem eigenen Speisesaal hinter der Bar eine überdimensionale Grillplatte aufgetischt wurde, die wir mit *Rioja* und ein paar *Cervezas* als Begleitung bis auf den letzten Fettrand verputzten. Mama, jetzt fahr ich bestimmt nicht mehr mit dem Auto – versprochen!

Mehr als nur gut gelaunt wurden wir übermütig, und jeder wollte den anderen mit seinen tollen ßpanisch-Kenntnissen übertreffen. Das Wichtigste dabei ist, wie man bei uns sagt, das Zuzzeln. Jedes S wird zu einem ß-Zischlaut – Graßiaß, ßuppe, ßieben, ßweine, ßaufen, ßangría – und ßo weiter. Bald zischten wir alle wie Klapperschlangen und heulten vor Lachen. Mit einigen Promille ist man ja sooo lustig! Nur Joachim dachte bestimmt, die Deutschen (ich bin für ihn auch so einer) ßpinnen – Entschuldigung –, spinnen.

Vielleicht war das der Grund, warum er uns sofort nach dem Essen verließ? Aber wir hatten noch immer nicht genug! Der Wirt drängte uns in der Bar noch einige dieser Martini-Gebräue auf, und wir, freundlich wie wir sind, tranken sie alle. Und quatschten dabei, bis unsere Stimmbänder knapp davor waren, ihren Dienst zu quittieren.

An eine Geschichte kann ich mich heute noch sehr gut erinnern, immer wieder muss ich daran denken. Nela hatte eine Pilgerkollegin getroffen, die im Vorjahr von Irún nach Bilbao marschiert war und dort einen Mann kennengelernt hatte, mit dem sie sich sofort seelenverwandt fühlte. Es passierte nichts Körperliches, es war nur ein sehr inniges Freundschaftsverhältnis, und die beiden waren am gesamten Weg gemeinsam unterwegs. Am Ende der Pilgerschaft wartete die Ehefrau auf ihren Mann, so wurden auch die beiden Damen miteinander bekannt. Für heuer war vereinbart, gemeinsam von Bilbao bis Santiago zu marschieren. Aber einige Tage vor der geplanten Abreise erhielt Nelas Pilgerfreundin einen Anruf von der Gattin ihres Herzensbruders, dass dieser einen Tag zuvor einen tödlichen Autounfall gehabt hatte. Daher ist sie jetzt allein auf dem Weg – in memoriam an ihren Seelenfreund …

Das sind die wahren Geschichten dieses Wegs, Geschichten, die vom Leben geschrieben werden. Freude und Leid, Glück und Unheil, Sehnsucht und Hoffnung – all das liegt oft so nah zusammen. Ich spürte förmlich, wie ich allmählich eine Gänsehaut bekam, als Nela das erzählt hat. Diese wahre Begebenheit zeigt, dass Freundschaft und Verbundenheit auch weit über den Tod hinaus bestehen können.

Irgendwie vergaßen wir völlig die Zeit, denn plötzlich kam wutentbrannt unser *Hospitalero* zur Tür rein und erklärte uns, dass es knapp vor Mitternacht sei. Ob wir nicht doch irgendwann gedächten, zur Herberge zurückzutorkeln? Denn die schließe an und für sich um 22:00 Uhr und mittlerweile habe er das Warten satt! Hey – *Perdon* –, Alexander hatte doch mit ihm gesprochen und ihn gebeten, die Tür einen Spalt für uns offen zu lassen. Anscheinend gab es aber ein kleines Kommunikationsproblem. Mit Schaum vor dem Mund stand er vor uns und ärgerte sich maßlos, dass wir hier unseren Spaß hatten, während er wegen uns Deppen nicht zum Schlafen kam. So klar konnten wir aber noch denken, dass wir ihn nicht allzu gut verstanden. Daher trennten wir uns, nach einer kleinen Stehrunde, von der uns lieb gewordenen Bar. Ganz leise schlichen wir dann in der Herberge zu unseren Betten, jeder von uns fiel – natürlich völlig lautlos – mehrmals über diverse Rucksäcke, die da einfach unmotiviert im Raum standen, bis es dann nach einer sehr kurzen Katzenwäsche irgendwann ruhig wurde im Saal.

Und selbst der schnarchende *Torero* gab keinen Laut von sich. Irgendwie war ich enttäuscht, denn ich hatte Alexander die Vorgänge der besagten Nacht in allen Einzelheiten geschildert – und jetzt wirke ich vielleicht unglaubwürdig. Aber es war gut so …

Und obwohl es in meinem Kopf gerade megamäßig hämmert, macht das Schnarchkommando schon um 6:30 Uhr einen Heidenlärm. Was tun die nur so früh am Morgen da draußen? Mittags sind sie schon in der nächsten Herberge, und dann langweilen sie sich für den Rest des Tages. Oder sie stimmen sich ein auf die Nacht, denn heute hat es ja nicht geklappt, mit dem Bäumeumsägen. Ich versuche, sie zu ignorieren, und schlafe weiter. Um acht Uhr kommt der *Hospitalero* und schreit: „*¡Cinco minutos!*“ Das heißt, er will uns in fünf Minuten da weg haben. Ist der noch immer verärgert? Kaum zu glauben – da war doch eine ganze Nacht dazwischen. Aber da sich keiner um ihn kümmert, auch nicht die fünf spanischen Radpilger, lasse auch ich mir keine grauen Haare wachsen. Deswegen nicht! Die kommen ganz von selbst. Ich rasiere mich in Spanien nur einmal die Woche und sehe gegen Ende der Wachstumsperiode immer mehr meinem sechs Jahre älteren Bruder Buddy-Hansi ähnlich. Mein Bart hat schon einige graue Strähnchen, und auch in den Haaren kommt es zu der einen oder anderen Verfärbung. Aber mir ist es egal, ich habe wenigstens noch Haare, die grau werden können …

Während ich immer noch versuche, den Reißverschluss meines Schlafsacks zu öffnen, sind Alexander und Nela lange schon fertig. „Ihr müsst nicht auf mich warten, wir werden uns irgendwo am Weg schon treffen." Also ziehen die beiden los, sie wollen die 21 Kilometer bis nach Vilalba marschieren. Mir ist das eigentlich etwas zu wenig. Gestern nur 18 und heute wieder nur 21 Kilometer – das sind für einen Profipilger wie mich doch mittlerweile nur etwas längere Spaziergänge. Die Alternative wären 43 Kilometer bis Baamonde. Doch wenn es heute den ganzen Tag so gießt wie jetzt gerade vor dem Fenster, dann kann ich das vergessen. Zum Regen gesellt sich auch noch ein orkanartiger Sturm, der die wenigen Leute in dem Ort mit ihren Schirmen durch die Straßen treibt.

Irgendwann bin auch ich fertig – nicht als Letzter, denn die jungen spanischen Biker trödeln noch viel mehr als ich. Ich verabschiede mich freundlich vom *Hospitalero*, der mir mit einem gefrorenen Lächeln *„Buen Camino"* wünscht, und rette mich durch den Regen in die nächste Bar. Alexander und Nela sind nicht hier, entweder hab ich mir doch zu viel Zeit gelassen oder sie warten in dem Restaurant, in dem wir gestern unseren Herbergsleiter zur Weißglut gebracht haben. Das Schinkenbrötchen zu meinem Kaffee entpuppt sich als XL-Burger, den ich jetzt unter keinen Umständen komplett verputzen kann. Irgendwie habe ich ein flaues Gefühl im Magen, und in meinem Kopf hämmern AC/DC *Hells Bells* – warum wohl? Ich kann mir nur vorstellen, dass es der Wetterumschwung ist …

Wie zu Hause – bei mir natürlich eher selten – bringt mir der Wirt eine Folie, in die ich vier Fünftel des Brotes einwickle und als Vorrat für schlechtere Zeiten im Rucksack verstaue. Draußen wird der Regen etwas weniger – auch heute pfeife ich auf den Regenponcho, der schon seit einem Monat auf seinen Einsatz wartet. Ich hoffe, er wird nicht ungeduldig, aber allein wenn ich an das Zusammenfalten des riesengroßen Plastikfleckes denke, bin ich mir sicher, dass er zu den wenigen Sachen in meinem Rucksack gehören wird, die ich ungebraucht wieder nach Hause zurückbringen werde. Als ich mich dann endgültig auf den Weg mache, ist der Regen sowieso schon zu einem leichten Nieseln mutiert, und auch der Wind hat nur mehr die Stärke eines Lüfterls im Mai. Also gar kein schlechtes Wanderwetter. Jetzt bin ich bei der Alkoholausschüttungsstelle von gestern Abend, mittlerweile fallen überhaupt keine Tropfen mehr vom Himmel. Da ich meine beiden Saufkumpane – oh, sorry –, meine Pilgerkollegen auch hier nicht treffe, mache ich mich allein auf den Weg.

Ich bin sehr schnell unterwegs – und mein etwas benebeltes Hirn wird immer freier. Manchmal nieselt es für zwei, drei Minuten, aber das fühlt sich gut an. Ich bin wieder der *Lonely Pilgrim* und kann mein eigenes Tempo gehen. Die ersten 20 Kilometer habe ich in nicht mal vier Stunden hinter mich gebracht, am Ortsanfang von Vilalba fällt mir natürlich sofort ein schwarzer, unförmiger Bau auf – die örtliche Herberge. Irgendwie würde es mich schon reizen, in diesem Bunker zu übernachten. Es ist aber viel zu früh – Santiago ruft!

Also weiter, obwohl die Wolken sehr tief hängen und bald wieder die gestrige Gipfelfarbe angenommen haben. Aber ich vertraue darauf, dass es einfach nicht zu regnen beginnt – so wie ich es die letzten Wochen gemacht habe. Es hat immer geklappt. Okay – gestern war eine kleine Ausnahme, aber heute passt wieder alles. Kein Grund also, hier zu bleiben, die läppischen 22 Kilometer nach Baamonde schaff' ich ganz bestimmt – und wäre somit wieder genau in meinem Plan. Obwohl – ein Plan ist mir mittlerweile völlig egal, ich gehe wann und wie weit ich will! Alles ist allein meine Entscheidung! Ein tolles Gefühl!

Also marschiere ich weiter, in einer Bar im Zentrum von Vilalba, ganz in der Nähe des *Paradors*, schütte ich wieder mal Cola und *Agua* in mich hinein. Schmeckt nicht schlecht, fast so gut wie die Martinimischungen von gestern. Was da wohl gesünder ist?

Hunger hätte ich auch, aber ich bin nur in einer Trinkbar – und da ist nichts essbar. Hey, anscheinend hat mich mein „unglaublicher Witz" noch nicht verlassen – schön, das zu wissen. Es fröstelt mich am ganzen Körper, als ich meine innen total verschwitzte Jacke nach der Cola-Schorle wieder über meinen ausgemergelten Körper lege. Okay – ausgemergelt ist wohl nicht der richtige Ausdruck, aber ich bin mir sicher, schon mehr als zehn Kilo am spanischen *Camino* liegen gelassen zu haben. Wahrscheinlich habe ich nur mehr knappe 115 Kilo. Irgendwie schaue ich abgekämpft aus, wenn ich mich in den Auslagenscheiben der Geschäfte näher betrachte. Wahrscheinlich ist das auch der Grund, dass mir jetzt so *frio* ist, meine natürliche Dämmung wird immer weniger.

Ich finde leider kein Restaurant, also Plan B: Supermarkt. Banane, Schokolade und Wasser, dazu mein Monumental-Brötchen von heute Morgen – damit kommen langsam die Kraft und die Wärme wieder, im Handumdrehen habe ich die nächsten fünf Kilometer hinter mir. Heute sind Wanderschuhe nicht die erste Wahl, Gummistiefel wären um einiges effizienter. Es geht auf völlig überfluteten Wald- und Wiesenwegen dahin, immer wieder muss ich meine gänzlich im Gatsch versunkenen Schuhe mit anstrengenden Riesenschritten befreien. Hin und wieder marschiere ich einfach quer über diverse Wiesen, da wird man zwar durch das hohe Gras nass wie ein Seefahrer, aber die Schuhe werden wieder einigermaßen rein. Es ist bisher kein einziger Tropfen gefallen, aber ich habe den Eindruck, als ob der Himmel jeden Moment zu flennen beginnen würde. Doch hoffentlich nicht wegen mir!? Da hätte höchstens der *Hospitalero* gestern Abend Grund dazu gehabt, aber sonst bin ich mir keiner Schuld bewusst. Anscheinend sieht der Himmel das auch so, denn plötzlich kommt die Sonne durch.

Das Wetter spielt April. Mal ist alles bedeckt, in Minutenschnelle scheint die Sonne, dann kommt kurz ein Sturm auf, und irgendwann beginnt alles wieder von vorn. Mir ist es egal, solange der Regen ausbleibt. Der Weg ist wunderschön – mein *Camino* führt mich heute auf einsamen Wegen, über uralte Steinbrücken und an ebensolchen Bauernhäusern vorbei. Nie würde man denken, dass die bewohnt sind. Nur an den Fernsehantennen und Satellitenschüsseln kann man erkennen, dass es hier Leben gibt. Und an den Hunden, oft sind es bis zu fünf, die, zum Großteil fest angekettet, die Häuser bewachen. Es gibt aber trotzdem immer wieder welche, die frei herumlaufen. Aber nur ein winzig kleiner Rattler wächst über sich hinaus und kommt mir so nahe, dass ich nach einem Steinderl greife – obwohl für den kleinen Kläffer auch ein Sandkorn reichen würde. Da zischt er ab, mitten durch eine frisch geackerte Fläche voll Schlamm. Der weiße Hund wird dadurch bis zur Hälfte in Gatschgrau getaucht und kommt von anderer Seite wieder auf mich zu – fast bis zur Unkenntlichkeit getarnt. Das kleine Horizontalzebra ist über meinen plötzlichen Lachanfall dermaßen empört, dass es in einer noch dreckigeren Wasserpfütze auf Tauchstation geht. Ich möchte nicht wissen, was passiert, wenn sich das Miniatur-Gatschknäuel später dann im Haus nur einmal richtig schüttelt …

Die Santiago-Kilometersteine sind hier in Galicien mit exakten Entfernungsangaben versehen. Gegen Ende der Strecke lese ich auf einem dieser Monolithen „111,111 km" – mein großes Ziel kommt also immer näher. Zehn Kilometer noch bis Baamonde – und dann sind es ab morgen nur mehr knapp 100 Kilometer bis nach Santiago de Compostela. Wahnsinn – ich denke daran, wie ich in Hendaye aus dem Bus gestiegen bin. Das war vor einem Monat, mir kommt es vor, als ob es vor einer Woche gewesen wäre. Wie schnell die Zeit doch vergeht! Nur an meiner Sehnsucht nach der Heimat merke ich, dass ich doch schon sehr lange unterwegs bin. Wenn ich es schaffe, in vier Tagen in Santiago zu sein und dann noch eine Woche für die Strecke Finisterre und retour rechne, dauert es immer noch sieben Tage, bis ich Moni am Flughafen in Santiago wieder in die Arme schließen kann. Danach haben wir noch die fünf Tage in La Coruña eingeplant, bis wir dann am 2. Juni gemeinsam wieder nach Hause abdüsen. Irgendwie kann ich es schon fast nicht mehr erwarten, bei meiner Familie zu sein. Endlich wieder im eigenen Bett zu schlafen, auf der Terrasse zu frühstücken, mit meinem Hund durch die Wälder zu ziehen – ich glaube, so etwas nennt man Heimweh.

Noch 111, 111 Kilometer …

Vor zwei Tagen habe ich bei Moni vorsichtig anklingen lassen, ob sie sehr enttäuscht wäre, wenn wir unseren geplanten Urlaub hier einfach stornieren würden. Eventuell könnten wir den ja im Herbst nachholen, eventuell sogar hier in Spanien. Oder vielleicht auch mit einer Schiffsreise. Meine Moni war zwar zuerst etwas überrascht, hat aber dann sofort bemerkt, dass es mir damit ziemlich ernst ist. So ist sie – Monika nimmt sich immer zurück und schaut, dass alle anderen zufrieden und glücklich sind. Und da auch die in Aussicht gestellte Alternative mit der Schiffsreise ihre volle Zustimmung gefunden hat, versucht sie seither alles Menschenmögliche, um meine Heimreise vorzuverlegen. Leider sind jedoch diese Billigflüge entweder gar nicht oder nur mit nicht unerheblichen Kosten umzubuchen, doch soeben erhalte ich ein Mail, dass es möglich wäre, meinen Rückflug auf den 22. Mai vorzubuchen, also zehn Tage eher als geplant. JAHHHUUUU – SUPER – bitte sofort fixieren! Danke!

Die letzten Kilometer ziehen sich dann doch ganz schön dahin, meine Fußsohlen brennen, als ob mir jemand tausend kleine Hühneraugen drauftätowiert hätte. Meine Treter spüren, dass sie auch heute wieder viele Asphalt- und Betonpisten unter die Füße bekommen haben. Aber jetzt bin ich endlich in der Herberge, eine hübsche *Señorita* nimmt meine Daten auf, gibt mir den Stempel und frische Decken – und dann kann ich endlich in mein Bett. Es hat sich bewährt, wenn ich mich nach einer längeren Etappe für eine halbe Stunde in die Waagrechte lege und so meinen Füßen Gelegenheit gebe, sich etwas zu regenerieren.

Auch die Herberge in Baamonde dürfte ziemlich neu sein. Der Jakobsweg hat anscheinend hier in Galicien einen sehr hohen Stellenwert, das sieht man schon an der ausgezeichneten Markierung der Strecke und vor allem an den schönen Unterkünften. In dieser *Albergue* gibt es mehrere Vierbettzimmer, jeweils zwei Stockbetten sind in den winzig kleinen, aber sehr sauberen Kammern aufgestellt. Im ersten Stock, über einem großen Aufenthaltsraum mit offenem Kamin, ist der Hauptschlafraum mit geschätzten 20 Stockbetten. In meinem Zimmer haben bereits drei *Peregrinos* ihre Schlafsäcke ausgebreitet, ich bekomme wieder mal ein Bett in der unteren Etage zugewiesen. Über mir liegt Johannes aus Deutschland, ein Biker, der heute von Ribadeo aus hierher geradelt ist. Er befindet sich in einer Notlage, denn er hat sich im nahe gelegenen Supermarkt eine Flasche *Rioja* gekauft, die er unmöglich allein beseitigen kann. Ich erzähle ihm kurz von meiner gestrigen Nacht, verspreche aber, ihm trotzdem aus seiner Misere zu helfen.

Die Duschen sind in einem eigenen Gebäude neben dem Haupthaus untergebracht, doch hier in der Herberge gibt es eine Behinderten-Nasszelle, die wir heute benützen dürfen. Waschbecken, Klo und Dusche sind in einem sehr großen, rollstuhlgeeigneten Raum untergebracht, und so muss keiner raus in den Regen, der wieder voll eingesetzt hat.

Nach dem sehr notwendigen Auffüllen meiner Vorräte im Supermarkt spüre ich, dass auch mein Magen wieder mal aufgefüllt werden möchte.

Also auf in die nächste Bar – doch die Auswahl hier ist nicht gerade umfangreich: eiskalte *Cerveza* und brennheiße Suppe. Ich bestelle natürlich dieses Tagesmenü, aber als mir die Kellnerin den rauchenden Topf auf den Tisch stellt, überlege ich mir kurz, ob ich nicht nur bei der Vorspeise, also der *Cerveza*, bleiben soll. In der Schüssel ist alles drinnen – von Hühnerhaut über Kichererbsen, Rindsknochen und einigen mir völlig unbekannten Sachen. Sie schmeckt gar nicht mal so – ähm – gut! Ich visualisiere mir aber einfach eine Gulaschsuppe, und so bringe ich das undefinierbare Etwas doch runter. Aber ich brauche ziemlich lange dafür. Als ich wieder in die Herberge komme, liegt mein deutscher *Rioja*-Fan schon in seinem Schlafsack und pennt. Nichts mehr mit dem Alkoholvernichtungs-Vorhaben. Ich hoffe, ich habe ihn jetzt nicht enttäuscht – erst verspreche ich ihm meine Hilfe, und dann, wenn er mich wirklich braucht, bin ich nicht da. Aber er wird's verschmerzen. Apropos verschmerzen – wo Alexander und Nela geblieben sind, weiß ich noch immer nicht – aber vielleicht bringt sie mir der Weg irgendwann mal wieder. So wie anscheinend meinen Venezianer vom ersten Tag, gerade habe ich ein SMS von Paolo bekommen, der in zwei Tagen Santiago erreichen wird. Das wird sich bei mir nicht ganz ausgehen. Aber heute ist Montag, eigentlich sollten die fehlenden 100 Kilometer bis Donnerstag zu schaffen sein. Ich spüre, wie mein Ehrgeiz erwacht, alles in mir scheint „Das geht sich aus! Das schaffst du!" zu schreien. Doch dafür müsste ich an den nächsten beiden Tage wieder Megaetappen von mehr als 40 Kilometer marschieren. Für den Donnerstag würden dann noch 22 Kilometer übrig bleiben, die ich bis zur Pilgermesse mittags dann schaffen könnte. Müsst' ich halt mal wirklich pilgerkonform um sechs Uhr aufstehen. Was tut man nicht alles, um sein Ziel zu erreichen!

So, knapp vor Mitternacht. Zeit, schlafen zu gehen! Morgen würde ich also gerne wieder eine ähnlich lange Strecke wie heute marschieren, dann wäre ich in Sobrado dos Monxes. Laut meinem Reiseführer ist es ein absolutes Muss, in der Herberge des dortigen Klosters zu übernachten. Sollten meine Füße aber zu sehr schmerzen, dann müsste ich eine kurze Etappe nach Miraz einschieben. Zwischen Miraz und Sobrado dos Monxes gibt es keine Übernachtungsmöglichkeiten – also, entweder 15 oder 42 Kilometer. Ich werde sehen! Santiago ruft! „Das schaffst du!"

Sierra Madre im Pilgerhaus

Tag 31– 11.5.2010: Baamonde – Sobrado dos Monxes, 43 km (gesamt 868)
Wetter: Wie immer – Nachtregen, am Tag hält der Himmel meistens dicht.
Strecke: Es geht durch kleine Ortschaften Richtung Miraz, dann durch eine tolle Heidelandschaft und auf Forststraßen zur höchsten Stelle meines Caminos (720 m), dann auf der Landstraße runter nach Sobrado.
Sonstiges: Achillessehne schmerzt, rechter Fuß krampft, Sohlen brennen – aber sonst passt's!
Quartier: Klosterherberge in Sobrado dos Monxes – 5 Euro. Riesengroße Herberge auf 2 Etagen, „eingeschränkte" Sanitäranlagen – aber traumhafte Stimmung in dem alten Gemäuer!

Leider war auch diese Nacht ziemlich kurz – in unserer Viermannzelle gab es wieder einen spanischen Schläfer, der meinem altbekannten Unruhestifter fast das Wasser reichen konnte. Er hatte zwar nicht denselben Stimmumfang, aber er grunzte die ganze Nacht vor sich hin. Bis es meinem „Nicht-mit-mir-*Rioja*-Trinker" Johannes zu viel wurde. Um 3:30 Uhr trat er das erste Mal an das Bett des Sägemeisters und meinte: „Das gibt's ja nicht!" Ungefähr dieselbe Reaktion wie ich einige Tage zuvor. Um 3:50 Uhr ein weiteres Mal und zehn Minuten später wieder. Dann nahm es sich der Nachahmungstäter endlich zu Herzen und schickte seine Stimmbänder in den lautlosen Tiefschlaf. Ich tat es ihm gleich. Aber nur so lange, bis ich um sechs Uhr durch das Rascheln des nun Ausgeschnarchten wieder munter wurde. Doch nur für kurze Zeit – in Minutenschnelle war ich wieder im Koma und erwachte daraus erst um 8:30 Uhr.

Wo sind denn alle? Die Herberge ist leer, einzig Johannes packt gerade noch seine Sachen zusammen. Für ihn sei es kein Problem, erst um diese Zeit loszustarten, meint er. Als Radfahrer sei er sowieso schneller als die *Peregrinos* zu Fuß. Ganz meine Meinung, auch ich als Fußpilger nehme mir alle Zeit der Welt – da brauch' ich nicht mal ein Rad dafür. Johannes tritt in die Pedale, ich aber finde eine spanische Zeitung und schau mir die Fotos an. Man kann sagen, was man will, aber da habe ich einen geregelten Tagesablauf – ich geh immer als Letzter auf die Piste.

Wieder hat es die Nacht durchgeschüttet, doch wieder halten die Wolken dicht, als ich mich auf den Weg mache – *Business as usual*. Sosehr ich mich auch anstrenge, ich finde keine Stelle an meinem Körper, an der ich auch nur annähernd so etwas wie Schmerzen verspüre. Entweder ist man in meinem Alter in diesem Zustand bereits im Jenseits – oder fit wie ein Wanderschuh. Ich entscheide mich für das Zweite und marschiere auf der Landstraße aus dem Ort. Bald schon führen mich die gelben Pfeile in einen Wald, wo es dann auf wunderschönen, aber sehr nassen Wegen durch den Frühling Spaniens geht.

Vorbei an Zitronen- und Orangenbäumen, an duftenden, in allen möglichen Farben blühenden Sträuchern, an Glocken tragenden Kühen und Pferden, an Karren ziehenden Mulis, Kettenhunden und Schmusekatzen, an …, an …, an … Ich kann mich nicht erinnern, jemals die Welt mit diesen Augen gesehen zu haben. Mit meinen eigenen Augen! Aber nicht nur die Augen, alle meine Sinne arbeiten auf Hochtouren. Die Welt erschließt sich mir völlig neu! Ich spüre das Leben, ich sehe und rieche es, höre die Bienen summen und die Eukalyptusbäume im Wind rauschen. Ich nehme mir Zeit, mit meinen Händen über das feuchte Moos zu streifen, das sich so wunderbar weich und sanft anfühlt. Bleibe einfach stehen und sehe den Vögeln zu, die sich weit oben treiben lassen – völlig schwerelos, irgendwohin. Und genauso fühle ich mich. Vom schwerelos mal abgesehen, aber ich bin frei! In Gedanken, Worten und Werken – oder so halt. Aber frei! Alles ist möglich – und: Geht' net, gibt's net!

Traumhaft, so dahinzumarschieren. Ich liebe den *Camino*! Tausend Dank an alle, die es ermöglicht haben, dass ich mir diese Auszeit nehmen darf. Und noch mal tausend Dank an den Herrgott, dass er mich von Blasen, Verletzungen, gröberen Schmerzen und richtig schlechtem Wetter verschont hat, von beißenden Hunden, keifenden Frauen und besserwissenden Männern und vielem mehr. Ich bin sicher, er schaut auch weiter auf mich.

Die ersten 15 Kilometer bis Miraz habe ich mittags schon hinter mich gebracht. Der Himmel zeigt sich in gewohntem Dunkelgrau, verzichtet aber wieder mal darauf, sich der mächtigen Wassermassen zu entledigen, die sich in den bedrohlich aussehenden Wolken gesammelt haben. Am Weg zur einzigen Bar in Miraz werde ich von einer Radfahrerin, Michele, erst auf Französisch und dann auf Englisch angesprochen. Sie lädt mich ein, bei ihr zu übernachten. Oh là là, die geht aber ran! Erst weiß ich nicht so recht, was ich davon halten soll, aber dann entpuppt sie sich als *Hospitalera* hier in diesem kleinen Ort – und ich bin einigermaßen beruhigt.

Eigentlich möchte ich doch weitermarschieren, aber ob ich die restlichen Kilometer durchhalten werde? Das muss ich in der Bar noch besprechen – mit mir. Es ist schon gut, wenn man viele Persönlichkeiten hat, da gibt es genug Diskussionsstoff mit sich selbst.

Ich fröstle, als ich in der Bar angekommen bin. Mit meinen schätzungsweise nur mehr 115 Kilo friere ich bei jedem Luftzug. Doch ein heißer Kaffee und dazu meine selbst mitgebrachte Jause geben meinem Körper wieder etwas Sommerfeeling zurück. Das erste Essen nach 15 Kilometern – das gibt Kraft für die Kilometer 16 bis 41. Ich habe mich also endgültig entschieden und freue mich auf Sobrado dos Monxes. In den ehemaligen Stallungen des Zisterzienserklosters wurde eine Pilgerherberge mit 48 Liegen eingerichtet, und die einmalige Stimmung in dem alten Gemäuer möchte ich mir unter keinen Umständen entgehen lassen.

Der Weg führt mich jetzt durch eine außergewöhnliche Heidelandschaft, links und rechts liegen mächtige Granitblöcke, die anscheinend vom letzten Riesen-Boccia übrig geblieben sind. Genau so stelle ich mir Galicien vor. Ich wandere über weiße, abgeschliffene Steine und sehe im Geist die Pferdehufe und Gespanne der Pilger vor mir, die hier vor vielen hundert Jahren Richtung Santiago de Compostela zogen. Es ist ein „ehrwürdiges" Gefühl, sogar auf den Einsatz meiner Trekkingstöcke verzichte ich, weil ich diese historischen Wege nicht mit dem neumodischen Zeugs „verletzen" möchte.

Heute werde ich den höchsten Punkt meines *Caminos* passieren – 720 Meter Seehöhe. Also geht es wieder bergauf – genau meine Strecke! Bald habe ich den Vorgipfel erreicht, und nach einer weiteren halben Stunde bin ich auf meinem Dach der Welt. Doch echtes Gipfelfeeling kommt da nicht auf, die letzten Meter auf meinen höchsten Pilgerpunkt führen über eine Landstraße, auf der permanent Lastwagen an mir vorbeidonnern. Kein Gipfelkreuz! Nur stinkende Brummer, die mir mehr oder weniger freundlich zuhupen, weil ich hin und wieder auf dem fast nicht

Schon seit Jahrhunderten geht man auf diesem Weg …

vorhandenen Seitenstreifen mit meiner Kamera auf Fotosafari gehe.

Von nun an geht's bergab! Langsam ist es aber vorbei mit der Leichtigkeit, mit der ich noch vor Kurzem diesen alpinistisch eher weniger anspruchsvollen Gipfel erklommen habe. Die Achillessehne im rechten Fuß muckt auf, und der linke Unterschenkel versucht krampfhaft, mich zu ärgern. Wie sehr sich doch fünf Kilometer talwärts ziehen können. Normalerweise ist das ein Klacks, aber heute bin ich doch sehr erleichtert, als ich endlich Sobrado dos Monxes erreiche. Völlig erschöpft und dementsprechend unelegant quäle ich mich die Stufen zum großen Hauptplatz hinunter, wo es dann links durch ein monumentales Tor in den Klostergarten geht.

Die barocke Kirche ist beeindruckend, selten zuvor habe ich eine derart aufwendig gestaltete Fassade gesehen. Sie ist aus dem 17. Jahrhundert, auf den Glockentürmen wachsen Gras und kleine Pflanzen – was in Kombination mit dem Stein der Kirchenfassade ein äußerst stimmungsvolles Ganzes ergibt. Nachdem ein Pförtner meine Daten aufgenommen hat, lässt er mich einfach im Kreuzgang des Klosters stehen. Na gut – was jetzt? Kurze Zeit später begrüßt mich ein Mönch mit Zehennägeln wie Grace Jones und führt mich zur Herberge. Man sieht seinen in Sandalen steckenden Füßen an, dass sie schon mehr als eine Pediküre notwendig hätten. Aber das ist im Klosterleben ja nicht so wichtig.

Die auf zwei Etagen aufgereihten Stockbetten sind schon ziemlich alle belegt. Draußen vor dem Kloster steht jede Menge Fahrräder, bei meinen Mitschläfern heute Nacht muss es sich also großteils um Biker handeln. In der gesamten Herberge sind bunte Radtrikots verteilt und geben dem düsteren Raum doch eine freundliche Note. Farbmäßig! Geruchstechnisch nicht! Aber in dieser Hinsicht habe ich mich optimal angepasst, daher schnell unter die Dusche!

Auf dem Rückweg aus dem eher spartanischen Wellnesszentrum höre ich, wie eine *Peregrina* zu einem Mitpilger „Gehen wir jetzt?" sagt. Da spricht jemand Deutsch! Ich mache mich als Ösi erkennbar, und Anna stellt mir jeden Einzelnen ihrer Gruppe vor. Sie sind am Weg zur Abendvesper und nehmen mich in ihre Mitte. Gemeinsam marschieren wir zur Hauskapelle, leider ist die aber nicht im mittelalterlichen Trakt des Klosters untergebracht, sondern sie befindet sich in einem eher nüchternen Neubau. Nach und nach betreten insgesamt 16 Mönche den Kirchenraum und nehmen im Halbkreis vor uns Aufstellung. Pünktlich um 19 Uhr beginnen sie zu singen – aber wie! All ihre Stimmen harmonieren einfach unglaublich – vom Bass über den Bariton bis zum Tenor. Ich schließe die Augen und sehe plötzlich Bilder vor mir, die ich so noch niemals gesehen habe.

Der erste Tag auf meinem Weg, ganz allein an der Busstation in Hendaye. Tony, wie er mir von seiner großen Liebe erzählt, die nicht und nicht mit ihm nach Kenia zurück möchte. Kathi, überraschenderweise nicht auf mich einredend, sondern wie sie mir einen Schokokuchen aus dem Supermarkt mitbringt, weil sie weiß, dass ich den so gerne esse. Die spanische Sandy, die mein Heimweh in Sekundenschnelle dahinschmelzen lässt. Karol, der mir die Maori-Sprache im Kaffeehaus beibringen will. Viele kurze Sequenzen von meinem Weg ziehen an mir vorbei, die Steilklippen bei Llanes sind da ebenso dabei wie die Sandstrände bei San Sebastián. Und dazu höre ich als „Hintergrundmusik" die Choräle der Mönche. Mit Tränen in den Augen erlebe ich meinen Weg nochmals. Und bin unendlich dankbar! Moni taucht vor meinem geistigen Auge auf, der Abschied am Flughafen. Meine Kinder, meine Eltern – als ob sie in der Reihe vor mir sitzen würden.

Viel zu schnell vergeht diese Abendmesse. Ich fühle mich wie in Trance, als ich zurück zum Schlafraum schwebe. Was war das eben? Auf jeden Fall weiß ich, dass ich bald mein Ziel erreichen werde. Wenn nicht noch der große Einbruch kommt, dann bin ich spätestens am Freitag in Santiago. Wahnsinn, dann habe ich es geschafft! Noch vor einem Jahr habe ich davon geträumt – und jetzt stehe ich kurz davor, diesen Traum wahr werden zu lassen.

Das Knurren meines Magens bringt mich wieder zurück in die Gegenwart – Hunger! In einem Restaurant nahe dem Hauptplatz sehe ich Anna und ihre Pilgerrunde. „Setz dich doch zu uns!" Okay – und schon erzählen wir uns die tollsten Geschichten aus dem *Peregrino*-Leben. Anna ist eine Hardcore-Pilgerin, bereits zum achten Mal hat sie sich auf den Weg gemacht. Sie erklärt uns „Anfängern", was uns in Santiago erwarten wird: Im Pilgerbüro muss man den abgestempelten Pass vorzeigen und erhält dann die *Compostela*, die Pilgerurkunde. Um zwölf Uhr wird in der Kathedrale die Pilgermesse abgehalten. Da man hier aber nur mehr ohne Rucksack reinkommt – teils aus Platzmangel und teils aus Sicherheitsgründen –, gibt es eine eigene Gepäcksaufbewahrung in einem nahe liegenden Haus. Ja, und dann beginnt der Gottesdienst. Der für Anna immer sehr emotional war, doch jeder Pilger erlebt ihn auf seine eigene Weise. Da will sie gar nicht viel drüber reden – wir werden schon sehen, was da auf uns zukommt. Schön wäre es, wenn auch wir das Glück hätten, zu erleben, wie der 54 Kilo schwere Weihrauchkessel, der *Botafumeiro*, in einem Bogen von 65 Metern durch das Seitenschiff der Kathedrale geschwenkt wird. Eingeführt wurde das angeblich im Mittelalter, damit die Düfte der meist nicht so wohlriechenden Pilger übertüncht werden konnten. Leider weiß man derzeit nie genau, wann das Weihrauchfass zum Einsatz kommt. Vielleicht muss man nur genug stinken?

Wer nach 22 Uhr zurück in die Herberge kommt, muss im Freien schlafen – bei diesen Wetterbedingungen eigentlich nur Camperspezialisten zu empfehlen. Wir schaffen es rechtzeitig, fünf Minuten später dreht der *Albergue*-Mönch das Licht ab. Da geht ein Funkeln durch die Matratzenhalle – überall werden die Taschenlampen eingeschaltet. Irgendwie erinnert mich das an die Konzerte der *Schürzenjäger*. Wenn sie den Megahit *Sierra Madre* angespielt haben, gab es durch die vielen Feuerzeuge ungefähr dieselbe Stimmung – nur der Geruch war etwas anders!

130/3 = Auweh

Tag 32 – 12.5.2010: *Sobrado dos Monxes – Pedrouzo, 43 km (gesamt 911)*
Wetter: *Bedeckt, teilweise leichtes Nieseln.*
Strecke: *Durch kleine Bauerndörfer geht es nach Arzúa, hier trifft mein Weg auf den Camino Francés, dann durch Wald und Wiesen weiter nach Pedrouzo.*
Sonstiges: *„Südliche" Körperhälfte schmerzt zur Gänze, 130 km in 3 Tagen sind zu viel. Aber Santiago kommt näher!*
Quartier: *Hotel in Pedrouzo – 35 Euro. Nicht billig, aber einzig verfügbares Zimmer.*

Was ist nur los mit diesen Spaniern? Gibt es hier ein eigenes Fach „Schnarchen" in der Schule? Wieder hat der Seniorengrunzer, der schon gestern in meiner Zelle in Baamonde für Unruhe gesorgt hatte, ganze Arbeit geleistet. Und geschätzte elf bis 13 Mittäter haben ihm dabei geholfen. Mehr als drei Stunden Schlaf werden es nicht gewesen sein für mich. Ich hole das zwischen 6:30 und 8:30 Uhr nach.

Heute hätte ich eigentlich nur die etwas mehr als 20 Kilometer bis Arzúa auf dem Programm. Ab dieser kleinen Stadt wird sich das Pilgerverkehrsaufkommen sicherlich drastisch erhöhen, denn dort trifft mein Weg, der *Camino del Norte*, auf den Hauptweg, den *Camino Francés*. Meine Füße sollten sich heute mal erholen, sonst muss ich in Santiago am Ende in die Kathedrale getragen werden. Doch wer schafft das schon? Aber irgendetwas zieht mich magisch weiter. Ich hätte noch alle Zeit der Welt, aber insgeheim spekuliere ich damit, auch heute wieder einen „Vierziger" zu machen – bis Pedrouzo. Dann hätte ich morgen nur mehr 22 Kilometer vor mir und könnte vielleicht wirklich die Zwölf-Uhr-Pilgermesse in Santiago mitfeiern. Der Gedanke brennt in mir. Aber wieder 42 Kilometer – ob das gut geht? Gestern am Abend brannten auch meine Fußsohlen, und das noch dazu dermaßen feurig, dass ich mir einen Weitermarsch heute Morgen beim besten Willen nicht vorstellen konnte. Aber alles ist gut! Die Zeit hat wieder mal ihre Wunder vollbracht. Nur die beiden Achillessehnen machen etwas Probleme, aber die werde ich auch noch in den Griff bekommen. Ich geh halt einfach los. Wir werden schon sehen – meine Sehnen und ich. Wie schon in den letzten Tagen werde ich auch heute die ersten zehn Kilometer ohne Nahrung marschieren. Ich habe da eine Theorie: Wenn ich mir erst später den Bauch vollhaue, dann denkt mein Körper, es geht erst jetzt, nach dem Frühstück, richtig los. Und so wird aus der 40-Kilometer- eine 30-Kilometer-Strecke, obwohl man 40 gegangen ist. Verstanden? Ist zwar ein kompletter Blödsinn, aber man wird halt etwas anders auf diesem Weg.

Bis zum Ende der ersten Etappe in Arzúa habe ich sämtliche Mitglieder von Annas Wandercrew überholt. Nach zwei Tagen mit Märschen über jeweils mehr als 40 Kilometer habe ich befürchtet, dass ich heute irgendwann mal auf allen Vieren daherkriechen werde. Aber mein Körper ist anscheinend wirklich gut in Schuss, mittlerweile steckt er auch solche Distanzen locker weg. Okay – locker ist anders, aber wenn mir vor einiger Zeit jemand gesagt hätte, dass ich mehrmals hintereinander ohne größere Probleme derart lange Strecken marschieren würde, hätte ich ihm das bestimmt nicht abgenommen.

Aus allen Gassen Arzúas schwärmen Pilger hervor. Sie sind alle auf der Suche nach einer der zahlreichen Herbergen hier. Jetzt bin ich endgültig am *Camino Francés*, und es ist ein vollkommen anderes Pilgern als noch vor ein paar Kilometern. Die Anzahl der *Peregrinos* hat sich exponenzial erhöht – und auch die gesamte Infrastruktur hat sich darauf eingestellt. Es gibt Pilgercafés, Pilgerbüros und, wie gesagt, jede Menge *Albergues*. Aber selbst die schaffen es in der Hauptsaison nicht immer, alle Pilger aufzunehmen. Heute sollte das aber noch kein Problem sein.

14 Uhr und leichtes Nieseln, die meisten Pilger entschließen sich hierzubleiben. Und genau das ist der Startschuss für mich, doch weiterzumarschieren. So kann ich die Einsamkeit am Weg noch etwas hinauszögern. An normalen Tagen ist es ab hier nicht mehr möglich, mehr als 100 Meter allein zu wandern. Aber heute gehen nur die „hartgesottenen" *Peregrinos* weiter. Und jene, die es schon nicht mehr erwarten können, Santiago de Compostela zu erreichen. Wenn nur die blöde Achillessehne nicht wäre, die rechte Ferse brennt wie verrückt. Aber jetzt bin ich schon zu weit von Arzúa entfernt, um wieder umzukehren. Kathi hatte doch dieselben Probleme, und sie hat diese mit einer Salbe aus verschiedenen Kräutern in den Griff bekommen. In ihrer aufopfernden Art hat sie mir eine kleine Dose mit dem Wundergemisch aufgedrängt. Jetzt bin ich froh darüber, bei der nächsten Bushaltestelle schmiere ich mir das Zeugs auf meine Problemzone über der Ferse und marschiere

weiter. Doch die Schmerzen marschieren mit. Strafverschärfend wirkt sich die Tatsache aus, dass es jetzt permanent bergab geht. Ich versuche alle möglichen Schrittvarianten – seitlich, rückwärts, am linken Fuß springend. Doch es hilft nicht viel, Mrs. Achilles schreit nach Hilfe. Ich kann ihr aber jetzt nicht helfen, ich muss weiter – mir meine Träume erfüllen. Immer wieder überhole ich vereinzelt dahinstolpernde Pilger. Mittlerweile dürften so ziemlich alle meiner Mitmarschierer Probleme haben. Ob das wirklich gesund ist? Aber das Ende kommt näher! Ich sehe das an den Wegweisern mit den Muschelzeichen, die jetzt jeden halben Kilometer anzeigen.

Vor einem Restaurant steht eine hübsche *Señorita*. Um mich kurz von meinen Schmerzen abzulenken, frage ich sie, wie weit es denn noch bis Pedrouzo sei. Aus meinem Reiseführer weiß ich zwar haargenau, dass es nur mehr zwei Kilometer sein können, aber das Mädl schaut so aus, als ob es angesprochen werden möchte. Hätte ich das nur nicht gemacht! Denn sie wirft mir die ungeschminkte Wahrheit an den Kopf – fünf Kilometer! Das kann nicht sein! Das passt überhaupt nicht zusammen mit den Angaben im Reiseführer. Kann man da jemanden verklagen? Und außerdem, es ist unfair! Meine Füße brennen, jederzeit kann es regnen! Warum hat da jemand die ganze Stadt um einige Kilometer versetzt? Ich will das nicht! Muss es aber irgendwie doch akzeptieren. Na geh! Aber dann in Pedrouzo werde ich mir das beste Hotel am Platz nehmen, ein heißes Bad einlassen und darin all meine Schmerzen ertränken. Und heute werde ich einige *Cervezas* in der Badewanne schlürfen, das habe ich mir verdient!

Irgendwie schaffe ich die Strecke, aber ich weiß jetzt: 130 Kilometer in drei Tagen haben's ganz schön in sich! Doch was tut man nicht alles, wenn Santiago ruft! Vor mir sehe ich schon die Herberge, da gehe ich jetzt kurz rein, lasse meinen Pilgerpass abstempeln und suche mir dann ein schönes Hotel, wo ich es mir ganz gemütlich machen werde. Die *Hospitalera* drückt mir den Stempel in meinen Ausweis und meint, dass es nur noch einen Platz in der Herberge gebe, ob ich den haben wolle? „Nein danke, ich werde in einem Hotel in der Stadt übernachten." „*¡Buen Camino!*" Bei einem Aufputsch-Cola im Restaurant neben der *Albergue* erfahre ich, dass sämtliche Unterkünfte in der Stadt bereits ausgebucht sind. Was? Aber, ich wollte doch … Also, schnell zurück zur Herberge.

Kein Platz mehr! Super – danke! Und auch alle anderen Herbergen in Pedrouzo sind bis zur Dachrinne mit müden Pilgern belegt. Was nun? Ich kann unmöglich die 20 Kilometer bis Santiago weitermarschieren! Nicht mal fünf Kilometer! Die Servier-*Señorita* in der Nachbarkneipe sieht mir meine Verzweiflung an und versorgt mich erst mal mit einer Aufmunterungs-*Cerveza*. Dann kurbelt sie 20 Minuten lang alle möglichen Hotels, Pensionen und Privatunterkünfte an, bis sie auch wirklich das angeblich allerletzte Zimmer im Umkreis von zehn Kilometern ausfindig macht.

Am Weg zur Pension nieselt es wieder, aber irgendetwas ist doch anders. Ah ja – ich habe keine Schmerzen mehr. Die Achillessehnen spüre ich nicht mal mehr im Ansatz – anscheinend kann man Schmerzen einfach übergehen. Wie es mir schon bei der Hüfte und den Knien gelungen ist! Aber ich fürchte, das ist kein Allheilmittel, irgendwann werde ich der Anstrengung und der permanenten Belastung doch Tribut zollen müssen. Doch ich hoffe, das wird – wenn überhaupt – erst nach Santiago passieren! Der Pensionschef zeigt mir einen winzigen Raum, in dem außer dem Bett und einem kleinen Schrank gerade noch meine Schuhe Platz finden. Gleich daneben am Gang befindet sich das Badezimmer. Und – es gibt eine Wanne hier! Doch noch ist sie mir egal – ich lasse mich völlig schwerelos auf die Matratze fallen und bleibe einfach liegen. Jetzt kommen auch die Schmerzen zurück. Beide Beine pulsieren im Polkarhythmus, hin und wieder möchte auch ein kleiner Krampf mitmusizieren – alles in allem also eine Darbietung, auf die ich gerne verzichtet hätte. Nachdem ich mich zentimeterdick mit meiner Muskelentspannungscreme eingeschmiert habe, fangen plötzlich auch wieder die Fußsohlen an zu glühen. Aber ich bin da! Nur mehr einen Tag vor Santiago! Jetzt kann kommen, was will – diese knapp mehr als 20 Kilometer schaffe ich auch noch! Obwohl ich am südlichen Ende meines Körpers außer Schmerzen nur Schmerzen spüre, bin ich einfach nur glücklich. Knapp zuvor habe ich mir in einem *Supermercado* etwas Schinken und Weißbrot gekauft, das esse ich jetzt im Bett und fühle, wie langsam meine Kräfte wiederkommen.

Irgendwann schaffe ich es, mich dann doch in das Badezimmer zu schleppen. Heute habe ich aber keine Lust auf die Wanne, sondern ich funktioniere sie zur Dusche um – danach schaut die Welt wieder etwas anders aus. Nach einem kurzen Schönheitsschlaf, der wieder mal nichts geholfen hat, ist es an der Zeit, meiner Moni Bericht zu erstatten. Sie kann nicht so recht glauben, dass ich bereits morgen mittags zur Pilgermesse in Santiago sein möchte. „Bist du geflogen?" Moni hat sich aus dem Internet die Landkarte meines gesamten *Caminos* besorgt und diese 20 A4-Seiten in unserem Büro zu Hause an die Wand geheftet. Dort zeichnet sie Tag für Tag die abgepilgerte Strecke ein. Die letzten Etappen waren doch etwas weit – aber was soll ich machen? Die Sehnsucht nach Santiago war einfach stärker. Stärker als irgendwelche unbedeutenden Schmerzen an den Füßen. „Pass auf dich auf – und alles Gute für die letzte Etappe!" „Ja, das werde ich machen, Moni. Und schade, dass du morgen nicht dabei sein kannst! Aber eigentlich bist du eh immer bei mir! Ich liebe dich! Tschüss!"

Ich bin also bald am Ziel meiner Träume! Jetzt fehlt nur noch eins – schönes Wetter. Seit ich vor mehr als zehn Jahren mein erstes Buch über den *Camino* verschlungen habe, träume ich von einem „Einzug" in Santiago bei herrlichem Sonnenschein! Ob das wohl möglich ist, Herrgott? Es hat schon genug gegossen, die letzten Tage. Beim Marschieren ist mir mittlerweile völlig egal, ob es nieselt oder ob die Sonne scheint, für mich herrscht immer ideales Wanderwetter. Es kommt halt auf die Sichtweise an – und meine Brille ist ziemlich rosarot geworden auf diesem Weg. Aber morgen bin ich da! Angekommen! Habe fertig!

Auch wenn bei meiner Ankunft in Santiago das hier scheinbar übliche triste Wetter herrschen würde, wäre es ganz bestimmt trotzdem ein Tag in meinem Leben, der für immer in meinem Herzen eingebrannt bleibt. Aber so richtig vollkommen wäre es, bei perfektem Wünscheerfüllungswetter vor der Kathedrale zu stehen und mit der Sonne um die Wette zu strahlen. Aber man kann nicht alles haben, zurzeit regnet es wieder in Strömen. Doch – etwas Zeit bleibt noch, bis morgen!

Um rechtzeitig in Santiago zu sein, müsste ich spätestens um 6:30 Uhr losmarschieren. An normalen Tagen kuschle ich mich um diese Zeit noch etwas tiefer in meinen Schlafsack und penne weiter. Aber morgen ist kein normaler Tag! Morgen ist ... ich kann kaum mehr klare Gedanken fassen, so sehr berührt mich die Tatsache, es bald geschafft zu haben. Gute Nacht! Bis morgen – Santiago!

5 SANTIAGO: BLUTGRUPPE A – JESUSFAKTOR POSITIV

Markus Wolfahrt, Klostertaler

Angekommen

Wann weiß man, dass man angekommen ist? Gibt es ein eindeutiges Zeichen, dass man am Ziel ist? Wer kann dir sagen, jetzt hast du es erreicht. Ein Freund? Deine innere Stimme? Gott? Oder gibt es „das Ziel" gar nicht? Weil es danach ja doch immer weitergeht? Die Klostertaler *waren mein Leben – mehr als 30 Jahre lang. Ab 1976 standen wir gemeinsam auf der Bühne. Ich kann mich noch gut an unseren ersten Auftritt erinnern – so als ob es gestern gewesen wäre. Der Beginn eines Wegs bleibt anscheinend unauslöschbar im Gedächtnis – ob man nun auf dem* Camino *unterwegs ist oder eben wie in meinem Fall die ersten musikalischen Gehversuche bei der Preisverleihung eines Schüler-Schirennens in Wald am Arlberg unternimmt.*

Meine Freunde und ich lebten für die Musik, jede freie Minute wurde geprobt, was das Zeug hält. Nichts war uns wichtiger als dieser gemeinsame Traum: Musik! Und irgendwann würde man unseren Namen *auf den Ankündigungsplakaten für die unzähligen Festveranstaltungen in der näheren Umgebung lesen können:* Die jungen Klostertaler. *Später wurde aus diesem Namen ein Wort entfernt – aber damals hatte es sehr wohl seine Gültigkeit: Wir waren alle zwischen 16 und 18 Jahre jung. Und mit diesem Alter hat man noch Träume – heißt es in einem Lied. Und die hatten wir, und davon mehr als genug! Die habe ich übrigens auch jetzt noch, denn wer zu träumen aufhört, hört auch zu leben auf.*

Dass wir jedoch irgendwann mal unseren Namen nicht nur in der Nachbarortschaft auf den Plakaten für das alljährliche Sommerfest sehen würden, sondern dass es Klostertaler*-Konzerte im gesamten europäischen Raum geben würde, hatten wir damals nicht einmal in unserem jugendlichen Übermut zu denken gewagt. Doch wichtig ist, dass man an „a Wunder glaubt" – und genau mit diesem Titel konnten wir 1993 den Grand Prix der Volksmusik gewinnen. Jetzt ging es rund auf unserem Weg, der bis zu diesem Zeitpunkt doch eher gemächlich war.*

Musik zu machen und damit die Herzen der Menschen zu erreichen, das war und ist mein Leben. Doch plötzlich mussten da Verträge ausgehandelt, Veranstalter und Medien mit den neuesten Informationen versorgt und Tausende Interviews gegeben werden. Die Musik stand zwar natürlich auch weiterhin im Vordergrund, doch plötzlich gehörte auch das ganze „Rundherum" dazu. Jedes Jahr wurde ein weiteres großes

Stück des Wegs zurückgelegt, aber jedes Mal wurde auch der Rucksack, den ich zu tragen hatte, schwerer und schwerer. Doch zum Glück habe ich eine gute Möglichkeit gefunden, den seelischen Ballast einfach abzuwerfen – hoch oben, in der Stille der Berge schaffe ich es immer wieder, neue Kraft zu tanken und wieder runterzukommen von der Hektik und dem Stress unserer Zeit.

Ich liebe es, auf der Bühne zu stehen und die Fans hautnah zu spüren. Ich steh' auf dieses Gefühl, wenn der Funken überspringt, wenn es heißt: „Vollgas!" – und alle machen mit. Und ich bekomme immer noch eine Gänsehaut, wenn dann bei ruhigeren Liedern Tausende Feuerzeuge und Wunderkerzen angezündet werden – Wahnsinn!

2008 konnten wir als erste Gruppe den Grand Prix der Volksmusik ein zweites Mal gewinnen. Ich fühlte mich angekommen, mit den Klostertalern. *Am Ziel meiner Träume, mehr geht nicht! Oder doch? Denn es gibt immer neue Ziele! Von Zeit zu Zeit sollte man die alteingeführten Pfade verlassen und neue Wege beschreiten. Wie heißt es doch so schön: Wenn es am schönsten ist, soll man gehen! 2010 war genau der richtige Zeitpunkt. Die richtige Zeit, mal etwas anderes zu versuchen.*

Es gibt viele Möglichkeiten, neue Perspektiven in seinem Leben zuzulassen. In der Zeit mit den Klostertalern *steckt all mein Herzblut – jetzt aber heißt es, einen neuen Traum zu leben! Sich mehr Zeit für sich und seine Lieben zu gönnen, aber auch musikalisch einen neuen Weg einzuschlagen.*

Und irgendwann werde auch ich bestimmt auf einem Camino *landen. Herbert hat mich während seines Wegs mit Reiseberichten versorgt, die meine schon lange zuvor vorhandene Sehnsucht noch weiter verstärkt haben. Ich plane aber – vorerst zumindest – in der Heimat zu bleiben. Mein* Camino *soll mich am alpinen Jakobsweg von Landeck (Tirol) über Vorarlberg nach Einsiedeln in der Schweiz führen.*

Genauso wie für einen Pilger die Ankunft in Santiago niemals ein Ende bedeuten wird, sondern den Beginn eines neuen Wegs mit völlig neuen Erlebnissen und Erfahrungen darstellt, genauso erwartungsvoll und optimistisch schaue ich nach vorn und freue mich auf die Zukunft – was auch immer kommen mag.

Halleluja, ich bin ein Prinz

Tag 33 – 13.5.2010: *Pedrouzo – Santiago de Compostela, 22 km (gesamt 933)*
Wetter: *Regen bei Nacht, ab dem Morgen strahlender Sonnenschein, keine einzige Wolke zu sehen.*
Strecke: *Über den Monte do Gozo (Berg der Freude) geht es auf Asphaltstraßen nach Santiago.*
Sonstiges: *Halleluja!!! Ich bin da – Wahnsinnsgefühl! Sehr emotional!*
Quartier: *Hotel San Carlos in Santiago – 50 Euro. Das habe ich mir verdient!*

Drei Uhr – ich werde wach, weil ich mal für große Träumeerreicher muss. Heute ist es so weit – Santiago ich komme! Auuaa – alles tut weh! Die Fußsohlen dürfte jemand während meines Schlafes angezündet haben, die Fersen schmerzen höllisch, und im Rücken stecken tausend kleine Messer. Na super – ich komme kaum aus dem Bett und schleppe mich wie ein 120-jähriger Greis auf die Toilette. Graziös ist anders! So schaffe ich es unmöglich nach Santiago! Aber ich habe noch drei Stunden Zeit, bis dahin kann noch einiges passieren! Draußen tropft es unaufhörlich an den Fensterladen, während ich mich vorsichtig unter die Decke schmeiße und mittels Bodycheck jene Stellen am Körper suche, die derzeit nicht schmerzen. Kopf – okay! Rücken – na ja! Hüfte – okay! Oberschenkel – aua! Knie – ohjeee! Füße und Fersen – ohjeeemineee! Herrgott, jetzt hat alles geklappt bisher, da kann es ja auch kein großes Problem sein, mich bis zum Morgen wieder fit zu bekommen. Und schönes Wetter hätt' ich auch gerne – bitte!

Sechs Uhr – mein Handywecker läutet die letzte Etappe ein. Na ja, so richtig ausgeschlafen fühle ich mich zwar nicht, aber das Brennen an den Fußsohlen ist vollkommen verschwunden. Dann wollen wir halt mal aufstehen. Oh – ein paar Nadeln dürften noch in meinem Rücken stecken geblieben sein, aber mit denen kann ich leben. Doch bis zur Achillessehne dürfte es sich noch nicht herumgesprochen haben, dass heute mein „großer" Tag ist. Die gibt richtig Gas – ich kann meinen Herzschlag an den Fersen spüren. Aber sonst bin ich okay, die Hüfte und beide Knie wissen, was sich gehört, und sind sehr kooperativ. Also, wenn ich mich entscheiden müsste, ich würde den Weg probieren! Na sicher muss ich mich entscheiden! Hier und jetzt! Und natürlich werde ich heute losmarschieren, und natürlich werde ich Santiago erreichen, irgendwie! Und ganz bestimmt noch vor zwölf Uhr, damit ich heute noch bei der Pilgermesse für all das danken kann, was ich auf meinem *Camino* erlebt habe.

Es ist jetzt knapp nach sechs, die Straßen sind nass, aber es regnet zumindest nicht. Ich schaue vorsichtig rauf zum Himmel – keine Wolke zu sehen. Oder alles bedeckt? So ganz genau kann ich das in der Morgendämmerung nicht erkennen. An allen Ecken und Enden wimmelt es nur so von Pilgern. Heute ist kollektives Frühaufstehen angesagt, jeder wird getrieben von der Sehnsucht nach Santiago. Das wird einen Megastau geben, auf dem Weg dorthin! Aber was soll's – rein in den Verkehr! Ich brauche gerade mal zehn Minuten, dann läuft mein Getriebe wieder auf Hochtouren. Anscheinend hat das Marschieren sämtliche Blockaden gelöst, alle Schmerzen sind auf wunderbare Weise verflogen. Und dazu kommt: Der Himmel ist wolkenlos! Er war nicht bedeckt vorhin! Wahnsinn!

Lass ein Wunder gescheh'n – das war ein Titel, den ich mal für die *Ladiner* geschrieben habe. Da ist was Wahres dran! Marco stammt aus Belluno, einer der drei Südtiroler Provinzen, in denen Ladinisch gesprochen wird. Ich treffe ihn am Weg nach Santiago, und er erzählt mir auf Deutsch, dass er von León aus am *Camino Francés* gepilgert ist. Warum er so gut Deutsch kann? Die Amtssprache in seiner Region ist zwar Italienisch, doch er selbst spricht einen Dialekt, der sich aus verschiedenen Sprachen zusammensetzt. So sagt man zum Beispiel in seiner Heimat ebenfalls Rucksack zu unserem Pilgerranzen. Viele Worte haben ihren Ursprung im Deutschen. Er ist seit einigen Monaten in Pension und hat sich mit diesem Weg einen lange ersehnten Traum erfüllt. Kommt mir irgendwie bekannt vor! Nur das mit der Pension hat bei mir noch einige Jährchen Zeit. „*Buen Camino*, Marco, vielleicht sehen wir uns in Santiago!"

Mittlerweile habe ich meine übliche Betriebstemperatur erreicht und laufe förmlich Richtung Westen. Lachend und pfeifend überhole ich meine Mitpilger, nicht nur die blaue Dose verleiht Flügel. Jetzt marschiere ich völlig allein auf noch nassen Waldwegen und diversen Landstraßen, während sich rechts von mir die Sonne über die sanften Hügel schiebt und mir einen wunderschönen Sonnenaufgang beschert! Erst einige Kilometer vor dem Monte do Gozo treffe ich wieder *Peregrinos*, die hier, ganz in der Nähe, übernachtet haben.

Vom Berg der Freude, wie der Monte do Gozo übersetzt heißt, kann man einen ersten Blick auf Santiago werfen. Hier heroben wurde ein riesiger Hotel- und Herbergsbereich mit unzähligen Wohnblöcken, Restaurants, Geschäften und einer Rot-Kreuz-Station errichtet. Im Mittelalter brezelten sich die Pilger hier noch einmal so richtig auf für die letzten fünf Kilometer bis zur Kathedrale. Mit meinen 44 Jahren bin ich zwar auch gerade im Mittelalter, aber Santiago wird mich heute mit schmutziger Hose und verschwitztem T-Shirt ebenso herzlich empfangen, denke ich. Also weiter, vorbei an dem eher unpersönlichen Komplex geht es bergab bis zu einer Autobahnbrücke.

Und jetzt regnet es wieder! Aber nicht von oben! Meine Augen halten nicht mehr dicht, als ich das Ortsschild „Santiago" passiere, läuft mir ein erster Wasserfall über die Wangen. Plötzlich sehe ich wieder die Bushaltestelle in Hendaye vor mir – das war vor 33 Tagen! Und jetzt bin ich da! Okay, noch nicht ganz, aber die Kathedrale werde ich auch noch finden!

So einfach ist das aber gar nicht. Vor allem nicht für mich als Orientierungsdilettanten. Erst geht es durch die neue Stadt, bis mich dann die gelben Pfeile links rein in den alten Teil Santiagos führen. Doch plötzlich sind sie weg! Nur enge Gassen, aber keine Pfeile! Die spanische *Señora*, die ich nach der Kathedrale frage, schüttelt sich vor Lachen – nur einmal um die Ecke, man kann sie nicht verfehlen. Okay – ich bin halt nicht von hier! Aber ich lache natürlich herzlich mit und bedanke mich mit einem „*Muchas gracias*" bei meiner Retterin.

Und da ist sie! Ich bin am Ziel! Man kann sich jeden Traum erfüllen, wenn man nur will! Oder fast jeden. Ich habe meinen erreicht – und bin stolz und demütig zugleich! Ich stehe vor der Kathedrale von Santiago de Compostela! So eindrucksvoll und mächtig, größer als in meinen kühnsten Vorstellungen. Und über den Türmen leuchtet der Himmel in strahlendem Blau. Keine noch so kleine Wolke ist zu sehen. So habe ich es mir in meinen Träumen vorgestellt! Herrgott, vielen Dank! Jetzt rinnen mir die Tränen hemmungslos über das Gesicht, aber es ist mir völlig egal. In Spanien habe ich schon Männer aus ganz anderen Gründen weinen gesehen. Daher darf ich das auch! Und ich habe mich noch nie

Angekommen!

so gut gefühlt, beim Weinen! Die Stadt feiert ein Fest! Rund um die Kathedrale und in den Gassen der Altstadt spielen Musikanten, während Folkloregruppen in ihren bunten Trachten ausgelassen tanzen. Die haben sich ganz schön was einfallen lassen wegen mir! Okay, vielleicht nicht nur deswegen, aber ich fühle mich als Sieger und lasse mich gern feiern! Das habe ich mir verdient! Vergessen sind die Schmerzen, die brennenden Füße und wehen Knie – heute kann ich schweben! Vor den Eingängen zum Dom haben sich Schlangen gebildet, die großteils aus Menschen in Pilgerbekleidung bestehen. Es ist noch nicht einmal elf Uhr – ich habe also genug Zeit bis zur hl. Messe! Das Pilgerbüro liegt in der Nähe des Seiteneinganges der Kathedrale auf der Plaza de Platerías. Und auch hier stehen Dutzende Pilger mit abgekämpften, aber vor Glück strahlenden Gesichtern und warten darauf, dass ihnen die sogenannte *Compostela*, die Pilgerurkunde, überreicht wird. Acht Personen sind derzeit nur dafür zuständig, diese für uns *Peregrinos* so wichtige Urkunde auszustellen.

Ich reiche der netten *Señorita* hinter dem Schalter meinen Pilgerpass, sie studiert ihn mit fachfrauischen Blicken und fragt mich, wie denn meine Reise war und ob ich alles zu Fuß marschiert sei. „Natürlich!“, antworte ich mit gespielter Entrüstung. Was soll die Frage! Sie lacht mich an und reicht mir ein Formular, in dem ich einige persönliche Daten eintragen muss. Und dann drückt sie ehrfurchtsvoll den Bestätigungsstempel in meine *Credential* und beginnt, meine Urkunde auszufüllen. Kaum zu glauben, dass jemand so schnell schreiben kann und das Ergebnis dabei so toll aussieht. Wenn ich da an meine Klaue denke!

Aber es kommt, wie's kommen muss – sie macht einen schweren Fehler. Da steht „Herbertum“ auf der *Compostela*, jetzt kann sie das ganze Ding nochmals neu schreiben. Oder doch nicht? Sie meint, das sei Latein und alles ist in Ordnung. Na gut – mir soll' s recht sein. „*¡Muchas gracias!*“ Während ich neben dem Pilgerbüro meinen Rucksack deponiere, höre ich hinter mir eine Stimme: „Jetzt sind sogar die Fußpilger schneller als ich mit meinem Fahrrad!" Johannes, der deutsche Biker aus Baamonde, dem ich leider nicht bei seiner Flasche *Rioja* helfen konnte, steht hinter mir und lacht übers ganze Gesicht. Gemeinsam marschieren wir zur Kirche und stellen uns brav in die Schlange.

Wer ist denn das? Paolo, mein Venezianer, mit dem ich vor einem Monat von Bilbao nach Hendaye gefahren bin, kommt über die Stufen

Alles ist möglich …

rauf. Das gibt ein Hallo! Der Italo-Pilger meint, er hätte mich fast nicht wiedererkannt, ich müsse ja mehr als 20 Kilo abgenommen haben. So ganz kann ich das Kompliment nicht erwidern, Paolo erzählt auch sofort, dass er kulinarisch so gut wie gar nichts ausgelassen hat auf seinem Weg. Aber es ist völlig egal, wer wo wie viel abgenommen hat oder nicht. Viel wichtiger ist, ich gehe mit meinem ersten Pilgergenossen gemeinsam in die Kathedrale – tolles Gefühl. Wir haben es beide geschafft, auf unterschiedlichen Wegen. Und am Ende haben wir uns doch wiedergefunden!

Der Dom ist auch innen atemberaubend – wir betreten ihn seitlich und marschieren weiter in das gigantische Hauptschiff. Vorbei an unzähligen kleineren Seitenaltären und Kapellen – und über allem thront der *Botafumeiro*, der Weihrauchkessel, der an manchen Tagen durch das gesamte Seitenschiff der Kirche geschwenkt wird. An beiden Flanken des Hauptschiffs sind Beichtstühle angeordnet, mit kleinen Schildern, auf denen man die Nationalität des jeweiligen Priesters erkennen kann. In Kabine 16 wartet auf mich ein vollbärtiger Pfarrer aus Bayern, der mich nach dem Kreuzzeichen einfach drauflosreden lässt. Oder besser, drauflosheulen. In Sturzbächen rinnen die Tränen aus meinen Augen, die gesamte Anstrengung der letzten Wochen und das heutige Glücksgefühl des Angekommenseins lassen alle Dämme brechen. Schluchzend bitte ich ihn, er solle meinen Gefühlsausbruch entschuldigen, aber ich könne das nicht steuern. Kein Problem, meint mein Seelentröster, er habe genug Zeit, außerdem könne er ähnliche Rohrbrüche oft erleben.

Ich versuche zwar, so deutlich wie möglich zu sprechen, doch ich bin mir sicher, dass er am Ende nicht weiß, welche Sünden ich ihm da gebeichtet habe. Denn mit Tränen in den Augen ist man … unverständlich. Daher lässt er mich weiterflennen und erzählt, dass er lange Zeit als Schiffspfarrer auf hoher See unterwegs gewesen sei. Mittlerweile sei er wieder ein Landei geworden, aber außergewöhnliche Projekte, bei denen man den Glauben mitten unter die Menschen tragen könne, die würden ihn immer wieder reizen. Hier in Santiago sei er für einige Monate als Seelsorger für deutschsprachige *Peregrinos* zuständig. Und er lädt mich ein, ihn nach der hl. Messe zum Treffen der Pilger aus Deutschland, Österreich und der Schweiz zu begleiten. Dort kann man unter Gleichgesinnten den Weg nochmals Revue passieren lassen, abschließend gibt es ein Gebet und nochmals eine Segnung. Sehr gerne wäre ich da dabei, doch ich fürchte, dass ich auch dort wieder nur losheulen würde – und das möchte ich doch eher vermeiden.

Dann beginnt die hl. Messe – die Kathedrale ist gesteckt voll, selbst Stehplätze sind Mangelware. Ich stehe mit Paolo neben einer der vielen Säulen im Hauptschiff, als die Statistik der heute registrierten Pilger vorgelesen wird. Natürlich werden nicht die Namen der *Peregrinos* einzeln erwähnt, sondern die Anzahl der Pilger mit ihren jeweiligen Ausgangspunkten, sortiert nach Nationen. Irgendwann kommt dann auch: „*Hendaye – un Austriaco.*“ Das muss ich sein! Ich werde also ganz besonders mit ins Gebet aufgenommen, bei diesem Gottesdienst.

Die Messe wird natürlich auf Spanisch gehalten, ein Priester ist dafür zuständig, dass sie für alle Gläubigen der verschiedensten Nationen ein

Erlebnis wird. Minuten vor Beginn kommt er auf die Bühne, sorry, natürlich vor den Altar, und gibt den Einpeitscher, wie ich ihn sonst nur vor großen Live-Fernsehsendungen in den TV-Studios kenne. Er macht seine Scherze und bringt so die versammelte Pilgerschar immer wieder zum Lachen. Dazwischen singt er die Lieder mit beherzter Stimme vor und animiert die Anwesenden zum Mitsingen, was nach einigen Proben auch sehr gut gelingt. Er hat wirklich Talent, zum Schluss singen alle Gläubigen aus voller Brust, auch jene, die der spanischen Sprache nicht mächtig sind.

Sechs Priester sind vor dem Altar versammelt, um mit uns den Gottesdienst zu feiern. Der Entertainment-Pfarrer hat keine große Sprechrolle, er ist für das musikalische Programm zuständig. Nachdem er Teile der zuvor eingelernten Psalmen und Choräle vorgesungen hat, dirigiert er die Pilgerschar jetzt in Karajan-Manier mit weit ausholenden Gesten. Irgendwie erinnert er mich an einen Fluglotsen, nur dass die doch etwas anders gekleidet sind. Trotzdem kämpfe ich wieder mal mit den Tränen. Hab' gar nicht gewusst, dass ich soooo nah am Wasser gebaut bin? Fast schon mittendrin! Aber immer wieder erscheinen in meinen Gedanken Situationen, die ich auf meinem *Camino* erlebt habe. Immer wieder spüre ich, wie sehr ich da durchgeführt wurde. Und heute kann ich dafür mal ordentlich Danke sagen! Wie übrigens der Großteil meiner Pilgerkollegen. Wenn ich so in die Menge blicke, sehe ich, dass ich nicht der Einzige bin, der sich immer wieder die Tränen aus den Augen wischen muss.

Die Predigt verstehe ich nur zu 0,001 Prozent, manches Mal glaube ich, das Wort *Peregrinos* zu hören – es geht also um uns! Um die Tausenden Menschen, die heute hier das Ende eines langen Wegs feiern dürfen, voll Dankbarkeit und Hingabe. Und beinahe alle der versammelten Pilger stellen sich an, um die hl. Kommunion zu erhalten. Obwohl fünf Priester damit betraut sind (der Alleinunterhalter hat da gerade wieder seinen großen Auftritt), dauert es ewig lange, bis alle das in die Mittagszeit verlegte Abendmahl empfangen haben.

Nach einigen Worten des Dompfarrers geht ein erfreutes Raunen durch die Kathedrale: „*¡Botafumeiro!*“ Ja – ich habe das Glück, dass heute am Ende des Gottesdienstes auch der berühmte Weihrauchkessel geschwenkt wird. Nach dem Segen geht es also los, acht Männer in braunen Kutten lösen das an einer Säule verknotete Seil des *Botafumeiro* und

Botafumeiro …

bringen das rauchende Gefäß zum Schwingen, indem sie gemeinsam den großen Ring am Ende des Seiles auf und ab ziehen. Schaut nach Arbeit aus! Langsam bewegt sich der schwere Kessel, und bald pendelt er die 65 Meter durch das ganze Nebenschiff. Der süße Duft des Weihrauchs füllt die gesamte Kathedrale.

Nach dem Gottesdienst leert sich die riesige Kirche, ich aber bleibe noch hier und genieße die eintretende Stille. In einer Seitenkapelle zünde ich eine Kerze an: *„Muchas gracias, El Señor."* Ich kann schon auf Spanisch beten, bin mir aber sicher, dass die Sprache dabei völlig unwichtig ist. Kathi hat es sich gewünscht, irgendwann mal in Santiago eine Kerze für ihren verstorbenen Vater anzuzünden. Daher stecke ich noch eine zweite brennende Kerze in die Halterung vor der kleinen Seitenkapelle. Meine mehrwöchige Begleiterscheinung wird sich ganz bestimmt freuen, wenn ich ihr das erzähle.

Jetzt erst nehme ich mir Zeit, die Kathedrale genau zu erkunden. Nach der Entdeckung des Jakobsgrabes wurde im Jahr 830 an dieser Stelle eine schlichte Kapelle errichtet – die bis zu den heutigen Tagen zu einer der schönsten und größten Kathedralen der Welt ausgebaut wurde. Das berühmte Glorientor wird derzeit renoviert und ist daher unzugänglich. Durch dieses Meisterwerk mit an die 200 in Stein gemeißelten Figuren käme man zur Statue des Apostels Jakob, wo man als Pilger traditionsgemäß die rechte Hand in eine bereits sehr abgegriffene Stelle am Fuße der Säule legen sollte, um nochmals seine Dankbarkeit für den Weg und das Erreichen des Zieles zu zeigen. Danach wird auch noch oft der Kopf der sich ebenfalls dort befindlichen Figur des Erbauers berührt, angeblich soll dadurch ein wenig Geist von diesem auf den Pilger übergehen. Na wenn's nicht hilft, schaden wird es auch nicht.

An der Tafel neben dem Gloriator wird in mehreren Sprachen beschrieben, wie man in einem Heiligen Jahr mit einem Schlag seine gesamten Sünden loswerden kann. Die erste Voraussetzung dazu ist der Besuch der Kathedrale. Egal wie – es gilt also bereits eine Busreise hierher. Die zweite Bedingung ist die Kommunion. Wenn man dann auch noch ein Vaterunser und das Glaubensbekenntnis betet und die Beichte ablegt, dann ist man im Handumdrehen wieder seelisch rein wie ein Neugeborenes. Ich bin mir zwar nicht zu 100 Prozent sicher, ob Gott das genauso sieht wie die katholische Kirche – aber da mir nur mehr die beiden Gebete zur Überreichung eines Heiligenscheins fehlen, möchte ich diese einmalige Gelegenheit doch nicht ungenützt verstreichen lassen. Das Vaterunser war ein Klacks – hoch konzentriert und dankbar für das Erreichte bete ich es, ganz allein in der letzten Reihe der riesengroßen Kathedrale. Jetzt noch das Glaubensbekenntnis. „Ich glaube an Gott, den Vater …“, doch nach den ersten Zeilen habe ich plötzlich enorme Textprobleme. Die genauen Formulierungen wollen mir nicht und nicht in den Sinn. Ich drehe und wende die Sätze, doch ich bringe das Gebet, das ich bestimmt schon mehrere tausend Male gesprochen habe, nicht mehr auf die Reihe. Gibt's das? In den Gottesdiensten war das doch noch nie ein Problem. Aber da habe ich auch dieses wichtigste aller Gebete immer nur gedankenlos im Gläubigenrudel mitgeleiert – gleich einem Massen-Mantra, ohne den tieferen Sinn zu erfassen. Heute bin ich allein, und da schaut's ganz anders aus. Eigentlich eine Schande, aber was soll ich machen? Doch ich habe eine Idee – Google! Also rein mit meinem Handy ins Internet, und in kürzester Zeit habe ich den Text zum Glaubensbekenntnis am Display. So kann ich auch die fünfte Voraussetzung zur Sündentilgung erfüllen und verspreche danach hoch und heilig, mir dieses Gebet in Zukunft so zu verinnerlichen, dass ich es bei jeder Tages- und Nachtzeit sogar rückwärts beten könnte. Und, ich bin mir sicher, der Herrgott wird mir diesen Fauxpas verzeihen.

Vor Beginn der hl. Messe haben sich Hunderte Menschen vor der Puerta Santa angestellt, die alle durch diese Heilige Pforte zur berühmten Santiago-Figur an der Rückseite des Hochaltars marschieren wollen. Es ist ein alter Pilgerbrauch, dort die Arme über die Schultern des Heiligen zu legen und dabei eine kurze Andacht zu halten. Danach führt der Weg weiter in die Krypta, wo angeblich die Gebeine des Apostels aufgebahrt sein sollen.

Die Plaza de la Quintana, der Platz vor der Heiligen Pforte, hat sich inzwischen mit Menschenmassen gefüllt, Kinder schwingen Fähnchen, und an jeder Ecke ist schwer bewaffnete Security zu sehen. Was da wohl los ist? Die Pforte, die übrigens nur im Heiligen Jahr geöffnet ist, wird nun von zwei hünenhaften Sicherheitskräften bewacht. Da gibt es kein

Durchkommen mehr. Oder doch? Ich habe mir nun mal in den Kopf gesetzt, heute mein gesamtes Pilger-Welcome-Programm durchzuziehen, und da gehört auch der Besuch beim Santiago hinter dem Hochaltar dazu. Also schlendere ich frech auf die zwei Uniformierten zu, die eigentlich nicht so ausschauen, als sei mit ihnen zu spaßen. Und – ruckzuck – marschiere ich einfach an den verdutzten Polizisten vorbei in den dunklen Innenraum der Kathedrale. Der Kleinere der beiden, ungefähr in meiner Größe und sehr grimmig dreinblickend, möchte mich zurückhalten. Aber sein weit über zwei Meter hoch gewachsener Kollege schaut auf seine Uhr und meint so etwas wie: „Lass ihn, das geht sich noch aus."

Ich bin jetzt also ganz allein hinter dem Hauptaltar, wo sich normalerweise die Pilger gegenseitig auf die Füße steigen. Der hl. Jakob bekommt seine Umarmung, die er jedoch völlig regungslos über sich ergehen lässt, und dann geht's ab in den Untergrund, zur Krypta mit dem silbernen Sarg des Apostels. Auch hier sind keine *Peregrinos* zu sehen, nur einige bis zu den Zähnen bewaffnete Security-Leute. Vielleicht gibt es Hinweise, dass fundamentalistische *Camino*-Gegner den Jakobus klauen möchten? Ich weiß es nicht, doch mittlerweile drängen mich die

Langsam füllt sich der Platz! Warten die auf mich?

James Bond-Verschnitte energisch dazu, die Kathedrale zu verlassen. Okay, okay – ich geh' ja schon! Die machen aber ein Theater!

Durch die Heilige Pforte marschiere ich wieder raus auf die Plaza de la Quintana – und plötzlich geht es rund am Platz! Die gesamte Menschenmasse jubelt mir zu! Ich habe den Eindruck, dass jeden Moment die La Ola-Welle gestartet wird. Kennen die meine Lieder auch in Spanien? Aber das würde ja wahrscheinlich eine eher entgegengesetzte Reaktion auslösen – oder? Gerade als ich mir überlege, ob ich nicht königlich in die Menge winken soll, ist es auch schon wieder vorbei mit der Herrlichkeit. Die Leute merken, dass ich nicht der bin, den sie erwartet haben. Wen haben sie eigentlich erwartet?

Ein Polizist gibt mir zu verstehen, dass ich durch einen kleinen Spalt in der Absperrung schnell den geschützten Bereich verlassen soll. Na gut, erst jubeln sie mir zu, und dann schmeißen sie mich quasi raus – auch nicht nett! Aber es war schon ein gutes Gefühl …

Während ich noch überlege, was das Ganze soll, fängt das Spektakel von Neuem an. Die Leute sind nicht mehr zu halten, als eine Delegation mit einem grün gekleideten Pilger in ihrer Mitte die Stiegen runterkommt. Dort, wo ich knapp zuvor meinen großen Auftritt hatte. Wer ist das, der mir die Show stiehlt? Eine mittelalterliche *Señora* erklärt mir, dass der spanische Kronprinz Felipe die letzten fünf Kilometer nach Santiago gepilgert ist und sich jetzt da vorne feiern lässt. Das Rätsel ist gelöst, ich war nur das Vorprogramm – obwohl ich an die 900 Kilometer weiter marschiert bin. Aber bitte! Die gesamte Security-Mannschaft, die Absperrungen, das Polizeiaufgebot – alles wegen dem Prinzen. Aber er dürfte sehr beliebt sein, denn die Menge jubelt begeistert und auch wesentlich länger als bei mir, immer wieder kann man „*Viva España*"- und „*Viva Felipe*"-Rufe hören.

Jetzt habe ich genug vom Prominentenleben und mische mich unter das Volk. Über der gesamten Stadt liegt Musik, traditionelle Tänzer wechseln sich mit lateinamerikanischen Gitarrenspielern ab, der Wind bringt von irgendwo Klarinetten- und Trompetenklänge her, und eine bunt gemischte Truppe mit zwei fahrbaren Schlagzeugen und einer tollen Brass-Abteilung zieht durch die Straßen. Das ist eine Welcome-Party! Ich hätte mir keinen schöneren Tag vorstellen können! Alles passt, die Sonne scheint vom wolkenlosen Himmel und die ganze Stadt feiert.

Erst jetzt merke ich, dass ich heute noch keinen Bissen im Magen habe. Doch bevor ich mir den Bauch vollschlagen werde, rufe ich meine Moni an. Ich hoffe nur, mein Handy ist wasserdicht, denn immer wieder schießen mir Freudentränen aus den Augen. Mensch, bin ich eine Heulsuse! Aber ich bin völlig überwältigt, meine Gefühle spielen Achterbahn, ich schaffe es einfach nicht, meine Tränen zu unterdrücken. Moni versteht es, sie weiß, was dieser Weg und vor allem dieser Tag heute für mich bedeuten. Da ich aber meist völlig unverständlich in das Telefon hineinschluchze, vertagen wir die restliche Berichterstattung auf morgen. „Moni – ich liebe dich!"

Eigentlich hatte ich mit Paolo und Johannes vereinbart, nach der Pilgermesse einen Drei-Nationen-Gipfel zu veranstalten. Aber da ich erst Stunden nach dem Gottesdienst aus der Kathedrale gekommen bin und noch dazu kurzfristig den spanischen Kronprinzen doubeln musste, bin ich sicher, dass die beiden schon längst ihr wohlverdientes Pilgermenü verschmaust haben. Also genehmige ich mir schnelle Spaghetti Carbonara in einer Kneipe und mache mich dann auf die Suche nach einer Unterkunft. Ich habe nicht vor, hier in einer Herberge zu übernachten. Heute muss es ein „gscheites" Hotel sein – und sehr wichtig ist, dass es eine Badewanne hat! Das nette Fräulein in der Touristeninfo reserviert für mich telefonisch ein Zimmer im 3-Sterne-Hotel *San Carlos*. Dieselbe Kategorie kostet im Zentrum knappe 100 Euro, zehn Minuten Fußmarsch entfernt nur mehr 55 – mit Frühstück. Und Wanne!

So – angekommen, aber wie! Zuerst in Santiago und jetzt im Hotel. Ich lasse mich einfach auf das Bett fallen und denke an den heutigen Tag zurück. So etwas erlebt man wahrscheinlich nur einmal im Leben. Die Achillessehne am rechten Fuß und der Rücken freuen sich mit mir. Auch die Fußsohlen brennen etwas, aber ich habe bis übermorgen Zeit, mich zu erholen. Dann geht es weiter, ans Ende der Welt, nach Finisterre.

Heute darf ich ohne schlechtes Gewissen wieder mal Pilgersnob spielen, im heißen Wasser der Badewanne köpfe ich ein kühles Bier aus der Minibar und träume einfach vor mich hin. Stunden später werde ich vom Rübezahl zu einem glatt rasierten Pilgermaturanten und mache mich an die eigene Wäsche. Das gesamte Badezimmer und auch Teile meines Schlafraumes werden zur Trockenkammer umfunktioniert, danach geht's wieder ab in die Stadt.

Nach einem außergewöhnlich guten, aber auch nicht ganz so billigen Abendessen in einem tollen Restaurant treffe ich Paolo. Er hat weibliche Begleitung, da möchte ich nicht länger stören. Dadurch, dass ich die letzten Etappen nach Santiago „gerannt“ bin, treffe ich leider keine bekannten Gesichter. Aber bei so manchem Glas *Rioja* in einer der vielen kleinen Bars der Altstadt komme ich immer wieder ins Reden mit *Peregrinos* aus allen Ländern dieser Welt – Südkorea, Kanada, Indien, Vorarlberg. Heute sind wir alle eine eingeschworene Gemeinschaft, glücklich, frei und unbesiegbar. Und die paar Schmerzen sind kaum der Rede wert …

Mittlerweile ist es völlig dunkel in Santiago – doch das Fest in den engen Gassen geht unbeirrt weiter. Erst jetzt merke ich, dass heute Christi Himmelfahrt gefeiert wird. Deshalb also müssen die Spanier nicht schlafen gehen, morgen haben die bestimmt alle einen Fenstertag und keiner geht zur Arbeit. So wie ich – morgen habe ich frei! Da werde ich es mir in Santiago so richtig gut gehen lassen!

Am Nachhauseweg mache ich einen Abstecher zu einem großen Rummelplatz mit Riesenrad, Autodrom und vielen Ständen am Wegrand. Tausende Menschen, vor allem Jugendliche, schieben sich durch die Straßen. Darüber ist immer wieder der hell beleuchtete Schriftzug „Santiago de Compostela 2010“ zu sehen. Die Stadt feiert weiter, alles lebt und pulsiert. Aber ich bin müde – morgen ist auch noch ein Tag!

Mein „Träumeerreichungstag“ geht zu Ende …

Doch Einschlafen ist nahezu unmöglich, immer wieder sehe ich die Bilder des heutigen Tages vor mir. Da hat jemand ganz besonders Regie geführt, auf meinem *Camino*! Das Gefühl ist unbeschreiblich – mein Weg sollte etwas Besonderes werden, und alles ist so aufgegangen, wie ich es mir erträumt hatte. Meine Blutgruppe auf diesem Weg ist eindeutig „A – Jesusfaktor positiv"!

Gute Nacht, *Camino*! Und – vielen Dank da oben!

Der Parador – man gönnt sich ja sonst nichts Zehn Uhr morgens! Ich habe tief und fest geschlafen, heute ist der erste Ruhetag nach einem ganzen Monat Powerpilgern. Meine Augen sind noch nicht ganz wach, als ich das Fenster öffne – es schüttet wie verrückt. Wahnsinn! Was hatte ich doch für ein Glück! Mein Ehrgeiz, aber wahrscheinlich nicht nur dieser, hatte mich derart beflügelt, dass ich bei strahlendem Himmel in Santiago ankommen durfte. Und heute ist wieder alles grau in grau. Draußen ziehen die Neuankömmlinge in ihren Regenponchos vorbei, aber auch sie sehen trotz augenscheinlicher körperlicher Probleme sehr glücklich aus. Jeder, der es geschafft hat, kann auf seine Leistung stolz sein!

Ich genieße das Frühstücksbuffet, es gibt Müsli, frisches Obst, Wurst, Schinken, Käse, frisch gepressten Orangensaft, Kaffee, Tee, Süßes – alles, was das Herz begehrt. Und ich nehme mir alle Zeit der Welt. Obwohl eigentlich um elf Uhr Schluss mit dem Frühstück wäre, lässt mich die *Camarera* eine Stunde länger sitzen, ganz allein. Erst zu Mittag räumt sie die gesamte Pracht weg und freut sich mit mir – man sieht es ihr an. Immer wieder lächelt sie mir zu und ermuntert mich, doch noch etwas vom Schinken, vom Käse oder vom Kuchen zu nehmen. Ich muss sehr hungrig aussehen – das Leben ist schön!

Es nieselt, als ich leichtfüßig in die Stadt tanze. Die Fußsohlen sind vollkommen ausgekühlt, und die Achillessehne beginnt schön langsam, sich mit mir zu freuen. Heute sind bedeutend weniger Pilger in der Zwölf-Uhr-Messe. Ich komme gerade rechtzeitig zum Ende des Gottesdienstes, die *Botafumeiro*-Schwenk-Ministranten haben dienstfrei, der Weihrauchkessel bewegt sich keinen Millimeter. Riechen die *Peregrinos* heute besser?

In einer Seitenkapelle sitze ich nun ganz allein – Zeit, meinen Gedanken freien Lauf zu lassen. Was ist nicht alles passiert, auf diesem Weg! Das schöne Wetter der ersten beiden Wochen ist die ideale Einstiegsdroge gewesen, die Schlechtwetterperiode habe ich auch einigermaßen gut überstanden, und die letzten Tage sind sowieso wie im Flug vergangen. Ich denke auch an die vielen kleinen Wunder, die ich erleben durfte. Sei es das plötzliche Vorhandensein eines Brunnens, wenn aus meinen Wasserflaschen wieder mal nur mehr Luft rauskam, oder die unverlangte Hilfe von Einheimischen, wenn ich wie so oft die falsche

Abzweigung nahm, die spanische Sandy, als ich Heimweh bekam, die Bitte nach schönem Wetter, die sich auch erfüllte usw. Und ich bin dankbar für all die Begegnungen mit vielen lieben Menschen, mit netten und zuvorkommenden Spaniern, denke an die vielen Gespräche mit meinen Mitpilgern, sehe auch Kathi vor mir, die zwar viel gequatscht hat, aber doch ein toller Pilgerkumpel gewesen ist.

Eigentlich war dieser Weg ein Spiegelbild meines Lebens – frisch drauflos, meist ohne lange nachzudenken, was passieren könnte. Aber immer wieder hat sich alles zum Positiven entwickelt, immer wieder habe ich Freunde getroffen, auf die ich mich verlassen konnte, Menschen, die mir selbstlos weiterhalfen, wenn ich auch nur in einen Anflug von Schwierigkeiten geraten bin. Ich denke an Moni und meine Familie – was hab' ich für ein Glück! Ich weiß nicht, wie oft ich mich jetzt schon bedankt habe, aber es kann nie genug sein!

Als ich nach einer Stunde die Kathedrale verlasse, regnet es wieder stärker. In einer Bar neben dem Dom genieße ich ein Glas *Rioja* und sehe den neu ankommenden Pilgern zu, die sich über die gegenüberliegende Treppe runter auf die Plaza de la Quintana quälen. Es gibt erstaunlich viele Arten, so eine Stiege zu meistern – verkehrt, seitlich, eingehängt, hinkend, stöhnend. Ich sehe nahezu keine *Peregrinos*, die ihre letzten Meter bis zur völligen Glückseligkeit nicht mit schmerzverzerrtem Gesicht bewältigen.

So, zurück in mein Hotel. Das Wireless-LAN wird exzessiv genutzt, eine Stunde lang skype ich mit Moni, fast ohne Tränen. Aber trotzdem überwältigt mich immer wieder das Gefühl, hier zu sein. Was ich jetzt noch machen werde? Ich versuche, im besten Hotel der Stadt, dem luxuriösen *Parador Hostal los Reyes Católicos* gleich neben der Kathedrale zu Abend zu essen. Was? Ist das nicht sündteuer? Nein, nicht wenn ich Glück habe. Zehn Pilger können hier bis zu drei Tage nach Ausstellung der *Compostela* kostenlos essen. Und das sogar bis zu dreimal am Tag – Frühstück, Mittag- und Abendessen. Bin schon sehr neugierig, ob ich noch eine Chance habe, oder ob da nicht schon Hunderte Pilger versammelt sind, die, vom Hunger gezeichnet, um die ersten zehn Plätze kämpfen? Aber bei meinem bisherigen Glück dürfte das ja kein Problem sein.

Moni wünscht mir schon mal „Mahlzeit" – danach mache ich mich auf den Weg zum *Parador*, am Vorplatz der Kathedrale, der Plaza del Obradoiro. Während ich mich schon beim Gehen ziemlich intensiv mit dem Abendessen beschäftige und sich im Geiste die tollsten Speisen vor mir auftürmen, sehe ich plötzlich zwei sehr bekannte Pilgergesichter vor mir: Das Schnarchkommando hat seine Mission erfüllt. Beide haben ein breites Grinsen im Gesicht, als sie mich erkennen. Der ungeschlagene Champion in der völlig sinnlosen Disziplin „Dezibel-Grunzen" umarmt mich wie einen alten Freund, den er schon lange nicht mehr gesehen hat. Heute freue ich mich auch. Und als sie mir mitteilen, dass für sie der Weg hier zu Ende ist, freue ich mich umso mehr. Natürlich in erster Linie, weil sie es geschafft haben! Aber auch, weil sie mir auf meinem Weiterweg nach Finisterre jetzt ganz bestimmt nicht mehr die Nächte verderben können. *„¡Buen Camino!"*

Da ist auch schon die Sammelstelle am Hintereingang des Luxushotels. Nichts zu sehen von riesigen Menschenmassen, die sich um die besten Plätze prügeln. Acht Pilger warten völlig entspannt vor dem Garagentor, sechs Deutsche, ein Holländer und ein Brasilianer. Pünktlich um 19 Uhr kommt ein Hotelangestellter und nimmt unsere Daten auf. Er lässt sich den Personalausweis und die *Compostela* zeigen und führt uns dann an knipsenden Japanern vorbei durch den Hoteleingang in den wunderschönen Innenhof des *Paradors*, der früher mal eine Klosterherberge war. Dann geht es über eine enge Treppe hinab in den Küchenbereich des Restaurants, wo wir uns zuerst bei einem Obst- und Salatbuffet mit Vitaminen eindecken können, ehe wir dann zur Hauptspeisenausgabe kommen – Kalbfleisch mit Gemüsebeilage. Und wieder ein paar Vitamine dazu – nämlich zwei Flaschen *Rioja*. In einem eigenen Pilgerraum verputzen wir das leckere Essen, so speist man also in dem Luxustempel. Während wir so vor uns hin mampfen, werden alle möglichen *Camino*-Geschichten ausgetauscht. Meine Sitznachbarin ist aus Deutschland, lebt aber schon seit 13 Jahren in Valencia. So wie der Rest der lustigen Tischrunde ist auch sie am *Camino Francés* gewandert. Oft schon hat sie überlegt, den Küstenweg zu probieren, aber angeblich sei der so schwierig und kräfteraubend – oder? Als österreichische Berggämse kann ich das wahrscheinlich nicht so richtig einschätzen, aber ich bin sicher, dass jeder halbwegs trainierte Wanderer diese außergewöhnlich schöne Strecke bewältigen kann. Auf den ersten Etappen geht es zwar oft sehr steil bergauf und auch wieder ganz schön runter, doch im Großen und Ganzen ist dieser Weg durchaus ohne Probleme zu schaffen. Man muss ja nicht übertreiben, so wie ich es manchmal getan habe ...

Sheila, so heißt meine interessierte Deutsch-Spanierin, fragt in die Runde, wer schon mal den eigentlichen Treibstoff am *Camino* probiert hätte. Das können nur die *Cervezas* sein, davon habe ich genug getankt. Aber sie redet vom *Orujo* – einem Tresterbrand, den es in klarer Ausführung als *Orujo blanco* oder als gelben Kräuterlikör, den *Orujo de hierbas*, gibt. Nie davon gehört, das ist eine Bildungslücke, die nach dem Essen sofort geschlossen werden muss.

Beim Verlassen des *Paradors* werden wir wieder von grinsenden Japanern fotografiert, die anscheinend noch niemals zufriedene und satte „*Peleglinos*“ gesehen haben. Na, Sheila, wo ist die nächste Tankstelle? Gleich um die Ecke! Der Holländer schließt sich uns an, so zieht eine kleine Dreierkarawane an der Kathedrale vorbei in die nächste Kneipe. Sheila dürfte hier bekannt sein, der Wirt stellt uns gleich mal drei *Orujos blancos* auf den Tisch. Und trinkt auch selbst einen mit. Danach gibt's die Kräutervariante, wieder fällt ein Gläschen für den Hausherrn ab. Na servas, wenn der das mit jedem Gast macht ...

So, unser erster Wissensdurst ist gestillt, jetzt ist Plauderstunde angesagt. Sheila ist in jungen Jahren einfach mal mit dem Auto nach Spanien gedüst und dann in Valencia hängen geblieben. Bereits das sechste Mal marschiert sie jetzt auf dem *Camino*, heuer ist sie in León losgestartet. Der Holländer heißt Theunis und hat sich als evangelischer Pfarrer drei Sabatical-Monate genommen, um den gesamten Weg aus seiner Heimat mit dem Fahrrad hierher zu pilgern. Ja, und ich bin ein Österreicher, der vor 34 Tagen in Hendaye losmarschiert ist. Drei Pilger aus drei verschiedenen Nationen, die sich hier am Ende einer langen Reise treffen. Drei Menschen mit völlig unterschiedlichen Lebensgeschichten, doch einem gemeinsamen Traum. Und der verbindet! Stundenlang quatschen wir über Gott, die Welt und das Leben.

Sheila hat einfach mal für zwei Etappen die Richtung geändert. Es war eine völlig neue Erfahrung, viele Pilger wollten sie aufmerksam machen, dass sie umkehren müsse. Wer kann dir sagen, ob du am falschen Weg bist? Eigentlich doch nur dein Herz! Wenn du darauf vertraust, ist jeder Weg, den du einschlägst, der richtige! Theunis erzählt, dass sich seine Gedanken in den ersten Wochen nur um organisatorisches

Zeug gedreht haben: Wo werde ich schlafen? Wann und wie viel soll ich essen? Trinken? Halten die Batterien des Navigationsgerätes? Was mache ich, wenn mir wilde Hunde auf den Sattel springen wollen? Und so weiter – immer dieselben Fragen. Doch diese innere Unruhe ist mittlerweile völlig verschwunden. Er, der Herr Pastor, meint: „Nenn' es Glück, Schicksal oder Gott – der Weg zeigt uns, dass allein das Vertrauen auf eine höhere Macht unser gesamtes Leben zum Guten führen wird!"

Genau meine Einstellung – alles wird gut! Alles ist gut! Einer schaut auf uns! Es ist bereits nach Mitternacht, als wir uns verabschieden. Morgen geht es weiter für mich, die letzten 100 Kilometer nach Finisterre warten. Auch Theunis macht sich auf ans Ende der Welt, allerdings mit dem Bus. Und Sheila möchte nochmals in die verblüfften Gesichter der Pilger sehen, wenn sie einmal noch in die verkehrte Richtung pilgert. „Also, gute Nacht ihr zwei! Schön war es mit euch! Wir bleiben in Kontakt!"

6 SANTIAGO – MUXÍA: UND ES GEHT WEITER …

Fritz Willingshofer, Stoakogler

Pilgermen san very good

Ich sag's ja immer – wir Stoanis *sind eine große Familie! Selbst in Spanien weiß man das! Zumindest hat mir Herbert erzählt, dass er dort einen* Stoani *getroffen hat. Obwohl – so richtig ähnlich schaut mir der nicht, wenn Sie sich das Bild auf Seite 270 anschauen – oder? Aber ich habe zumindest die gleichen Gummistiefel ...*

Ehrlich gesagt, ich habe noch niemals über eine längere Pilgerschaft nachgedacht. In meinem Leben gab es immer nur die Familie, die Arbeit auf meinem Bauernhof – und die Musik! Sechs Wochen einfach fort, allein? Nie und nimmer könnte ich mir das vorstellen. Obwohl – wallfahrten war ich natürlich schon öfters! Jeden Sommer pilgere ich mit meiner Familie zur Kapelle Mariahilf nach Schüsserlbrunn – und diese Zeiten nutze ich immer ganz besonders dazu, um Danke zu sagen.

In erster Linie Danke für unsere Familien! Das darf ich bestimmt auch stellvertretend für meine Stoani-*Brüder schreiben, die Familie ist das größte Glück in unserem Leben. Sie hatten es nicht immer leicht mit uns, oft herrschte Hochbetrieb am Bauernhof, und wir* Stoakogler *mussten zu einem Auftritt. Doch selbst wenn ich für längere Zeit auf Tournee war, hat alles funktioniert daheim. Auf mein Viermäderlhaus, also auf meine Frau Christine mit unseren Dirndln Irmgard, Christine und Monika sowie auf meinen Junior Gerhard (für den es natürlich nicht immer einfach war, bei der weiblichen Übermacht im Haus) war und ist immer Verlass.*

Danke aber auch für alles, was wir durch unsere Musik erleben durften. Wir sind durch die Welt „gepilgert" – haben vor Arnie in Amerika genauso gespielt wie in Australien oder Kapstadt. Am schönsten aber waren natürlich die vielen Auftritte in unserer Heimat. Wenn wir's richtig krachen ließen und das Publikum auf den Tischen stand, oder wenn's musikalisch mal besinnlicher wurde und Hunderte Feuerzeuge aufleuchteten, wenn einfach alles gepasst hat – dann war Stoani-*Zeit. Und gemeinsam mit den vielen Fans, die zu unseren Veranstaltungen „gepilgert" sind, wurden wir zu einer großen Familie.*

Ein großes Danke aber vor allem dem Herrgott, dass wir über 40 Jahre lang gesund bleiben durften. Dass es heute schon hier und da mal etwas zwickt, ist nicht der Rede wert.

Nach dieser langen Zeit möchten wir aber jetzt etwas leiser treten, auch ein Stoakogler *denkt mal an die Pension. Hin und wieder werden wir zwar bestimmt mal wieder zusammen „bradeln", aber über 100 Auftritte im Jahr soll es nicht mehr geben. Jetzt bleibt wieder mehr Zeit für Familie und Hof.*

Trotzdem – sechs Wochen alles hinter sich zu lassen, wie Herbert es getan hat –, ich glaube nicht, dass ich jemals die Zeit dafür finden würde. Ich habe ein eigenes Rezept, wie ich zur Ruhe kommen kann: Ich gehe raus in den Stall oder auf die Wiese zu meinen Schafen – bei der Arbeit und in der Natur fühle ich mich einfach wohl, und dort kann ich auch so richtig loslassen. Aber ich kenne mittlerweile viele Menschen, die am Jakobsweg unterwegs waren. Und sie alle bekommen leuchtende Augen, wenn sie davon berichten. Es muss also ganz was Besonderes dran sein, an diesem außergewöhnlichen Weg nach Santiago. Vielleicht deswegen, weil man auch dort Stoanis *trifft?*

Stoani, Stiere, Taschentuch

Tag 34 – 15.5.2010: *Santiago de Compostela – Negreira, 27 km (gesamt 960)*
Wetter: *Grau in grau, aber kein Regen.*
Strecke: *Raus aus der Stadt, durch Eukalyptuswälder über kleine Anhöhe, meist auf kaum befahrenen Landstraßen nach Negreira.*
Sonstiges: *Die „Draufgabe" wird zum Triumphzug für meine Seele, tolles Gefühl!*
Quartier: *Hotel Tamara in Negreira, 35 Euro Pilgerpreis. Schönes Zimmer, großes Bad!*

Mein Bad und mein Zimmer gleichen einer Wäscherei. An allen möglichen und unmöglichen Stellen hängen Unterhosen, Shirts, Socken, Hemden – am Lampenschirm, über dem Spiegel, am Fensterladen … Aber sonst hätte ich die Sachen nicht und nicht trocken bekommen. So hat es geklappt – und nichts kann mich mehr aufhalten auf meinem Weg ans Ende der Welt. Nur das Frühstück! Ich nehme mir mehr als eine Stunde Zeit, um all die leckeren Sachen in mich reinzustopfen. Ich habe es nicht eilig, es sind nur 23 Kilometer nach Negreira.

Los geht's – bis auf einige unbedeutende Sticheleien in meinem Rücken bin ich schmerzfrei. Durch die Altstadt marschiere ich zur Kathedrale, dann geht es am *Parador* vorbei hinaus aus der Stadt. Nur ein paar kleine Katzen begleiten mich auf meinem Weg, ansonsten bin ich wieder völlig allein. In einem Waldstück beginnt es leicht zu nieseln, aber unter den dichten Baumkronen höre ich ihn nur, spüren kann ich den Regen kaum. Alles um mich herum ist saftig und grün, hier dürfte es also öfters feucht werden. Mein Fotoapparat läuft fast heiß, denn ich möchte den Pilgertag Nummer eins nach Santiago in all seinen Einzelheiten festhalten. Kann es aber nicht mehr, weil die Speicherkarte aus allen Nähten platzt. Daher muss ich mitten am Weg mein kleines Netbook auspacken und die Fotos von der Kamera auf den Computer überspielen. Zwei über und über mit Schmutz bedeckte Radfahrer fallen fast von ihren Bikes, als sie mich hier arbeiten sehen – mitten in der Botanik, auf meinem PC. Na und? Ein Hightech-Pilger muss immer und überall einsatzbereit sein.

Nachdem ich meine Büroarbeit erledigt habe, geht es durch einen medizinisch sehr gesund riechenden Eukalyptuswald auf eine Anhöhe.

Da steht ein spanischer *Señor* in blauer Arbeitsmontur und Gummistiefeln vor mir, der durchaus als Zwillingsbruder vom Chef der *Stoakogler* durchgehen könnte. Fritz Willingshofer – aber mit schwarzem, buschigem Oberlippenbart. Mit meinem unwahrscheinlich unperfekten Spanisch frage ich ihn einfach mal, wie es ihm denn so geht: *„¿Hola, qué tal?"* Und dann noch: *„¡Soy de Austria!"* Der galicische *Stoani* lacht mich an und meint im Schweizer Dialekt: „Du kannscht scho deiitsch mit mia reda!" Na bumm! Das ist eine Mischung! Ein spanischer Steirer, der 13 Jahre lang in Liechtenstein gearbeitet hat! Der Weg ist immer wieder für Überraschungen gut. Wir plaudern noch einige Zeit, er meist auf Deutsch, ich auf Spanisch – so kann jeder etwas lernen. Oder auch nicht – aber das ist nicht so wichtig, wir haben jede Menge Spaß!

„Du kannscht scho deiitsch mit mia reda …"

Dann geht's weiter, immer Richtung Westen. Unterwegs treffe ich Chemir, einen junger Spanier aus Pamplona, der perfekt Englisch spricht. Er ist gestern, oder besser gesagt heute, um 1:30 Uhr in Santiago angekommen, hat sich ein Hotelzimmer genommen und möchte in zwei Tagen die knapp 100 Kilometer bis Finisterre durchmarschieren. „Na dann – viel Glück, Chemir!" Das ist ein ambitioniertes Ziel, aber er schaut ziemlich sportlich aus und ist sehr schnell unterwegs. Wenn er dieses Tempo durchhält, dann schafft er es ganz bestimmt – „*¡Buen Camino!*“.

Vor mir marschiert jetzt ein junger Pilger, Carsten aus Dresden, der vor drei Monaten im Schwarzwald gestartet ist und auf diesem *Camino* für seinen Onkel unterwegs ist. Der hatte vor einem Jahr eine Gehirnblutung, die Ärzte weigern sich jedoch beharrlich, die lebenserhaltenden Maschinen für den im Wachkoma liegenden Patienten abzuschalten. Carsten hofft, mit diesem Weg etwas bewirken zu können. Irgendetwas, das seinen Onkel von seinem Leiden erlöst. Ein Wunder! Oder wenn das ganz und gar unmöglich ist, dann wenigstens das Einsehen der Ärzte, ihn in Würde sterben zu lassen.

Wieder eine Geschichte, die mich tief im Herzen berührt. Es ist unglaublich, aus welchen Motiven heraus die Menschen am *Camino* unterwegs sind. Die meisten hoffen, dass sich etwas in ihrem Leben verändert, dass ihnen geholfen wird, eine bestimmte Entscheidung zu treffen. Oder sie versuchen, hier Schicksalsschläge, Todesfälle oder Trennungen zu verarbeiten, wieder Kraft und Zuversicht zu bekommen, für das Leben danach. Und ich bin sicher, dass es kein geeigneteres Mittel gibt als den *Camino*. Das Pilgern wirkt meditativ, es bringt Ruhe, Stille und Einsicht. Und irgendwann eröffnen sich plötzlich völlig neue Perspektiven. Neue Wege, die wieder zurückführen – ins Leben.

Nach einigen gemeinsamen Kilometern mit Carsten kommt uns plötzlich Chemir entgegen. Wir sind alle drei am Holzweg – falsche Abzweigung, retour! Wir drehen um und marschieren jetzt im Gänsemarsch wieder zurück. Oh – das kommt mir aber sehr bekannt vor. Hatten das nicht auch die drei deutschen Pilger vor einigen Wochen genauso gemacht? Und habe ich nicht gelästert darüber? Alles kommt im Leben zurück! Ich entschuldige mich hiermit von ganzem Herzen bei den drei Germanen! Und lache innerlich über diese groteske Situation: Drei Nationen am falschen Weg, gemeinsam auf der Suche nach dem richtigen Ziel.

Doch da sind wieder die gelben Pfeile – wir sind wieder dort, wo wir hingehören. Jetzt geht es steil bergauf, meine Stöcke ziehen davon, ich mit ihnen. Der Faulenzertag in Santiago hat mir also nicht geschadet. Im Gegenteil – ich kämpfe mich mit schnellen Schritten zum Gipfel hinauf und wundere mich, warum keiner mehr mit mir spricht. Mittlerweile reißt auch wieder der Himmel auf, immer mehr blaue Stellen sind zu sehen. Ab morgen soll es vorbei sein mit dem schlechten Wetter. Für Dienstag, also in drei Tagen, sind frühsommerliche Temperaturen von 25 Grad angesagt. Ideales Wetter, um die letzten Tage am Meer zu genießen – ich freue mich drauf.

Alte Weisheit: Nach jedem bergauf geht es wieder bergab. Und da schließt ein keuchender Chemir auf und fragt ganz verwundert, ob es zur Grundausbildung eines echten Österreichers gehört, die Berge hinaufzurasen? Nicht für alle, aber da ich ganz in der Nähe des östlichsten Zweitausenders der Alpen lebe, habe ich ein tolles Trainingsgebiet gleich vor der Haustür.

Bergab ist der junge Baske aber eine Klasse für sich. Trotzdem bleibt er – aus Respekt oder Mitleid – an meiner Seite und erzählt, dass im Juli in seiner Heimatstadt Pamplona wieder die Stiere losgelassen werden. Ja, ich weiß – das wird sogar bei uns im Fernsehen gezeigt. Immer wieder sieht man Bilder, wo Hunderte junge Männer in den Straßen der Altstadt vor wilden Bullen flüchten. Und Tausende Zuschauer feuern sie an. „Warst du da auch schon mal dabei, Chemir? Da gibt es doch auch immer wieder Schwerverletzte und sogar Tote? Warum macht man so etwas?“ Der Experte für Stierologie erklärt mir, dass man früher die Tiere auf der exakt 825 Meter langen Strecke zur Schlachtbank geführt habe, daraus habe sich dann dieser Irrsinn entwickelt. Er selbst habe es noch nie probiert, kenne aber viele der wagemutigen Jungs, die vor nichts zurückschrecken. Meist feiern sie die Nacht durch und verlieren dann am Morgen sämtliche Hemmungen. Und jede Vorsicht, selbst die banalsten Grundregeln werden dann über den Haufen geworfen. Grundregeln? Die wären? Na, dass man, sollte man stürzen, ganz platt am Boden liegen bleibt. Denn die meisten Schwerstverletzten werden nicht zerstampft, sondern machen Bekanntschaft mit den spitzen Hörnern der Stiere. Wenn man sich also wieder aufrappeln möchte, während ein Stier im Anlauf ist, gibt man ihm viel mehr Angriffsfläche – viele der leichtsinnigen Gelegenheits-*Toreros* werden einfach aufgespießt. Na bravo – ich weiß jetzt ganz bestimmt, was ich niemals probieren werde. Komische Tradition!?

Knapp vor Negreira zieht Chemir davon. „Alles Gute!“ Gleich am Ortsanfang finde ich das 2-Sterne-Hotel *Tamara* und zahle den nicht ganz so billigen Pilgerpreis von 35 Euro. Aber was soll's – es gibt eine Badewanne, und das ist es mir wert. Ich fühle mich etwas ausgelaugt, obwohl die Strecke eigentlich nicht so anstrengend war. Anscheinend stecken mir die letzten Etappen vor Santiago doch noch in den Knochen. Oder das Dolce Vita (ich weiß, das war jetzt nicht Spanisch) der letzten Tage hat meinem Körper doch nicht so gutgetan. Egal, das heiße Bad ist wieder mal eine Wohltat!

Den Abend gehe ich gemütlich an – Einkaufen, Pizzaessen und Tagebuchschreiben. Und dann zeitig Schlafengehen. Morgen möchte ich bis Olveiroa durchmarschieren, das sind an die 35 Kilometer. Und übermorgen werde ich dann am Kap Finisterre, einer alten Pilgertradition folgend, bei Sonnenuntergang am alten Leuchtturm etwas verbrennen, das mich auf meiner Pilgerschaft begleitet hat. Ich kann mich aber heute noch nicht entscheiden, wovon ich mich trennen möchte. Derzeit ist mein Stofftaschentuch der haushohe Favorit, um andere übliche Brandopfer wie Socken, T-Shirt oder sogar Schuhe täte es mir leid. Ich bin sicher, dass auch das zählt …

Learning by doing

Tag 35 – 16.5.2010: *Negreira – Olveiroa, 32 km (gesamt 992)*
Wetter: *Erst bedeckt, dann strahlend blau.*
Strecke: *Auf 300 bis 500 m Seehöhe geht's dahin, teilweise auf Landstraßen durch „einsame" Dörfer, teilweise auch auf Forststraßen.*
Sonstiges: *Das Leben ist schön – morgen bin ich am Ende der Welt!*
Quartier: *Kein Platz in Olveiroa – daher mit Taxi nach Cee in das schöne Hotel Insua – 30 Euro.*

Pfuh – es ist drei Uhr morgens, Gott sei Dank wache ich auf! Welch seltsamer Albtraum! Zwei Leute stehen vor der Tür, ich aber schreie laut: „Nein, lass sie nicht rein!" Meine Frau steht völlig regungslos da und starrt die beiden an. Sie tragen feine Anzüge, der Größere der beiden trägt einen Oberlippenbart. Ich schreie und schreie, der Lange lächelt nur, und Moni blickt ihn mit großen Augen an. Was ist da los? Und wo sind wir überhaupt? Das Ganze spielt sich im Hof meines Elternhauses ab. Wo sind meine Eltern? Warum schaut Moni so komisch, und warum reagiert niemand, wenn ich so hysterisch schreie: „Nein, lass sie nicht rein!"

Jetzt liege ich schweißgebadet im Bett und kann mir nicht erklären, was dieser Traum bedeuten soll. Zum Glück schlafe ich schnell wieder ein, fünf Stunden später erwache ich und habe dieses nächtliche Erlebnis schon fast wieder vergessen.

Es ist Sonntag – Tag des Herrn! Da gehört eine hl. Messe dazu! Irgendwo am Weg wird sich ja doch eine Kirche finden, wo ich den Gottesdienst mitfeiern kann. Kurzer Blick nach oben – kannst du das für mich arrangieren? Ich bin mir ziemlich sicher, dass es klappt. Noch dazu, wenn es in seinem eigenen Interesse ist. Doch – ist nicht alles in seinem Interesse? Jede einzelne Minute, jeder Schritt, jeder Atemzug, jeder Herzschlag – alles, was wir tun, was wir denken, jede Kleinigkeit in unserem Leben. Ich bin mir sogar sicher, dass der Kirchenbesuch in den göttlichen Charts weit abgeschlagen hinter Attributen wie Liebe, Menschlichkeit, Hilfsbereitschaft und vielen anderen, nicht nur christlichen Eigenschaften liegt. Wenn das Herz nicht dabei ist, dann hilft auch die „abgesessene“ Stunde im Gottesdienst sehr wenig. Doch mein Herz möchte heute unbedingt eine hl. Messe miterleben – und auch mein Körper freut sich darauf.

So, nach diesem Wort zum Sonntag geht es auf irdischen Waldwegen durch den Nordwesten Spaniens. Ich kenne diese Gegend – aus den Robin Hood-Filmen. Die spielen zwar in England, aber genauso schaut es hier aus. Jeden Moment könnte der grüne Strumpfhosenträger mit seinen geächteten Gefährten aus den Baumkronen springen. Aber ich fühle mich trotzdem relativ sicher, weil in keinem der Movies je ein Pilger überfallen wurde.

In der einzigen Bar in Vilaserio ist eine organisierte Gruppe eingefallen, mehr als 20 durstige Pilger warten auf Alkohol in sämtlichen Ausprägungen. Und das am Vormittag! Es dürfte sich um spanische Tagestouristen handeln, die hier – ohne Rücksicht auf eigene Verluste – bereits mehr als gut gelaunt ihre *Cervezas* trinken. Kohlenhydrate in flüssiger Form.

Da mache ich nicht mit, da marschiere ich lieber hungrig weiter. Etwas Wurst habe ich noch von gestern, und an einem Brunnen kann ich mein Wasserreservoir auffüllen. Auch gut! Die Kirche ist fest verschlossen, genauso wie zwei andere, an denen ich auf meinem Weg durch die vielen kleinen Dörfer vorbeipilgere. Was ist los – ist heute Montag in Spanien? Hab’ ich einen Zeitsprung gemacht? In den großen Städten war die Hauptmesse um zwölf Uhr – das ist jetzt lange schon vorbei. Und alle Gotteshäuser sind verriegelt. Herrgott – das geht aber nicht?!

Der Weg führt mich auf der vereinsamten Landstraße bergauf, bergab, durch grüne Wiesen und braune, feuchte Felder. In der Nacht hat es wieder geregnet, doch mittlerweile lockert der Himmel etwas auf. Einige Bauern fahren mit ihren Traktoren vorbei und grüßen ganz freundlich. Bevor sie dann gleich neben mir den Miststreuer anwerfen und so die gerade noch nach frischem Gras duftenden Wiesen unter einem braunen, stinkenden Teppich verschwinden lassen. Na geh – das muss ja nicht sein! Am Sonntag!

Jetzt ist es knapp vor 14 Uhr. Die Messe kann ich abschreiben, dafür ist es schon viel zu spät. Hätt’ ich nicht gedacht! Santa Marina ist ein winziges, aber *bonito* (liebliches) Dorf in den Bergen. Oder besser gesagt

Hügeln. Es liegt auf 345 Metern, alles ist ruhig und beschaulich. Doch plötzlich stört ein schwarzer Audi die Idylle, laut dröhnend biegt er in die kleine Ortsstraße ein und parkt dann am Straßenrand. Und wer steigt aus?

Ein Herr Pfarrer! Hektisch richtet er sich seine Soutane und läuft förmlich die Gasse hinunter. Nichts wie hinterher! Der geht sicher nicht zu seinem Schneider! Und wirklich – vor einer kleinen Kapelle wartet schon die gesamte Dorfgemeinschaft, also sämtliche 30 Einwohner von Santa Marina auf den rasenden Priester. Jetzt kann die Erstkommunion beginnen. Um 14 Uhr werde ich also doch zu einer Kirche gelotst. Vielen Dank! Drei spanische *Chicas* stehen in ihren weißen Kleidchen vor dem Altar – und ein österreichischer Pilger kämpft in der letzten Reihe des Kircherls mit seinen Tränen. Wieder mal!

Die drei Mädchen schauen ganz entzückend aus. Eine heißt sogar wie meine Tochter – Sandra. Es ist eigentlich noch gar nicht so lange her, dass auch meine Sandi ihr weißes Erstkommunionskleid anhatte. Und jetzt ist sie schon 18! Die Zeit läuft …

Man sieht es den Menschen hier an, dass sie von harter Arbeit leben, aber heute haben sie sich rausgeputzt, mit Anzug und Krawatte – die so gar nicht zu den zerfurchten Gesichtern und den abgearbeiteten Figuren passen. Und ich stehe mitten unter ihnen, nach der hl. Messe. In meiner Wanderkluft und mit dem großen Rucksack. Und jeder Einzelne der Dorfbewohner schüttelt mir die Hände. Ich gehöre dazu! Wahrscheinlich bekomme ich jetzt gleich die Ehrenbürgerschaft verliehen. Böller werden abgeschossen – die mögen mich wirklich! Oder ist das ganze Tamtam eventuell wirklich nur wegen der Erstkommunion? Könnte natürlich auch sein. Mit einer kleinen Marienprozession werde ich aus dem Dorf geführt. Okay, auch nicht ganz richtig, die versammelte Dorfgemeinschaft marschiert durch die Gassen von Santa Marina, ich biege nach zehn Metern ab und mache mich weiter auf meinen Weg nach Finisterre.

Wieder ist ein Wunsch in Erfüllung gegangen. Wenn das so weitergeht, steht mir die Welt offen! Aber das tut sie sowieso! Alles ist so einfach! Alles ist gut! Mir kann nichts geschehen, alle meine Träume werden wahr! Irgendwie klingt das nach diesen alles versprechenden Erfolgsratgebern, die für jede Situation eine Antwort zu haben scheinen und uns beibringen möchten, wie man das Glück erzwingen kann. Ich habe meine Antworten schon längst gefunden. Und dieser Weg hat mich geleitet – und stark gemacht!

Der Himmel ist strahlend blau, keine einzige Wolke ist mehr zu sehen. Auf einer Anhöhe sprechen mich plötzlich zwei Männer in dunklen Anzügen an. Das sind ganz offensichtlich keine Pilger. Der Größere der beiden trägt einen Schnurrbart und möchte von mir wissen, woher ich komme. Er gibt mir eine Broschüre in Deutsch mit dem Titel *Was hat Gott mit uns vor?*. Die beiden sind Mitglieder einer Sekte und wollen mich für Jesus begeistern. Braucht ihr nicht – ich kenne ihn. Und mittlerweile schon ganz gut! Das Heftchen nehme ich trotzdem mit – *„¡Adiós!"*

Plötzlich läuft es mir kalt über den Rücken. Ich kenne die beiden Männer – sie waren die Hauptdarsteller in meinem Traum heute Morgen. Genauso haben die ausgesehen. Ein Großer und ein Kleiner, beide im Anzug, der Große mit Bart, spitzes Gesicht – Wahnsinn! Lass sie nicht rein, hab' ich geschrien. Was immer das jetzt auch bedeuten soll, nie zuvor habe ich so etwas erlebt. Es wurden zwar viele Träume auf diesem Weg wahr, aber diese Begegnung war derart außergewöhnlich, dass ich mich lange nicht beruhigen kann. Völlig aufgewühlt marschiere ich über einsame Landstraßen und muss immer wieder an dieses Erlebnis denken.

Langsam wird mein Herzschlag ruhiger – mein Körper schreit: „Hunger". Ich habe heute noch nichts im Magen. 15 Uhr – Frühstück! Auf einer Wiese über einem wunderschönen See mache ich ein Picknick, zwei Bäume schützen mich vor der Sonne und an die zehn neugierige Kühe begutachten mich argwöhnisch. Da fühle ich mich wohl – als alter Cowboy habe ich kein Problem mit den Rinderdamen, solange sie mir meine Jause nicht wegmampfen! Hmh – wie gut so ein altes Würstel doch schmeckt, dazu ebenso altes Brot und frisches Brunnenwasser. Man braucht nicht viel, um glücklich zu sein! Oh doch – ich schon! Meine Moni! Die rufe ich jetzt an, so viel Glück reicht auch für zwei!

Nach dem Telefonat mit der Heimat lasse ich hier im grünen Gras einfach die Seele baumeln – und schlafe dabei ein. Das ist ein Leben – ich kann tun und lassen, was ich will! Habe ich Lust auf Ruhe, dann lege ich mich einfach in die Wiese und döse vor mich hin. Vor mir der blaue See, über mir der wolkenlose Himmel und rund um mich glückliche Kühe. Mehr kann man vom Schicksal nicht erwarten. Ich werde Profipilger! Oder so! Meine Familie fehlt mir, aber die kann ich ja anlernen! Und dann marschieren wir gemeinsam. Und nicht nur, wenn die Sonne scheint!

So, mit frischen Kräften geht es weiter, noch sieben Kilometer nach Olveiroa. Laut Führer sollte es hier Hotels geben – ich habe nämlich nicht mehr vor, in den Herbergen zu übernachten. Ich bin am Auslaufen, nach rund 1000 Kilometern habe ich mir ordentliche Hotelzimmer verdient. Doch die einzige Pension im Ort hat kein Zimmer mehr frei. Und auch die Herberge ist voll bis unter die Dachrinne mit den spanischen Tagespilgern, die ich heute vormittags in der Kneipe getroffen habe. Sie sind eigentlich Drei-Tages-Pilger und marschieren im Rudel von Santiago nach Finisterre. So – was nun? Da sitze ich jetzt in einer kleinen Bar und trinke eine Nachdenk-*Cerveza*. Die Wirtin nimmt mir das Denken ab und meint, dass sie mir ein Taxi nach Cee rufen könnte. Es ist 17 Uhr, ich bin bereits mehr als acht Stunden unterwegs und bin mir sicher, dass ich heute die 20 Kilometer nach Cee pilgernd nicht mehr schaffen kann. Also, bitte ein Taxi! Es fällt mir schwer, aber was soll ich machen?

Im heißen Sonnenschein warte ich vor der Bar auf meinen Transporteur. Der kommt zwar lange nicht, aber immer mehr Pilger aus der Herberge treffen sich in der Kneipe, um hier ihr Nachtmahl zu verschlingen. Wäre ich zuvor nicht ewig lange im Gras gelegen, dann hätte ich einen Platz in der *Albergue* ergattert – und müsste jetzt nicht um teures Geld nach Cee fahren. Aber viel mehr als die Kosten ärgert mich, dass ich eine der schönsten Strecken auf meinem Weg nach Finisterre versäume. Aber – halt! Das muss ja nicht sein. Ich kann mich ja morgen wieder hierher zurückbringen lassen, der Taxifahrer soll mich einfach abholen. Ja – genauso mache ich das! Freiwillig lasse ich mir keinen Kilometer mehr stehlen von meinem Weg!

Jetzt ist er da, mein Abholdienst. Ich verstehe nur Spanisch, als der Fahrer mit mir zu quatschen beginnt. Er auch! Doch irgendwie kriege ich mit, dass die Fahrt 20 Euro kosten wird und mein spanischer Taxler ein gutes Hotel in Cee kennt, das Pilgerpreise gewährt. Okay, hab' eh keine andere Wahl. „Bitte bringen Sie mich dahin. Und morgen würde ich gerne um 8:30 Uhr abgeholt werden – geht das?“ Ich bin mir nicht sicher, ob er mich wirklich verstanden hat, aber er nickt zustimmend. Es wird interessant, was das wird morgen.

Das 3-Sterne-Hotel hat riesengroße Zimmer. Im Bad wartet auf mich statt einer Wanne eine Massagedusche mit hunderttausend Einstellungsvarianten, für die man normalerweise einen Hochschulabschluss benötigt. Ich aber, der niemals Gebrauchsanleitungen studiert, probiere wieder mal mein berühmt-berüchtigtes *Learning by doing*. Augenblicklich laufen mir am gesamten Körper Frostbeulen auf, weil aus dem über mir fix angebrachten Brausekopf eiskaltes Wasser spritzt. Falscher Knopf – also weiter im Programm! Doch irgendwann durchschaue ich das Ding, und so schaffe ich es doch, dass es aus ausnahmslos allen Düsen warm rausströmt.

Cee liegt direkt am Meer – ich bin also nach zehn Tagen wieder am Atlantik! Den Abend genieße ich! Ist aber auch nicht schwer – statt in einer Massenherberge mit wahrscheinlich mehr als 400 Dezibel Schnarcheinheiten bin ich in einem 3-Sterne-Haus mit Massagedusche untergebracht und mache einen Abendspaziergang auf der Strandpromenade. Es hätte Schlimmeres passieren können! Und morgen lasse ich mich dann wieder zurückchauffieren und marschiere den Weg mit den anderen Pilgern, so als wäre nichts geschehen. Ich hoffe nur, dass ich den Abholdienst nicht verschlafe.

Wenn bei Capri die rote Sonne ...

Tag 36 – 17.5.2010: *Olveiroa – Kap Finisterre, 36 km (gesamt 1028)*
Wetter: *Wolkenlos.*
Strecke: *Mit Taxi von Cee wieder zurück nach Olveiroa, durch „Hochgebirge" Richtung Meer, tolle Strecke, wie zu Hause, am Ende über langen Standstrand nach Finisterre, am Abend ans Kap zum Sonnenuntergang.*
Sonstiges: *Jahuuu – ich bin da! Angekommen!*
Quartier: *Hotel Finesterre – 25 Euro, inkl. Frühstück.*

Mein internes Wecksystem läuft optimal. Fünf Minuten bevor der Wecker klingeln würde, werde ich wach. Knapp vor halb neun sitze ich geschnäuzt und gestriegelt im Restaurant des Hotels und warte auf den Abholdienst. Fünf Minuten später kommt der Taxifahrer, diesmal mit Begleitung. Er hat gestern Abend noch eine weitere herbergssuchende Pilgerin aus Olveiroa nach Cee gebracht, sie heißt Lena und kommt aus Polen. In sehr gutem Deutsch erzählt sie mir, dass sie heute nicht mehr von „ganz oben" wegmarschieren möchte. Sie will sich einige Kilometer zuvor aus dem Taxi „fallen" lassen. Sagt sie zumindest – so gut ist ihr Deutsch dann anscheinend doch wieder nicht. Oder sie ist Stuntgirl und trainiert für den nächsten James Bond-Film ...

Die Polin wirft sich nicht aus dem fahrenden Wagen, sondern wird ganz sanft an einer Straßenkreuzung abgesetzt. Mich bringt mein persönlicher Fahrer noch fünf Kilometer weiter direkt zu der Bar, wo er mich gestern Abend abgeholt hat.

Es wäre wirklich schade gewesen, wenn ich diese Etappe verpasst hätte. Ich bin mitten im Gebirge. Zumindest schaut es hier genauso aus wie zu Hause am Schneeberg in 2000 Metern. Nur dass wir dort keine Windräder haben, die es hier anscheinend irgendwann mal im Ausverkauf gab. Über 20 dieser Dinger stehen inmitten der schönsten Gebirgslandschaft, alles dreht sich. Erneuerbare Energie – das ist die Zukunft! Aber ob die Einwohner der kleinen Dörfer hier oben ebenfalls dieser Meinung sind, wage ich zu bezweifeln. Nicht nur, dass aus ehemals einsamen, wild zerklüfteten Felsformationen plötzlich diese Riesendinger rauswachsen und mit ihren Flügeln die Sonne in viele kleine Stücke zu zerhacken scheinen, machen ihre Generatoren noch dazu einen permanenten Lärm, der sich doch sehr störend auf die Idylle einer unberührten Natur auswirkt. Die Menschen dürften das ständige Surren bereits gewohnt sein, aber ob das auch für die Vögel und Waldtiere gilt?

Windräder, wohin man schaut …

Ich genieße jeden Meter meiner heutigen Etappe. Es ist ein Triumphzug für meine Seele – so als hätte ich den Grand Prix der Volksmusik, den Formel-1-Grand Prix von Monaco und noch dazu ganz allein die Fußballweltmeisterschaft gewonnen. Wobei gerade Letzteres für einen Österreicher in galaktischer Ferne liegt, aber heute wäre selbst das möglich! Nach mehr als 1000 Kilometern Pilgermarsch geht mein Weg bald zu Ende, daher müssen die letzten Stunden noch so richtig zelebriert werden.

Jetzt bin ich an der Stelle, wo ich nach langer Wanderschaft endlich wieder den Atlantik vor Augen habe. Wunderschön! Ich vergesse kurzfristig, dass ich hier schon gestern Abend mit dem Taxi vorbeigefahren bin, und freue mich wie ein Kind zu Weihnachten. Tief unter mir liegt das blaue Meer, und rechts hinten kann ich auch schon die in etwas Nebel getauchte Halbinsel von Finisterre sehen. Bald bin ich da!

Es geht steil runter nach Cee. Noch vor einem Monat waren meine Knie not amused über Gefälle dieser Art, heute spüre ich überhaupt keine

Schmerzen mehr. Im Gegenteil, völlig locker laufe ich förmlich meinem Ziel entgegen. Es ist erstaunlich, wie schnell sich der menschliche Körper auf veränderte Situationen einstellen kann. Man darf nur nicht zu schnell aufgeben! Dabei hat mir ein Arbeitskollege prophezeit, dass ich diesen *Camino* niemals schaffen werde. Sein ehemaliger Ausbildner beim Österreichischen Bundesheer hat ihm mal erklärt, dass unser Körper nicht dazu geeignet wäre, Strecken von 30 Kilometern über längere Zeit zu überstehen. So ein Blödsinn, da habe ich den Gegenbeweis angetreten – und mit mir Hunderttausende andere Pilger. Unser Körper ist sehr wohl dafür ausgelegt, wir haben es durch die moderne Lebensweise nur verlernt, unsere ursprünglichen Fähigkeiten zu nutzen. Wir Menschen waren lange Zeit Jäger und Sammler. Und es widerspricht unserer genetischen Veranlagung, dass wir den ganzen Tag hinter dem Schreibtisch sitzen, jede noch so kleine Strecke mit dem Auto zurücklegen und in den Einkaufszentren über Rolltreppen die Etagen wechseln. Aber der Körper hat diese „Ur-Information" noch in sich gespeichert, und man kann sie jederzeit wieder abrufen. In einem Punkt hat der Bundesheeroffizier aber wahrscheinlich doch recht – unser Körper ist nicht dafür geschaffen, bei strömendem Regen am Truppenübungsplatz Räuber und Gendarm zu spielen, während man ja Sinnvolleres machen könnte. Aber was tut man nicht alles für die Landesverteidigung …

Ich bin ein treuer Pilger – daher bestelle ich im selben Restaurant, in dem ich gestern Abend bereits gegessen habe, eine *Ensalada mixta*. Drei deutsche *Peregrinos* nehmen am Nachbartisch Platz und begrüßen mich mit: „*¡Buen Camino!*" Der ältere Wandersmann meint, so eine Pilgerschaft sei viel schöner, wenn man keine keifende Ehefrau dabei habe. Schmunzelnd sage ich zu der Dame am Tisch: „Ich hoffe, das ist nicht Ihrer?!" „Gott sei Dank nicht!" Die drei marschieren von Santiago nach Finisterre und vielleicht noch weiter nach Muxía. Der Ältere, der mit der anscheinend keifenden Ehefrau, heißt Achim und ist Zahnarzt. Sein Sohn Peter hat gerade sein Jusstudium beendet, und Bettina ist einfach eine gute Freundin der beiden. Ein sehr sympathisches Trio – ich hoffe, wir werden uns in Finisterre wieder begegnen.

Jetzt führt mein Weg direkt am Meer entlang – durch kleine Fischerdörfer, die im Sommer wahrscheinlich mit Urlaubern vollgestopft sind. Im Frühjahr wirkt alles etwas verschlafen und ruhig – Touristen sind

Mangelware. Die Sonne brennt vom Himmel, und die paar Einheimischen, an denen ich vorbeimarschiere, denken bestimmt, dass ich einen in der Schüssel habe. Mit breitem Grinsen wandere ich durch die Straßen, jeder Schritt am letzten Tag meiner offiziellen Pilgerschaft ist ein ganz besonderer. Aber ich glaube, die Menschen hier sind lachende *Peregrinos* ohnehin gewohnt, denn ich bin ganz bestimmt nicht der Einzige, der am Ende einer langen Reise ganz einfach unendlich glücklich ist. Etwas Wehmut mischt sich zu den Gefühlen, bald ist dieses Abenteuer zu Ende. Dann hat mich der Alltag wieder! Ob er je wieder so sein wird wie noch vor 40 Tagen? Oder hat diese Zeit der Freiheit, der Besinnung auf das Wesentliche, haben die Begegnungen mit meist sehr netten, wenn auch manchmal laut vor sich hin schnarchenden Menschen nachhaltig etwas verändert in mir? Ich freue mich auf jeden Fall schon sehr darauf, meine Familie und Freunde wiederzusehen. Und im eigenen Bett schlafen zu können!

Einige Kilometer vor Finisterre überkommt mich plötzlich Heißhunger auf Kuchen und Kaffee. Wie schön, dass da zufällig ein 3-Sterne-Hotel am Weg liegt, wo der Schriftzug „Cafe“ andeutet, dass es hier mehr gibt als nur Zimmer. Erst auf der Terrasse realisiere ich, auf welch traumhaftem Flecken Erde ich hier bin, am Playa de Estorde. Das Hotel liegt direkt an einer Bucht, am weißen Sandstrand baden nur einige Möwen im tiefblauen Atlantik. Idylle pur! Ich bin mir zwar ziemlich sicher, dass sich hier schon in einigen Wochen ein völlig anderes Bild zeigen wird, aber heute fühle ich mich wie Robinson, der auf einer einsamen Insel auf Freitag wartet. Oder so halt ...

Apropos Freitag – da müsste ich wieder in Santiago sein. Denn am Samstag geht's für mich dann zurück in die Heimat. Heute ist Montag, wenn ich zwei Tage für Finisterre einplane, dann könnte ich es mir doch von Mittwoch bis Freitag hier im Paradies einfach nur gut gehen lassen. Wird zwar nicht ganz billig sein, aber ich frag halt mal den Chef des Hauses. Vielleicht gibt er mir einen Pilgerrabatt? Der zwinkert mir zu und sagt ganz leise: „25 Euro die Nacht!“ „Nehm' ich! Sofort! Ich komme am Mittwoch! *Hasta luego*!“

Sieben Kilometer bleiben mir noch bis zum Ziel meines *Caminos*. Die Sonne brennt mit geschätzten 35 Grad vom Himmel, als ich den zwei Kilometer langen Sandstrand vor Finisterre erreiche. Es sind nur ganz wenige Menschen am Wasser, um diese Jahreszeit gibt es noch keinen Massentourismus hier. Kinder spielen im Sand – in die kühlen Wellen würden heute aber nur Eisbären springen. Der Atlantik hat ja doch keine Mittelmeertemperaturen. Über die Strandpromenade komme ich in die Stadt, wo mich gleich am Beginn ein großes Wegkreuz erwartet. Ich bin da! Geschafft!

Fast am Ende der Welt – aber noch nicht ganz!

Die *Albergue* ist gesteckt voll, leider kein Platz mehr frei zum Schlafen. Na geh! Muss ich wieder in einem Hotel übernachten! Wollte ich aber sowieso! Die etwas überarbeitet wirkende *Señora* stellt mir die *Fisterrana* aus, meine zweite Urkunde auf diesem Weg, und gibt mir einen kleinen Folder mit der Wegbeschreibung nach Muxía. Na gut, vielleicht marschiere ich dort auch noch hin. Aber jetzt habe ich mir zuerst mal ein großes Bier verdient.

Es schmeckt hervorragend! Ich fühle mich angekommen – und trinke zur Belohnung gleich eine zweite *Cerveza*. Neben mir sitzt Ralf, ein deutscher Pilger, der schon vor einigen Tagen das Ende der Welt erreicht hat. Gestern war er am Kap, der Sonnenuntergang zählt zu den beeindruckendsten Erlebnissen auf seinem *Camino*. An die 50 Pilger hatten sich eingefunden, als kurz vor 22 Uhr die Sonne als blutrote Scheibe im

Meer versank. Das müsse man unbedingt miterlebt haben, meint er. Ich weiß also, was ich heute Abend machen werde! Zuvor werde ich aber dort eine Giftgaswolke entfachen, gegen die der isländische Eyjafjallajökull, der vor einigen Tagen mit seiner Aschenwolke den gesamten Flugverkehr Europas lahmgelegt hat, nur mehr als kleines Lagerfeuer eingestuft wird. Einer alten Pilgertradition folgend werde ich nämlich am Kap Finisterre meine Wandersocken verbrennen. Und da kann ich für nichts garantieren ...

Der leichte Westwind weht von einem Nebentisch österreichische Sätze zu mir rüber. Ich schicke ein freundliches „Prost" zurück, und schon erfahre ich, dass die beiden Mädls aus der Steiermark sind, ihr Beschützer aus Salzburg. Sie waren getrennt unterwegs, haben sich aber vor ein paar Tagen irgendwo getroffen. Heute ist ihr letzter Tag, jetzt warten sie gemeinsam auf den Bus. Nachdem zwei Mitglieder des flotten Pilgerdreiers noch ihr Gepäck verstauen müssen, lade ich das sitzengelassene letzte Drittel ein, sich zu uns zu gesellen. Evi ist eine sehr lebensbejahende Frau, mit kleinen Lachfalten um die blauen Augen, noch sehr attraktiv. Ich schätze sie auf Ende vierzig. Sie wohnt in Pürgg, das ist genau gegenüber vom Grimming. Ursprünglich kommt sie aber aus dem Bezirk Feldbach. Ob ich Pürgg denn kenne, fragt sie mich. „Leider nein! Aber in Feldbach war ich schon mehrmals." „Aha, wieso?" „Es gibt dort doch einen singenden Pfarrer ..." Evi fällt mir ins Wort und meint, dass sie den Pfarrer Franz Brei sehr gut kenne. Der sei ja voll im Geschäft mit seinen Liedern. Was ich denn damit zu tun hätte? „Was? Du hast den Titel geschrieben?" Evi fängt an zu singen: „Langsam, ganz langsam ..." Ralf sitzt nur daneben und weiß nicht, was er davon halten soll.

Die steirische „Lachwurzn" feiert im nächsten Jahr ihren 60er. Nein! Nie im Leben hätte ich das gedacht. Das wilde Gebirgsklima hält jung! Ganz beiläufig erzählt sie uns, dass sie die Schwiegermutter von Klaus Maria Brandauer sei, einem der besten Schauspieler, die Österreich je hervorgebracht hat. Er hat auf tragische Weise seine erste Frau verloren und ist jetzt mit einer jungen Theaterwissenschaftlerin verheiratet – und diese ist Evis Tochter. Auf meine Frage, ob er denn wirklich so schwierig sei, wie er in den Medien immer dargestellt wird, meint Evi nur, dass davon überhaupt keine Rede sein könne. Er sei ein normaler Mensch und durch und durch bodenständig. Nur der permanente Rummel um eine Person könne einem schon irgendwann auf die Nerven gehen – und genau solche Momente würden von der Presse ausgeschlachtet.

Evi ist in León gestartet und hat das Abenteuer ohne größere Schwierigkeiten überstanden. Bei Ralf schaut die Sache schon anders aus. Er hat für Blasenpflaster mehr Geld ausgegeben als für die Flüge. Jeden Tag hat er sich mindestens eine neue aufgerissen – Blase, meint er. Und er hat von seinen Mitpilgern die abenteuerlichsten Tipps bekommen, wie er diese in Zukunft vermeiden kann. Doch egal, was er auch unternommen hat – die Blasen haben sich exponenzial vermehrt. Seine Füße schauen aus, als ob sie jemand mit der Spitzhacke bearbeitet hätte.

So – jetzt muss auch Evi zum Bus. „Schön, dass wir uns getroffen haben! Vielleicht sieht man sich ja mal wieder? Gute Heimreise!"

Mittlerweile ist es 19 Uhr, ich habe bis auf einige *Cervezas* noch fast nichts im Magen. Und außerdem noch nicht mal ein Quartier für diese Nacht. In drei Stunden ist Sonnenuntergang, bis dahin sollte ich schon wissen, wo ich denn heute schlafen werde. Also – „Tschüss Ralf, wir sehen uns morgen!"

50 Meter vom Restaurant entfernt, im Hotel mit dem originellen Namen *Finesterre*, gibt es ein schönes Zimmer für mich. Wenn ich mich aus dem Fenster lehne, kann ich sogar das Meer sehen. Nach der wunderwirkenden Dusche ziehe ich mir zur Feier des Tages ein frisch gewaschenes Wanderhemd an, klaue die beiden Plastikzahnputzbecher aus dem Bad, packe meine Wandersocken ein und mache mich auf den Weg zum Hafen. Unterwegs verschlinge ich in einer Kneipe einen Toast, doch das kleine Ding kann meinen voluminösen Magen nicht mal annähernd ausfüllen. Egal – nach dem Sonnenuntergang werde ich mir ein Abendessen gönnen, das sich gewaschen hat. So mit allem drum und dran – ich habe ja schließlich was zu feiern! Für alle Fälle besorge ich noch schnell eine Flasche Rotwein, eventuell gibt es ja auch schon am Kap jemanden, mit dem ich anstoßen kann. Meine beiden Zahnputzbecher wären dafür bereit.

Plötzlich höre ich ein dreistimmiges Rufen: „Gehst du mit zum Kap?" Meine drei Deutschen aus Cee winken von der anderen Straßenseite rüber, auch sie haben eine Flasche *Rioja* im Handgepäck. Zwei Nationen, ein Gedanke! Selbst unsere Plastikbecher sehen irgendwie gleich aus. Natürlich geh' ich mit!

In knapp 45 Minuten sind wir am Leuchtturm. Etwas schneller als wir sind nur die vielen Autos, die an uns vorbeirasen. So knapp vor dem Ziel wird ja doch nichts mehr passieren? Das Germanen-Trio ist eine lustige Truppe, gemeinsam schießen wir am Kilometerstein 0 unsere Beweisfotos. Wie oft habe ich den im Internet schon begutachtet, jetzt bin ich selbst da! Unglaublich!

Die Sonne steht noch hoch am Himmel, als wir die Felsen runter zu einer kleinen Feuerstelle steigen. An die 50 Pilger haben sich hier versammelt. Manche sind ganz in sich versunken und lassen wahrscheinlich den Weg Revue passieren, andere sitzen in kleinen Gruppen zusammen und erzählen sich *Camino*-Geschichten. Ein junger Pilger mit langen Haaren und Vollbart hat sogar seinen Dudelsack mit dabei, die Klänge aus seinem Instrument passen haargenau zu der außergewöhnlichen Stimmung. Abschied liegt in der Luft. Aber auch Freude, Dankbarkeit und Demut. Wir Pilger reichen uns die Hände, viele haben Tränen in den Augen. Und ich fürchte, die Anzahl der *Peregrinos* mit wässrigen Augen wird sich in kürzester Zeit vervielfachen. Denn ich schmeiße feierlich meine Socken in das Feuer! Aber nichts passiert! Ich hatte zumindest mit einem kleineren Rauchpilz gerechnet, oder mit beißendem Geruch und Massenpanik rund um den Leuchtturm – aber echte *Peregrinos* sind abgehärtet! Wir alle haben unzählige Herbergsnächte überlebt, in denen man sich sehr oft ziemlich sicher war, in einer Quargelproduktionsstätte zu übernachten – da ist das hier gar nichts!

Jetzt, kurz bevor die Sonne endgültig im Meer versinkt, ist es Zeit, meine Frau anzurufen. Diesen Augenblick möchte ich mit ihr erleben! Jetzt kullern mir schon wieder ein paar Tränen aus den Augen, als ich ihr vom heutigen Tag erzähle. Mehrere tausend Kilometer voneinander entfernt stoßen wir dann an. Ich mit *Rioja*, Moni mit einer Tasse Hustentee, denn sie hat sich eine ganz schöne Erkältung geholt. Ich freue mich, sie wenigstens telefonisch bei mir zu haben, eigentlich kann ich es gar nicht mehr erwarten, sie in die Arme zu nehmen. Dieser Weg zeigt einem auch, welche Menschen wirklich wichtig sind im Leben. Nicht, dass ich das nicht auch zuvor schon gewusst hätte, aber hier wird einem bewusst, welches Glück man mit einer funktionierenden und sich liebenden Familie hat. Um die feierliche Stimmung hier nicht weiter zu stören, beende ich schweren Herzens das Gespräch vor dem eigentlichen Höhepunkt, also dem Sonnenuntergang: „Bis bald, Moni!" Da sitze ich nun mit meinen drei neuen deutschen Freunden auf einem Felsvorsprung am Ende der Welt und schaue zu, wie sich vor uns die Farbe der Sonne von einem strahlenden Gelb über Orange in ein mystisches Dunkelrot verwandelt. Und während sich die leuchtende Scheibe immer weiter dem unendlich wirkenden Ozean nähert, werden auch die Felsen rund um den Leuchtturm in spektakuläre Lichtschattierungen getaucht.

Da passt jetzt sehr gut das vollmundige Rot unseres *Riojas* dazu, obwohl das im Plastikbecher nicht so wirklich zur Geltung kommt. Aber was soll's – wir stoßen darauf an, auf den grandiosen Abschluss eines außergewöhnlichen Abenteuers. Und auf unsere Freundschaft, auf unsere Familien, auf alles, was wir lieben.

Jetzt ist der Punkt erreicht, an dem die Sonne das Wasser berührt. Es herrscht vollkommene Stille am Kap Finisterre. Alle Menschen hier, alle Nationen, alle Altersschichten, alle sind in diesem Augenblick völlig eins mit der Natur und genießen schweigend diesen Moment.

Wenn bei Finisterre die rote Sonne …

Alle? Nein, es gibt da ein deutsches Vater-Sohn-Duo, das zufällig in meiner unmittelbaren Nähe sitzt und plötzlich ohne jede Vorwarnung zu singen beginnt: „Wenn bei Capri die rote Sonne im Meer versinkt ...“ Geht’s noch? Wir sind hier am Ende der Welt, 36 Pilgertage vom Ausgangspunkt entfernt, dazwischen liegen über 1000 Kilometer Fußmarsch durch den wunderschönen Norden Spaniens – und die singen das Capri-Lied?! Ich mag diesen Schlagerklassiker, wie gerne hätte ich dieses Lied selbst geschrieben – aber heute passt es nicht wirklich. Bettina schaut ebenso verwundert wie ich – doch wir lassen dem Nachwuchschor seine Freude. Trotz dieser etwas deplatzierten Musikdarbietung wird dieser Moment, als die Sonne endgültig im „Meer der Ewigkeit“ verschwindet, für immer in meinen Erinnerungen bleiben.

Lange noch sitzen wir einfach nur da und lassen die unbeschreibliche Stimmung auf uns wirken. Selbst die Capri-Sänger sind jetzt verstummt. Es herrscht bereits vollkommene Dunkelheit, als wir uns auf den Weg zurück machen. Ich habe meine Stirnlampe dabei, denn so richtig trittsicher sind wir alle nicht mehr. Gott sei Dank fahren jetzt um diese Zeit keine Autos mehr, aber es sind auch keine anderen Pilger mehr zu sehen. Nur wir vier marschieren auf der Straße hinab nach Finisterre, der Mond und meine Taschenlampe weisen uns den Weg.

Wir finden keine Bar mehr, in der es noch warme Küche gibt. Doch Achim war bereits vor zwei Jahren mal hier und kennt eine Kneipe am Hafen, in der eine Deutsche das Sagen hat. Sie heißt Christina und hat sich vor einigen Jahren in den Chef des Restaurants verliebt. Seither sind die beiden ein Paar. Genau dort fallen wir ein und hoffen, dass uns Christina gnadenhalber noch etwas zum Beißen zaubern kann. Und wirklich, ausnahmsweise stellt sie uns zwei kalte Platten mit *Jamón* und *Queso* auf den Tisch, zusammen mit einem hervorragenden Rotwein. Der Rohschinken passt gemeinsam mit dem harten Käse derart harmonisch zu dem *Rioja*, dass wir gleich noch eine Runde bestellen.

Nachdem wir unsere Grundbedürfnisse befriedigt haben, stellt Christina uns den deutschsprachigen Aussteigerklub von Finisterre vor. Don Giovanni, alias Guillermo, alias Willi, ist aus Bayern und schaut genauso aus, wie sich der kleine Herbert einen echten Pilger vorstellt. Groß, schlank, grauweißes Haar und ebensolcher Bart. Sogar eine eigene Internet-Homepage hat dieser Kultpilger – obwohl ich mir nicht ganz sicher bin, ob er jemals auch wirklich am *Camino* unterwegs war. Dann gibt es noch einen Herbert, dessen Kinder genauso heißen wie meine, nämlich Sandra und Christoph. Er ist ebenfalls aus Deutschland, so wie Dirk, der immer wieder für mehrere Monate hier lebt und dem ein kleiner Hund zugelaufen ist, der ihm nicht mehr von der Seite weicht. Jeder hat seine eigene Geschichte – und beim Erzählen vergeht die Zeit im Flug. Bis Christina den Laden dicht machen will. Na gut – Don Willi Guillermo kennt eine Bar, die bestimmt noch offen hat. Dort geht die Party weiter. Peter, der angehende Rechtsanwalt, erzählt Witze aus sämtlichen (auch den unteren) Schubladen, Achim beginnt zu singen, Bettina lächelt glücklich vor sich hin, und ich koste mich mit Don Willermo und Herbert durch die finisterrische Spirituosenauswahl. So feiert man also, wenn das Ende der Welt erreicht wurde. Zumindest hier in Finisterre. Irgendwann sperrt aber auch die letzte Kneipe zu, und vier glückliche *Peregrinos* wanken mit einer unbestimmten Anzahl ausländischer Einheimischer durch die viel zu engen Gassen nach Hause. Die Eingangstür zu meinem Hotel ist fest verschlossen, erst der Nachtportier im Pyjama kann sie mir öffnen. „*Perdón*, dass ich Sie rausklingeln musste!" „*¡Buenas noches!*" Es ist drei Uhr morgens …

La Ola – und Happy Birthday In meinem Kopf spielt jemand Fußball, die La Ola-Welle läuft von links nach rechts, und irgendwie tobt das gesamte Stadion. Es war also doch ein Glas zu viel gestern, das letzte hätte ich nicht trinken sollen! In aller Herrgottsfrüh steh ich auf und frage mich, ob es jetzt um elf Uhr noch Frühstück gibt im Hotel. Ja, die nette *Señora* ahnt anscheinend meine Qualen und stellt mir neben einer Tasse Kaffee gleich auch ein Krügerl voll Orangensaft auf den Tisch. Das wird in einem Zug geleert. Ich habe doch gestern genug getrunken, warum bin ich da heute immer noch durstig? Das getoastete Brot mit viel fetter Butter und süßer Marmelade macht mich wieder einigermaßen einsatzbereit. Aber heute ist Ruhetag angesagt, so gesehen ist alles halb so schlimm. Und man darf, ja man muss sogar feiern, wenn man ein Ziel erreicht hat! Das ist ganz wichtig für die Motivation, um dann wieder bereit zu sein für neue Ziele! Gestern habe ich mich ordentlich motiviert!

Völlig planlos irre ich durch den Ort, die zwei Getränke aus dem Supermarkt vernichte ich in Sekundenschnelle. Heute habe ich alle Zeit der Welt, darum setze ich mich einfach nur in den Sand, um in die Wellen zu starren. Es tut so gut, einfach nichts zu tun! Ich will nur hier sitzen! Und bin, trotz leichtem Kopfrumoren, unendlich glücklich. Weil ich gerade nichts Besseres zu tun habe, formiere ich aus den vielen herumliegenden Muscheln ein „Danke!" im Sand.

Meine Retterin vom Frühstück hat mir verraten, dass der Strand auf der Westseite der Halbinsel noch schöner sein soll als jener hier im Ort. Das schau' ich mir an! Es geht leicht bergauf, und ich fühle mich von Schritt zu Schritt besser. Am Weg schwitze ich das bisschen Alkohol von gestern dermaßen raus, dass die mich umschwirrenden Fliegen wie tot zu Boden stürzen und dort stockbesoffen Flamenco tanzen.

Der Ausblick ist atemberaubend. Auf beiden Seiten wird die Halbinsel vom dunkelblauen Ozean umspült. Während am Strand von Finisterre reges Treiben herrscht und Hunderte kleine Fischerboote in den Wellen schaukeln, sehe ich am Weststrand nur gezählte fünf Sonnenhungrige, die es sich im weißen Sand gemütlich gemacht haben. Das Wasser ist eisig, weiter als bis zu den Knöcheln bringt mich da keiner rein. Wie oft haben meine Fußsohlen geglüht auf diesem Weg – da hätte diese Kälte so richtig gutgetan.

Auf einem Tisch breite ich jetzt alle Dinge aus, die für mich auf meinem *Camino* besonderen Wert gehabt haben. Die kleine Muschel, die mir ein Mädchen zu Hause geschenkt hat. Ich habe sie aus Überzeugung demonstrativ die gesamte Zeit am Rucksack befestigt, während die meisten anderen Pilger mit einer richtigen, etwa zehnmal so großen Jakobsmuschel unterwegs sind. Erst kurz vor Santiago habe ich mir dann ebenfalls eine solche besorgt, doch die kleine Babymuschel hat natürlich auch weiterhin ihren Ehrenplatz am Rucksack behalten. Auch der Rosenkranz meiner Arbeitskollegen liegt vor mir auf dem Tisch, genauso wie die silberne Jakobsmuschel meines Freundes. Und natürlich die Karte von Moni, die ich auf meinem Weg fast täglich in die Hände genommen habe und die es bei jedem Lesen geschafft hat, dass meine Augen feucht geworden sind. Dazu auch noch der Pilgerpass und die *Compostela* als Zeichen dafür, es wirklich geschafft zu haben. Dieses Foto wird einen besonderen Platz in meiner Sammlung bekommen.

Meine „Kraftspender"!

Irgendwann aber treibt mich ein leichtes Knurren in der Magengegend zurück nach Finisterre. Auf der Tafel eines Restaurants am Hafen steht mit großen Buchstaben „Knoblauchsuppe". Ja – genau das ist das Richtige, um meinen immer noch etwas angeschlagenen Magen so richtig zu testen. Geht's? Oder geht's nicht? Ich geh' auf jeden Fall rein! War ich da schon einmal? Plötzlich sagt eine Stimme: „Na, brauchen wir heute eine Sonnenbrille?" Es ist Christina, die deutsche Gastgeberin von gestern! Erst jetzt bemerke ich, dass wir hier gestern Abend *Jamón* und *Queso* vernichtet haben, und auch das eine oder andere Glas *Rioja*. Mensch, das war mehr als nur ein Damenspitzerl! Lachend bestelle ich die Knoblauchsuppe und verrate Christina, dass ich heute nicht nur Sonnenbrille trage, sondern mich derzeit noch vorwiegend flüssig ernähre. Aber die sympathische Deutsche meint nur lakonisch, ihre Suppe würde mich wieder fit machen. Und wirklich, sie schmeckt außergewöhnlich gut. Aber mit Schmusen wird es heute nichts mehr, ich würde stinken wie ein Vampirjäger in Transsilvanien. Aber das habe ich ja ohnehin nicht vor!

Hinter dem Tresen steht Mr. Kultpilger, Don Giovanni. Es ist jede Menge los, daher hilft er Christina beim Bierzapfen und *Rioja*-Ausschenken. Irgendwie kann er es nicht glauben, dass ich heute nur Wasser trinke. „Bist du krank?" „Nein! Doch! Etwas ..."

Um 15 Uhr wird die Bar geschlossen – die *Siesta* beginnt. Willi Giovanni lädt mich in seine Wohnung ein, die sich im letzten Stock eines der höchsten Häuser der Stadt befindet. Von der riesengroßen Dachterrasse hat man einen sagenhaft schönen Blick über die gesamte Stadt. Beim Kaffee erzählt Willi von den keltischen Kraftplätzen auf den Bergen rund um Finisterre und von den heiligen Steinen, die sich dort befinden. „Willst du sie sehen?" „Ja, bitte!" So weit wird das ja schon nicht sein, eigentlich hätte ich für heute einen gehfreien Ruhetag eingeplant. Doch daraus wird nichts!

Es geht steil bergauf, und Giovanni hat ein Tempo drauf, dass selbst ich als vermeintlich gut trainierter Profipilger meine Probleme habe, da mitzuhalten. Außerdem brennt mir die Sonne mit geschätzten 35 Grad auf die Schädeldecke und verwandelt das Fußballstadion von heute Morgen wieder in einen Hexenkessel. Aber da muss ich durch – selbst schuld! Irgendwann sind wir dann aber doch bei den Steinen. Wenn man sie zum Wackeln bringt, hat man einen Wunsch frei. Okay – meiner wackelt wie wild, werden dann gleich mehrere Wünsche in Erfüllung gehen? Obwohl – einer reicht! Und außerdem, es sind auch ohne Wackelsteine viele Träume in meinem Leben wahr geworden! Aber wer dran glaubt ...

Jeder von uns sucht sich seinen persönlichen Felsbrocken. Als ehemaliger Kletterschüler reizt mich natürlich eine besonders hohe Variante der Wünsch-dir-was-Steine. Ich kämpfe mich durch dornentragende Bodendecker bis zum Einstieg vor und klettere ohne jede Sicherung auf den drei Meter hohen Felsen. Die alpine Fachwelt würde staunen, hätte sie das gesehen!

Jetzt sitze ich hier und bin völlig fasziniert von dem Ausblick, der sich mir bietet. Wie friedlich doch das Meer im Sonnenlicht glitzert. Ruhig und still ist es hier heroben. Nur ein leichter Wind fährt mir durch das nicht mehr ganz so wallende Haar. Traumhaft! Wie sehr sich doch das Leben und der *Camino* gleichen. Der Weg als Abbild unseres Daseins! Mit allen Höhen und Tiefen, aber vielen neuen Erfahrungen – wie zum Beispiel dieses Gefühl des Vertrauens. Des Vertrauens darauf, dass sich jede Situation zum Guten wendet!

Giovanni ist längst schon nach Finisterre abgestiegen. Jetzt bin ich wieder ganz allein! Ich mag auch dieses Gefühl! Zeit für mich zu haben! Im normalen Leben ist es ganz schwer möglich, sich echte Ruhepausen zu gönnen. Ich hoffe, dass ich es ab nächster Woche schaffen werde, die hier erfahrene Langsamkeit auch in meinen Alltag „danach" zu integrieren. Nächste Woche? Ja – da ist alles vorbei! Oder alles fängt neu an! Ganz wie man's sehen möchte!

Ich hoffe nur, meine Rückkehr in die „normale Welt" ist nicht so schmerzhaft wie mein Abstieg von meinem Wunschfelsen. Die alpine Fachwelt würde lauthals lachen, wenn sie mich jetzt sehen würde. Kann man sich so blöd anstellen? Bergauf war das easy, aber runter ist alles anders! Irgendwann pfeife ich auf einen geordneten Abstieg und springe aus ungefähr zwei Metern Höhe einfach in die Botanik. Autsch – die Dornen in den Stauden am Boden sind immer noch da! Einige nicht mehr, denn die stecken in meinen Waden. Aber sonst geht's mir gut!

Weit unter mir liegt das Kap mit dem Leuchtturm. Schon jetzt, gut drei Stunden vor Sonnenuntergang, haben sich dort viele Pilger versammelt, die sich auf ein außergewöhnliches Ereignis freuen dürfen.

Ich hoffe nur für sie, dass nicht irgendwelche Capri-Sänger ein Konzert geben wollen. Über einen traumhaften schönen Weg an der Westseite der Halbinsel marschiere ich zuerst zum heute bereits besuchten Sandstrand und dann zurück in mein Hotel.

Obwohl es ein Ruhetag werden sollte, habe ich heute insgesamt 15 Kilometer zurückgelegt. Die Badewanne hilft mir, wieder zu Kräften zu kommen, der gestrige Tag (oder vielmehr die Nacht) steckt mir noch in den Knochen. Frisch rausgeputzt marschiere ich in meine spanische

Stammkneipe. Ich weiß, warum ich diese Bar so liebe – Christina verspricht mir, ein echtes Schnitzel rauszubacken! Ich habe – angeblich – gestern so davon geschwärmt, dass sie das heute für mich machen möchte. JAAAAAH – ich falle ihr augenblicklich um den Hals, und hätte ich heute zu Mittag nicht die Knoblauchsuppe verputzt, dann hätte ich sie auch geküsst. Natürlich nur auf die Wange!

Das Schnitzel schmeckt hervorragend. Die Panier ist zwar aus Mandelsplittern mit etwas Kokospulver, aber es sind doch auch normale Semmelbrösel dabei – damit das Schnitzel fast so schmeckt wie daheim, meint Christina. Und das tut es, ich genieße jeden Bissen! Und dazu eine *Cerveza* aus einem Zinnkrug – das Leben ist schön!

Nach und nach kommt die deutsche Dreiergang vorbei. Sie sind heute erst ziemlich spät nach Muxía aufgebrochen. Dort soll Maria dem Jakobus in einem steinernen Boot erschienen sein, es ist nach Finisterre die zweite große Pilgerstätte am Atlantik. Peter wollte anfangs partout nicht mitkommen, irgendwie war er etwas unpässlich. Ist aber dann letztendlich doch dabei gewesen und schwärmt jetzt in höchsten Tönen von der Strecke. Vor allem eine Bachdurchquerung über rutschige Steinquader hat großen Eindruck auf die drei gemacht, ich solle das unbedingt auch machen! Okay – morgen hätte ich Zeit, eventuell gehe ich wirklich nochmals auf Wanderschaft!?

Daher muss ich heute zeitig ins Bett. Nehme ich mir zumindest vor! Auch meine deutschen Weggefährten haben denselben Plan, ihr Bus fährt morgen schon um 7:45 Uhr ab in Richtung Santiago. Für sie ist also ihr Kurztrip zu Ende, ich habe noch einige Tage hier in Spanien. Zum Abschied bestellen wir eine Runde *Rioja* und stoßen auf die Zukunft an!

Fast hätte ich mein Vorhaben umgesetzt, doch da macht mir Don Giovanni einen Strich durch die Rechnung. Denn um 23 Uhr, gerade als ich aufbrechen möchte, kommt er mit der unglaublichen Nachricht vorbei, dass Christina in einer Stunde Geburtstag feiert. Wir müssen ihr unbedingt ein Ständchen bringen! Das ist höhere Gewalt, da kann man gar nichts machen. Irgendwie bringen wir die Zeit schon über die Runden.

Geisterstunde – und genau jetzt beginnt unser großer Auftritt: „*Happy birthday to you …*“ Der vereinigte Pilgerchor besteht aus dem Klub der deutschen Auswanderer, uns vieren, einem Asiaten, einem Schweizer und einer Französin. Wir sind also international! Christina ist völlig überrascht. Ich glaube, auch eine kleine Träne in ihren Augen entdeckt zu haben. „Don Giovanni – das warst du! Du hast denen gesagt, dass ich schon so alt bin!“, lachend redet sie auf Willi ein, der aber nur achselzuckend meint: „Ich weiß von nix!“

Es gibt Sekt für alle. Dabei komme ich mit dem Asiaten ins Gespräch. Er stammt aus Vietnam, hat in Deutschland studiert und stellt sich als „Wrm“ vor. Wie ein Motorrad, das gerade startet – „Wrm, wrm“. Sagt er! Nach dem erfolgreich beendeten Studium hat er sich – ganz was Neues – einen großen Traum erfüllt und ist mit dem Fahrrad von Deutschland aus hierher geradelt. Morgen geht es wieder zurück, ebenfalls mit dem Fahrrad.

Auch Marco gehört mittlerweile zum Auswandererklub. Er war vor einem Jahr am *Camino*, ist danach nochmals kurz in die Schweiz gefahren, um diverse Sachen zu regeln, und hat ab nächster Woche eine eigene Wohnung in Finisterre. Wieder einer, der einfach hier hängen bleibt.

Es ist schon wieder ein Uhr. Und mittlerweile reizt es mich ungemein, morgen nach Muxía zu pilgern. Also – nix für ungut, ich gehe schlafen. Die Verabschiedung von meinen deutschen Pilgerfreunden, von Christina, Willi Don Guillermo Giovanni, Herbert, Dirk, Marco und Wrm dauert noch drei *Orujos* lang, natürlich werden Mailadressen und Telefonnummern ausgetauscht. Wer weiß, vielleicht führt uns das Schicksal wieder mal zusammen!? *„¡Buenas noches!“* Dann geht’s endgültig zurück ins Hotel. Wo ich wiederum den Nachtportier rausklingeln muss, der mich auch sofort wieder erkennt. Um 1:30 Uhr liege ich endlich im Bett und schlafe augenblicklich ein.

Muxía: Einmal geht's noch

Tag 37– 19.5.2010: *Finisterre – Muxía, 35 km (gesamt 1063)*
Wetter: *Glühend heiß.*
Strecke: *Sehr gut markiert, zuerst auf Landstraßen, dann auf Waldwegen nach Lires, nach einer abenteuerlichen Bachüberquerung weiter auf Schotterpisten über eine Anhöhe, zum Schluss wieder auf einer Landstraße an der Küste entlang bis Muxía.*
Sonstiges: *Letztes Etappenziel erreicht! Etwas Wehmut – aber auch Sehnsucht nach zu Hause.*
Quartier: *Hotel Playa de Estorde in Cee – 25 Euro Pilgerpreis. Liegt direkt an einer Traumbucht, schönes Zimmer, großes Bad – sehr empfehlenswert!*

War ja doch wieder ganz schön spät gestern. Aber morgen schlafe ich mich mal so richtig aus. Wenn alles klappt, bin ich dann in dem kleinen Hotel am Strand von Estorde und lasse mir für zwei Tage die Sonne auf den nicht mehr ganz so großen Bauch scheinen. Doch heute steht noch die endgültige Schlussetappe nach Muxía auf meinem Plan. Langsam nimmt das ja schon Howard Carpendal'sche Dimensionen an – auch er hat schon mehrmals seine unwiderruflich letzte Konzerttournee angekündigt, um dann doch wieder den Rücktritt vom Rücktritt zu verlautbaren. Zweimal schon, nach Santiago und Finisterre, habe ich gefühlsmäßig meine Abschiedsetappe zelebriert, jetzt kommt heute auch noch Muxía dazu. Aber das sind wirklich die allerletzten 35 Kilometer in meinem Pilgerleben. Zumindest in diesem Jahr! Denn ich bin mir sicher, irgendwann komme ich wieder! Schon jetzt kann ich eindeutig sagen: Der Virus hat mich infiziert!

Bevor ich mich auf den eigentlichen Weg mache, schaue ich noch kurz hinunter zum Meer, ob mein „Danke!“ die Fluten der Nacht überstanden hat. Ja – es ist noch da, fast genauso wie ich es gestern hinterlassen habe. Da kommt mir eine Idee: Ich könnte doch alle „Danke!“-Muscheln sammeln und meinen Freunden zu Hause damit eine Freude machen. Es wäre ein authentisches Dankeschön für all die netten Geschenke und die guten Wünsche und Ratschläge vor dem Start meiner Reise. Die Wirtin einer nahen Kneipe schenkt mir einen schwarzen Müllsack, in dem ich die Muscheln sammle. Der Sack wird schwerer und schwerer, immer wieder schwindeln sich auch besonders schöne Exemplare rein, die nicht im „Danke!"-Schriftzug enthalten sind. Meine umfunktionierte Muscheltasche wiegt mittlerweile sicher weit mehr als drei Kilo. Was mach' ich jetzt damit? Es bleibt mir natürlich nichts anderes über, als das Ganze mit nach Muxía zu nehmen. Also rein in den Rucksack, der jetzt mit Getränken und Muscheln bestimmt mehr als 20 Kilo wiegt. Aber irgendwie werde ich es schon schaffen …

Entgegen den Ausführungen in meinem Reiseführer ist die Strecke von Finisterre nach Muxía sehr gut gekennzeichnet. Die Wegweiser führen mich zuerst auf Asphaltstraßen durch Finisterre und angrenzende Ortschaften, später wandere ich auf weichen Waldwegen durch wunderschöne Schwarzföhrenwälder. Ich fühle mich wie daheim! Genauso ist es, wenn ich im Hochsommer durch unsere Wälder wandere. Die glühende Sonne dringt selbst durch die dichten Baumkronen hindurch und treibt mir den Schweiß aus allen Poren. So heiß wie heute war es noch nie! Aber es geht zügig voran, knapp nach Mittag habe ich die ersten 14 Kilometer geschafft, eine *Ensalada mixta* mit einem aufgespritzten Cola in Lires ist mein Frühstück. Frisch gestärkt marschiere ich weiter, leider in die falsche Richtung. Erst nach etwas mehr als einem Kilometer bemerke ich meinen Irrtum, also – alles retour. Nicht im Gänsemarsch, dazu fehlen mir zwei Gänse, aber doch muss ich wieder an das deutsche Pilgertrio denken, das ich auf der Strecke nach Llanes am Holzweg getroffen habe. Wie lange ist das her? 22 Tage – eine Ewigkeit!

Jetzt bin ich wieder richtig! Oder doch falsch? Denn der Weg endet an einem Fluss und führt drüben, 20 Meter entfernt, einfach weiter. Aber wie kommt man da rüber? Erst als ich näher komme, sehe ich die mächtigen Betonquader, die da ungefähr zehn Zentimeter unter der Wasseroberfläche liegen. Das ist also die Stelle, die mir meine Pilgerfreunde in Finisterre beschrieben haben. Bettina hat mich noch ausdrücklich gewarnt: Anfangs steht man bis zu den Knöcheln im Wasser auf den sehr wackeligen und noch dazu glitschigen Steinen, der letzte Betonquader ist allerdings verrutscht, und daher muss man bis zum Knie in den eiskalten Bach steigen. Angeblich sind hier schon einige Pilger mit all ihrem Hab und Gut in den Fluss gestürzt. Was ja an und für sich bei dem heißen Wetter heute kein allzu großes Problem wäre, irgendwann wird alles wieder trocken. Aber blöd wäre es, wenn der Fotoapparat oder in meinem Fall auch mein GPS-Handy und das Netbook einen irreparablen Wasserschaden abbekommen würden und mit einem Schlag alle Bilder und auch meine elektronischen Tagebucheinträge auf Nimmerwiedersehen vernichtet wären.

Wie kommt man da nur rüber?

Die Äste der umliegenden Bäume hängen bis zur Wasseroberfläche, in der sich glitzernd die Sonne widerspiegelt. Eigentlich fehlen jetzt nur mehr grüne Lacoste-Alligatoren, die darauf warten, endlich wieder mal ein gutes Pilgermenü verschlingen zu können. Drüben, auf der anderen Seite des Flusses, sitzt ein junger Italiener und zieht sich seine Socken und Schuhe an. 20 Minuten hat er gebraucht, um rauszubekommen, wie er diesen Fluss überqueren kann. Dann hat er im Wald zwei Stecken gesucht, Schuhe und Socken ausgezogen, seinen Fotoapparat und das Handy wasserdicht verpackt und ist über die Steine rüberbalanciert. Das alles ruft er mir vom anderen Ufer zu. Er hat es geschafft, jetzt komm' ich dran. Vielen Dank für den Tipp!

Die Schuhe hänge ich mir zusammengebunden über die Schulter, die Socken verstaue ich in der Bauchtasche, auf das Verpacken meines technischen Equipments pfeife ich. *No risk, no fun!* Außerdem, auf meinem

Weg hat alles funktioniert, also mache ich mir auch da keine Sorgen. Ich schaff' das schon, bin ja mittlerweile ein erfahrener Outdoor-Profi! Los geht's! Drüben wartet der italienische Paparazzo mit seiner Kamera darauf, dass ich zu einer Wasserbombe werde. Aber den Gefallen tue ich ihm nicht! Langsam wackle ich auf den glitschigen Steinen rüber und schaffe es unfallfrei bis zum Ufer. Dann drücke ich meinem persönlichen Fotografen meine Kamera in die Hand und gehe nochmals zurück – bis zur Mitte des Flusses. Ich brauch ja auch ein ordentliches Foto für die Nachwelt. Und da passiert es – aber nur fast: Das Ding unter mir wird plötzlich zum keltischen Wackelstein, mühsam kann ich mich mit einem beherzten Sprung auf den nächsten retten, der ebenfalls nicht einfach ruhig stehen bleiben will. Noch ein Sprung – ich stehe da wie ein Zirkusartist am Hochseil, zwei Hundertstelsekunden vor dem Absturz. Herrgott, hilf mir! Wenn ich schon so blöd bin! Irgendwie bekomme ich das Gleichgewicht wieder und bin sehr froh darüber, dass mein Übermut nicht zu einem außergewöhnlichen Foto geführt hat, das in spätestens einem Monat in allen Herbergen am Jakobsweg für Furore sorgen würde. Der Italo-Pilger lacht über das ganze Gesicht und meint in perfektem Nicht-Italienisch: *„You did an excellent job."* Na gut, wenn er meint?

Weiter geht es in der brütend heißen Sonne über einen Bergrücken. Es hat bestimmt 40 Grad im leider nicht vorhandenen Schatten, langsam aber sicher habe ich sämtliche Wasservorräte aufgebraucht. Ich könnte noch die Muscheln ablecken, da hat sich bestimmt etwas Meerwasser angesammelt. Aber ich bin mir nicht ganz sicher, ob das eine wirklich gute Idee ist. Apropos Muscheln – das zusätzliche Gewicht ist kaum zu spüren. Geschenke für wahre Freunde sind scheinbar keine Last – wieder eine neue Erfahrung!

Irgendwie schaffe ich den Weg aber doch. Leider habe ich wieder mal eine Abzweigung versäumt, und so kämpfe ich mich durch wild gewordene Dornenbüsche zu einem wunderschönen Sandstrand hinunter. Die letzten Kilometer führen auf der Landstraße nach Muxía, das völlig unvermutet nach einer Kurve plötzlich auftaucht. Ich bin da! Mein letztes Pilgerziel ist erreicht! Nachdem ich endlich die topmoderne *Albergue* gefunden habe, bekomme ich hier meine dritte Urkunde, die *Muxiana*. Dass ich mir die selber schreiben muss, trübt den Wert doch etwas. Aber der *Hospitalero* drückt mir einfach die unausgefüllte Urkunde und einen Stift in die Hand – also, selbst ist der Mann.

Nach einer Willkommen-in-Muxía-aber-tschüss-Pilgerleben-*Cerveza* in einer Kneipe am Hafen schiebe ich mit viel Wehmut meine Teleskopstöcke zusammen. Sie waren mir auf meinem Weg eine große Hilfe, jetzt brauche ich sie nicht mehr und verstaue sie im Rucksack. Das war's! Das war's? Nein, sicher nicht! Ich muss mir noch die Kirche der hl. Maria anschauen, direkt an der wildromantischen Atlantikküste. Maria hat dort angeblich mit einem steinernen Schiff angelegt, um dem hl. Jakobus zu helfen, der gerade an einer Missionierungsdepression litt.

Auf einem Fußweg marschiere ich direkt an der Küste entlang zu der unwiderruflich letzten Pilgerstätte meines *Caminos*, dem *Santuario de la Virxe da Barca* – dem Heiligtum der Jungfrau im Steinschiff. Die direkt auf dem Felsenriff gebaute Kirche ist leider geschlossen, aber das zu Stein gewordene Segel des Schiffs kann ich ganz deutlich sehen – oder auch nicht! Dutzende Felsbrocken liegen da rum, einer schaut zufällig einem weißen Segel ähnlich. Aber wer weiß ...

Santuario de la Virxe da Barca ...

Die Wellen des Atlantiks schlagen meterhoch über die Klippen. Weiße Schaumkronen erinnern mich ausnahmsweise mal nicht an *Cervezas*, sondern geben diesem Küstenabschnitt eine raue Note. Und obwohl es tief unter mir braust und brodelt, spüre ich in mir ein Gefühl völliger Ruhe und Zufriedenheit. Wieder mal sitze ich einfach nur da und lasse meine Gedanken treiben – mit den Wellen, den Wolken und dem Wind. So fühlt sich grenzenlose Freiheit an! Obwohl das jetzt mein letzter echter Pilgertag war – ich bin mir sicher, dass ich dieses Gefühl mein Leben lang in mir tragen werde. Abrufbereit! Für Situationen, in denen mich das Leben einschnürt, mir den Atem nimmt, wo nichts mehr weitergeht! Dann werde ich an diese Zeit hier zurückdenken, werde mich auf den *Camino* „zurückbeamen" und hoffen, wieder diese Magie zu spüren, die mich hier für sechs Wochen begleitet hat.

Ein riesengroßes Denkmal erinnert an die Ölkatastrophe von 2002, als vor der Küste aus einem havarierten Tanker mehr als 64.000 Tonnen giftiges Ölgemisch ausgetreten sind. An diesem Mahnmal menschlichen Versagens spaziere ich (bin ja jetzt kein Pilger mehr) zurück in die Stadt. Ein Taxifahrer, der mehr als 18 Jahre in Liechtenstein gearbeitet hat, fährt mich zu meinem Traumhotel am Strand von Estorde. Dabei erzählt er mir, dass das heute so verschlafen wirkende Muxía am Wochenende dermaßen von Touristen bevölkert wird, dass man als Einheimischer keinen Fuß vor die Tür setzen möchte. Aber die Stadt lebt neben der Fischerei großteils vom Tourismus, daher muss man auch damit leben.

Jetzt bin ich da – schönes Hotel, traumhaftes Wetter und menschenleerer Strand. Zwei Tage zum Relaxen! Mal schau'n, ob ich das überhaupt noch kann, einfach Ruhe geben und nichts tun?

So wie in vielen spanischen Hotels gibt es auch hier kostenloses WLAN. Also kann ich Moni via Skype meinen Traumstrand zeigen, indem ich die PC-Kamera aus dem Fenster halte. „Und du bist sicher, dass ich nicht nachkommen soll?", meint sie lachend. Jetzt tut es mir doch etwas leid, dass ich unseren gemeinsamen Urlaub hier storniert habe. Aber wir werden das bestimmt nachholen! „Versprochen, Moni! Bis bald – in zwei Tagen sehen wir uns wieder!"

Völlig konträr zu meinen bisherigen Essgewohnheiten frage ich den Kellner nach einer Fischplatte. Aber unbedingt ohne Gräten! Er serviert eine köstliche Zusammenstellung aus gegrillten Fischfilets, Garnelen und Shrimps. Eventuell werde ich ja doch noch zum Fisch-Junkie! Normalerweise esse ich so etwas nur sehr selten. Und wenn, dann als echter Österreicher halt nur paniert. Aber diese Platte schmeckt so außerordentlich gut, dass ich mir da wirklich was überlegen muss. Und auch der spanische Weißwein schmeckt nach mehr!

Heute bin ich sehr müde, die „heiße" Tour nach Muxía war doch etwas anstrengend. Wenn ich schon so ein Riesending von Fernseher in meinem Zimmer hängen habe, dann nutze ich den auch. SAT1 ist der einzige nicht spanische Sender, den man hier empfangen kann. Das erste Mal seit sechs Wochen sehe ich deutschsprachige Nachrichten. Komisch, die sind mir gar nicht abgegangen, aber jetzt bin ich doch neugierig, was denn so alles passiert ist, in der Welt außerhalb der *Camino*-Galaxie. Und wenn ich schon mal dabei bin, dann schaue ich mir auch gleich einen Film in deutscher Sprache an! Was spielt es? *Das Schweigen der Lämmer*. Na servas! Aber was sein muss, muss sein! Und daher liegt ein Leider-nicht-mehr-*Peregrino* bis ein Uhr nachts in einem traumhaften Strandhotel vor einem überdimensionalen Flachbildfernseher und schaut sich *Das Schweigen der Lämmer* an. Irgendwie hat mich das normale Leben wieder ...

7 DAS WAR'S – ABER NOCH NICHT GANZ

Schuld war nur der Eyjafjallajökull Zwei Nächte im Paradies liegen hinter mir. Der gestrige Tag stand ganz im Zeichen von Relaxen, Essen und langen Spaziergängen am Meer. Ich kann ja doch nicht ganz aufhören mit dem Pilgern, oh – sorry, mit dem Wandern. So an die zehn Kilometer bin ich wieder marschiert und sogar gejoggt, großteils barfuß im warmen, weichen Sand.

Der Sonnenuntergang war am Abend dann ziemlich stimmungsvoll, obwohl er natürlich nicht ganz mit jenem von Finisterre mithalten konnte. Apropos Finisterre – von einer bestimmten Stelle der Bucht kann man die Halbinsel mit dem Leuchtturm sehen. Immer wieder zog es mich gestern zu diesem Punkt, und dann ließ ich meine Gedanken kreisen. Was wohl Christina, Don Willi Guillermo und die anderen „Finisterraner" gerade machen, dort, am Ende der Welt?

In mir hat sich einiges verändert am Weg! Zum Beispiel – ich bestelle freiwillig Calamari! Das ist gestern nach dem Sonnenuntergang wirklich passiert! Wer mich kennt, weiß, was das bedeutet! Sinneswandel um 720 Grad oder noch mehr. Aber ab sofort werden die in meinen offiziellen Speiseplan aufgenommen!

Durch das offene Fenster kann ich die Wellen hören, die ersten Sonnenstrahlen drängen sich durch einen Spalt im Vorhang, so als wollen sie mir sagen: „Hey, aufstehen! Heute ist dein letzter Tag am Meer!" Um elf Uhr bringt mich ein Bus zurück nach Santiago, wo ich vor einer Woche triumphal als Prinz von Asturien gefeiert wurde. Zwar nur kurz, aber doch!

Einmal noch runter zum Strand! Ein letzter Blick noch rüber zum Kap Finisterre, bevor ich mich an der Haltestelle in die heiße Sonne stelle. Der Bus kommt pünktlich und bringt mich zuerst wieder nach Cee. Ich bin jetzt bereits das dritte Mal hier, da zähle ich schon fast zu den Einheimischen.

Während ich am Busbahnhof auf die Weiterfahrt warte, erzählt mir ein französisches Pilgerpärchen, dass sie seit acht Jahren immer im Frühjahr eine Etappe auf dem Jakobsweg marschieren. Heuer haben sie ihr Ziel erreicht. „Gratuliere ganz herzlich!" Ich glaube zumindest, dass sie mir das erzählt haben, denn sie sprechen nur Französisch. Eigentlich kann ich diese Sprache überhaupt nicht, aber auf diesem *Camino* ist einiges passiert mit mir …

Noch ein Pilgerpärchen wartet mit uns auf den Bus. Jakob ist Jude und wohnt in Jerusalem. Er hat die katholische Ungarin Eva auf der ersten Etappe in St. Jean Pied de Port getroffen, und seither sind die beiden gemeinsam unterwegs. Dieser Weg kann sämtliche Völker verbinden – viel besser als es Politiker jemals schaffen werden.

Der Bus fährt ein, auf nach Santiago! Ich genieße die Fahrt durch wunderschöne, direkt am Atlantik gelegene Dörfer. Mein Weg von Santiago nach Finisterre führte ja querfeldein durch das Landesinnere, der Bus nimmt jetzt aber die Straße an der Küste entlang. Die ist zwar um einiges länger, aber sehr reizvoll. Die Orte hier am Meer versprühen ein Flair von Ruhe und Beschaulichkeit. Wahrscheinlich aber auch nur um diese Jahreszeit, in den Sommermonaten werden diese so idyllisch gelegenen Dörfer bestimmt von Abertausenden Touristen bevölkert.

Busbahnhof Santiago – Endstation! Ich schultere meinen Rucksack und bin für kurze Zeit wieder Pilger. Aber irgendwie habe ich das Gefühl, nicht mehr so richtig dazuzugehören. Ich sehe in die glücklichen Gesichter der heute neu ankommenden *Peregrinos*, die alle dasselbe Ziel vor Augen haben: die Kathedrale von Santiago! Genau wie ich vor sieben Tagen! Aber dazwischen ist schon wieder so viel passiert, ich war in Finisterre, in Muxía und in meinem Strandhotel. Ein eigenartiges Gefühl! Doch als ich am großen Platz vor der Kathedrale stehe, bin ich wieder ganz Pilger! Wie die Neuankömmlinge stehe ich demütig vor dem großen Bau und fühle die Magie, die von diesem Ort hier ausgeht. Statt in das Pilgerbüro marschiere ich aber weiter zu meinem Hotel, in dem ich bereits vor einer Woche „gewohnt" habe. Dort bekomme ich für um fünf Euro mehr ein weitaus kleineres Zimmer, aber was soll's – es ist nur für eine Nacht. Morgen, Samstag, geht es um 17:15 Uhr zurück in die Heimat, wieder über Mallorca. Und knapp vor Mitternacht werde ich dann endlich meine Moni in die Arme schließen können!

Nach einer kurzen Erholungsphase mache ich mich auf zur Shoppingtour in der Altstadt von Santiago. Souvenirs, Souvenirs! Die T-Shirts mit *Camino*-Motiven sind genau das richtige für Christoph und Sandra. Morgen sehe ich sie wieder! Wie groß sie wohl geworden sind? Hey – was soll das, ich war gerade mal sechs Wochen fort von zu Hause! Na ja, man macht sich halt so seine Gedanken ... Für meine Eltern greife ich tief in die Kitschlade und kaufe eine geöffnete Muschel, in der die gesamte

Kathedrale Platz findet. Natürlich nur im Modellformat. Jetzt fehlt noch Moni! Das sollte etwas ganz Besonderes sein! Aber ich finde hier fast nur geschmackloses Klimbim, bevor ich ihr so etwas mitnehme, kaufe ich lieber gar nichts. Vielleicht finde ich ja im Swarovski-Laden etwas? Alles funkelt und glitzert – gut, dass ich die Sonnenbrille aufhabe! Und da ist es – ein Silberkettchen mit einem Anhänger in Form eines kleinen Herzens. Könnte aber auch eine Träne sein? Darin ist ein in allen Farben schimmernder Kristall eingefasst. Alles sehr fein, keine Spur von protzig! Genau das richtige Geschenk für meine Moni! Die sich niemals in den Vordergrund stellt, sondern einfach immer da ist, für mich und die Familie. Stark und bedingungslos! Sie strahlt dabei in ihrer Bescheidenheit wie dieser Kristall, hell und klar. Und sollte das Herz eine Träne sein, dann sicher eine meiner Freudentränen, die ich in Santiago vergossen habe. Und die ich jetzt für meine Moni eingefasst habe, um ihr für immer zu zeigen, wie glücklich ich bin, dass es sie gibt!

Mit mir und der Welt zufrieden schlendere ich durch die Altstadt. Auf einem romantischen Platz neben einer alten Kapelle spielt ein spanisch-jamaikanisches Duo lateinamerikanische Musik – mit Gitarre und Bongos. Genau die richtige Musik für den letzten Abend. Mittlerweile hat sich die Sonne verabschiedet und der Halbmond leuchtet durch die engen Gassen hindurch – eine Wahnsinnsstimmung!

Nach und nach setzen sich weitere Pilger zu mir an den Tisch. Man trifft sich einfach, hier in Santiago! Da ist der norddeutsche Pensionist Egon, der heute ebenfalls seinen letzten Tag hier feiert und der von Burgos aus gestartet ist. Und Franz, ein Niederösterreicher, der „das Projekt *Camino* erfolgreich, aber für alle Zeit endgültig abgeschlossen hat". Oder Jürgen aus Köln, der mit dem Leihwagen bis Toulouse in Frankreich gefahren ist, weil ihm dieser unaussprechliche isländische Eyjafjallajökull einen Strich durch die Reiseplanung gemacht hat und sein Flug gecancelt wurde. 900 Euro hat er dafür gelöhnt. Dann ging's mit dem Zug weiter bis St. Jean Pied de Port, und erst nach 24 Stunden Anfahrtsweg konnte er endlich losmarschieren. Morgen macht er sich auf den Weg nach Finisterre.

Es ist weit nach Mitternacht, die beiden Musiker haben schon seit zwei Stunden keinen Ton mehr von sich gegeben, aber die Stühle im Freien sind alle noch besetzt. In dieser lauen Sommernacht – mitten im

Mai – fällt es schwer, nach Hause zu gehen. Doch irgendwann muss das sein! „*¡Buenas noches, amigos!*"

Die letzte Nacht in Spanien! Morgen schlafe ich schon in meinem eigenen Bett! Nach sechs Wochen auf dem *Camino*! Mein Traum ist in Erfüllung gegangen! Er wird ewig in meinem Herzen weiterleben – aber jetzt freue ich mich erst mal auf mein Zuhause!

Dünn bist du geworden 8:30 Uhr – „*¡Buenos días, Spanien!*" Heute geht's ab in die Heimat! Damit man mich dort auch erkennt, werde ich mich so richtig rausputzen. Was aber wahrscheinlich gar nicht so leicht sein wird, doch Duschen und Rasieren hilft schon mal. Dann geht's ab zum Frühstück. Es ist wieder alles da – Schinken, Wurst, Müsli, Torten, Kuchen. Aber es ist nicht mehr so wie noch vorige Woche. Damals habe ich richtiggehend gelechzt nach einem ordentlichen Frühstück. Nach der langen Zeit mit eher kargem Essen war dieser Überfluss für mich wie das Paradies, ich habe in mich reingestopft, was möglich war. Das tue ich zwar heute wieder, aber es ist doch ein etwas anderes Gefühl als noch vor sieben Tagen. Langsam wird es wieder normal, sich nicht nur von *Agua* und *Pan*, also Wasser und Brot, zu ernähren. Was mir aber sehr gutgetan hat. Gestern habe ich mich in einer *Farmacia* auf die Waage gestellt – 15 Kilo weniger! Vor zwei Tagen habe ich auch versucht, am Strand zu joggen. Fünf Kilometer, immer von einem Ende der Bucht zum anderen – barfuß. Und das bei 35 Grad! Nach 30 Minuten war nicht mal ein Anflug von Erschöpfung erkennbar. Vor meinem *Camino* wäre ich da für mindestens eine Stunde flachgelegen – unansprechbar und schwer gezeichnet von den Strapazen dieses Marathons. Noch dazu bin ich vollkommen schmerzfrei, einer Wiederaufnahme meiner Joggingkarriere steht daher nichts mehr im Weg. Das wird aber auch notwendig sein, um das Gewicht zu halten. Ich finde nämlich, es steht mir sehr gut!

13 Uhr – immer noch sitze ich am Frühstückstisch. Nachdem ich sämtliche spanischen Klatschzeitungen bis in alle Einzelheiten durchstudiert habe, wird weiter am Tagebuch geschrieben. Ob das jemand lesen will? Aber es ist in erster Linie für mich – um mich auch später an diese Zeit hier erinnern zu können. Wenn ich alt und grau bin, werde ich darin blättern und, wenn mir meine Enkelkinder die Brillen nicht geklaut haben, daraus vorlesen. Die werden schön schauen, wenn sie erfahren, dass ihr alter Opa vor vielen Jahren mal 1100 Kilometer zu Fuß durch Spanien gepilgert ist.

14 Uhr – ich marschiere mit meinem Rucksack und drei Kilo Muscheln durch die Altstadt, um mich ein letztes Mal von der Kathedrale zu verabschieden. Und mich ein letztes Mal zu bedanken. In „meiner" kleinen Seitenkapelle sitze ich – und habe wieder Tränen in den Augen. Mitt-

lerweile ist mir das völlig egal. Soll die ganze Welt sehen, was mich berührt! Immer nur die Gefühle zu verstecken, das bringt nichts! Die müssen raus! Wieder eine Einsicht, hier auf diesem Weg! Meine Arbeitskollegen werden etwas erstaunt sein, wenn ich in den Meetings plötzlich einfach so zu flennen beginne. Okay – das wird schon nicht passieren. Ich glaube nicht, dass mich ein EDV-Problem so berühren kann wie die vielen kleinen Wunder, die ich auf meinem *Camino* erfahren durfte.

17 Uhr – ich sitze endlich im Flugzeug, das mich via Mallorca nach Hause bringen wird. So viele Dinge gehen mir durch den Kopf. Waren das wirklich sechs Wochen? Ich bin doch erst vor Kurzem in so einem Flieger gesessen, der mich nach Bilbao gebracht hat, um mir meinen großen Traum zu erfüllen. Einen Traum, der seit Jahren in mir gebrannt hat. Und der jetzt zur Realität wurde!

23:55 Uhr – der Pilger ist gelandet. Wir hatten etwas Verspätung, daher komme ich erst knapp vor Mitternacht in die Ankunftshalle am Flughafen Wien-Schwechat. Als sich die Schiebetüren öffnen, sehe ich in die erwartungsvoll blickenden Augen meiner Moni. Sie ist da! Weinend fallen wir uns in die Arme! „Dünn bist du geworden“, meint sie. „Na ja, ich habe nur mehr 114 Kilo, kann man das dünn nennen?“ „Ja, kann man! Du schaust richtig gut aus!“ „Danke! Du auch! Du hast mir so gefehlt! Ich liebe dich!“

„Bevor wir jetzt nach Hause fahren, brauche ich noch etwas zu trinken“, meint Moni. „Schnell, ehe die zumachen!“ Ich folge ihr unauffällig zu einem kleinen Café und – traue meinen Augen nicht! Da warten sechs Freunde aus meiner Heimat mit einer Flasche Metaxa und einem großen Transparent: „*Buenas tardes*, Herberto! Herzlich willkommen! Deine Freunde!“ Und obwohl ich so viel zu erzählen hätte, bin ich völlig sprachlos. Moni hat das alles gewusst und mich hierher gelotst – da reden wir noch drüber! Nie und nimmer hätt’ ich damit gerechnet. Bevor mir wieder die Augen zu wässern beginnen, meint die lachende Meute: „Na Dürrer, fürs Cola bist du zuständig!“ Ja – natürlich – gern! „Bitte zwei Liter Cola! Und acht Plastikbecher!“ Wieder einmal! Das gibt ein Hallo, ich bin mir ziemlich sicher, dass das Flughafenpersonal so etwas sehr selten erlebt.

0.10 Uhr – Wien-Schwechat, mitten in der Ankunftshalle wird eine Party veranstaltet. Aber man lässt uns die Freude. Schon längst haben alle übrigen Fluggäste das Terminal verlassen, bis auch wir das nicht ganz so spanische Getränk geleert haben und unsere Fete für beendet erklären. Mein Abholkomitee fährt in dem geliehenen Bus gemeinsam nach Hause, das aber höchstwahrscheinlich heute nicht wirklich daheim ist, sondern vielmehr eine Mostbar in Sieding, wo die Party weitergehen wird. „Danke nochmals für diesen tollen Empfang!“

Jetzt sind Moni und ich allein. Wir haben so viel zu besprechen, dass die Zeit bis Wiener Neustadt im Flug vergeht. Sandra ist dort mit Freunden unterwegs – und wir holen sie ab. „Paaapaaaa!“, schreit sie, als sie mich entdeckt. Dann sprintet sie in Weltrekordzeit her zu mir und springt mich aus zwei Metern Entfernung an – väterlicher Zweikampf! Nicht olympisch! Tut aber sehr gut! „Dünn bist du geworden!“ Jetzt glaub’ ich’s dann selbst bald!

Natürlich fährt Sandra mit uns heim, immer wieder muss ich meinen beiden Mädls Geschichten vom *Camino* erzählen. Zu Hause wartet die nächste Dame auf mich. Sie weiß nur noch nichts davon. Doch als mich unser Goldie Sandy sieht, passiert fast dasselbe wie eine halbe Stunde zuvor: Sie rast auf mich zu und springt mir einfach um den Hals. Immer wieder! Dazwischen läuft sie zu Moni und Sandra, so als ob sie sagen möchte: „Er ist wieder da!“ Und dann wieder zu mir – jump!

„Dünn bist du geworden!“ Nein, das sagt nicht Sandy zu mir, sondern Christoph, der ein paar Minuten später nach Hause kommt. „Na, wie war’s?“, meint er cool. „Komm her, Chrisi, lass dich drücken! Ihr seid mir alle so abgegangen, es ist schön, wieder da zu sein!“

Stundenlang haben wir noch gequatscht, bevor ich dann zum ersten Mal nach sechs Wochen wieder in meinem eigenen Bett schlafen konnte. Mensch, riecht das gut! Zuhause hat einen eigenen Geruch! Einen eigenen Klang! Das ist Musik, die ich liebe! Alles ist vertraut! Auch nach dieser langen Zeit! Wie sehr habe ich das alles vermisst! Man muss erst in die Ferne ziehen, um sein Zuhause wieder richtig schätzen zu können. Und – um zu wissen, wo man hingehört!

Ich kann es kaum glauben! Erst vor Kurzem bin ich losmarschiert, heute bin ich wieder daheim. Nach mehr als 1000 Kilometern auf der *Ruta del Norte*! Genau 1100 Kilometer, die ich dazu genutzt habe, meinen Körper und meine Seele neu durchzustarten. Und von 15 überschüssigen Kilos und 1000 Tonnen Alltagsmist zu befreien.

Ich spüre tief in mir eine Ruhe, die ich so noch nie zuvor gekannt habe. Und die Gewissheit, dass sich jede scheinbar noch so ausweglose Situation zum Positiven wenden wird. Alles war möglich, auf dem *Camino*. Und ist es auch heute noch – denn ich bin noch immer am Weg. Am *Camino de la Vida*, dem Weg des Lebens, der mich nun durch völlig andere Regionen führen wird als noch vor zwei Monaten. Neues Land, das ich entdecken möchte. Mein Blickwinkel hat sich verändert, meine Augen wurden geöffnet für all die kleinen Wunder, die jeder neue Tag bringt. Es werden zwar ganz bestimmt wieder mal anstrengende und kräfteraubende Etappen auf mich warten, doch mit der Überdosis Gottvertrauen, die ich in diesen sechs Wochen in Spanien erfahren durfte, habe ich keine Angst vor der Zukunft. Ich freue mich auf das, was kommen wird, denn ich bin ab heute immer nie am Ende meines Wegs …

Niemals möchte ich diese Zeit am *Camino* missen! Im Gegenteil, ich bin mir sogar ziemlich sicher, irgendwann zurückzukommen. Zurück nach Santiago, nach Finisterre und zu all den unglaublich schönen Plätzen, die ich während meiner Reise sehen durfte. Zurück auf diesen Weg, der in meinem Herzen einen Sonderplatz einnehmen wird. Er war jeden Schweißtropfen wert. Neue Freundschaften, außergewöhnliche Begegnungen und unglaubliche „Zufälle" waren mehr als beeindruckend. Wie hat es Theunis, der holländische Pastor, in Santiago so schön ausgedrückt: „Nenn' es Schicksal, Glück oder Gott!" Ich habe mich auf dem gesamten Weg beschützt und geborgen gefühlt! Meine Blutgruppe auf dieser Pilgerschaft war eindeutig „A Dur – Jesusfaktor positiv“. Aber jeder erlebt seinen *Camino* auf seine Art. Und das ist gut so! Denn: Wenn das Leben so nah ist, kann alles passieren …

Kommt da noch was? Seit etwas mehr als drei Monaten bin ich jetzt schon wieder zu Hause, zurück im „normalen" Leben. Das aber alles andere als normal im Sinne von langweilig oder eintönig verläuft. Ich trage den *Camino* noch immer in mir – die Tage nach meiner Rückkehr hatte ich das Gefühl, als würde ich permanent schweben. Immer wieder ertappte ich mich, wie mich meine Gedanken wieder zurück nach Spanien trugen. Fuhr ich mit dem Auto, dachte ich an die beschwingte Taxifahrt in Bezana. Wenn ich mit meiner Moni im Wald spazieren ging, roch alles plötzlich nach Eukalyptus, obwohl der nächste Baum mit diesem Aroma bestimmt Tausende Kilometer von hier entfernt vor sich hin duftet. Marschierte ich mit meinem Hund auf einen Gipfel der nahe liegenden Berge, dachte ich an die „spanische" Sandy und hörte tief unter mir, wie die Wellen des Atlantiks an die Steilküsten schlugen. Und nachts schlief ich nicht immer in meinem gemütlichen Bett zu Hause, sondern manchmal auch in einem knarrenden Stahlrohrstockbett in einer der zahlreichen Herbergen am Weg nach Santiago.

Die ersten Wochen musste ich natürlich Hunderte Male von meinem *Camino* berichten. Ich hätte nicht gedacht, dass sich so viele Menschen dafür interessieren. Fast hätte ich Kathis Kieferorthopäden in Anspruch nehmen müssen, den sie ja wahrscheinlich monatlich zwecks Generalüberholung ihrer Sprechwerkzeuge kontaktiert. Hab's dann aber doch bleiben lassen, man wird alles gewohnt. Auch das Powerquatschen!

Apropos Kathi – wir haben es noch nicht geschafft, uns zu treffen. Sind aber, dem Internet sei Dank, in Kontakt und werden uns sicher einmal gegenseitig mit Tausenden Fotos quälen, die höchstwahrscheinlich alle ziemlich ähnlich ausschauen, weil wir ja vier Wochen lang am selben Weg unterwegs waren. Wenn wir uns dazu auch noch diverse „Pilgergschichterln" erzählen, muss ich mir bestimmt einen Monat dafür freinehmen. Jetzt – wo wir beide das Reden so gut beherrschen.

Auch Daniel, Nela und Alexander haben sich bei mir gemeldet, meinen polnischen Australier Karol konnte ich über das FBI, die CIA, Interpol und eine maorische Selbsthilfegruppe ausfindig machen, und irgendwann werde ich ihn ganz bestimmt besuchen. Er hat Moni und mich nach Sydney eingeladen, und das lassen wir uns ganz ganz bestimmt nicht entgehen. Vor allem – ich allein kenne die Tür zu seinem

Getränkekeller, weiß also, wo sein Wein wohnt, und der wird sicher ausgezeichnet sein!

Von den 15 „verlorenen" Kilo bleiben mir immer noch zwölf, und damit bin ich sehr zufrieden. Wobei ich mir aber nicht so ganz sicher bin, ob ich nicht doch irgendwann mal den Großteil wieder „finden" werde. Doch derzeit schaut es nicht danach aus, jeden zweiten Tag muss ich raus in die Natur, mittlerweile sind auch 15 Kilometer Joggen kein Problem mehr. Dort, wo ich mich vor einem Jahr wild hechelnd und völlig ausgepowert vor Anstrengung beinahe übergeben hätte, laufe ich heute lächelnd vorbei und genieße jeden Schritt. Ohne Schmerzen, denn die habe ich am *Camino* irgendwo in Spanien liegen gelassen. Und wenn ich mal keine Lust habe weiterzulaufen, dann bleibe ich halt stehen. Ich muss mir nichts beweisen! Ich setze mich dann einfach auf den weichen Waldboden und schaue, höre, rieche und fühle in die Natur hinein. Mit allen Sinnen …

Überhaupt – das Leben ist ein Hit! Hab' ich das schon mal erwähnt? Auch in meiner Firma hat sich plötzlich eine völlig neue Perspektive ergeben, in der ich voll und ganz aufgehen kann. Vor allem sehe ich jetzt auch viele Dinge und Entscheidungen aus einem anderen Blickwinkel. Mein Weg hat mir gezeigt, dass man mit Ruhe und Gelassenheit die meisten Probleme und Schwierigkeiten bedeutend besser meistern kann. Und – ich bin sicher, dass mich die Erfahrungen des Weges davor bewahren werden, wieder in das alte Hamsterrad einzusteigen. Das sich immer schneller dreht und wo's irgendwann mal keinen Ausweg mehr gibt. Weil man es gar nicht merkt, dass man da drinnen gefangen ist.

Musikalisch bin ich gerade dabei, all meine Gedanken und Textideen zu sammeln und niederzuschreiben. Ich habe ja Hunderte Liedfragmente auf mein Handy gesungen. Abhören kann ich das jedoch nur unter Ausschluss der Öffentlichkeit. Diese Folter möchte ich niemandem antun! Das Jaulen eines Hundes klingt erheblich besser als die von mir in das Telefon gehauchten Songs.

Apropos Hund: Sandy freut sich riesig, mit mir wieder durch die Wälder zu ziehen. Ich habe das Gefühl, dass sie mich jetzt „besonders" gut bewachen möchte, damit ich ihr nicht wieder abhanden komme. Ich darf ihr halt nur nichts von meiner Begegnung mit der spanischen Hundelady erzählen, sonst wird sie am Ende noch eifersüchtig.

Und zu guter Letzt: Ich glaube, auch meine Familie ist sehr zufrieden mit mir. Zwar muss ich zugeben, dass viele „Hausmann-Eigenschaften" wie Wäschewaschen und Badputzen einer „postcaminoischen Pilgerdemenz" zum Opfer gefallen sind, aber immer wieder höre ich vom vereinten Familienclan, dass ich mich ganz schön verändert habe. Zum Positiven, sagen sie dann noch dazu – na Gott sei Dank!

Ich spüre es aber natürlich auch selbst – eine tiefe innere Ruhe gibt mir Sicherheit. Ich weiß, dass ich immer am Weg sein werde. Und ich habe das Vertrauen, dass jeder Schritt seinen Sinn hat. Weil einer ganz oben auf uns schaut.

Geht's da noch weiter? Natürlich – aber jeder hat es in seiner Hand, das Ziel rauszufinden ...

¡Buen Camino!

Petra Nachbaur
Vagabonda
Eine Frau und ein Pony unterwegs durch Europa

Broschur mit Klappen, 272 Seiten
ISBN 978-3-7011-7702-8

Petra Nachbaur bereiste, besser gesagt, bewanderte einige Länder Europas. Begleitet von einem Pony.

Angefeindet, überfallen und schwer verletzt, aber auch herzlich aufgenommen und willkommen geheißen lernte sie und ihr treues Pferdchen die Länder und vor allem die Menschen von einer ganz anderen Seite kennen, als dies Touristen gemeinhin möglich ist.

Nun hat sie ihre Erlebnisse in einem Buch zusammengefasst und lässt die Leser teilhaben an Glück und Leid, Freude und Verzweiflung, Geselligkeit und Einsamkeit, an einprägsamen Naturerlebnissen und chaotischen Großstadterfahrungen, kurzum an einem einzigartigen Abenteuer!